Frau Gaskell

Elizabeth Cleghorn Gaskell

(Herausgeberin: Mrs. Ellis H. Chadwick)

Writat

Diese Ausgabe erschien im Jahr 2024

ISBN: 9789359947785

Herausgegeben von
Writat
E-Mail: info@writat.com

Inhalt

Einführung

ICH

UNTER den Schriftstellerinnen des 19. Jahrhunderts verdient keine eine dankbarere Erinnerung als Frau Gaskell. Auch wenn ihr Tod schon 46 Jahre her ist, werden ihre Geschichten noch immer mit großer Begeisterung gelesen und das Interesse an ihrem Leben wächst, wie die fast allgemeine Wertschätzung letztes Jahr anlässlich der Feierlichkeiten zu ihrem 100. Geburtstag zeigte. Für die Liebhaber von Mrs. Gaskells Werken ist das Alter nicht an ihnen angekommen, der Lavendel mag zwischen ihren Seiten liegen, aber er ist immer noch süß, und es gibt viele erfolgreiche Romanautoren unserer Zeit, deren Werke viel weniger gelesen und mehr geschätzt werden Datum als ihres. Nachfolgende Generationen haben ihr Andenken bewahrt, und die fortlaufenden Nachdrucke ihrer Romane beweisen ihren Wert, nicht nur für die Zeit, in der sie geschrieben wurden, sondern für alle Zeiten.

Solch ein geschäftiges, wohlwollendes und schönes Leben, obwohl heimelig und ereignislos, konnte nicht ganz unterdrückt werden, denn ihre Anhänger auf der ganzen Welt behaupten, sie sei eine ihrer Lieblingsautoren, und als solche möchten sie unbedingt etwas über die Frau erfahren, die sie bezaubert hat Sie heiterte sie durch ihren freundlichen Humor auf und inspirierte und veredelte sie durch ihren mitfühlenden Umgang mit dem durch unser Industriesystem verursachten sozialen Unrecht.

Frau Gaskell erfährt sicherlich die größere Anerkennung, die sie zu Recht verdient, obwohl sie als Schriftstellerin in den fünfziger und frühen sechziger Jahren ihren Platz als würdige Zeitgenossin von Charlotte Brontë und Charles Dickens einnahm und eine äußerst erfolgreiche Karriere hatte. Sie, die in ihrer Wertschätzung für andere immer so großzügig war, kann sich der bereitwilligen Hommage ihrer Bewunderer nicht entziehen.

Als ich letzten August ein Haus besuchte, in dem Frau Gaskell oft ein gern gesehener Gast war, hatte ich die Ehre, einen Brief zu lesen, in dem sie ihre Freundin Florence Nightingale erwähnte, für die sie ihre große Bewunderung zum Ausdruck brachte. Kurz darauf erfuhr ich, dass Florence Nightingale genau in dieser Stunde verstorben war. Dieser Brief schien Mrs. Gaskell näher zu bringen, obwohl sie ihrer Freundin fast ein halbes Jahrhundert voraus war. Diese beiden edlen Frauen arbeiteten auf sehr unterschiedliche Weise und hörten beide einen verzweifelten Schrei und fühlten sich gezwungen, etwas zu tun, um ihn zu lindern. Von den angesehenen Frauen des 19. Jahrhunderts haben nur wenige ihr Land mehr verdient als die Autorin von *Mary Barton* und die Heldin des Krimkrieges.

Es gibt nicht viele, die sich persönlich an Mrs. Gaskell erinnern, aber ich hatte das Privileg, mehrere zu treffen, und alle denken mit Dankbarkeit an sie, nicht nur als erfolgreiche Romanautorin, sondern auch als äußerst sanfte Dame, eine vorbildliche Mutter, eine hingebungsvolle Frau Ehefrau, eine ausgezeichnete Hausverwalterin und darüber hinaus eine treue und treue Freundin. Ihr Mitgefühl galt stets den Armen und Bedürftigen, und sie war eine wertvolle Bereicherung für jede Sache, die ihre Dienste in Anspruch nehmen konnte.

Ihr erster großer Roman, *Mary Barton* , geschrieben unter dem Einfluss starker Emotionen in der dunkelsten Zeit ihres Lebens, als sie ihren einzigen Sohn verloren hatte, bewies nicht nur ihr Genie als Schriftstellerin, sondern offenbarte auch ihr tiefes Mitgefühl für die Leidenden Ungerechtigkeit um sie herum in Manchester.

Obwohl sie bescheiden war und sich fast bis zur Unzulänglichkeit zurückzog, hatte sie doch den Mut zu ihren Überzeugungen, und ihre erbärmliche Geschichte begeisterte das ganze Land und trug die überragende Botschaft der Toleranz und Hilfe für diejenigen, die sich nicht selbst helfen konnten.

Es war ein mutiger Schritt, die Taten ihrer Nachbarn zu kritisieren, aber wie gut hat sie es in *Mary Barton gemacht* ! und als man beurteilte, dass dieser Roman ganz auf der Seite der Armen und gegen ihre Arbeitgeber stand, schaffte sie in bewundernswerter Weise den Ausgleich zwischen *Nord und Süd* , indem sie beide Seiten der Frage darlegte.

Es muss daran erinnert werden, dass *Mary Barton* vor mehr als sechzig Jahren geschrieben wurde, als es weder von der Kirche noch vom Staat organisierte Hilfe für die Armen und Unterdrückten gab. Es war ihr Klarton, der viel dazu beitrug, die Reichen aufzurütteln und ihnen ihre rechtmäßige Pflicht gegenüber den Armen zu zeigen.

Frau Gaskell hatte keine Angst davor, eine Geschichte mit einem bestimmten Ziel zu schreiben. Sie praktizierte, was sie predigte, und zusammen mit ihrem Mann, dem treuen Pfarrer der Cross Street Chapel, tat sie ihr Bestes, um die schreckliche Armut zu lindern, die sie täglich um sich herum sah. Diese Pionierarbeit, die Herr und Frau Gaskell so still und unauffällig leisteten, trug später Früchte, und Manchester hält ihre Namen in dankbarer Erinnerung.

Ausgestattet mit einer schnellen Intuition, einem ausgewogenen Urteilsvermögen und einem gesunden Menschenverstand fiel es ihr nicht schwer, das tatsächliche Leben der von Armut betroffenen Arbeiter in Lancashire darzustellen. Ihr erster Roman, der aufgrund des intensiven Gefühls, das ihn ausstrahlt, in gewisser Weise ihr bester war, brachte sie an die Spitze der besten Schriftstellerinnen ihrer Zeit, eine Position, die sie für die verbleibenden Jahre ihres Lebens als Romanautorin behielt die für ihre reine und süße Gemütlichkeit und ihre zarte Note bekannt sind. Sie strebte nie nach Sensationslust, sondern begnügte sich damit, uns „Alltagsgeschichten" zu erzählen, wie sie sie zu nennen pflegte, und spricht deshalb sowohl Jung als auch Alt und alle Schichten der Gesellschaft an.

George Sand sagte einmal zu Lord Houghton: „Mrs. Gaskell hat geschafft, was weder ich noch irgendeine andere Schriftstellerin in Frankreich erreichen kann: Sie hat Romane geschrieben, die bei Männern auf der ganzen Welt das größte Interesse wecken und die dennoch für jedes Mädchen die bessere Lektüre sind."

Mary Barton mit seiner erbärmlichen Botschaft, *Cranford* mit dieser unvergleichlichen Prosa-Idylle und das faszinierende *Leben der Charlotte Brontë* sind ihre bekanntesten Werke, aber es gibt nicht weniger als sechs weitere Romane: *Ruth* , *North and South* , *My Lady Ludlow* und *Sylvia's Lovers* , *Cousin Phillis* und *Wives and Daughters* – ihr bester und längster Roman – die es alle verdienen, viel bekannter zu werden. Darüber hinaus schrieb sie etwa vierzig Artikel und Kurzgeschichten, hauptsächlich für *Household Words* und *All the Year Round* , unter der genialen Herausgeberschaft von Charles Dickens. All dies beweist, dass Frau Gaskell nicht auf eine Art des Schreibens beschränkt war und dass sie sich gleichermaßen mit so vielen und unterschiedlichen Themen auskennt.

Im Gegensatz zu Charlotte Brontë, die als große Künstlerin nur über ein sehr begrenztes Spektrum verfügte, griff Mrs. Gaskell auf viele Quellen zurück, und ihre Leinwand war oft sehr überfüllt, obwohl ihre wunderschönen Lebensskizzen in puncto Fülle und Vielfalt nahezu konkurrenzlos sind. „Niemand kam ihr jemals mit der Gabe nahe, eine Geschichte zu erzählen", sagte jemand, der sie kannte, bevor sie Schriftstellerin wurde.

Mrs. Gaskell hatte eine große Abneigung gegen Kritik, und obwohl sie gegenüber Lob sehr gleichgültig war, reagierte sie äußerst empfindlich auf Tadel, und aus diesen Gründen wünschte sie, dass ihre Werke ihr einziges Andenken seien und dass sie, abgesehen vom Autor, beurteilt würden allein aufgrund ihrer Verdienste.

Alles, was über Mrs. Gaskells Leben enthüllt wurde, beweist, wie natürlich ihre eigene Persönlichkeit in ihren Geschichten zum Ausdruck kam. „Sie ist das, was ihre Werke von ihr zeigen – eine gute, weise Frau", schrieb Frederick Greenwood in seiner Lobrede im *Cornhill Magazine* nach ihrem Tod.

Die Tatsache, dass viele ihrer Geschichten in mehrere andere Sprachen übersetzt wurden, verleiht ihnen eine große und allgemeine Popularität.

II

Elizabeth Cleghorn Stevenson, um Mrs. Gaskells Mädchennamen zu nennen, erblickte das Licht der Welt zum ersten Mal am 29. September 1810 in Chelsea, in Sichtweite der Themse, was sie als großen Trost für sie in späteren Tagen beschreibt, als sie „sehr, sehr unglücklich." Das Haus, in dem sie geboren wurde, lag in der malerischen Lindsey Row, fast gegenüber der alten hölzernen Battersea Bridge, die bei Künstlern beliebt ist, und direkt an der Flussbiegung. Die Aussicht vom Haus, das heute als 93 Cheyne Walk bekannt ist, ist immer noch sehr schön.

Fast auf den Tag genau dreizehn Monate nach Elizabeth Stevensons Geburt starb ihre Mutter im Alter von vierzig Jahren in 3 Beaufort Row, Chelsea, und wurde am 30. Oktober 1811 begraben. Nach dem Tod der Mutter kümmerte sich eine Nachbarin um das Baby Die Frau des Ladenbesitzers, bis Mr. Stevenson dafür sorgen konnte, dass seine kleine Tochter zu Mrs. Lumb, der schönen Tante Hannah, gebracht wurde, die am Heideufer von Knutsford lebte. Wenige Wochen nach dem Tod der Mutter erklärte sich eine Freundin der Hollands, Mrs. Whittington, bereit, das Baby mit nach Knutsford zu nehmen.

Diese Aussage über den Tod von Frau Stevenson und das Alter, in dem Frau Gaskell mutterlos wurde, die jetzt zum ersten Mal veröffentlicht wird, wird von Frau Gaskell selbst bestätigt, die am 18. August 1838 in einem Brief an Mary Howitt schreibt: „Obwohl ich gebürtiger Londoner bin, war ich schon früh mutterlos und wurde bereits mit einem Jahr in meine liebe Wahlheimat Knutsford gebracht."

Die lange Reise mit der Postkutsche von Chelsea nach Knutsford soll „Babbys" Reise von London nach Manchester in *Mary Barton angedeutet haben* . Da wir nun wissen, dass Elizabeth Stevenson etwas mehr als ein Jahr alt war und nicht erst einen Monat alt, wie alle früheren Autoren zu diesem Thema behauptet haben, ist es leicht zu verstehen, dass Mrs. Gaskell als Prototyp von „Babby" einen hatte Baby von etwa einem Jahr. Es hat mich als Mutter immer verwirrt, wie ein so junges Baby wie „Babby" in *Mary Barton* hätte überleben können, nachdem es mit „Pobbies" gefüttert wurde, und es ist ziemlich sicher, dass eine Brotkruste dafür gesorgt hat Der Geschichte zufolge hätte dieses Kind für ein so junges Baby nicht geeignet sein können.

Von nun an wurde Knutsford – „meine liebe, adoptierte Heimatstadt" – wie Mrs. Gaskell es liebevoll nannte, bis zu ihrer Heirat ihr Zuhause. Die Überführung dieses Babys in die kleine Stadt in Cheshire hat dazu geführt, dass der Ort als Cranford unsterblich gemacht wurde, denn wenn Elizabeth Stevenson nie dort gelebt hätte, wäre das Knutsford aus der frühen viktorianischen Zeit wahrscheinlich schon vor langer Zeit in Vergessenheit geraten, und das ist bei vielen der Fall Obwohl er den Trost und den Charme des Ortes genossen hatte, brauchte er einen Künstler „mit etwas

Engelsgefühl", um die Schönheit der kleinen Landstadt und ihrer urigen, freundlichen Gesellschaft alter Jungfern zum Vorschein zu bringen.

Mrs. Lumbs Haus in Knutsford, wo Elizabeth Stevenson zu einem außergewöhnlich schönen Mädchen heranwuchs, steht immer noch an der Ecke der Heide, über die die zukünftige Schriftstellerin einst schweifte und träumte. In dieser Nachbarschaft war sie von den Leuten ihrer Mutter umgeben. Im Church House war ihr Onkel, Dr. Holland, „der seine Runde von dreißig Meilen hatte und in Cranford lebte". Er war der Vater des bekannten Sir Henry Holland, dem Arzt von Königin Victoria. Er freute sich, seine Nichte auf seinen Landausflügen mitzunehmen, so wie Dr. Gibson aus Hollingford in „ *Wives and Daughters* " mit Molly Gibson durch den Bezirk fuhr.

Elizabeth Stevenson hatte Glück mit ihrer Abstammung. Ihr Vater, William Stevenson, ein bemerkenswerter und begabter Mann, war der Sohn von Captain Stevenson aus Berwick-on-Tweed. Früher wurde der Name Stevensen geschrieben, was seinen skandinavischen Ursprung verrät. Frau Gaskell reiste schon immer gern, und wenn sie eine Reise antrat, bemerkte sie immer: „Das Blut der Wikinger fließt in meinen Adern."

Wenn Vererbung überhaupt von Bedeutung ist, dann hat Elizabeth Stevenson einen Großteil ihres literarischen Talents von ihrem Vater übernommen, der laut dem Jahresregister von 1830 „ein Mann war, der sich durch seinen Wissensschatz und seine Einfachheit und Bescheidenheit auszeichnete." wobei seine seltenen Errungenschaften verborgen blieben." Mrs. Gaskell war sehr stolz auf die Erinnerung an ihren Vater, und das war auch so. Einer, der ihn kannte, schrieb: „Niemand hatte so wenige persönliche Feinde und so viele aufrichtige, feste Freunde. Er war freundlich und wohlwollend und hatte kaum den Stolz eines Autors." Diese Worte könnten mit aller Aufrichtigkeit so geschrieben werden, dass sie auch auf seine berühmte Tochter anwendbar sind.

William Stevenson spielte viele Rollen. Nach Abschluss seiner Ausbildung an der Daventry Academy wurde er Tutor in Brügge und ging anschließend nach Manchester als Dozent für klassische Literatur an der Akademie und Prediger an der Dob Lane Unitarian Chapel in Failsworth. Später war er Bauer in East Lothian und zog dann nach Edinburgh, wo er Herausgeber der *Edinburgh Review* und Mitarbeiter zahlreicher Zeitschriften wurde und außerdem ein *Leben von Caxton schrieb* . 1807 kam er als Sekretär von Lord Lauderdale nach London und wurde schließlich als Protokollführer im Finanzministerium tätig, eine Position, die er bis zu seinem Tod im Jahr 1829 innehatte. Mrs. Gaskells Mutter war Elizabeth Holland, die vierte Tochter von Samuel Holland Sandlebridge Estate, in der Nähe von Knutsford. Er besaß auch ein Anwesen namens Dogholes in der Nähe von Great Warford.

Großvater Holland war ein sehr liebenswerter Mann, und zweifellos hat er etwas zum schönen Charakter des Bauernpredigers Mr. Holman in *Cousin Phillis* und in geringerem Maße zu Thomas Holbrook, Miss Mattys treuem Liebhaber, beigetragen. Das Stammhaus in Sandlebridge wird wunderschön und treffend als Hope Farm in *Cousin Phillis* und als Woodley in *Cranford* *beschrieben* . Die Geschichte mehrerer Mitglieder der angesehenen Holland-Familie war so beschaffen, dass man nicht umhin konnte, in die Romane einer so genialen Frau wie Mrs. Gaskell einzutauchen, obwohl sie nie vorhatte, echte Menschen in ihre Geschichten einzubeziehen. Wenn Leslie Stephens Definition eines Romans richtig ist, „verklärte Erfahrung, nicht unbedingt die eigene Erfahrung des Autors, aber nah genug an seinem Alltagsleben, um im Bereich seiner Sympathie zu liegen", dann bestehen Mrs. Gaskells Romane den Test gut.

Über die Großmutter väterlicherseits ist wenig bekannt, aber ihre Großmutter Holland wird beschrieben als „eine Frau mit außergewöhnlicher Energie und Willenskraft und eher das Gegenteil ihres Mannes, der zwar standhaft, aber weitaus ruhiger war und dazu neigte, seine Diener nachsichtiger zu behandeln als seine eigenen." Frau, die äußerst wählerisch mit ihnen umging." Sir Henry Holland sagt in seinen *Erinnerungen* , dass sein Großvater Samuel Holland der praktischste Optimist war, den er je kannte, und obwohl er sein eigenes Land bewirtschaftete, konnte er sich nie über „die Untemperatur der Jahreszeiten" beschweren Einer von Samuel Hollands eigenen Söhnen gibt an, dass das Leben seines Vaters „besonders reibungslos" verlaufen sei.

Elizabeth Stevenson blieb bis zu ihrem dreizehnten Lebensjahr in Knutsford, die einzige Abwechslung war ein gelegentlicher Besuch bei ihrem Vater in Chelsea. Knutsford mit seinen merkwürdigen alten Bräuchen muss einen sehr lebendigen Eindruck auf sie gemacht haben, denn später konnte sie die kleine Landstadt in nicht weniger als sechs ihrer Geschichten porträtieren, die das englische Dorfleben zu Beginn des 19. Jahrhunderts schildern . Diese urigen Geschichten sind perfekte kleine Miniaturen, angesiedelt in der wunderschönen Landschaft, die es in diesem Teil von Cheshire gibt, und sie geben uns Einblicke in die Romanautorin von ihrer besten Seite.

Wie wenige hätten im einstigen Knutsford mit seinen vornehmen alten Jungfern, ein paar Adelsfamilien und dem nötigen Arzt und Anwalt so viel hervorragenden Stoff finden können, um Geschichten zu weben, die nachfolgende Generationen in vielen Ländern bezaubert haben. Es war Mrs. Gaskells klare Intuition, die so viel mehr sah, als das Auge des Durchschnittssterblichen vermuten würde, und die ihr einen unbegrenzten und unerschöpflichen Vorrat verschaffte, aus dem sie entweder mit der Stimme oder mit der Feder bezaubern konnte. Jemand, der sie kannte, bevor sie als begabte Schriftstellerin anerkannt wurde, sagte über sie: „Sie war eine geborene Geschichtenerzählerin", und wir können das durchaus glauben.

Als sie fast vierzehn Jahre alt war, wurde Elizabeth Stevenson auf ein ausgezeichnetes Internat in Stratford-on-Avon geschickt, das von den Misses Byerley geführt wurde, die sowohl mit den Hollands als auch mit ihrer Stiefmutter verwandt waren. Dort blieb sie zwei Jahre, einschließlich der Ferien. Die Schule war einst als „The Old House of St. Mary" bekannt und Shakespeare lebte dort eine Zeit lang. In einem Haus erzogen zu werden, in dem Shakespeare einst wohnte, war ein gutes Vorzeichen für den zukünftigen Schriftsteller.

Elizabeths Schulzeit war sehr glücklich. In einem Brief an Mary Howitt aus dem Jahr 1838 schreibt sie: „Ich bin nicht bereit, auch nur in Gedanken die Orte so glücklicher Tage wie meiner Schulzeit zu verlassen."

Vor mir liegt ein Buch mit der Unterschrift von Elizabeth Stevenson, das auf den 15. Juni 1824 datiert und einem ihrer Schulkameraden geschenkt wurde. Sie war bekannt für ihre Freundlichkeit gegenüber ihren Schulfreunden, und wie Charlotte Brontë sagte man von ihr, als sie in Roe Head war, dass sie oft von einer Gruppe eifriger Zuhörer umgeben sei, und selbst als Schulmädchen hatte sie es wie sie getan Liebe Miss Matty, eine Vorliebe für Geistergeschichten.

Ihr erstes separates literarisches Werk war ein Brief, in dem sie einen Nachmittag beschrieb, den sie in Gesellschaft ihrer Schulfreunde in Clopton Hall, Stratford-on-Avon, verbracht hatte, und den sie an William Howitt schickte, der ihn bereitwillig zur Aufnahme in seine „Visits to Remarkable Places" annahm. ” Es wurde mehr als zehn Jahre nach ihrem Schulabschluss geschrieben, aber es beweist, wie aufmerksam sie als Mädchen war und wie ihre Liebe zur Forschung sie dazu veranlasste, das alte Haus zu erkunden, anstatt im Park umherzuwandern, der die Halle umgibt.

Vor zwei Jahren durfte ich mit freundlicher Genehmigung des Besitzers durch Clopton Hall schlendern, das einst das Herrenhaus war. Es wurde teilweise wieder aufgebaut, aber der Pausensalon, in dem die fröhlichen Schulmädchen Tee tranken, ist noch da mit seinen wunderschönen bemalten Fenstern, und das Priesterzimmer, in dem unsere zukünftige Schriftstellerin auf Handen und Knien kroch, ist noch zu sehen Seine vergitterten Fenster und an die Wände gemalten Texte und auf der alten Eichentreppe hängen Ölgemälde von Charlotte und Margaret Clopton, die Mrs. Gaskell erwähnt. Liebhaber von Mrs. Gaskells Werken sollten es sich nicht entgehen lassen, ihren anschaulichen Bericht über „A Visit to Clopton Hall" zu lesen.

Um das Jahr 1827 kehrte Elizabeth Stevenson zu ihrer guten Tante Lumb nach Knutsford zurück, doch kurz darauf verließ ihr einziger Bruder, ein

Marineleutnant, sein Schiff im Hafen von Kalkutta und man hörte nie wieder von ihm. Er war es zweifellos, der „Armer Peter" in „ *Cranford* "und „Lieber Frederick" in „ *Nord und Süd* "*vorschlug* , obwohl beide Charaktere wieder in ihre Häuser zurückkehren durften. Es wird gesagt, dass die Veröffentlichung des Briefes an „Armer Peter" in Indien auf tatsächlichen Tatsachen beruht.

Dem Verschwinden ihres Bruders folgte die schwere Krankheit ihres Vaters, die sie nach Chelsea führte, wo sie ihn bis zu seinem Tod im Jahr 1829 hingebungsvoll pflegte. Danach lässt sie ihre Stiefmutter und ihren Halbbruder William und ihre Halbschwester Catherine zurück Sie kehrte noch einmal nach Knutsford zurück, wo sie nicht lange blieb, da sie zu dieser Zeit Newcastle-on-Tyne einen längeren Besuch abstattete, dem Haus von Rev. William Turner, das in ihrem zweiten Roman „Ruth" so schön beschrieben *wurde* „Der Haushalt eines abweichenden Ministers." In der ruhigen Atmosphäre dieses religiösen Zuhauses fand sie ihren Prototyp für Thurstan Benson. Thurstan war, wie sie erklärt, ein alter Familienname, und er wird immer noch in der Familie beibehalten. Zu Beginn des fünfzehnten Jahrhunderts gab es einen Thurstan Holland aus Denton, der einer ihrer Vorfahren war.

Von Newcastle-on-Tyne aus verbrachte Elizabeth Stevenson den letzten Winter ihrer Kindheit in Edinburgh. Dort zog ihre bemerkenswerte Schönheit Maler und Bildhauer an, und glücklicherweise konnte sie überredet werden, David Dunbar, einem ehemaligen Schüler von Chantrey, beizutreten. Er schuf die wunderschöne Marmorbüste der Messedebütantin, die, eingeschlossen in einer Glasvitrine, zu den wertvollsten Besitztümern in ihrem alten Zuhause in Manchester zählt. Ungefähr zu dieser Zeit ließ sie auch eine exquisite Miniatur malen, deren Pose uns an die Beschreibung von *Ruth* durch Bellingham erinnert: „So eine großartige Kopfdrehung, sie könnte ein Percy oder ein Howard sein."

Im August 1832, bevor sie ihren zweiundzwanzigsten Geburtstag erreichte, heiratete Elizabeth Cleghorn Stevenson Rev. William Gaskell, MA , Pfarrer der Cross Street Unitarian Chapel in Manchester. Die Zeremonie wurde in der alten Pfarrkirche von Knutsford durchgeführt, da Andersdenkende damals nicht in ihren eigenen Kapellen heiraten durften. Die Hollands und die Gaskells waren bereits durch Heirat verbunden, da Mr. Gaskells Schwester Charles Holland, einen Cousin von Elizabeth Stevenson, geheiratet hatte.

In einem ihrer Briefe erzählt uns Mrs. Gaskell, dass die Straßen von Knutsford nach dem Brauch bei Hochzeiten geschliffen wurden und dass es allgemeine Freude gab. Die Flitterwochen verbrachten wir in Nordwales, in der Nähe von Festiniog, wo Herr Charles Holland ausgedehnte Schiefersteinbrüche betrieb.

Die Ehe war ideal. Die junge Frau widmete sich sofort der Arbeit ihres Mannes, half in der Sonntagsschule und besuchte Kranke und Bedürftige. Ihre Schönheit und gewinnende Persönlichkeit machten sie bei den Mitgliedern der Gemeinde ihres Mannes beliebt, die damals als die intellektuellste und wohlhabendste in Manchester galt und nach dem Ende des Morgengottesdienstes oft mehr als dreißig Privatwagen wartete. *Mary Barton* zeigt den Lesern die andere Seite der Gesellschaft, in der sich Frau Gaskell bewegte und in der sie in den von Armut betroffenen Bezirken Ancoats und Hulme zu „einem wahren Engel des Lichts" wurde.

Ihr Zuhause war immer ein Zentrum des Lichts und des Lernens, zunächst zehn Jahre lang in der Dover Street 14, danach in der Upper Rumford Street 121 und schließlich ab 1849 der heutige Familiensitz in Plymouth Grove, der seit jeher für seine sonnige Gastfreundschaft und Gastfreundschaft bekannt ist geniale intellektuelle Atmosphäre. Lord Houghton sagte über dieses Haus, dass sein wohltuender Einfluss auf die große Baumwollstadt so groß sei: „Es machte Manchester zu einem möglichen Zentrum für Literaten." Herr und Frau Gaskell versammelten einen herzlichen Freundeskreis um sich, der sich an dem Versuch beteiligte, die verarmten Bezirke dieses Teils von Lancashire zu verbessern. Als die Unruhen der Chartisten viele der Baumwollarbeiter in den Hungertod trieben, war Mrs. Gaskells Haus ein Treffpunkt, von dem aus sie frühmorgens durch ihre Fenster Brote und andere lebensnotwendige Dinge verteilte.

Thomas Wright, ein Arbeiter aus Manchester, der seine ganze Freizeit damit verbrachte, die Gefängnisse zu besuchen und den Gefallenen zu helfen, fand in den Gaskells gute Freunde. Mrs. Gaskell hat in *Mary Barton* eine anerkennende Notiz über ihn geschrieben . Herr GF Watts malte „Der barmherzige Samariter" im Jahr 1850 und schenkte es der Stadt Manchester als Hommage an die edle Philanthropie von Thomas Wright. Frau Gaskell war maßgeblich daran beteiligt, Herrn Watts dazu zu bringen, das wunderschöne Aquarellporträt von Thomas Wright zu malen, das jetzt in der National Portrait Gallery hängt.

Rev. Travers Madge war ein weiterer, der für die Gaskells arbeitete, sein Gehalt als Pfarrer aufgab und sein Leben den Armen widmete. Die Misses Winkworth waren ebenfalls bereitwillige Helfer, ebenso wie John Bamford, dessen Gedicht „Gott hilf den Armen" einen Platz in *Mary Barton fand* . Zusätzlich zu der praktischen Hilfe, die die Gaskells leisteten, hegten beide den Wunsch, die Feder im Interesse der Armen zu schwingen, und 1837 veröffentlichten sie gemeinsam im *Blackwood's Magazine* ein Gedicht mit der Aufschrift Nr. 1: *Sketches among the Poor* . Es ist wirklich eine poetische Darstellung des heimeligen Lebens der „alten Alice", die in *Mary Barton eine so erbärmliche Rolle spielt* . Dies gelang keinem anderen Gedicht, obwohl bekannt ist, dass Frau Gaskell sich häufig in Versen ausdrückte und Herr

Gaskell eine Reihe wunderschöner Hymnen schrieb, von denen einige noch heute in verschiedenen Sammlungen zu finden sind. Er übersetzte auch Hymnen aus dem Deutschen und war ein Experte im Schreiben im Lancashire-Dialekt. Zusätzlich zu seinen anderen Aufgaben war er eine Zeit lang Dozent für englische Literatur und Logik am Owens College, der heutigen Victoria University in Manchester.

Das ruhige Leben in Knutsford und Stratford-on-Avon inspirierte Mrs. Gaskell zu jenen schönen Gedanken über das Land, die sie in ihren pastoralen Geschichten so gut zum Ausdruck gebracht hat, aber es war die geschäftige Stadt Manchester, die ihr latentes Talent weckte und ihrer Feder Flügel gab im Schreiben über „die stillen Sorgen der Armen".

Auf den Tod ihres einzigen Jungen an Scharlach im September 1842 in Festiniog, wo sie Urlaub gemacht hatte, folgte eine anhaltende Krankheit, und während sie auf ihrer Couch lag, fand sie erstmals die nötige Zeit, ihr Buch zu schreiben Roman. Es wurde gesagt, dass *Mary Barton* zu viele Sterbebettsszenen enthielt, aber es ist gut, sich daran zu erinnern, dass Mrs. Gaskell sich von einem Sterbebett inspirieren ließ, das es ihr ermöglichte, gängige Szenen im Leben in solch realistischen Farben darzustellen der Armen. Die Beschwerde, *Mary Barton* und *Lizzie Leigh* seien viel zu traurig – „Geschichten mit einem Schluchzen darin" – veranlasste Mrs. Gaskell wahrscheinlich dazu, zu beweisen, dass sie humorvoll schreiben konnte, weshalb sie entzückende Skizzen der *Cranford Society schrieb* . *Mary Barton* hatte ihre vielen literarischen Freunde angezogen, zu den enthusiastischsten gehörte Charles Dickens, auf dessen Wunsch sie regelmäßig Beiträge für „*Household Words*" *verfasste* , mit dem er gerade begonnen hatte. Als Mrs. Gaskell ihm ihren ersten kurzen Aufsatz mit dem Titel „*Our Society in Cranford*" *schickte* , der die Kapitel eins und zwei umfasste, meinte sie damit eine vollständige Skizze, aber Dickens verlangte mehr und noch mehr, und so wurde die Geschichte der Cranfordian Society aufgezeichnet Stück für Stück durchgelesen und anschließend zu dem Buch zusammengestellt, das sicherlich das beliebteste aller Werke von Mrs. Gaskell ist. „Wenn mein Name jemals verewigt wird, dann durch *Cranford* , denn so viele Menschen haben ihn mir gegenüber erwähnt", sagte Frau Gaskell, und sie hat sich als wahre Prophetin erwiesen. Überall dort, wo die englische Sprache gesprochen wird, wird *Cranford* geschätzt, denn sein ruhiger, sonniger Humor ist unwiderstehlich, und es ist zu einem Klassiker geworden, der allein durch seine entzückende Winzigkeit und sein zartes Pathos hervorsticht.

Mit großartiger Treue blieb Mrs. Gaskell ihrem unnachahmlichen Stil treu, und die Skizzen wirken im Vergleich zu denen von Dickens und Thackeray wie sorgfältig ausgeführte Aquarelle neben den kräftigen, kräftigen Leinwänden eines Rubens oder Van Dyke. Statt schallender Heiterkeit provoziert *Cranford* ein freundliches Lächeln, das sich selten zu einem lauten

Lachen ausweitet, aber den Leser durch seine freundliche Wirkung immer besser zurücklässt. *Cranford* spiegelt Mrs. Gaskells schönen Charakter am besten wider. Sie liebte es, Geschichten aus vergangenen Tagen zu erzählen und den Appetit auf amüsante Geschichten anzuregen, die zwar vollkommen lebensecht waren, aber ans Lächerliche grenzten und sanft die Marotten und Schwächen einiger Gesellschaftsschichten behandelten. An diesen Geschichten hatte sie einen ansehnlichen Vorrat, den sie mit sanfter Satire auf ihre eigene süße Art erzählen konnte. Sie machte gern Wortspiele oder stellte Rätsel, die sofort die Aufmerksamkeit fesselten, und wie Miss Galindo in *My Lady Ludlow* glaubte sie: „Wenn alles schief geht, würde man den Atem anhalten, wenn man sein Herz nicht mit einem Witz aufheitern könnte."

Im Jahr 1850, kurz bevor Mrs. Gaskell mit *Cranford begann*, traf sie ihre große Zeitgenossin Charlotte Brontë in Briery Close, Windermere.

Sechzig Jahre später, fast auf den Tag genau, wurde ich durch die freundliche Gastfreundschaft des Eigentümers eingeladen, dieses interessante Haus am Ufer des Lake Windermere zu besichtigen. Der gemütliche Salon, in dem sich diese beiden Romanautoren trafen, und ihre jeweiligen Schlafzimmer nebeneinander, von denen aus man einen herrlichen Blick auf den See und die dahinter liegenden Hügel hat, gelten noch immer als heilig für die Assoziationen an jenen Augustfeiertag im Jahr 1850. als die schüchterne, schwer fassbare Charlotte Brontë ihren zukünftigen Biographen zum ersten Mal traf.

Einer aus der Gruppe, der die beiden Schriftstellerinnen während dieses Besuchs traf, erzählte mir einmal von den deutlichen Unterschieden zwischen diesen beiden Frauen. Charlotte Brontë saß in ihrem schwarzen Seidenkleid nervös und schüchtern auf der Couch und „sah aus, als wäre sie froh, wenn der Boden sich öffnen und sie verschlucken würde, während Mrs. Gaskell, strahlend und lebhaft, ganz zu Hause und ebenbürtig aussah." irgendetwas." Die beiden großen Romanautoren schlossen sich einander an und Charlotte Brontë besuchte Frau Gaskells Haus in Manchester dreimal, und im Gegenzug verbrachte Frau Gaskell einmal eine Woche im alten Pfarrhaus in Haworth. Diese Freundschaft trug in den kommenden Jahren Früchte, als Frau Gaskell vom alten Patrick Brontë gebeten wurde, das Leben seiner Tochter aufzuschreiben, dem sie bereitwillig zustimmte und an dem sie mit Herz und manchmal sogar Leidenschaft an einer so schwierigen Aufgabe arbeitete.

Diese bewundernswerte Biografie ist zu einem Klassiker geworden und ist ein würdiges Denkmal für die Autorin von *Jane Eyre*, sowohl als Hommage an die Zuneigung eines Romanautors zum anderen als auch als getreue Aufzeichnung eines edlen Lebens. „Ich habe versucht, die Wahrheit zu sagen", schrieb die Biografin, und wir wissen, wie gut ihr das gelungen ist, obwohl sie sich bei der Veröffentlichung der dritten Auflage in einem wahren „Wespennest" befand und die Sorgen und Probleme aus einer Hand kamen und ein anderer verursachte eine vorübergehende Abneigung gegen das Schreiben. Nach einiger Zeit kam jedoch der Wunsch zurück, die Feder zu schwingen, und sie schrieb „*My Lady Ludlow*" und „*Round the Sofa Stories*", die zweifellos etwas ihrer Zeit in Stratford-on-Avon in den Jahren 1824–27 und ihrem Leben in Edinburgh zu verdanken haben in den Jahren 1829-31.

Nach einem Urlaub auf der Isle of Man im Jahr 1856 fasste Frau Gaskell einen neuen Aufbruch und beschloss, eine maritime Geschichte zu schreiben. Ein Besuch in Whitby im Jahr 1858 führte zu der wirklich erbärmlichen Geschichte von *Sylvias Liebhaber* , deren Hintergrund das malerische Fischerstädtchen Whitby ist. Die Beschreibungen des alten Seehafens sind wunderschön und genau wiedergegeben, und ein Besuch in Whitby ist erst dann vollständig, wenn Sie „*Sylvia's Lovers*" in Sichtweite und mit dem Rauschen des Meeres rund um die zerklüftete Küste gelesen haben. Die erwähnten Höfe und Gehöfte sind lokalisierbar und entsprechen genau den Beschreibungen. Haytersbank Farm, Sylvias altes Zuhause, Moss Brow, wo die Corneys lebten, und der Laden des alten Foster auf dem Marktplatz sind alle noch da.

„*Sylvias Liebhaber*" mehr Mühe gegeben habe als mit jedem anderen ihrer Romane, und diese historische Geschichte ist eine ihrer besten und markiert eine zweite Etappe in ihrem Werk. Es ist eine Geschichte, die auf Tatsachen aus der Zeit der grausamen Pressebanden basiert, und Frau Gaskell ist bei der Beschreibung der Charaktere wunderbar gelungen. Sie versucht nicht, sie perfekt zu machen, sondern beschreibt sie mit ihren Fehlern, und es gibt keine Übertreibung, sondern nur die ungeschminkte Konversation, die für die Menschen der Zeit, von der die Geschichte handelt, ganz natürlich ist. Die beschreibenden Teile sind äußerst perfekt wiedergegeben, und es war eine große Hommage an Mrs. Gaskells getreue Wortmalerei, als Du Maurier dazu gebracht wurde, tatsächliche Skizzen von Whitby zu verwenden, um ihm bei der Illustration von *Sylvias Liebhaber zu helfen* , bevor er wusste, dass Monkshaven und Whitby ein und dasselbe waren der gleiche Platz. Einige der Szenen sind exquisit gezeichnet, und Mrs. Gaskell erreichte in „*Sylvia's Lovers*" ihr höchstes Niveau in Wortporträts . Die Beerdigung des Seemanns im alten Gottesacker rund um die alte Pfarrkirche ist ein Meisterwerk. Die Neujahrsparty im Moss Brow und Philip Hepburns Ausflug in die Dunkelheit an diesem unvergesslichen Abend zeigen einen wunderbaren Einblick in die menschliche Natur. Die letzte Szene, in der Philip und Sylvia sich treffen, um sich dann wieder zu trennen, als es zu spät ist, ist ein erbärmliches Bild, das nur wenige mit so bewegender Emotion hätten malen können.

Cousine Phillis ist ein Prosa-Idyll, das aufgrund seiner sprachlichen Schönheit und des Reichtums an originellen Begebenheiten einzigartig ist – „ein Juwel ohne Makel" – und eine der vollkommensten Geschichten der Romantik der alten Welt, eingepasst in den reichen Rahmen ihres Großvaters Holland malerischer Bauernhof in Sandlebridge, in der Nähe von Knutsford. Es ist eine Geschichte, die man immer wieder lesen kann. Die Heldin, Phillis Holman, ist eine der am besten gezeichneten Figuren in allen englischen Romanen, und doch ist nichts überzeichnet, alles ist einfach, ruhig und würdevoll und dabei so real und lebenstreu. Obwohl *Cousin Phillis* nicht so bekannt ist wie *Cranford*, verdient er es durchaus, als Miniatur von großer Schönheit in sanften, gedämpften Farben neben ihm zu stehen. Die Geschichte ist von der Atmosphäre des praktischen, religiösen Familienlebens der frommen Familie auf der Hope Farm umgeben, die sicherlich etwas mit Mrs. Gaskells eigenen Verwandten zu tun hat.

Dieser Geschichte folgte schnell das leider letzte und vor allem beste Werk von Mrs. Gaskell: *Wives and Daughters*. Sie nennt es eine alltägliche Geschichte, und dennoch fesselt sie den Leser vom Anfang bis zum Ende. Die Heldin ist ein typisches, wohlerzogenes englisches Mädchen, das sich bei seinen Lesern durch seine natürliche Einfachheit und seinen gesunden Menschenverstand beliebt macht. Die Geschichte dreht sich erneut um Knutsford und führt uns zu den waldreichen Parks und herrschaftlichen Herrenhäusern am Rande des Dorfes. Wer das Knutsford der fünfziger Jahre kannte, pflegte zu sagen, wie naturgetreu es war. Die Charaktere sind mit Meisterhand gezeichnet. Molly Gibson und Cynthia Kirkpatrick sind eine großartige Studie der Kontraste, und Mrs. Gaskells Kräfte wurden noch nie so stark beansprucht, und es gelingt ihr auch nie so gut, außer vielleicht, als sie Cynthias Mutter, die Stiefmutter von Molly und die zweite Mrs. Gibson zeichnet.

Das Buch ist fast mit *Cranford verwandt*, denn diese Geschichte von *Wives and Daughters* handelt von den nahen Verwandten der Cranford-Damen. Auch wenn die Romanautorin die Schwächen und Versäumnisse von Mrs. Gibson nur wenig berührt, zeigt sie klare Einsicht und liest die Charaktere klug, wenn auch so freundlich.

Mrs. Gibson und Cynthia Kirkpatrick sind Thackeray selbst würdig und haben möglicherweise etwas seinem Einfluss zu verdanken. Beide Charaktere sind schwer zu beschreiben, und in den Händen eines weniger fähigen Autors hätten wir sie verachten und nicht mögen sollen, aber mit dem freundlichen, wohlwollenden Geist, der durch alle Werke von Mrs. Gaskell hindurchscheint, sind wir gezwungen, Zugeständnisse zu machen und gleichzeitig ihre Oberflächlichkeit zu bedauern lächelte über die gezeigte weltliche Weisheit. Wie anders wären sie von George Eliot enthüllt worden, und mit welch gnadenloser Verachtung hätte Charlotte Brontë sie behandelt.

„Molly Gibson ist die beste Heldin, die Sie bisher hatten", schrieb Madame Mohl. Sie ist sicherlich eine Cousine von Margaret Hale in *North and South* und eine Schwester von Phillis Holman in *Cousin Phillis* . Diese Art der englischen Mädchenzeit passte zu Mrs. Gaskells Feder. Ihre Heldinnen sind im Allgemeinen besser gezeichnet als ihre Helden, was zu einem gewissen Grad daran liegt, dass sie alles aus der Sicht einer Frau betrachtete und dass sie während ihres gesamten literarischen Lebens die Gesellschaft ihrer eigenen hingebungsvollen Töchter hatte gebildet, glücklich und wie ihre Mutter stets darauf bedacht, das Richtige zu tun. Molly Gibsons Charakter wurde schon immer mit Mrs. Gaskells eigener Kindheit in Verbindung gebracht, aber vor Kurzem erhielt ich einen Brief vom Enkel einer Schulfreundin von Mrs. Gaskell in Stratford-on-Avon, und er erzählte mir, dass ihm immer Verständnis entgegengebracht wurde dass seine Großmutter der Prototyp von Molly Gibson war. Tatsächlich passen Mrs. Gaskells Charaktere in vielen ihrer Geschichten zu vielen Originalen, daher beschloss sie, sie als „Alltagsgeschichten" einzustufen, obwohl sie in Wirklichkeit wahrscheinlich nicht von einer einzelnen Person stammen.

Frau Gaskell hat mehr als die meisten Autoren unter dem Vorwurf gelitten, dass sie in ihren Geschichten reale Menschen einbezieht, aber obwohl Vorstellungskraft eine großartige Eigenschaft ist, ist sie nicht wichtiger als die Fähigkeit, die einfachen Tatsachen des Lebens zu erkennen und damit umzugehen; Denn während es viele gibt, die einen Charakter schaffen können, können nur wenige ihn getreu beschreiben, und das Gleiche gilt für die Lokalität.

Bevor das letzte Kapitel von „*Frauen und Töchter*" zu Ende war, fiel der Schriftstellerin die Feder aus der Hand, gerade als sie auf dem Höhepunkt ihrer schriftstellerischen Leistung war. Dieser Roman wurde als Fortsetzungsroman für das *Cornhill Magazine geschrieben* , als Herr Frederick Greenwood Herausgeber war. Der letzte Teil wurde im Sommer 1865 in Pontresina geschrieben, als Frau Gaskell mit ihrem Schwiegersohn, Herrn Charles Compton, QC , und ihren drei Töchtern unterwegs war. Im Juni kehrte sie nach Manchester zurück und es ging ihr alles andere als gut. Während ihres gesamten literarischen Lebens sehnte sie sich nach einem „ *pied-à-terre*" auf dem Land, wo sie die nötige Ruhe für ihre Arbeit finden konnte. Der Norden Englands war im Winter zu kalt, doch im Sommer fand sie ein herrliches Plätzchen in der Morecambe Bay – einem kleinen Dorf der alten Welt, das unter dem wohlklingenden Namen Silverdale bekannt ist. Dort verbrachte sie einen Teil vieler Sommer mit ihren Töchtern und ihrer treuen Amme auf einer Farm, die in *Ruth treffend beschrieben wird* . Silverdale lebt in dieser edlen Geschichte als Abermouth.

Das Landhaus, das Frau Gaskell wählte, hieß The Lawn, Holybourne, in der Nähe von Alton in Hampshire. Sie kaufte es mit den zweitausend Pfund, die sie für „*Wives and Daughters" erhielt*, und behielt das Geheimnis vor ihrem Mann, indem sie beabsichtigte, es ihm zu schenken, wenn es nach ihrem eigenen künstlerischen Geschmack umgebaut und renoviert wurde. Aber leider! Bevor es fertiggestellt war, verstarb sie plötzlich am Sonntagnachmittag, dem 14. November 1865. Sie hatte sich wirklich besser gefühlt und besuchte noch am selben Sonntag in Begleitung ihrer Töchter den Gottesdienst in der malerischen alten Kirche in Holybourne, während sie beim Tee ohne war Einen Moment der Warnung senkte sie den Kopf und war weg. Eine ihrer Töchter schrieb über diese traurige Zeit: „Mamas letzte Tage waren voller liebevoller Gedanken und zärtlicher Hilfe für andere. Sie war so süß und lieb und unbeschreiblich edel."

„*Wives and Daughters"* war so gut wie fertig. Sie wartete auf einige besondere Informationen über einen der Charaktere, Roger Hamley, der zusammen mit seinem Bruder Osborne ein bewundernswertes Paar bildete, das zu Molly Gibson und Cynthia Kirkpatrick passte, bevor sie die Geschichte beendete. Die allerletzten Worte, die Frau Gaskell schrieb, sind: „Und jetzt bedecke mich ganz dicht und lass mich schlafen gehen und von meiner lieben Cynthia und meinem neuen Schal träumen." Jemand, der Mrs. Gaskell sehr liebte, sagte, es wäre nicht unangemessen, die Worte „*Cynthia"* in „Ehemann" und „*Neuer Schal"* in „Neues Haus" zu ändern, denn während ihres Aufenthalts in Holybourne waren ihre Gedanken oft bei ihrem Ehemann, dem vielbeschäftigten Unitarierpfarrer in Manchester, und bei ihr freute sich „mit der Freude eines Kindes" darauf, ihm ein Landhaus im Süden Englands zu schenken, in das er sich hoffentlich mit ihr zurückziehen würde, obwohl sie sich auf viele nützliche Jahre sowohl für sich selbst als auch für ihren Mann freute.

Der kurze Aufenthalt in Holybourne mit seinem tragischen Ende war für den Ehemann und die Töchter eine traurige Erinnerung. Das Haus ist noch immer im Besitz der Familie. Das beabsichtigte Geschenk, das die Mutter so freudig kaufte, wurde als letzter Liebesbeweis aufbewahrt, obwohl die Familie nach Mrs. Gaskells Tod nie mehr dort gewohnt hat.

Herr Frederick Greenwood fügte am Ende von „*Wives and Daughters"*, das zusammen mit dem Roman veröffentlicht wurde, eine liebevoll geschriebene Lobrede hinzu, die einen schönen und passenden Abschluss der Geschichte bildete. „Was der krönende Abschluss eines Lebens zu werden versprach, ist ein Gedenken an den Tod. Ein paar Tage länger und es wäre eine Triumphsäule gewesen, gekrönt von einem Kapitell aus festlichen Blättern und Blumen, jetzt ist es eine andere Art von Säule – eine dieser traurigen weißen Säulen, die zerbrochen auf dem Kirchhof stehen."

„*Wives and Daughters"* wurde 1866 von den Herren Smith, Elder and Co. in Buchform herausgegeben und erfreute sich großer Beliebtheit, teilweise wegen des tragischen Todes des Autors, vor allem aber wegen der Schönheit der Geschichte. Für diejenigen, die die kleine Stadt Knutsford in Cheshire kennen, ist es interessant, den Cumnor Tower und die Parktore ausfindig zu machen, durch die Molly Gibson fuhr, als sie an ihrer ersten Gartenparty vom Church House aus teilnahm, dem ehemaligen Haus ihres Onkels Holland, das heute auf den Ansichtskarten bekannt ist als Molly Gibsons Haus. Das Zuhause der Hamleys lässt sich mit einem der alten Säle im Bezirk identifizieren, aber der Charme der Geschichte liegt in ihrer Natürlichkeit und der Ausgewogenheit der Charaktere. Wenn man das Buch weglegt, sagt man unwillkürlich, wie Mrs. Gaskell über Charlotte Brontë schrieb: „Wenn sie nur gelebt hätte." Dieser Roman zeigt sie als eine erwachsene Schriftstellerin, die von einfachen, didaktischen, häuslichen Geschichten für das Parish Magazine zu Romanen gelangt ist, die ein viel größeres Publikum ansprechen und für alle Schichten der Gesellschaft akzeptabel sind.

Mrs. Gaskell ist in ihrem geliebten Knutsford begraben, auf dem alten Friedhof der Unitarier rund um die Kirche, wo ein einfaches Granitkreuz die Ruhestätte markiert. Auf ihrem Grab findet man oft einen Kranz oder einen Blumenstrauß als dankbare Hommage an einen ihrer vielen Bewunderer. Ihr Schreiben war im Geiste wahrer Hilfsbereitschaft verfasst, und es ist unmöglich, ihre Geschichten zu lesen, ohne sich durch die Lektüre besser zu fühlen. Sie brachte bei ihrer Arbeit einen geschulten Geist mit und erledigte alles, was sie tat, gewissenhaft. Ihr Leben war nicht ereignisreich, aber voller guter Taten.

Die Wiederbelebung des Gaskell-Kults trägt dazu bei, die heutige Generation mit ihren wunderschönen Geschichten aus der mittleren viktorianischen Zeit vertraut zu machen. Es fällt auf, dass sie, obwohl sie viele ihrer Ferien auf dem Kontinent verbrachte, wobei Frankreich, Deutschland und Italien ihre Lieblingsurlaubsorte waren, alle ihre Romane vom englischen Leben erzählen, denn sie achtete darauf, nie aus ihren Tiefen herauszukommen. Sie schrieb über das, was sie erlebt hatte und was sie im täglichen Leben der Menschen um sie herum sah. Zukünftige Generationen werden die Romane von Frau Gaskell lesen und das Gefühl haben, dass sie eine scharfe Beobachterin der Menschheit war und nicht nur den Wunsch, sondern auch die Fähigkeit hatte, sie zu verstehen.

Die herausragenden Qualitäten ihrer Romane sind Individualität, Wahrhaftigkeit und Reinheit. Die Fähigkeit, in die Gefühle ihrer Charaktere einzutauchen, ist nahezu einzigartig, wie *Mary Barton*, *Ruth*, *Sylvias Liebhaber* und *Ehefrauen und Töchter* deutlich beweisen. Die Angehörigen einer früheren Generation konnten den Wahrheitsgehalt ihrer Geschichten am besten bezeugen. Es waren echte Wortbilder, wunderschön konzipiert und lebensecht, und es gab keine Übertreibung – eine von Mrs. Gaskells liebsten Abneigungen.

Die Reinheit ihres Schreibens ist sprichwörtlich. Es gibt keinen Autor, der
sie in dieser Qualität übertroffen hätte, und ihre Romane sind alle frei von
Schlacke und Zensur. Ihr Geist bereitete den Morgen vor und kündigte einen
reineren Tag an, und die Unsterblichkeit ihres Namens beruht auf der
paulinischen Aufforderung: „Alle Dinge sind ehrlich, alle Dinge sind gerecht,
alle Dinge sind rein, alle Dinge sind schön, alle Dinge sind schön." einen
guten Ruf haben, wenn es irgendeine Tugend gibt und wenn es Lob gibt,
denken Sie über diese Dinge nach."

ESTHER ALICE CHADWICK.

WEST BRAE, ENFIELD, MIDDLESEX ,
25. August 1911 .

Kalender der wichtigsten Ereignisse im Leben von Frau Gaskell

1810.	Elizabeth Cleghorn Stevenson, geboren am 29. September in 12 Lindsey Row, Chelsea.
1811.	Im Juni 1811 in die 3 Beaufort Row, Chelsea verlegt.
	Mutter starb im Oktober 1811 in der 3 Beaufort Row.
1812.	Elizabeth wurde im Alter von vierzehn Monaten nach Knutsford gebracht.
1824.	Zur Schule in Stratford-on-Avon geschickt.
1827.	Ihr einziger Bruder, John Stevenson, verschwand in Kalkutta.
1829.	Vater starb in 3 Beaufort Row, Chelsea.
	Besuchte ihre Verwandten in Newcastle-on-Tyne.
1830.	Habe Edinburgh besucht.
1831.	Von Dunbar geschaffene Marmorbüste.
1832.	heiratete er Rev. William Gaskell, MA .
1832-42.	Wohnhaft in 14 Dover Street, Manchester.
1837.	Frau Lumb starb am 1. Mai in Knutsford.
1842-49.	Wohnhaft in 121 Upper Rumford Street, Manchester.
1844.	Der einzige Sohn starb im September 1844 in Festiniog.
1849-65.	Wohnhaft in 84 Plymouth Grove, Manchester.
1848.	Erster Roman, *Mary Barton* , veröffentlicht.
	Ich traf Charles Dickens zum ersten Mal.
1850.	Die Mutter von Herrn Gaskell, Margaret Gaskell, starb im Januar.
1850.	Erste Begegnung mit Charlotte Brontë im August 1850.

Veröffentlicht: *The Moorland Cottage* .

1853.	Zweiter Roman, *Ruth* , veröffentlicht.

Zweiter Roman, *Ruth* , veröffentlicht.

Cranford veröffentlicht.

1854.   Besuchte Paris und traf Madame Mohl.

1855.   *Norden und Süden* veröffentlicht.

Lizzie Leigh und andere Geschichten veröffentlicht.

1857.   *Das Leben von Charlotte Brontë* veröffentlicht.

Herausgeber *von Mabel Vaughan* und Autor des Vorworts.

1859.   *Round the Sofa Stories* veröffentlicht.

My Lady Ludlow und andere Geschichten veröffentlicht.

1862.   Vorwort zu *Garibaldi in Cabrera* von Oberst Vecchj.

Nähschulen für Arme in Manchester eingeweiht.

1863.   *Sylvia's Lovers* veröffentlicht.

Die Tochter von Frau Gaskell, Florence Elizabeth, heiratete am 8. September Herrn Charles Compton, QC .

Ich war in Rom und habe bei WW Story übernachtet.

1865.   *Cousin Phillis* veröffentlicht.

Wives and Daughters veröffentlicht im „Cornhill Magazine".

Frau Gaskell starb am 12. November in Holybourne, Hants.

Begraben am 16. November auf dem Unitarian Chapel Burial Ground in Knutsford.

ICH
Poesie

Poesie war nicht Mrs. Gaskells *Stärke* , aber ihr poetischer Instinkt zeigte sich besonders in ihren Prosa-Idyllen – *Cranford* und *Cousin Phillis* .

Household Words und *All the Year Round* geschrieben , obwohl Mrs. Gaskells Ruhm auf ihren Romanen beruht. Charles Dickens sicherte sich eifrig Frau Gaskell als regelmäßige Mitarbeiterin für seine Zeitschrift, und ihre Vielseitigkeit zeigte sich in den vielen verschiedenen Themen, die sie mit so viel Geschick diskutierte.

Poesie

Skizzen unter den Armen

Blackwood's Magazine , Januar 1837

Nein, ich

Dieses Gedicht wurde von Frau Gaskell in Zusammenarbeit mit ihrem Ehemann geschrieben und ist ihr erstes veröffentlichtes Werk. In einem Brief an Mary Howitt aus dem Jahr 1838 schreibt sie: „Wir dachten einmal darüber nach, *Skizzen* unter den Armen zu schreiben, *eher* in der Art von Crabbe (denken Sie jetzt nicht mehr anmaßend), sondern in einem eher sehenden Schönheitsgeist; und einer – der einzige – wurde im Januar 1837 in *Blackwood veröffentlicht* . Aber ich nehme an, wir haben unseren Plan in der Nähe einer Heckenrose besprochen, denn es ging nie weiter." Das Gedicht ist interessant, da es Mrs. Gaskells mitfühlenden Einblick in das Leben der Armen vorwegnimmt und einen würdigen Auftakt zu ihrem ersten Roman darstellt, denn die Figur der „Mary" basiert auf demselben Original wie „Old Alice" in *Mary Barton* .

AN die Tage meiner Kindheit erinnere ich mich

Von einem dunklen Haus hinter einer alten Ulme,

Von düsteren Straßen umgeben, wo die Blume

Aus der frischeren Luft gebracht, knapp für eine Stunde

Behielt seinen wohlriechenden Duft; doch lebten dort Männer,

Ja, und im Glück; der Geist ist klar

In den meisten dichten Luftbereichen herrscht eine eigene helle
Atmosphäre.

Aber in dem Haus, von dem ich sprach, wohnten sie

Einer, der die ganze Last des Rauches spürte.

Sie hatte die Grenze zwischen Jugend und Alter überschritten

Eine alleinstehende, keine einsame Frau, Weiser

Und immer nachdenklich und doch äußerst freundlich:

Ohne die natürlichen Bindungen versuchte sie, sich zu binden

Herzlich zu ihr, mit sanfter, nützlicher Liebe,

Fordern Sie bei jedem Wechsel der Sympathie auf, sich zu bewegen.

Und so gewann sie die Zuneigung, die sie schätzte

Von jedem Lebewesen, wie auch immer es verachtet wird –

Ein Aufruf an ihre Zärtlichkeit, wann immer

Die Freunde um sie herum hatten ihre Trauer zu teilen;

Und wenn sie vor Freude den Freundlichen vergessen haben,

Sie freute sich immer noch, und mehr wollte sie nicht.

Sagte ich nicht wirklich, sie war nicht allein,

Obwohl niemand am Abend ihren sauberen Herdstein teilte?

Für manche mag sie prosaisch erscheinen, aber für mich

Sie bezauberte immer mit täglicher Poesie.

Fühlte in ihr jede ihrer Handlungen, nie gehört,

So wie der Gefährte eines süßen Singvogels,

Die stumm und immer noch in ihrem Schatznest brütet,

Die liebevolle Hoffnung ihres Herzens verbarg sich tief in ihrer Brust.

Bei all ihren stillen Pflichten ein lieber Gedanke

Immer treu und beständig herrschend, nicht gebracht

Vor der Welt, aber umso mehr gesammelt

Dafür, dass sie für sich selbst ein geheimer Laden war.

Immer wenn sie von Landhäusern hörte, lächelte sie

Währenddessen erhellte sich ihr ernstes Gesicht;

Sie wusste noch nicht, dass es kam, aber in ihrem Herzen

Eine Hoffnung sprang auf, zu der auch dieses Lächeln gehörte.

Sie dachte, die Zeit könnte kommen, schon bald die Schüssel

Am Brunnen wurden gebrochen, als ihre Seele

Könnte auf seine Sehnsüchte hören, ungerügt

Durch den Gedanken an das Scheitern der Sache, die sie liebte;

Wenn sie die enge und laute Straße verlassen könnte,

Und wieder einmal könnte das Zuhause ihrer Kindheit grüßen.

Es war ein angenehmer Ort, dieses frühe Zuhause!

Der Bach strömte singend vorbei und ließ seinen Schaum zurück

Unter den Fahnen und dem blauen Vergissmeinnicht;

Und in einer Ecke, über diesem geschützten Ort,

Lange Zeit stand ein knorriger Weißdornbaum;

Und wenn Sie im Frühling vorbeikommen, werden Sie es vielleicht sehen

Der verknotete Stamm ist ganz mit Blumen gekrönt,

Dass jede Brise in duftenden Schauern herabströmte;

Die ernsten Bienen in duftenden Zellen lagen tatsächlich,

Sie singen ihren Dank mit murmelnder Melodie;

Die Abendsonne schien hell auf das Grün,

Und schien auf der einsamen Szene zu verweilen.

Und wenn es für andere Marys frühes Nest ist

Zeigte sich arm und heimelig ihrer liebenden Brust

In den Flecken selbst lag ein Zauber verborgen

Welche Zeit und welches Wetter übrig blieben; die alten dunklen Scheiben,

Das graue raue Moos, der Hauslauch, könnte man sehen

Wurden im Gedächtnis der Kindheit festgehalten;

Und in ihren Träumen wanderte sie weit und breit

Zwischen den Hügeln, ihre Schwester an ihrer Seite –

Diese Schwester schlief unter einem grasbewachsenen Grab

Ehe die Zeit sie ihrer ersten süßen Blüte beraubt hatte.

O Schlaf! Du bringst das Herz unserer Kindheit zurück,

Bevor der Tau noch ausatmet, verschwindet die Hoffnung;

Du rufst die Verlorenen herauf, die über sie trauern

Bis das Selbst des Kummers seine tränenreiche Kraft verloren hat;

Dein ist das Märchenland, wo Schatten wohnen,

Wird in Träumen durch einen seltsamen verborgenen Zauber
hervorgerufen.

Aber Tag und Wachen haben ihre Träume, oh Schlaf,

Wenn Hoffnung und Erinnerung ihre liebevollen Uhren behalten;

Und so hatte Maria die höchste Macht,

Wenn freundliche Arbeit ihre Hände den ganzen Tag beschäftigte.

Mit ihren Händen wanderten ihre Gedanken weit und frei,

Bis der Sinn nach unten rief, um die Realität zu beruhigen.

Ein paar kurze Wochen, und dann wurden die Ketten gelöst

Was sie an den Leiden und Schmerzen eines anderen festhielt,

Abschied von düsteren Straßen und verschleierten Himmeln,

Ihr geschätztes Zuhause sollte ihre sehnsüchtigen Augen segnen,

Und schön wie in den Tagen der kindlichen Freude

Jede grasbewachsene Ecke und jedes bewaldete Plätzchen sollte es sein.

Doch immer, wenn ein Kummer verging,

Ein anderer rief den Zärtlichen zum Bleiben auf,

Und wo sie so spät die strahlende Fröhlichkeit teilte,

Das Phantom Trauer saß kauernd am Kamin.

So vergingen Tage und Wochen und wurden zu Jahren,

Von Maria nicht geweint, bis auf die Tränen anderer.

Als liebevolle Pflegerin, die aus der Brust der Mutter kommt

Wiegt das müde Kind in seine ruhige Ruhe,

Erst stoppt jedes Geräusch und lässt dann den Vorhang fallen

Um ein trübes und schläfriges Licht über alles zu werfen,

So wuchs sanft das Alter über jeden müden Sinn

Ein tiefer werdender Farbton, um den Scheitel zu glätten.

Jeder geschätzte Akzent, jeder vertraute Ton

fiel einer nach dem anderen von ihrer täglichen Musik ab;

Dennoch ließen ihre aufmerksamen Blicke es zu Recht ahnen

Was sich bewegende Lippen durch Ton nicht ausdrücken könnten,

Über jedes geliebte Gesicht kam als nächstes ein hauchdünner Schleier,

Und Glanz und Schatten verschwanden aus ihrem Blickfeld.

Und zu guter Letzt die feierliche Veränderung, die sie sahen

Dem Tod die Hälfte seiner königlichen Ehrfurcht nehmen;

Der Geist sank zur Kindlichkeit herab, und sie,

Ich verlasse mich Tag für Tag auf ihren Rat

(Wie ein einsamer Wanderer, weit weg von seiner Heimat,

Nimmt als seinen Führer einen festen und bekannten Stern,

Bis Wolken über seinem zitternden Licht wehen,

Und lass ihn wild in der weglosen Nacht zurück),

Suchte ihr verändertes Gesicht mit seltsam unsicherem Blick,

Ich bete immer noch, dass sie sie durch das Labyrinth führt.

Sie hatten Mitleid mit ihrem einsamen Schicksal und fanden es traurig;

Doch wie in ihrer frühen Kindheit war sie froh;

Sie hatte keine Ahnung von Veränderung oder Gedankenverlust,

Mit denen um sie herum suchte sie keine Gemeinschaft;

Scarce wusste von ihrem Wesen. Lust auf Wild

Hatte ihr ein Kind im Haus ihres Vaters gegeben;

Es war ihre Mutter, die sie zur Ruhe sang;

Die Lerche weckte sie und sprang aus seinem Nest;

Die Bienen sangen fröhlich den langen Tag,

Lauerte inmitten von Blumen, wo auch immer sie spielte;

Die Sabbatglocken läuteten wie in vergangenen Jahren,

Anschwellen und Absinken beim Seufzen des sanften Windes;

Ihre kleinen Schwestern knieten mit ihr im Gebet,

Und jede Nacht teilte sie den Segen ihres Vaters;

So, eingehüllt in frohe Fantasien, ihr Leben

Schlich weiter mit all ihren süßen jungen Erinnerungen.

Ich denke oft (wenn auch bei diesem sterblichen Licht

Wir können immer das Schicksal eines anderen richtig lesen.)

Dass für ihr liebendes Herz ein Segen kam,

Von vielen unsichtbar, von einem Namen getrübt;

Und alles Äußerliche verschwindet aus der Welt

War wie die Blume in der Nacht, wenn sie sich zusammengerollt hat

Seine goldenen Blätter, und sie umschlangen sein Herz,

Um sich in seinem süßesten Teil näher zu schmiegen.

Ja! Engelsstimmen riefen ihre Kindheit zurück,

Das Leben mit seiner trüben, traurigen Spur auslöschen;

Ihr geheimer Wunsch war im Himmel immer bekannt,

Und so wurde im Geheimnis die Antwort gegeben.

In Trauer trauerten viele um ihre letzten Jahre,

Aber der Segen schien hinter diesem Tränennebel,

Und als das Kind, für das sie sich selbst hielt, lügt sie

Im sanften Schlaf, bis die Toten auferstehen.

Artikel und Skizzen

Clopton Hall

Aus W. Howitts *Visits to Remarkable Places*, 1840

Dieser 1838 verfasste Bericht über einen Besuch im Clopton House ist Mrs. Gaskells erster separater Beitrag zur Literatur. Es handelte sich um einen

Brief, der an William Howitt gerichtet war, nachdem er seine „ *Visits to Remarkable Places* "*gelesen hatte* , und war in seinem 1840 veröffentlichten „*Visit to Stratford-on-Avon*" *enthalten* . Die hier erwähnten Herren und Damen W — sind Mr. und Frau Wyatt. Das Ölgemälde von Charlotte Clopton „mit goldblonden Haaren" hängt jetzt im Treppenhaus von Clopton House.

ICH FRAGE MICH , ob Sie Clopton Hall kennen, etwa eine Meile von Stratford-on-Avon entfernt. Erlauben Sie mir, Ihnen von einem sehr schönen Tag zu erzählen, den ich dort verbracht habe? Ich ging in der Nachbarschaft zur Schule und eine meiner Schulkameradinnen war die Tochter eines Herrn W — , der damals in Clopton lebte. Frau W — lud eine Gruppe Mädchen ein, einen langen Nachmittag zu verbringen, und wir machten uns an einem wunderschönen Herbsttag auf den Weg, voller Freude und Staunen über den Ort, den wir sehen wollten. Wir gingen durch verlassene, halb bewirtschaftete Felder, bis wir in Sichtweite des Hauses kamen – ein großes, schweres, kompaktes, quadratisches Backsteingebäude in diesem tiefen, toten Rot, das sich fast dem Lila näherte. Vorne befand sich ein großer, formeller Hof, dessen massive Säulen von zwei grimmigen Monstern gekrönt waren. aber die Mauern des Hofes waren niedergerissen, und das Gras wuchs innerhalb der Umzäunung genauso wild und wild wie auf dem erhöhten Alleenweg, den wir entlanggekommen waren. Die Blumen waren mit Brennnesseln überwuchert, und erst als wir uns dem Haus näherten, sahen wir die einzelne gelbe Rose und den österreichischen Dornbusch, die um die tief eingelassenen, diamantverglasten Fenster herum so etwas wie eine Ordnung bildeten. Wir marschierten in die Halle mit ihrem Mosaikboden aus Marmor, in dem seltsame Porträts von Menschen hingen, die seit mindestens zweihundert Jahren in ihren Gräbern lagen; Dennoch waren die Farben so frisch und in einigen Fällen so lebensecht, dass ich beim bloßen Betrachten der Gesichter fast glaubte, die Originale stünden im Salon dahinter. Um uns sozusagen in die Zeit der Bürgerkriege zurückversetzen zu können, hing eine Art Militärkarte, die mit Feder und Tinte gut ausgearbeitet war und in altmodischer Schrift die Stationen der jeweiligen Armeen zeigte darunter die Namen der wichtigsten Städte, Angaben zur Stärke der Garnison usw. In diesem Saal wurden wir von unserer freundlichen Gastgeberin empfangen und sagten uns, wir könnten umherwandern, wo wir wollten, im Haus oder außerhalb, und aufpassen zur Teezeit im „Nischenzimmer" sein. Ich zog es vor, die breite Eichentreppe mit Regalen hinaufzugehen, deren massive Balustrade völlig bröckelig und wurmstichig war. Die Familie, die damals in der Halle wohnte, belegte nicht die Hälfte – nein, nicht ein Drittel der Räume; und die altmodischen Möbel waren im größten Teil davon unbeschädigt. In einem der Schlafzimmer (in denen es angeblich spukt) und das mir mit seiner angespannten Atmosphäre und den langen Schatten des Abends ein „unheimliches" Gefühl vermittelte, hing ein Porträt von so einzigartiger Schönheit! ein süß aussehendes Mädchen mit blassgoldenem Haar, das aus der Stirn zurückgekämmt war und in welligen Locken auf den Hals fiel, und mit Augen, die „aussahen wie mit Tau gefüllte Veilchen", denn vor ihrem tiefen Dunkelblau glitzerten unvergossene Tränen – und das war das Ebenbild von Charlotte Clopton, über die in der Kirche von Stratford eine so schreckliche Legende erzählt wurde. Während einer Epidemie, der Schweißkrankheit oder der Pest, war dieses junge Mädchen krank geworden und allem Anschein nach gestorben. Sie wurde in furchtbarer Eile in den Gewölben der Clopton-Kapelle begraben, die an die Stratford-Kirche angeschlossen war, aber die Krankheit konnte nicht gestillt werden. Wenige Tage später starb ein weiterer Clopton, und sie trugen ihn in die Gruft der Vorfahren. Doch als sie die düstere Treppe hinunterstiegen, sahen sie im Fackelschein Charlotte Clopton in ihrer Grabkleidung an der Wand lehnen; und als sie näher hinsahen, war sie tatsächlich tot, aber nicht bevor sie in der Qual der Verzweiflung und des Hungers ein Stück von ihrer weißen, runden Schulter gebissen hatte! Natürlich war sie seitdem *gelaufen* . Dies war „Charlottes Gemach", und hinter Charlottes Gemächer befand sich ein Prunkgemach, das mit dem Staub vieler Jahre bedeckt und durch die Schlingpflanzen verdunkelt war, die die Fenster bedeckt hatten und sich sogar zu üppigem Wagemut durch die zerbrochenen Scheiben drängten. Dahinter befand sich wiederum eine alte katholische Kapelle mit einem Kaplanzimmer, das bis vor wenigen Jahren zugemauert und in Vergessenheit geraten war. Ich ging auf Händen und Knien hinein, denn der Eingang war sehr niedrig. Ich erinnere mich kaum an die Kapelle; aber im Zimmer des Kaplans lagen alte und meiner Meinung nach seltene Ausgaben vieler Bücher, hauptsächlich Folianten. Eine große gelbe Kopie von Drydens „ *All for Love, or the World Well Lost* " aus dem Jahr 1686 fiel mir ins Auge und ist die einzige, an die ich mich besonders erinnere. Während ich umherwanderte, stieß ich hin und wieder auf einen neuen Abzweig einer Treppe, und die krummen, halb beleuchteten Gänge waren so zahlreich, dass ich mich fragte, ob ich den Weg zurück finden könnte. In einem dieser Gänge befand sich eine merkwürdig geschnitzte alte Truhe, und mit mädchenhafter Neugier versuchte ich, sie zu öffnen; aber der Deckel war zu schwer, bis ich einen meiner Gefährten überredete, mir zu helfen, und als er geöffnet wurde, was haben wir wohl gesehen? – KNOCHEN! – aber ob Menschen, ob die Überreste der verlorenen Braut, das sahen wir nicht Ich bleibe, um zu sehen, rannte aber teils vorgetäuscht, teils in echtem Terror davon

Der letzte dieser verlassenen Räume, an den ich mich erinnere, der letzte, der verlassenste und der traurigste, war das Kinderzimmer – ein Kinderzimmer ohne Kinder, ohne singende Stimmen, ohne fröhlich klingende Schritte! Rundherum hing ein Kinderzimmer mit seinen einstigen Bewohnern, mutigen, galanten Jungen und schönen, zierlichen Mädchen und ein oder zwei Krankenschwestern mit runden, dicken Babys auf dem Arm. Wer waren sie alle? Was war ihr Schicksal im Leben? Sonnenschein oder Sturm? Oder waren sie „von den Göttern geliebt worden und jung gestorben"? Die Echos selbst wussten es nicht. Hinter dem Haus, in einer Mulde, die jetzt wild, feucht und mit Holunderbüschen bewachsen war, befand sich ein Brunnen namens Margaretenbrunnen, denn dort hatte sich eine Jungfrau des Hauses mit diesem Namen ertränkt.

Ich habe versucht, alle möglichen Informationen über die Familie von Clopton of Clopton zu erhalten. Seit den Bürgerkriegen waren sie verfallen; waren ein oder zwei Generationen lang nicht in der Lage gewesen, im alten Haus ihrer Väter zu leben, sondern hatten in London oder im Ausland für ihren Lebensunterhalt gearbeitet; und der letzte aus der alten Familie, ein Junggeselle, exzentrisch, geizig, alt und von den schmutzigsten Gewohnheiten, wenn der Bericht wahr sein sollte, war erst ein paar Monate zuvor in Clopton Hall gestorben, eine Art Kostgänger bei Mr. W — Familie. Er wurde in der wunderschönen Kapelle der Cloptons in der Stratford Church beigesetzt, wo man die wehenden Banner sehen kann und die Rüstung über ein oder zwei prächtigen Denkmälern hängt. Herr W — war der Anwalt des alten Mannes und völlig in seinem Vertrauen gewesen, und ihm überließ er das Anwesen, belastet und in schlechtem Zustand. Ein oder zwei Jahre später beanspruchte und erhielt der Schwiegererbe, ein sehr entfernter Verwandter, der in Irland lebte, den Nachlass unter der Begründung unzulässiger Einflussnahme, wenn nicht gar Fälschung seitens Herrn W — ; und das Letzte, was ich an diesem Tag von unseren freundlichen Entertainern hörte, war, dass sie verboten waren und in Brüssel lebten.

Eine griechische Hochzeit

Aus „Modern Greek Songs", *Household Words* , 1854

Mrs. Gaskell war eine begeisterte Studentin volkstümlicher Bräuche und Traditionen, und mehrere ihrer Artikel beweisen, wie aufmerksam und wunderbar neugierig sie immer war, wenn sich die Gelegenheit bot, Traditionen oder Bräuche zu untersuchen.

NUN etwas über die Hochzeitslieder. Das Leben der modernen Griechen scheint eine Oper zu sein; Alle Emotionen, alle Ereignisse erfordern die Erleichterung des Singens. Aber eine Hochzeit ist eine Zeit des Singens zwischen Menschen und Vögeln. Bei den Griechen werden die Jugendlichen beiderlei Geschlechts getrennt gehalten und treffen sich nur anlässlich eines öffentlichen Festes, wenn der junge Grieche seine Braut auswählt und ihre Eltern um ihre Zustimmung bittet. Wenn sie es geben, ist alles für die Verlobung vorbereitet; Doch bis dahin ist es den Jugendlichen nicht gestattet, sich wiederzusehen. Es gibt Teile Griechenlands, in denen es dem jungen Mann gestattet ist, seine Leidenschaft selbst gegenüber dem

Gegenstand auszudrücken. Allerdings atmet er seinen zarten Anzug nicht in Worten aus. Er versucht, sie auf einem Weg oder an einem anderen Ort zu treffen, wo er ihr einen Apfel oder eine Blume zuwerfen kann. Wenn man sich für die erstere Rakete entscheidet, kann man nur hoffen, dass die junge Dame geschickt im Fangen ist, da ein Schlag mit einem mittelharten Apfel ein viel zu heftiger Liebesbeweis ist. Nach diesem Apfel- oder Blumenwerfen besteht seine einzige Chance, seine Liebe zu treffen, am Brunnen; wohin alle griechischen Jungfrauen gehen, um Wasser zu holen, wie einst Rebekka zum Brunnen ging.

Die Verlobungszeremonie ist sehr einfach. An einem bestimmten Abend treffen sich die Verwandten der Liebenden in Anwesenheit eines Priesters, entweder im Haus des Vaters des zukünftigen Ehemanns oder im Haus der Eltern der gewählten Braut. Nachdem der Ehevertrag unterzeichnet ist, bringen zwei junge Mädchen die Braut, die ganz mit einem Schleier bedeckt ist, herein und stellen sie ihrem Geliebten vor, der sie bei der Hand nimmt und zum Priester führt. Sie tauschen vor ihm die Ringe aus und er gibt ihnen seinen Segen. Die Braut zieht sich dann zurück; aber die ganze übrige Gesellschaft bleibt und verbringt den Tag damit, fröhlich zu sein und auf die Gesundheit des jungen Paares zu trinken. Der Zeitraum zwischen der Verlobung und der Hochzeit kann nur wenige Stunden betragen; es können Monate sein und es können Jahre sein; Aber wie lange es auch dauern mag, die Liebenden dürfen sich bis zum Hochzeitstag nie wiedersehen. Drei oder vier Tage vorher verschicken der Vater oder die Mutter der Braut ihre Einladungsschreiben; Jedes davon wird von einer Flasche Wein als Geschenk begleitet. Die Antworten kommen mit noch umfangreicheren Begleittexten. Wer große Freude an der Annahme hat, schickt seiner Antwort ein Geschenk bei; am häufigsten ist ein mit Bändern und Blumen geschmückter Widder oder ein Lamm; aber die Ärmsten schicken ihr Viertel Hammelfleisch als Beitrag zum Hochzeitsfest.

Am Vorabend der Hochzeit, oder besser gesagt in der Nacht, gehen die Freunde beider Seiten los, um Braut und Bräutigam für die bevorstehende Zeremonie auszustatten. Der Bräutigam wird von seinem Paranymphen oder Bräutigamsmann auf sehr ernste und würdevolle Weise im Beisein aller eingeladenen jungen Damen rasiert. Stellen Sie sich die Haltung des Bräutigams vor, ängstlich und regungslos unter den Händen seines ungeübten Friseurs, die Nase leicht zwischen Finger und Daumen hochgehalten, während eine Schar junger Mädchen der anmutigen Operation ernst zusieht! Die Braut wird ihrerseits von ihren jungen Begleitern geschmückt; die sie in Weiß kleiden und sie überall mit einem langen Schleier aus feinstem Stoff bedecken. Früh am nächsten Morgen traten der junge Mann und alle seine Freunde wie ein Bräutigam aus seinem Gemach, um die Braut zu suchen und sie aus dem Haus ihres Vaters zu entführen. Dann singt sie in Liedern, die so alt sind wie die Ruinen der alten Tempel, die sie umgeben, ihren traurigen Abschied von dem Vater, der sich bisher um sie gekümmert und sie beschützt hat; an die Mutter, die sie geboren und umsorgt hat; an die Gefährten ihrer Jungfräulichkeit; zu ihrem frühen Zuhause; zum Brunnen, von dem sie täglich Wasser holte; zu den Bäumen, die ihr kindliches Spiel beschatteten; und ab und zu weint sie ganz natürlich; Dann wendet sich die Paranymphe, einem uralten Brauch zufolge, an die fröhliche, aber mitfühlende Prozession und sagt in einem Satz, der bei solchen Gelegenheiten sprichwörtlich geworden ist: „Lasst sie in Ruhe! sie weint!" Darauf muss sie antworten: „Führe mich weg, aber lass mich weinen!" Nachdem das *Gefolge* die Braut zum Haus ihres Mannes getragen hat, begibt sich die ganze Gesellschaft in die Kirche, wo die religiöse Zeremonie durchgeführt wird. Dann kehren sie zur Wohnung des Bräutigams zurück, wo sie sich alle hinsetzen und feiern; außer der Braut, die verschleiert bleibt und allein steht, bis zur Mitte des Banketts, als der Paranymph näherkommt, den Schleier öffnet, der herunterfällt, und sie errötend dasteht, den Augen aller Gäste ausgesetzt. Der nächste Tag ist der Aufführung von Hochzeitstänzen gewidmet. Am dritten Tag treffen sich alle Verwandten und Freunde und führen die Braut zum Brunnen, aus dessen Wasser sie ein neues irdenes Gefäß füllt. und in die sie verschiedene Vorräte wirft. Anschließend tanzen sie im Kreis um den Brunnen.

Tenir un Salon

Aus „Company Manners", *Household Words* , 1854

Dieser Artikel gibt einen Einblick in die oft gemachte Bemerkung: „Wenn jemand in Manchester wüsste, wie *tenir un salon,* dann war es sicherlich Mrs. Gaskell"; Sie studierte und praktizierte die Kunst der Unterhaltung bis zur Perfektion.

MADAME DE SABLÉ verfügte über alle Voraussetzungen, die es ihr ermöglichten, *einen Salon* mit Ehre für sich selbst und Freude für ihre Freunde zu betreten.

Abgesehen von dieser krönenden Leistung scheint die gute Französin alltäglich genug gewesen zu sein. Sie war wohlgeboren und wohlerzogen, und die Gesellschaft, die sie pflegte, muss sie einigermaßen intelligent gemacht haben. Sie war mit einem langweiligen Ehemann verheiratet und hatte zweifellos ihre kleinen Flirts, nachdem sie früh Witwe geworden war; M. Cousin weist darauf hin, aber sie waren nie skandalös oder öffentlich bekannt. Nach ihrem mittleren Alter begann sie, „ihre Erlösung zu finden" und schloss sich den Port-Royalisten an. Trotz ihres Jansenismus neigte sie dazu, köstliche Dinge zu essen. Sie hatte eine Freundin, mit der sie im Laufe ihres Lebens immer wieder Streit hatte. Und (um so etwas wie Lady O'Looney aus berühmter Erinnerung zum Abschluss zu bringen) wusste sie, wie *man in einem Salon war*. M. Cousin erzählt uns, dass sie in nichts und keiner Eigenschaft außergewöhnlich war, und führt den Erfolg ihres Lebens auf diese einzige, einfache Tatsache zurück.

Seitdem ich diese Memoiren von Madame de Sablé gelesen habe, habe ich viel und intensiv darüber nachgedacht. Zuerst war ich geneigt, über die außerordentliche Bedeutung zu lachen, die dieser Kunst, „Gesellschaft zu empfangen" beigemessen wird – nein, diese Übersetzung reicht nicht aus! – „einen Salon halten" ist noch schlimmer, denn das impliziert den Staat und Vorbehalt des Königtums; – sollen wir es die Kunst des „Sabléing" nennen? Aber als ich an meine Erfahrungen in der englischen Gesellschaft dachte – an die Abende, vor denen ich mich gefürchtet hatte, bevor sie kamen, und in der Erinnerung seufzte, weil sie so unbeschreiblich langweilig waren –, erkannte ich, dass Sablé wohl, wie M. Cousin andeutete, das erforderte Vereinigung vieler hervorragender Qualitäten und unbestreitbarer kleiner Vorzüge. Ich fragte einige Franzosen, ob sie mir das Rezept geben könnten, denn es schien höchstwahrscheinlich traditionell zu sein, wenn nicht sogar noch in ihrem Land vorhanden. Ich präsentiere Ihnen ihre Ideen, so fragmentarisch sie auch sein mögen, und dann werde ich Ihnen einige meiner eigenen erzählen; endlich vielleicht mit der Ergänzung von Ihnen, oh verehrteste Leser! Vielleicht entdecken wir die verlorene Kunst von Sabléing.

Die Französin sagte: „Um in Sabléing erfolgreich zu sein, muss eine Frau über die Jugend hinaus sein, aber nicht über die Fähigkeit zur Anziehung. Sie muss dies durch ihre liebenswürdigen und liebenswürdigen Manieren und durch ihr schnelles und schnelles Taktgefühl erreichen, wenn es darum geht, diejenigen wahrzunehmen, denen nicht die nötige Aufmerksamkeit geschenkt wurde, oder indem sie das Gespräch von jedem Thema ablenkt, das einem der Anwesenden Schmerzen bereiten könnte." „Diese Regeln gelten in England", sagte ich. Meine Freundin fuhr fort: „Sie sollte niemals in irgendetwas hervorstechen; sie sollte schweigen, solange alle anderen reden; aber wenn das Gespräch nachlässt, sollte sie sich mit demselben Elan in die Bresche stürzen, mit dem ich bemerke, dass die jungen Damen des Hauses, in dem ein Ball gegeben wird, still daneben stehen, bis die Tänzer müde sind, und dann in die Arena springen , um den Geist und die Musik weiterzuführen, bis die anderen bereit sind, von vorne zu beginnen."

„Aber", sagte der französische Herr, „sogar in dieser Zeit, wenn Gesprächsthemen gefragt sind, sollte sie lieber Vorschläge machen als sie erweitern – Fragen stellen, anstatt ihre eigene Meinung zu äußern."

„Natürlich", sagte die Dame. „Madame Récamier, deren Salons die vollkommensten dieses Jahrhunderts waren, hielt ihre Meinung zu Büchern, Mannern oder Maßen immer zurück, bis alle um sie herum ihre Meinung geäußert hatten; Dann sammelte und harmonisierte sie sie sozusagen, indem sie hier etwas Freundliches und dort etwas Sanftes sagte und immer mit ihrem eigenen ruhigen Sinn sprach, bis die am stärksten unterdrückten Menschen lernten, den Standpunkt des anderen zu verstehen, was er auch ist eine großartige Sache für die Gegner."

„Dann ist die Anzahl der Menschen, die Sie empfangen, eine weitere Überlegung. Ich würde sagen, nicht weniger als zwölf oder mehr als zwanzig", fuhr der Herr fort. „Die Abende sollten – etwa wöchentlich – alle zwei Wochen Anfang Januar, unserer Jahreszeit, festgelegt werden. Legen Sie eine frühe Öffnungszeit für den Raum fest. Die Menschen werden dann in ihrer Frische gefangen, bevor sie von anderen Parteien erschöpft werden."

Die Dame sagte: „Ich für meinen Teil bevorzuge es, meine Freunde zu treffen, nachdem sie die größeren Bälle oder Empfänge verlassen haben. Man hört dann die Bemerkungen, den Witz, die Vernunft und die Satire, die sie während des Abends des erzwungenen Schweigens oder des feierlichen Redens angehäuft hatten."

„Eine kleine gut gelaunte Satire ist eine sehr angenehme Soße", antwortete der Herr, „aber sie muss gut gelaunt sein, und die Zuhörer müssen gut gelaunt sein; vor allem muss das Gespräch allgemein sein und nicht das Plaudern, Plaudern, Plaudern in einer Ecke, durch das sich die Engländer so oft auszeichnen. Sie gehen nicht in die Gesellschaft, um Geheimnisse mit Ihren engen Freunden auszutauschen; Sie gehen, um sich allen Anwesenden angenehm zu machen und allen zu einem schönen Abend zu verhelfen."

„Fremde sollten nicht zugelassen werden", sagte die Dame und nahm die Anspannung auf sich. „Sie würden den anderen gegenüber nicht fair anfangen; sie wüssten nichts von den Anspielungen, die sich auf die Gespräche der vergangenen Abende beziehen; Sie würden den – wie soll ich es nennen – Slang nicht verstehen? Ich meine jene Ausdrücke, die sich auf vergangene Ereignisse oder vergangene Witze beziehen, die allen gemeinsam sind, die sich regelmäßig treffen."

„Madame de Duras und Madame Récamier machten nie Avancen gegenüber Fremden. Ihre *Salons* waren die besten, die Paris in dieser Generation gesehen hat. Alle, die zugelassen werden wollten, mussten warten und ihre Eignung beweisen, indem sie sich anderswo wohlfühlten: sozusagen ihr Diplom im Bekanntenkreis dieser Damen verdienen; und schließlich war es eine große Gunst, von ihnen empfangen zu werden."

„Sie haben die Gesellschaft vieler Prominenter verpasst, indem sie sich so strikt an diese unausgesprochene Regel gehalten haben", sagte der Herr.

„Bah!" sagte die Dame. „Prominente! Was hat man mit ihnen in der Gesellschaft zu tun? Als Prominente sind sie einfach langweilig. Da ein Mensch einen Planeten entdeckt hat, folgt daraus nicht, dass er sich angenehm unterhalten kann, nicht einmal über seine eigenen Themen; Oft werden Menschen durch eine Handlung oder einen Ausdruck ihres Lebens ausgelaugt – ausgelaugt für alle Zwecke eines „Salons". Der Autor von Büchern zum Beispiel kann es sich nicht leisten, zwanzig Seiten umsonst zu reden, also schweigt er entweder zutiefst, oder er spült einem nur die Gedanken seines Geistes durch. Ich spreche jetzt von ihm als bloßer Berühmtheit und rechtfertige die Weisheit der Damen, von denen wir gesprochen haben, nicht nach solchen Leuten zu suchen; in der Tat eher schüchtern gegenüber ihnen. Einige ihrer Freunde waren die berühmtesten Menschen ihrer Zeit, aber sie wurden in ihrer alten Eigenschaft als angenehme Männer empfangen; ein bei weitem höherer Charakter. Dann", sagte sie und drehte sich zu mir um, „glaube ich, dass ihr Engländer die Vollkommenheit einer Konversation ruiniert, wenn ihr eure Räume an einem Abend, dessen Reiz davon abhängt, was man hört, wie an einem Abend, an dem Jugend und Schönheit im Vordergrund stehen, strahlend erleuchtet hat." um sich zwischen Blumen und Girlanden und allerlei hübschem Schmuck zur Schau zu stellen. Ich würde niemals zulassen, dass ein Raum auf Menschen wirkt, die ihn zum ersten Mal als dunkel empfinden; aber es gibt im Vergleich zum Sonnenlicht eine Art Mondlicht, in dem die Menschen freier und natürlicher sprechen; wo schüchterne Menschen sich auf ein Gespräch einlassen, ohne Angst davor zu haben, dass jeder Farbwechsel oder jede unwillkürliche Bewegung bemerkt wird – so wie wir am Feuer immer vertraulicher sind als anderswo – wie Frauen im schwach beleuchteten Schlafzimmer beim Eisstockschießen am offensten reden – Zeit."

„Weg mit Ihren schüchternen Leuten", sagte der Herr. „Personen, die unsicher sind und an eine unwillkürliche Rötung oder Blässe denken, an eine unpassende Bewegung des Gesichts, mehr als an das Thema, von dem sie reden, sollten überhaupt nicht in die Gesellschaft gehen. Da aber Frauen viel stärker von dieser Nervenschwäche betroffen sind als Männer, sollte die Mehrheit der Menschen in einem Salon immer auf der Seite der Männer liegen."

Ich glaube nicht, dass ich von meinen französischen Freunden weitere Hinweise auf die verlorene Kunst erhalten habe. Mal sehen, ob meine eigene Erfahrung in England weitere Ideen liefern kann.

Lassen Sie uns zunächst die Vorbereitungen treffen, die getroffen werden mussen, bevor unser Haus, unser Zimmer oder unsere Unterkunft für den Empfang der Gesellschaft hergerichtet werden kann. Damit meine ich natürlich nicht die Vorbereitungen für Tanz- oder Musikabende. Ich halte diejenigen Parteien für ihre bekräftigte Absicht, die angenehme Gespräche und glücklichen gesellschaftlichen Verkehr führen. Es kann sich um Abendessen, Abendessen, Tee handeln – es ist mir egal, wie sie heißen, vorausgesetzt, ihr Zweck ist definiert. Wenn Ihre Freunde nicht zu Abend gegessen haben und es Ihnen gefällt, ihnen ein Abendessen zu geben, lassen Sie sie im Namen von Lucullus zu Abend essen. aber achten Sie darauf, dass es außer dem bloßen Essen und Wein noch etwas gibt, das ihre Mast zu diesem Zeitpunkt angenehm und angenehm in Erinnerung macht, andernfalls packen Sie lieber für jeden seine Portionen des köstlichen Gerichts ein und schicken es separat, in heißer Form. Wassertabletts, damit er bequem hinter einer Tür essen kann, wie Sancho Panza, und damit fertig. Und doch verstehe ich nicht, warum wir wie Asketen sein sollten; Ich stelle mir vor, dass es eine Gnade der Vorbereitung gibt, eine Art festlicher Trompetenruf, der richtig und angemessen ist, um den Tag, an dem wir unsere Freunde empfangen, von gewöhnlichen Tagen zu unterscheiden, die nicht von solchen weißen Steinen geprägt sind. Der Gedanke und die Sorge, die wir ihnen entgegenbringen, um ihnen unser Bestes zu zeigen, können an unseren weniger glücklichen Tagen eine gewisse Selbstverleugnung bedeuten. Ich war in Häusern, in denen alle, vom Küchenmädchen aufwärts, gerne arbeiteten, weil „Freunde des Meisters“ kamen; und alles muss schön und gut sein, und alle Räume müssen hell, sauber und hübsch aussehen. Und da „ein fröhliches Herz den ganzen Weg geht“, scheinen Vorbereitungen, die in diesem einladenden, gastfreundlichen Geist getroffen werden, niemanden auch nur halb so sehr zu ermüden, als wenn die Bediensteten instinktiv spüren, dass es im Salon gesagt wurde: „Wir müssen so- und-so“ oder „Oh je! So und so hatten wir noch nie.“ Ja, ich mag ein wenig Prunk, Luxus und Pracht, um unsere glücklichen Tage, an denen wir Freunde empfangen, als Fest zu feiern. Aber ich glaube nicht, dass ich meine Macht, Luxusgüter zu beschaffen, ausschließlich in die Essens- und Trinkbranche stecken würde.

Meine Freunde wären wahrscheinlich überrascht (einige tragen Mützen und andere Perücken), wenn ich sie nach Art der alten Griechen mit Blumengirlanden versehen würde; aber stellen Sie Blumen auf den Tisch (keine Ihrer Täuschungen, weder aus Wachs noch auf andere Weise; ich bevorzuge eine ehrliche Primelwurzel am Wegesrand in einer gewöhnlichen Vase aus weißem Geschirr dem großartigsten Strauß steifer, raschelnder künstlicher Raritäten in einer silbernen Epergne). Ein oder zwei Blumen neben dem Teller jeder Person würden aus Kostengründen nicht aus dem Weg gehen und wären ein sehr angenehmes, hübsches Stück stiller Begrüßung. Köche und Küchenmädchen taten in dem von mir beschriebenen mitfühlenden Geist ihr Bestes, vom guten Kochen der Kartoffeln bis hin zum Einreichen aller Gerichte in der bestmöglichen Reihenfolge. Ich glaube, ich würde jedes imaginäre Abendessen nach dem „ursprünglichen“ Plan von Mr. Walker verschicken lassen; jedes Gericht einzeln, heiß und heiß. Ich habe die Idee, dass ich, wenn ich in Utopia wohne (nicht vor Weihnachten), eine Art Anrichte mit Warmwasserbereitung haben werde, wie ich sie in großen Häusern gesehen habe, und dass nichts auf dem Tisch erscheinen wird aber was ist angenehm für das Auge. Wie einfach das

Essen auch sein mag, ich würde es tun und meinen Freunden (und darf ich da nicht den Geber hinzufügen?) den Respekt entgegenbringen, es so gut zubereitet, so genießbar und so gesund auf den Tisch zu bringen, wie es meine dürftigen Mittel zuließen; und eher auf dieses Ziel als auf eine Vielfalt an Gerichten würde ich meine Aufmerksamkeit richten. Wir haben keine Assoziationen mit Rind- und Hammelfleisch; Gänse erinnern uns vielleicht an das Kapitol und Pfauen an Juno; ein Taubenkuchen, an die Einfachheit der Tauben der Venus, aber wer denkt an das Blätterdach, das ihr im Leben ein Zuhause war, wenn er einen gebratenen Hasen sieht? Nun lenken Blumen als Schmuck unsere Gedanken von ihrer gegenwärtigen Schönheit und ihrem gegenwärtigen Duft ab. Ich bin mir fast sicher, dass Madame de Sablé Blumen in ihrem Salon hatte; Und da sie selbst eine Vorliebe für Leckereien hatte, kann ich mir vorstellen, dass sie von sanftem, wohlwollendem Charakter war und Freude an einigen persönlichen Vorbereitungen hatte, die am Morgen für die erwarteten Freunde des Abends getroffen wurden. Ich kann mir vorstellen, wie sie mit ihren zarten, dicken, weißen Händen Bries in einem silbernen Topf schmort oder Salat anrichtet – nicht, dass ich jemals einen silbernen Topf gesehen hätte. Früher war ich unwissend genug, um zu glauben, dass sie nur in der Küche des Dornröschens oder bei den Vorbereitungen für die Hochzeit von Ricquet-mit-dem-Büschel verwendet wurden; aber mir wurde versichert, dass es solche Dinge gibt und dass sie den darin gekochten Speisen einen äußerst delikaten oder gar keinen Geschmack verleihen; Ich behaupte noch einmal, dass Madame de Sablé in einem silbernen Topf Kalbsbries für ihre Freunde gekocht hat; aber niemals, sich mit den früheren Arbeiten zu ermüden. Sie kannte den wahren Geschmack ihrer Freunde zu gut; Erstens war sie für sie ein Element ihres angenehmen Abends – der silberne Topf, in dem sie sich alle treffen sollten; das Öl, in dem ihre verschiedenen Zutaten von dem, was herb oder widersprüchlich war, gemildert werden sollten – ganz zweitrangig wäre ihr Interesse an ihren Kalbsbries.

„Von Bries bekommen sie Geld pro Ane,

Von Sablé nie wieder."

Über Einrichtung, Konversation und Spiele

Aus „Company Manners", *Household Words*, 1854

ICH HABE in letzter Zeit gehört oder gelesen, dass wir einen großen Fehler machen, wenn wir unsere Empfangsräume mit all den hellen und zarten Farben, der Fülle an Ornamenten und gesprenkelten und gepunkteten Chintzstoffen ausstatten, wenn wir das menschliche Gesicht und die Figur zur Geltung bringen wollen; dass unsere Vorfahren und die großen Maler es besser wussten, mit ihren etwas düsteren und stark getönten Hintergründen, die die rundliche Figur und den zarten pfirsichartigen Teint hervorheben oder in vollem Umfang hervorheben.

Ich stelle mir vor, dass Madame de Sablés Salon in einem warmen, tiefen, nüchternen Ton eingerichtet war; erhellt von Blumen und fröhlichen, lebhaften Menschen in einer Pracht der Kleidung, die heutzutage vor unseren Satinwänden und blumenübersäten Teppichen und Vergoldungen überall verloren gehen würde. Dann muss die Unterhaltung irgendwie ganz natürlich in Sinn oder Unsinn übergegangen sein, je nachdem . Die Leute müssen auf beides gut vorbereitet zu ihrem Haus gegangen sein. Es könnte sein, dass der Witz die Oberhand gewann, sprühend, knisternd, springend, überall Echos hervorrufend; oder dieselben Leute könnten mit aller Kraft und Weisheit über ein ernstes und wichtiges Tagesthema sprechen, in jener Art, die wir inzwischen „ernst" nennen, aber dieser Begriff kommt mir seit ich von einem „ernsthaften Onkel" gehört habe, als leicht scheinheilig vor. Jedenfalls, ob ernst oder heiter, gingen die Leute nicht mit der festen Absicht in Madame de Sablés Salons, entweder das eine oder das andere zu sein. Sie ließen sich vom Gesprächsthema und der Laune des Augenblicks mitreißen. Ich habe oft Leute besucht, die sich etwas darauf einbildeten, vernünftig zu sein. Wir haben über Dinge gesprochen, die sie vernünftig nannten, die ich aber als Plattitüden bezeichne, bis ich mich wie Southey im „Doctor" danach sehnte, ein endloses unsinniges Wort (ich glaube, Aballibogibouganorribo war seins) auszusprechen, um meine Verzweiflung darüber zu lindern, dass mir nichts Vernünftigeres einfiel. Es hätte mir gut getan, es zu sagen, und ich hätte den rationalen Kurs neu beginnen können. Aber das tat ich nie. Ich versank in albernes Schweigen, das, wie ich hoffe, für Weisheit gehalten wurde. Eine aus dieser Gruppe machte einer meiner Verwandten ein tiefes Kompliment, denn so meinte sie es: „Oh, Miss F., Sie sind so banal!" Aber da es nicht jedermanns Fähigkeit ist, zu jeder Zeit und an jedem Ort vernünftig und „banal" zu sein und unseren Verstand an einer bestimmten Stelle wie Wasser aus einem Feuerwehrschlauch zu entladen, und da manche von uns eher Zisternen als Brunnen sind und unsere Vorräte möglicherweise erschöpft sind, warum ist es dann nicht allgemeiner, andere Gesprächspartner heranzuziehen, um einen angenehmen Abend verbringen zu können?

Aber ich werde gleich darauf zurückkommen. Lassen Sie mich nur sagen, dass es etwas Ermüdenderes gibt als einen Abend, an dem jeder versucht, tiefgründig und vernünftig zu sein, und das ist ein Abend, an dem jeder versucht, geistreich zu sein. In beiden Fällen verspüre ich ein unangenehmes Gefühl von Anstrengung und Unnatürlichkeit; aber der ewige Versuch, klug und amüsant zu sein, selbst wenn er gelingt, ist das Schlimmste von beiden. Die Leute versuchen, brillante statt wahre Dinge zu sagen; Sie fangen nicht nur eifrig das Oberflächliche und Lächerliche in anderen Personen und in Ereignissen im Allgemeinen ein, sondern entwickeln durch die ständige

Suche nach Stoffen für Witze, „Mots" und Satire selbst eine Art schmerzhafte Empfänglichkeit haben Angst vor ihrem eigenen arbeitenden Selbst und wagen es nicht, einem Gefühlsausdruck, einer edlen Empörung oder Begeisterung nachzugeben. Diese Art von ermüdendem Witz unterscheidet sich stark vom Humor, der unbändig hervorquillt und hervordringt und Lächeln und Gelächter hervorruft, aber nicht weit von Tränen entfernt. Man kann sich darauf verlassen, dass einige von Madame de Sablés Freunden überaus tiefgreifend und herzlich berührt waren. Sie wussten auch, wie man erzählt. Sehr einfach, sagen Sie? Ich sage nein! Ich glaube, dass die Kunst, eine Geschichte zu erzählen, manchen Menschen angeboren ist, und diese beherrschen sie perfekt; Aber alle können sich darin ein gewisses Fachwissen aneignen und sollten dies auch tun, bevor sie sich auf die wirren, komplexen, zögernden, gebrochenen, unzusammenhängenden, dürftigen, kahlen Berichte über Ereignisse einlassen, die weder Einheit noch Farbe, noch Leben oder Ende haben in ihnen, das hört man manchmal.

Aber was die rationalen Parteien angeht, die in Wahrheit so irrational sind, wenn alle zu einem angenommenen Charakter reden, anstatt sich zu zeigen, was sie wirklich sind, und so das Wissen des anderen über die unendlichen und schönen Fähigkeiten der menschlichen Natur erweitern – wann immer ich das sehe ernste, ruhige Gesichter mit ihrem guten, aber besorgten Ausdruck, ich erinnere mich, wie ich vor langer Zeit einmal auf einer Party wie dieser war; Jeder hatte seine Weisheit zum Ausdruck gebracht und sie zum Wohle der Gesellschaft zum Ausdruck gebracht. ein oder zwei hatten uns aus Pflichtgefühl und ohne besonderes lebendiges Interesse an der Sache verbessert, indem sie uns von einer neuen wissenschaftlichen Entdeckung erzählten, deren Einzelheiten alle und jede davon falsch waren, wie ich später erfuhr; Wenn sie Recht gehabt hätten, wären wir nicht klüger gewesen – und gerade auf dem Platz, wo jede weitere nützliche Information zu einer Überlastung des Gehirns hätte führen können, ein Fremder in der Stadt – ein wunderschöner, kühner, aber äußerst weiblicher Spaß – hat ein Spiel vorgeschlagen, und zwar so ein Spiel, für uns Weisen von Gotham! Aber sie (jetzt lange still und still nach ihrem strahlenden Leben voller schöner Streiche) war ein Geschöpf, das alle, die zusahen, liebten; und mit ernstem, zögerndem Erstaunen knieten wir auf ihr Befehlswort hin um einen runden Tisch. Sie bildete einen Kreis, holte eine Feder aus einem Sofakissen hervor und sagte uns, sie solle sie in die Luft blasen, und wer von uns, in deren Nähe sie schwebte, müsse sich wegblasen, damit sie nicht auf den Tisch falle. Ich vermute, wir alle sahen aus wie Keeley im „Camp at Chobham" und waren überrascht über unseren eigenen Gehorsam gegenüber diesem lächerlichen, sinnlosen Auftrag, der mit einer anmutigen Herrschsucht erteilt wurde, als wäre er zu königlich, um angefochten zu werden. Wir knieten daneben, schnauften mit äußerster Anspannung und sahen aus wie eine Gruppe älterer Menschen –

„Narren!" Nein, mein lieber Herr. Ich wollte ältere Cherubim sagen. Aber es war besser, sich lächerlich zu machen, als Eulen zu machen, wie wir es getan hatten.

Über Bücher

Aus „Company Manners", *Household Words*, 1854

Von Büchern HABE ICH NICHTS GESAGT. Dennoch bin ich sicher, dass, wenn Madame de Sablé jetzt leben würde, sie in ihrem Salon als Teil seiner natürlichen, unverzichtbaren Möbel gesehen werden würden; nicht hervorgebracht und hier und da verstreut, wenn „Besuch kam", sondern als gewohnheitsmäßige Anwesenheit in ihrem Zimmer, und wenn sie das wollte, würde sie sich ein Gefühl von Wärme, Trost und Kameradschaft wünschen. Bücher als eine Art Vorbereitung auf einen Abend herauszugeben, um ihn angenehm zu gestalten, birgt ein großes Risiko. Erstens sind Bücher von solchen Leuten und werden bei solchen Gelegenheiten eher wegen ihres Äußeren als wegen ihres Inneren ausgewählt. Und im nächsten sind sie das „bloße Material, mit dem Weisheit (oder Witz) aufbaut"; Und wenn Personen nicht wissen, wie sie das Material verwenden sollen, werden sie nichts vorschlagen. Ich kann mir vorstellen, dass Madame de Sablé die Bände, die sie selbst las, oder solche, die neu waren und irgendetwas von aktuellem Interesse enthielten, liegenlassen würde, wie es natürlich wäre. Ich könnte mir auch vorstellen, dass ihre Gäste sich nicht gezwungen fühlten, ununterbrochen zu reden, egal ob sie etwas zu sagen hatten oder nicht, sondern dass es Pausen geben würde, in denen kein unangenehmes Schweigen herrschte – eine stille Dunkelheit, aus der sie sicher sein könnten, dass die kleinen Sterne es tun würden bald aufleuchten. Ich kann mir vorstellen, dass jemand in solchen Ruhepausen ein Buch aufschlägt, einen anzüglichen Satz auffängt und wieder in einen vollen Gesprächsfluss stürzt. Aber ich kann mir keine großartigen Vorbereitungen für das vorstellen, was unter den Leuten gesagt werden sollte, von denen jeder das beste Gericht mitbrachte, indem er sich selbst brachte; und dessen eigener Vorrat an Lebendigkeit, individuellem Denken und Fühlen und Mutterwitz auf unbestimmte Zeit besser wäre als jeder nackte Entschluss, den Abend der gegenseitigen Verbesserung zu widmen. Wenn die Menschen wirklich gut und weise sind, strömen ihre Güte und ihre Weisheit unbewusst aus und profitieren wie Sonnenlicht. Also Bücher als Nachschlagewerk, Bücher für spontane Vorschläge, aber niemals Bücher, die als Texte für eine Vorlesung dienen. Für Gravuren gelten in etwa die gleichen Regeln. Manchen sagen sie alles; für unwissende und unvorbereitete Geister nichts. Ich erinnere mich, dass ich dies bemerkte, als ich beobachtete, wie die Leute eine sehr wertvolle

Mappe betrachteten, die einem meiner Bekannten gehörte und gravierte und authentische Porträts fast jeder möglichen Person enthielt; vom König und Kaiser bis hin zu berüchtigten Bettlern und Kriminellen; darunter alle berühmten Männer, Frauen und Schauspieler, deren Abbilder man erhalten konnte. Für einige bot dieses Portfolio Anlass zur Beobachtung, Meditation und Konversation. Es brachte ihnen jede Art menschlicher Tragödie vor Augen – jede Art von Szenerie, Kostüm und Gruppierung im Hintergrund, bevölkert von Figuren, die ihre Fantasie heraufbeschworen hatte. Andere hoben sie auf, legten sie nieder und sagten einfach: „Das ist ein hübsches Gesicht!" „Oh, was für ein Paar Augenbrauen!" „Schau dir dieses seltsame Kleid an!"

Doch schließlich ist es eine Erleichterung und von Nutzen für Menschen, die, ohne selbstbewusst zu sein, nervös sind, weil sie nicht an die Gesellschaft gewöhnt sind, oh Cassandra, etwas zum Anfassen und Anschauen zu haben! Erinnern Sie sich daran, als Sie mit Ihren reichen Goldmünzen des Denkens, mit Ihrer edlen Kraft des wählerischen Ausdrucks, abgesetzt wurden und dankbar waren, dass Sie abgesetzt wurden, um einige dürftige Gravuren anzusehen, nur weil die Leute nicht wussten, wie sie an Ihre herankommen sollten Erz, und es war dir völlig egal, ob sie es taten oder nicht, und du warst ziemlich gelangweilt von ihren Versuchen, deren Ende du nie erfuhrst. Während man mich mit meinem klappernden Lametta-Müll als „angenehm und eine Errungenschaft" empfand! Sie wären bei Madame de Sablé geschätzt worden, wo der sympathische und intellektuelle Gesprächsstrom Sie und Ihre goldenen Fragmente mit seiner sanften, unwiderstehlichen, sanften Kraft mitgerissen hätte.

Französische Empfänge

Aus „French Life", *Fraser's Magazine* , 1864

Frau Gaskell verbrachte viele glückliche Tage in Frankreich und blieb oft in Paris bei der exzentrischen, aber treuen Madame Mohl. Als sie dort 1862 Urlaub machte, führte sie ein Tagebuch, das ihr das Material für die drei fröhlichen, geschwätzigen Aufsätze lieferte, die anonym im *Fraser's Magazine* im April, Mai und Juni 1864 erschienen.

UNSER Gespräch verlagerte sich auf den alten französischen Brauch, im Bett zu empfangen. Es war so höchst richtig, dass die frischgebackene Frau des Herzogs von St. Simon nach dem frühen Abendessen jener Tage zu Bett ging, um ihre Hochzeitsbesuche zu empfangen. Die Herzogin von Maine aus derselben Zeit hatte im Ballsaal von Sceaux ein Bett und lag (oder halbsitzte) dort und beobachtete die Tänzer. Ich fragte, ob es nicht einen Unterschied in der Kleidung zwischen der Tages- und Nachtbelegung des Bettes gäbe. Aber Madame A — schien der Meinung zu sein, dass es sehr wenig war. Mit der Revolution wurde dem Brauch ein Ende gesetzt; aber ein oder zwei große

Damen behielten diese Gewohnheit bis zu ihrem Tod. Madame A — hatte Madame de Villette oft im Bett empfangen sehen; Sie trug immer weiße Handschuhe, was laut Madame A — der einzige Unterschied zwischen der Toilette am Tag und der Nacht war. Madame de Villette war die Adoptivtochter von Voltaire, und als solche kamen alle mutigen Erneuerer der alten Denk- und Verhaltensweisen, um sie zu sehen und ihr ihren Respekt zu erweisen. Sie war auch die Witwe des Marquis de Villette und empfing als solche die Huldigungen der Damen und Herren des *Ancien Régime*

.

A.s Bericht sehr amüsant gewesen sein . Die alte Marquise lag im Bett; Um sie herum saß die Gesellschaft, und als Höhepunkt des Besuchs wünschte sie, dass ihre *Femme de Chambre* ihr das Herz Voltaires überreichte, das er ihr hinterlassen hatte und das sie in einem kleinen goldenen Etui aufbewahrte. Dann begann sie und erzählte Anekdoten über den großen Mann; großartig für sie und mit einiger Gerechtigkeit. Denn er war durch Südfrankreich gereist und hatte im Haus eines Freundes übernachtet, wo ihn die tiefe Traurigkeit im Gesicht eines siebzehnjährigen Mädchens, einer Tochter seines Freundes, sehr beeindruckte; und als er sich nach dem Grund erkundigte, fand er heraus, dass diese junge Frau in ein Kloster geschickt werden sollte, um den Anteil der anderen zu vergrößern – ein Ziel, das ihr äußerst missfiel. Voltaire rettete sie davor, indem er sie adoptierte und ihr versprach, ihr genug Geld zu geben, um ihr eine respektable Ehe zu sichern. Sie hatte einige Zeit mit ihm in Ferney gelebt, bevor sie Marquise de Villette wurde. (Sie werden sich an die Verbindung zwischen der Familie ihres Mannes und Madame de Maintenon sowie an Bolingbrokes zweite Frau erinnern.)

inkonsequente Person gewesen sein , wenn man Madame **A**.s sehr amüsante Beschreibung ihres Gesprächs bedenkt . Ihre Sätze begannen im Allgemeinen mit einer Behauptung, die durch das Folgende widerlegt wurde. Zum Beispiel: „Es war wunderbar, mit welcher Leichtigkeit Voltaire witzige Improvisationen äußerte." Er schloss sich den ganzen Vormittag in seiner Bibliothek ein, und am Abend führte er das Gespräch anmutig zu dem Punkt, den er wollte, und brachte dann den Vers oder das Epigramm, das er für diesen Anlass verfasst hatte, auf die unüberlegteste und einfachste Weise hervor Benehmen!" Oder: „Er war der bescheidenste aller Menschen. Als ein Fremder in Ferney ankam, bestand sein erstes Anliegen darin, ihn durch das Dorf zu führen und ihm alle Verbesserungen zu zeigen, die er vorgenommen hatte, das Gute, das er getan hatte, und die Kirche, die er gebaut hatte. Und er hatte es nie leicht, bis er dem Neuankömmling die Gelegenheit gegeben hatte, seine neuesten Kompositionen zu hören." Dann zeigte sie den hochlehnigen Ledersessel eines alten Großvaters, in dem er, wie sie sagte, seine „ *Henriade" geschrieben hatte* , wobei sie vergaß, dass er damals ein recht junger Mann war.

Madame A — sagte, dass die Empfänge von Madame de Villette einen Besuch wert seien, weil sie einen Einblick in die Gesellschaftsformen vor der Revolution vermittelten.

16. Februar 1863. – Wieder in Paris! und ich erinnere mich an ein junges englisches Mädchen, das mit großer Freude sagte: „Wir müssen nie einen Abend zu Hause bleiben!" Aber ihre Visionen waren von Bällen; Unsere Möglichkeit besteht darin, an bestimmten Abenden in der Woche die Häuser verschiedener Freunde besuchen zu dürfen, in der Gewissheit, dass sie zu Hause bereit sind, jeden willkommen zu heißen, der hereinkommt. So empfängt Madame de Circourt montags ; Dienstags, Madame — ; Mittwochs, Madame de M — ; Donnerstags, Monsieur G — ; und so weiter. Es gibt keine Vorbereitung für Unterhaltung; noch ein paar Lichter, vielleicht ein Baba oder ein Kuchen mit starkem Rumgeschmack, und noch etwas Tee ist vorhanden. Jeder ist willkommen und niemand wird erwartet. Die Besucher können so gekleidet kommen, wie sie es zu Hause tun würden; oder in voller Toilette, auf dem Weg zu Bällen und anderen Fröhlichkeiten. Sie gehen ohne formellen Abschied; daher vermutlich auch unser Ausdruck „französischer Urlaub".

Natürlich hängt die Angenehmheit dieser informellen Empfänge von vielen unterschiedlichen Umständen ab, und ich bezweifle, dass sie in England zutreffen würden. Bei der Gastgeberin ist ein gewisses Talent gefragt; und dieses Talent ist nicht Herzensgüte, Höflichkeit, Witz oder Klugheit, sondern jene wunderbare Verbindung all dieser Eigenschaften, mit einer Prise Intuition darüber hinaus, die wir Takt nennen. Madame Récamier hatte es in Perfektion. Ihr Witz oder ihre Klugheit waren von passiver oder empfänglicher Art; sie schätzte viel und brachte wenig hervor. Aber sie hatte den sechsten Sinn, der ihr beibrachte, wann sie sprechen und wann sie schweigen sollte. Sie entlockte anderen Menschen durch ihr wohlüberlegtes Interesse an dem, was sie sagten, die Macht; Sie kam mit süßen Worten herein, bevor der Schatten einer bevorstehenden Zwietracht wahrgenommen wurde. Es konnte nicht alles Kunst sein; Es war sicherlich nicht alles Natur. Für diese Abende werden, wie gesagt, keine Einladungen ausgesprochen. Madame empfängt dienstags. Jeder darf gehen. Aber es gibt auch Versuchungen für besondere Menschen, denen man geschickt widerstehen kann. Sie können bei der Anhörung von jemandem, den Sie ansprechen möchten, sagen: „Ich gehe davon aus, dass Herr Guizot am Dienstag bei uns sein wird; er ist gerade nach Paris zurückgekehrt" – und der Köder wird ziemlich sicher ankommen; Und natürlich können Sie Ihre Fliege mit Ihrem

Fisch variieren. Doch trotz aller Erfahrung und aller Chancen sind manche Häuser ausnahmslos langweilig. Die Menschen, die zu Hause trostlos wären, werden auch dort trostlos sein. Die fröhlichen, hellen Geister sind immer woanders; oder vielleicht kommen Sie herein, verneigen sich vor der Gastgeberin, schauen sich im Raum um und verschwinden leise. Ich kann nicht verstehen, warum das so ist; aber so ist es.

Aber heute Abend erwartete uns ein entzückender Empfang, den es nie wieder geben wird – eine mehr als bezaubernde Gastgeberin, deren Tugenden, die die wahre Quelle ihres Charmes waren, bereits „im Garten unseres Herrn gepflanzt" wurden. In diesem einen Fall muss es mir gestattet sein, einen Namen aufzuzählen – den von Madame de Circourt –, der so bekannt, so sehr geliebt und zutiefst respektiert ist. Über ihren versierten Ehemann, der immer noch unter uns ist, möchte ich aus diesem Grund nichts sagen, außer dass es allem Anschein nach die glücklichste und freundschaftlichste Ehe war, die ich je gesehen habe. Madame de Circourt war gebürtige Russin und besaß eine Sprachbegabung, die fast ein nationaler Besitz ist. Dies war der unmittelbare Weg, um die starke Wertschätzung und dauerhafte Freundschaft so vieler angesehener Männer und Frauen aus verschiedenen Ländern zu erlangen. Sie wird in mehreren Memoiren der großen Männer dieser Zeit als liebe und geschätzte Freundin erwähnt. Ich habe einen aufmerksamen Engländer, der gut reden kann, sagen hören, sie sei die klügste Frau, die er je gekannt habe. Und ich habe auch gehört, wie jemand, der ein Heiliger des Guten ist, von Madame de Circourts Frömmigkeit, Wohlwollen und zärtlicher Freundlichkeit sprach, die ihresgleichen unter allen Frauen suchte, die sie jemals gekannt hatte. Ich denke, es ist Dekker, der von unserem Erlöser als „dem ersten wahren Gentleman, der je gelebt hat" spricht. Vielleicht sind wir schockiert über die freie Meinungsäußerung des alten Dramatikers; aber ist es nicht wahr? Ist das Christentum nicht der eigentliche Kern aller gnädigen Höflichkeit? Ich bin sicher, dass es bei Madame de Circourt so war. Es gab noch nie ein Haus, in dem die Schwachen, Langweiligen und Demütigen so freundliche und unaufdringliche Aufmerksamkeit erhielten oder sich so glücklich und zu Hause fühlten. Ich habe noch nie von einem Ort gehört, an dem Wissen, Genie und Wert wirklicher geschätzt wurden und man sich sicherer fühlte, verstanden zu werden. Ich habe gesagt, dass ich nicht über die Lebenden sprechen werde; aber natürlich muss jeder erkennen, dass dieser Zustand ohne die Kenntnis des alten Epitaphs nicht hätte existieren können –

Sie waren so eins, das konnte man nie sagen

Wer von ihnen herrschte und wer von ihnen gehorchte.

Zwischen ihnen gab es nur diesen einen Streit,

Es war, was der Wille des anderen ausführen sollte.

In der Blüte ihres Lebens, inmitten ihrer gesunden Vorliebe für alle gesellschaftlichen und intellektuellen Vergnügungen, erlebte Madame de Circourt einen schrecklichen Unfall; Ihr Kleid fing Feuer, sie erlitt furchtbare Verbrennungen, lag lange und lange auf dem Krankenbett und erwachte nur mit lebenslang zerrütteten Nerven und körperlicher Verfassung daraus. Eine solche Prüfung reichte sowohl geistig als auch körperlich aus, um jene Form des Egoismus hervorzurufen, die allzu oft chronische Invaliden befällt und die nicht nur ihren Geist, sondern den Geist aller, die ihnen nahe kommen, deprimiert. Madame de Circourt gehörte nicht zu diesen Leuten. Ihr süßes Lächeln war vielleicht etwas weniger strahlend; aber es war genauso fertig. Sie konnte nicht hingehen, um denen zu dienen, die sie brauchten; Aber da sie sich ohne viel Hilfe nicht bewegen konnte, saß sie an ihrem Schreibtisch und dachte nach und arbeitete immer noch für andere. Sie konnte nie wieder das Schüchterne, das Langsame oder das Unbeholfene suchen; aber mit einer hübschen, winkenden Handbewegung konnte sie sie in ihre Nähe locken und sie mit ihren sanften, vernünftigen Worten glücklich machen. Sie würde in der fröhlichen, brillanten Gesellschaft nicht mehr gesehen werden; aber sie hatte ein sehr lebhaftes Mitgefühl für die Jungen und Fröhlichen, die sich darin mischten; könnten ihre Kleider für sie planen; würde sich Mühe geben, auf einem Ball, zu dem ein junger Ausländer gehen würde, einen Vorrat an angenehmen Partnern zu finden; und nur zwei oder drei Tage vor ihrem unerwarteten Tod – denn sie hatte so lange geduldig gelitten, dass niemand wusste, wie nah das Ende war – gab sie sich große Mühe, einem jungen Mädchen, von dem sie nur sehr wenig wusste, eine große Freude zu bereiten Ich vertraue darauf, dass sie sie nie vergessen wird.

Beschreibung von Duncombe

Von Herrn. Harrison's Confessions", *The Ladies' Companion* , 1851

Dies ist Mrs. Gaskells erster Versuch, das vergangene Leben der kleinen Landstadt Knutsford darzustellen, die sie in ihren Geschichten unter sechs verschiedenen Namen idealisiert und als *Cranford verewigt hat* . Die schöne Beschreibung der alten Stadt Cheshire trifft auch heute noch auf Knutsford zu, denn glücklicherweise konnte „die Hand des Baumeisters" ihre malerische Schönheit noch nicht verderben.

ICH WAR zu faul, um an diesem Abend viel zu unternehmen, und saß in dem kleinen Erkerfenster, das über Jocelyns Laden hinausragte, und schaute die Straße hinauf und hinunter. Duncombe nennt sich selbst eine Stadt, aber ich sollte es ein Dorf nennen. Von Jocelyn's aus gesehen ist es wirklich ein sehr malerischer Ort. Die Häuser sind alles andere als regelmäßig; sie können in ihren Einzelheiten gemein sein; aber insgesamt sehen sie gut aus; Sie haben nicht die flache, unentlastete Front, die viele Städte mit weitaus

anspruchsvolleren Ansprüchen aufweisen. Hier und da wirft ein Erkerfenster
– hin und wieder ein Giebel, der sich gegen den Himmel abhebt – und
gelegentlich ein vorspringendes Obergeschoss – einen schönen Licht- und
Schatteneffekt auf die Straße; und sie haben ihre eigene seltsame Art, die
Tünche einiger Häuser mit einer Art rosa Löschpapiertönung zu färben, die
eher dem Stein ähnelt, aus dem Mainz gebaut ist, als alles andere. Es mag
sehr geschmacklos sein, aber meiner Meinung nach verleiht es der Farbe eine
satte Wärme. Dann und da hat ein Wohnhaus einen Hof davor, mit einer
Rasenfläche auf jeder Seite des gepflasterten Weges und einem oder zwei
großen Bäumen – Linden oder Rosskastanien –, die ihre großen,
vorstehenden oberen Äste in den Garten hineinschicken Straße und bildet
runde, trockene Unterschlupfstellen auf dem Bürgersteig für die Zeiten
sommerlicher Regenschauer.

Ein Wettlauf ums Leben durch den Treibsand in Morecambe Bay

Aus „The Sexton's Hero", *Howitt's Journal*, 1847

Christmas Storms and Sunshine in einer kleinen Broschüre nachgedruckt und von
Mrs. Gaskell als Beitrag zu einem Fest präsentiert, das 1850 in Macclesfield
zugunsten der öffentlichen Bäder und Waschhäuser abgehalten wurde. Eine
Kopie der Broschüre war vor ein paar Jahren für zwei Guineen verkauft. Eine
Eisenbahnbrücke überspannt jetzt diesen tückischen Teil der Morecambe-
Bucht.

ALSO! Wir liehen uns eine Hütte, spannten meine alte graue Stute an, wie ich
sie im Karren benutzte, und machten uns gegen drei Uhr, so prächtig wie
König George, auf den Weg über den Sand, denn Sie sehen, es war gegen
zwölf Uhr Hochwasser, und wir Ich musste zur gleichen Zeit hingehen und
zurückkommen, da Letty ihr Baby nicht lange allein lassen konnte. Es war
ein fröhlicher Nachmittag; Das letzte Mal, dass ich Letty herzlich lachen sah;
und übrigens, das letzte Mal habe ich selbst geradezu herzhaft gelacht. Die
späteste Überfahrtszeit fiel gegen neun Uhr, und wir waren zu spät am Start.
Die Uhren gingen falsch; und wir hatten ein Stück Arbeit bei der Jagd nach
einem Schwein, das Vater Letty zum Mitnehmen gegeben hatte; Wir haben
ihn schließlich eingepackt, und er hat im hinteren Teil der Hütte geschrien
und geschrien, und wir haben gelacht, und sie haben gelacht; Und inmitten
all der Heiterkeit ging die Sonne unter, und das ernüchterte uns ein wenig,
denn dann wussten wir, wie spät es war. Ich habe die alte Stute ausgepeitscht,
aber sie war um einiges kräftiger als am Morgen und wollte weder schnell die
Brauen hinauf noch hinuntergehen, und zwischen Kellet und dem Ufer
haben sie nicht ein paar. Auf dem Sand war es noch schlimmer. Sie waren
sehr schwer, denn nach den Regenfällen, die wir hatten, war es frisch
geworden. Herr! Wie ich die arme Stute ausgepeitscht habe, um das Beste
aus der noch andauernden roten Ampel zu machen. Vielleicht kennen Sie

den Sand nicht, meine Herren! Von der Bolton-Seite, von wo aus wir gestartet sind, sind es mehr als sechs Meilen bis zur Cart Lane und es müssen zwei Kanäle überquert werden, ganz zu schweigen von Löchern und Treibsand. Auf dem zweiten Kanal von uns wartet der Führer, alles während der Überfahrtszeit von Sonnenaufgang bis Sonnenuntergang; Aber während der drei Stunden auf jeder Hochwasserseite ist er natürlich nicht da. Er bleibt nach Sonnenuntergang, wenn er vorhergesagt wurde, sonst nicht. Jetzt wissen Sie also, wo wir in dieser schrecklichen Nacht waren. Denn wir hatten den ersten Kanal etwa zwei Meilen überquert, und über uns und um uns herum wurde es immer dunkler, bis auf eine rote Lichtlinie über den Hügeln, als wir an eine Senke kamen (denn all der Sand sieht so flach aus, es gibt viele Mulden darin, in denen man das Ufer nicht mehr aus den Augen verliert). Wir brauchten länger als nötig, um die Mulde zu überqueren, der Sand war so schnell; Und als wir wieder hochkamen, war da, vor der Dunkelheit, die weiße Linie der rauschenden Flut, die die Bucht hinaufkam! Es schien keine Meile von uns entfernt zu sein; und wenn der Wind die Bucht hochweht, kommt er schneller als ein galoppierendes Pferd. „Herr, hilf uns!" sagte ich; und dann tat es mir leid, dass ich gesprochen hatte, um Letty zu erschrecken; aber der Schrecken verdrängte die Worte aus meinem Herzen. Ich spürte, wie sie an meiner Seite zitterte und sich an meinen Mantel klammerte. Und als ob das Schwein (das sich vor einiger Zeit heiser geschrien hatte) die Gefahr erkannt hätte, in der wir alle schwebten, fing es wieder an zu quieken, so laut, dass es jeden Mann in Verlegenheit brachte. Ich verfluchte ihn zwischen meinen Zähnen für seinen Lärm; und doch war es Gottes Antwort auf mein Gebet, obwohl ich ein blinder Sünder war. Ja! Sie mögen lächeln, mein Herr, aber Gott kann bei Bedarf durch so manches Verächtliche wirken.

Zu diesem Zeitpunkt war die Stute völlig eingeschäumt und zitterte und keuchte, als hätte sie Todesangst; denn obwohl wir uns am letzten Ufer vor dem zweiten Kanal befanden, sammelte das Wasser ihre Beine; und sie war so müde! Als wir uns dem Kanal näherten, blieb sie stehen, und meine ganze Auspeitschung brachte sie nicht dazu, sich zu rühren; Sie stöhnte laut auf und zitterte fürchterlich. Bis jetzt hatte Letty nicht gesprochen; hielt nur meinen Mantel fest. Ich hörte sie etwas sagen und senkte meinen Kopf.

„Ich glaube, John – ich glaube – ich werde das Baby nie wieder sehen!"

Und dann stieß sie einen solchen Schrei aus – so laut und schrill und mitleiderregend! Es hat mich ziemlich wahnsinnig gemacht. Ich zückte mein Messer, um die alte Stute anzuspornen, damit sie auf die eine oder andere Weise endete, denn das Wasser kroch mürrisch bis zum Achsbaum, ganz zu schweigen von den weißen Wellen, die in ihrem stetigen Vordringen keine Gnade kannten. Diese eine Viertelstunde, mein Herr, kam mir so lang vor wie mein ganzes Leben seitdem. Gedanken und Fantasien, Träume und

Erinnerungen trafen aufeinander. Der Nebel, der schwere Nebel, der wie ein gespenstischer Vorhang war, der uns für den Tod einschloss, schien den Duft der Blumen mit sich zu bringen, die um unsere eigene Schwelle herum wuchsen; Es könnte sein, denn es fiel auf sie wie gesegneter Tau, obwohl es für uns ein Leichentuch war. Letty erzählte mir danach, dass sie ihr Baby über das Gurgeln des steigenden Wassers hinweg um sich schreien hörte, so deutlich wie nie zuvor; aber die Seevögel kreischten und das Schwein kreischte; Ich habe es nie gefangen; es war jedenfalls meilenweit entfernt.

Gerade als ich mein Messer herausgeholt hatte, war ein anderes Geräusch ganz in unserer Nähe, das sich mit dem Gurgeln des nahen Wassers und dem Brüllen der Ferne (allerdings nicht so weit entfernt) vermischte. Wir konnten kaum etwas sehen, aber wir glaubten, etwas Schwarzes vor der tiefen Bleifarbe der Wellen, des Nebels und des Himmels zu sehen. Es kam näher und näher: Mit langsamer, gleichmäßiger Bewegung kam es über den Kanal genau dorthin, wo wir waren.

Oh Gott! Es war Gilbert Dawson auf seinem starken braunen Pferd.

Wir sprachen nur wenige Worte und hatten kaum Zeit, sie auszusprechen. Ich hatte in diesem Moment keine Ahnung von Vergangenheit oder Zukunft – nur von einem gegenwärtigen Gedanken – wie ich Letty und, wenn ich könnte, mich selbst retten könnte. Ich erinnerte mich erst später daran, dass Gilbert sagte, er sei vom Schreckensschrei eines Tieres geleitet worden; Erst als alles vorüber war, erfuhr ich, dass er wegen der tiefen Kälte Bedenken wegen unserer Rückkehr gehabt hatte, sich einen Sozius geliehen hatte, früh am Abend sein Pferd gesattelt hatte und zur Cart Lane hinuntergeritten war, um nach uns Ausschau zu halten. Wenn alles gut gegangen wäre, hätten wir nie davon gehört. So wie es war, erzählte es der alte Jonas, während ihm die Tränen von den welken Wangen liefen.

Wir haben sein Pferd an der Hütte befestigt. Wir hoben Letty auf den Sozius. Das Wasser stieg jeden Augenblick mit mürrischem Geräusch an. Sie waren alle außer in der Hütte. Letty klammerte sich an die Griffe des Soziussitzes, ließ aber den Kopf hängen, als hätte sie noch keine Hoffnung auf Leben. Schneller als gedacht (und doch hätte er vielleicht Zeit zum Nachdenken und zur Versuchung gehabt, Sir – wenn er mit Letty davongeritten wäre, wäre er gerettet worden, nicht ich) war Gilbert in der Hütte an meiner Seite.

"Schnell!" sagte er klar und bestimmt. „Du musst vor ihr reiten und sie auf dem Laufenden halten. Das Pferd kann schwimmen. Durch Gottes Gnade werde ich folgen. Ich kann die Spuren durchtrennen, und wenn die Stute nicht durch die Hütte behindert wird, wird sie mich sicher hindurchtragen. Auf jeden Fall bist du Ehemann und Vater. Niemand kümmert sich um mich.“

Hassen Sie mich nicht, meine Herren. Ich wünschte oft, diese Nacht wäre ein Traum. Seitdem verfolgt es meinen Schlaf wie ein Traum, und doch war es kein Traum. Ich nahm seinen Platz im Sattel ein, legte Lettys Arme um mich und spürte, wie ihr Kopf auf meiner Schulter ruhte. Ich vertraue auf Gott. Ich habe ein Dankeswort gesprochen. aber ich kann mich nicht erinnern. Ich erinnere mich nur daran, dass Letty den Kopf hob und rief:

„Gott segne dich, Gilbert Dawson, dass du mein Baby heute Nacht davor bewahrt hast, eine Waise zu sein." Und dann fiel sie wie bewusstlos gegen mich.

Ich brachte Letty nach Hause zu ihrem Baby, über das sie die ganze Nacht weinte. Ich ritt über die Cart Lane zurück zum Ufer; und hin und her, mit müdem Marsch, schritt ich am Ufer des Wassers entlang und schrie ab und zu in die Stille hinein einen vergeblichen Schrei nach Gilbert. Das Wasser ging zurück und hinterließ keine Spuren. Zwei Tage später wurde er in der Nähe von Flukeborough an Land gespült. Die Shandry und die arme alte Stute wurden von Arnside Knot halb begraben in einem Sandhaufen gefunden. Soweit wir vermuten konnten, hatte er beim Versuch, die Spuren zu durchtrennen, sein Messer fallen lassen und somit jede Chance auf Leben verloren. Jedenfalls wurde das Messer in einer Spalte im Schaft gefunden.

Ratschläge für einen jungen Arzt

Von Herrn. Harrison's Confessions", *The Ladies' Companion* , 1851

AM nächsten Morgen kam Mr. Morgan, bevor ich mit dem Frühstück fertig war. Er war der adrettste kleine Mann, den ich je getroffen habe. Ich sehe die Zuneigung, mit der die Menschen an dem Kleidungsstil festhalten, der in ihrer Zeit als Beaux-and-Belles in Mode war und die größte Bewunderung fand. Sie wollen nicht glauben, dass ihre Jugend und Schönheit verschwunden sind, und halten die vorherrschende Lebensweise für unangemessen. Mr. Morgan wird sich stundenlang gemeinsam gegen Gehröcke und Schnurrhaare beschweren. Sein Kinn ist kurz rasiert, er trägt einen schwarzen Frack und dunkelgraue Pantalons; und wenn er morgens zu seinen Patienten in der Stadt geht, trägt er ausnahmslos die hellsten und schwärzesten hessischen Stiefel mit baumelnden Seidenquasten an jeder Seite. Wenn er gegen zehn Uhr nach Hause geht, um sich auf die Fahrt zu seinen Landpatienten vorzubereiten, zieht er die schicksten Stiefel an, die ich je gesehen habe, und die er von einem wunderbaren Schuhmacher hundert Meilen entfernt bekommt. Sein Aussehen ist das, was man „jemmy" nennt; Es gibt kein anderes Wort, das dafür geeignet ist. Er war offenbar ein wenig verunsichert, als er mich in meinem Frühstückskostüm sah, mit den Gewohnheiten, die ich von den Kerlen bei Guy mitgebracht hatte; meine

Füße standen am Kamin, mein Stuhl balancierte auf den Hinterbeinen (eine Sitzgewohnheit, die er, wie ich später herausfand, besonders verabscheute); Hausschuhe an meinen Füßen (die er außerdem als höchst unfeine Unordnung „aus einem Schlafzimmer" ansah); Kurz gesagt, wie ich später erfuhr, waren alle Vorurteile, die er hatte, durch mein Erscheinen bei seinem ersten Besuch zunichte gemacht worden. Ich legte mein Buch nieder und sprang auf, um ihn zu empfangen. Er stand da, Hut und Stock in der Hand.

„Ich bin gekommen, um mich zu erkundigen, ob es für Sie bequem wäre, mich auf meiner morgendlichen Runde zu begleiten und einigen unserer Freunde vorgestellt zu werden." Ich konnte deutlich die leichte Kälte erkennen, die seine Enttäuschung über mein Erscheinen auslöste, auch wenn er sich nie vorstellen konnte, dass sie in irgendeiner Weise spürbar war. „Ich werde sofort bereit sein, Sir", sagte ich und stürmte in mein Schlafzimmer, nur zu froh, seinem prüfenden Blick entgehen zu können.

Als ich zurückkam, wurde mir durch verschiedene unbeschreibliche kleine Hustengeräusche und zögernde Geräusche bewusst, dass ihm mein Kleid nicht gefiel. Ich stand bereit, Hut und Handschuhe in der Hand; Dennoch bot er uns nicht an, zu unserer Runde aufzubrechen. Mir wurde sehr rot und heiß. Schließlich sagte er:

„Entschuldigen Sie, mein lieber junger Freund, aber darf ich fragen, ob Sie außer diesem Mantel – ich glaube, Sie nennen ihn ‚Cut-Away' – keinen anderen Mantel haben? Ich glaube, in Duncombe legen wir eher Wert auf Anstand; und vieles hängt vom ersten Eindruck ab. Lassen Sie es professionell sein, mein lieber Herr. Schwarz ist die Kleidung unseres Berufs. Verzeihen Sie, dass ich so deutlich rede; aber ich betrachte mich *als in loco parentis* ."

Er war so nett, so langweilig und tatsächlich so freundlich, dass ich das Gefühl hatte, es wäre höchst kindisch, beleidigt zu sein; aber ich empfand ein wenig Groll in meinem Herzen über diese Art der Behandlung. Ich murmelte jedoch: „Oh, sicherlich, Sir, wenn Sie es wünschen", und kehrte noch einmal zurück, um meinen Mantel zu wechseln – meinen armen Cut-Away.

„Diese Mäntel, Sir, verleihen einem Mann ein etwas zu sportliches Aussehen, das nicht ganz dem gelehrten Beruf entspricht; eher so, als ob Sie hierher gekommen wären, um zu jagen, als um der Galen oder Hippokrates der Nachbarschaft zu sein." Er lächelte gnädig, also unterdrückte ich einen Seufzer; denn, um die Wahrheit zu sagen, ich hatte die Läufe, die ich mir mit den Hunden erhoffte, eher vorausgesehen – und bei Guy sogar damit geprahlt –; denn Duncombe lag in einem berühmten Jagdgebiet. Aber alle diese Vorstellungen waren völlig verstreut, als Mr. Morgan mich zum Hof des Gasthauses führte, wo sich ein Pferdehändler auf dem Weg zu einem benachbarten Jahrmarkt befand, und „mich dringend dazu riet“ – was in unseren relativen Verhältnissen gleichbedeutend mit einem … war einstweilige Verfügung – einen kleinen, nützlichen, schnell trabenden, braunen Cob anstelle eines schönen, auffälligen Pferdes zu kaufen, „das jeden Zaun ertragen würde, an den ich ihn stelle“, wie mir der Pferdehändler versicherte. Mr. Morgan war sichtlich erfreut, als ich mich seiner Entscheidung beugte und alle Hoffnungen auf eine gelegentliche Jagd aufgab.

„Mein lieber junger Freund, es gibt ein oder zwei Hinweise, die ich dir zu deinem Verhalten geben möchte. Der große Sir Everard Home pflegte zu sagen: „Ein Allgemeinmediziner sollte entweder ein sehr gutes Benehmen oder ein sehr schlechtes Benehmen haben.“ Im letzteren Fall muss er nun über ausreichende Talente und Kenntnisse verfügen, um sicherzustellen, dass er begehrt ist, unabhängig von seinem Verhalten. Aber die Unhöflichkeit wird diesen Qualifikationen Berühmtheit verleihen. Abernethy ist ein typisches Beispiel. Ich selbst stelle eher den Geschmack schlechter Manieren in Frage. Deshalb habe ich gelernt, mir eine aufmerksame, ängstliche Höflichkeit anzueignen, die Leichtigkeit und Anmut mit zärtlicher Rücksichtnahme und Interesse verbindet. Ich weiß nicht, ob es mir gelungen ist (nur wenige Männer), mein Ideal zu erreichen; aber ich empfehle Ihnen, diese Art und Weise anzustreben, die unserem Beruf besonders angemessen ist. Identifizieren Sie sich mit Ihren Patienten, mein lieber Herr. Ich bin mir sicher, dass Sie Mitgefühl in Ihrem guten Herzen haben, wirklich Schmerz zu empfinden, wenn Sie ihren Bericht über ihre Leiden hören, und es beruhigt sie, den Ausdruck dieses Gefühls in Ihrem Verhalten zu sehen. Es sind in der Tat die guten Manieren, die in unserem Beruf den Mann ausmachen. Ich stelle mich nicht als Vorbild dar – ganz im Gegenteil; aber – Das ist Mr. Huttons, unser Pfarrer; Einer der Diener ist unpässlich, und ich würde mich über die Gelegenheit freuen, Sie vorstellen zu dürfen. Wir können unser Gespräch zu einem anderen Zeitpunkt fortsetzen.“

Mir war nicht bewusst, dass wir ein Gespräch führten, bei dem meiner Meinung nach die Unterstützung zweier Personen erforderlich ist.

Die Wahl der Gerüche

Aus „My Lady Ludlow“, Household Words , 1858

DER Raum war voller Düfte, teils von den Blumen draußen, teils von den großen Potpourri-Gläsern drinnen. Die Wahl der Düfte war es, worüber sich meine Dame ärgerte und meinte, nichts zeige mehr Geburt als eine ausgeprägte Empfänglichkeit für Gerüche. Wir haben Moschus in ihrer Gegenwart nie beim Namen genannt, ihre Abneigung dagegen war im Haushalt so gut bekannt; Ihre Meinung zu diesem Thema war vermutlich die, dass kein von einem Tier stammender Duft jemals rein genug sein könne, um jemandem aus gutem Hause Freude zu bereiten, wo natürlich die feine Sinneswahrnehmung geschult worden sei Generationen. Sie würde die Art und Weise veranschaulichen, wie Sportler die Rasse von Hunden bewahren, die einen ausgeprägten Geruchssinn gezeigt haben; und wie solche Gaben über Generationen hinweg unter Tieren weitergegeben werden, von denen man nicht annehmen kann, dass sie etwas von Ahnenstolz oder erblichen Vorstellungen haben. Musk wurde also am Hanbury Court nie erwähnt. Bergamotte und Südholz waren nicht mehr vorhanden, obwohl sie pflanzlicher Natur waren. Sie betrachtete diese beiden letzteren als Verräter eines vulgären Geschmacks der Person, die sie trug oder sammelte. Es tat ihr leid, Zweige davon im Knopfloch eines jungen Mannes zu bemerken, für den sie sich interessierte, sei es, weil er mit einem ihrer Diener verlobt war, oder weil er an einem Sonntagnachmittag aus der Kirche kam. Sie hatte Angst, dass er grobe Freuden mochte; und ich bin mir nicht sicher, ob sie nicht glaubte, dass seine Vorliebe für diese groben Süßigkeiten nicht die Wahrscheinlichkeit implizierte, dass er zum Trinken übergehen würde. Aber sie unterschied zwischen vulgär und gewöhnlich. Veilchen, Nelken und Dornsträucher kamen häufig vor; Rosen und Reseda für diejenigen, die Gärten hatten, Geißblatt für diejenigen, die durch die Laubengassen gingen; aber sie zu tragen verriet keine Vulgarität des Geschmacks; Die Königin auf ihrem Thron könnte froh sein, an einem Blumenstrauß zu riechen. Jeden Morgen, wenn sie blühten, wurde ein Beaupot (wie wir es nennen) mit frisch gepflückten Nelken und Rosen auf den Tisch meiner Dame gestellt. Für anhaltende pflanzliche Düfte bevorzugte sie Lavendel und Waldmeister gegenüber jedem Extrakt. Lavendel erinnere sie an alte Bräuche, sagte sie, und an heimelige Bauerngärten, und so mancher Häusler schenkte ihr ein Bündel Lavendel. Waldmeister wiederum wuchs an wilden, waldreichen Orten, wo der Boden fein und die Luft mild war; Die armen Kinder gingen in die höher gelegenen Wälder und sammelten es für sie ein. und für diesen Dienst belohnte sie sie immer mit glänzenden neuen Pennys, von denen mein Herr, ihr Sohn, ihr jedes Jahr im Februar einen Beutel frisch aus der Münzprägeanstalt in London schickte.

Auch hier mochte sie den Rosenstrauß nicht. Sie sagte, es erinnere sie an die Stadt und an Kaufmannsfrauen, der Duft sei zu reichhaltig und zu schwer. Und Maiglöckchen fielen irgendwie unter die gleiche Verurteilung. Sie waren äußerst anmutig und elegant anzusehen (meine Dame war diesbezüglich ganz offen), Blume, Blatt und Farbe – bis auf den Geruch war alles an ihnen raffiniert. Das war zu stark. Aber die große erbliche Fähigkeit, auf die sich meine Dame berufen hat, und das mit gutem Grund, denn ich habe nie jemanden getroffen, der sie besaß, war die Fähigkeit, den köstlichen Duft wahrzunehmen, der im Spätherbst aus einem Erdbeerbeet aufsteigt, wenn die Die Blätter waren alle verblasst und abgestorben. *Bacons Essays* waren eines der wenigen Bücher, die im Zimmer meiner Dame herumlagen; und wenn man es in die Hand nahm und achtlos öffnete, war es bei seinem „Essay über Gärten" sicher, dass es auseinanderfiel. „Hören Sie", würde Ihre Ladyschaft sagen, „was dieser große Philosoph und Staatsmann sagt." „Daneben" – er spricht von Veilchen, mein Lieber – „ist die Moschusrose – von der Sie sich an den großen Busch an der Ecke der Südwand, direkt neben den Fenstern des Blauen Salons, erinnern werden; Das ist die alte Moschusrose, Shakespeares Moschusrose, die jetzt im ganzen Königreich ausstirbt. Aber um auf meinen Lord Bacon zurückzukommen: „Dann geht die Erdbeere weg und verströmt einen überaus herzlichen, ausgezeichneten Duft." Jetzt können die Hanburys diesen hervorragenden, herzlichen Duft immer riechen, und er ist sehr köstlich und erfrischend. Sehen Sie, zu Lord Bacons Zeiten hatte es nicht mehr so viele Mischehen zwischen dem Hof und der Stadt gegeben wie seit den bedürftigen Tagen Seiner Majestät Karl II.; und insgesamt waren die großen alten Familien Englands zur Zeit von Königin Elisabeth eine eigene Rasse, so wie ein Karrenpferd ein Geschöpf ist und an seiner Stelle sehr nützlich ist und Childers oder Eclipse ein anderes Geschöpf sind, obwohl beide von dieser Art sind gleiche Art. Die alten Familien verfügen also über Gaben und Kräfte einer anderen und höheren Klasse als die anderen Orden. Meine Liebe, denken Sie daran, dass Sie im nächsten Herbst versuchen, den Duft sterbender Erdbeerblätter zu riechen. Du hast etwas von Ursula Hanburys Blut in dir, und das gibt dir eine Chance."

Aber als der Oktober kam, schnüffelte und schnüffelte ich, aber alles ohne Erfolg; und meine Dame – die das kleine Experiment eher ängstlich beobachtet hatte – musste mich als Hybride aufgeben. Ich gestehe, ich war beschämt und dachte, dass sie dem Gärtner in einer Zurschaustellung ihrer eigenen Kräfte befahl, auf der Seite der Terrasse, die unter ihren Fenstern lag, einen Rand aus Erdbeeren zu pflanzen.

Valentinstag

Aus „Libbie Marsh's Three Eras", *Howitt's Journal*, 1847

Es fällt auf, dass alle früheren Geschichten von Frau Gaskell Geschichten über das Leben in und um Manchester sind. 1848 wurden sie unter dem Titel *Life in Manchester* von Cotton Mather Mills, Esq., erneut veröffentlicht, dem *Pseudonym*, unter dem Mrs. Gaskell versuchte, ihre Identität zu verbergen.

IHRE Idee war folgende; Ihre Mutter kam aus dem Osten Englands, wo es, wie Sie vielleicht wissen, den schönen Brauch hat, am Valentinstag Geschenke zu verschicken, wobei der Name des Spenders unbekannt ist, und natürlich macht das Geheimnis die halbe Freude aus. Der 14. Februar war auch Libbies Geburtstag, und in den glücklichen alten Zeiten überraschte ihre Mutter sie oft mit Freuden mit einem kleinen Geschenk, dessen Geber sie mehr als halb erraten hatte, obwohl es an jedem Valentinstag so war seine Ankunft war vielfältig. Seitdem war der 14. Februar der trostloseste des ganzen Jahres, weil er am meisten von der Erinnerung an das vergangene Glück heimgesucht wurde. Aber jetzt, in diesem Jahr, wenn sie nicht selbst die alte Herzensfreude haben könnte, würde sie versuchen, das Leben eines anderen zu erhellen. Sie würde sparen, und sie würde scheißen, aber sie würde einen Kanarienvogel und einen Käfig für den armen kleinen Burschen von gegenüber kaufen, der sein eintöniges Leben mit so wenigen Freuden und so viel Schmerz verbrachte.

Ich bezweifle, dass ich Ihnen hier nicht von den Ängsten und Befürchtungen, von den Hoffnungen und den Selbstaufopferungen erzählen darf – alles vielleicht so klein in der greifbaren Wirkung wie das Scherflein der Witwe, aber nicht weniger geprägt von den blinden Engeln, die umhergehen ständig unter uns – was Libbies Leben veränderte, bevor sie ihr Ziel erreichte. Es genügt zu sagen, dass es geschafft wurde. Noch am Tag vor dem 14. fand sie Zeit, mit ihrer Halbguinea zu einem Friseur zu gehen, der in der Nähe der Albemarle Street wohnte und für seinen Bestand an Singvögeln berühmt war. Es gibt Enthusiasten für alle möglichen Dinge, sowohl für gute als auch für schlechte, und viele der Weber in Manchester wissen und kümmern sich mehr um Vögel, als irgendjemand leicht glauben würde. Hartnäckige, schweigsame, zurückhaltende Männer müssen in vielen Dingen nur das Thema Vögel ansprechen, um ihre Gesichter mit Glanz zu erstrahlen. Sie werden Ihnen sagen, wer die Preise bei der letzten Kanarienvogelschau gewonnen hat, wo die Preisvögel zu sehen sind, und Ihnen alle Details dieser lustigen, aber hübschen und interessanten Nachahmungen der Viehschauen großer Leute geben. Unter diesen Amateuren war Emanuel Morris, der Friseur, ein Orakel.

Er nahm Libbie mit in sein kleines Hinterzimmer, das für die private Rasur bescheidener Männer genutzt wurde, die sich nicht gern im Vorderladen in voller Seifenpracht zur Schau stellen ließen; und die mit Vögeln in einfachen Korbkäfigen behängt waren, mit Ausnahme derjenigen, die Preise gewonnen hatten und deshalb mit Gefängnissen aus vergoldetem Draht geehrt wurden. Je länger und dünner der Körper des Vogels war, desto mehr Bewunderung erregte er hinsichtlich seiner äußeren Schönheit. und als darüber hinaus die Farbe tief und klar und seine Noten kräftig und vielfältig waren, desto mehr beschäftigte sich Emanuel mit seinen Vollkommenheiten. Aber das waren alles Preisvögel; und auf Nachfrage erfuhr Libbie mit einiger Verzweiflung, dass ihr Preis zwischen einer und zwei Guineen lag.

„Ich bin nicht allzu wählerisch, was Form und Farbe angeht", sagte sie. „Ich hätte gerne einen guten Sänger, das ist alles!"

Sie verlor etwas an Emanuels Wertschätzung. Allerdings zeigte er ihr seine guten Sänger, doch alle waren über Libbies Verhältnisse.

„Schließlich glaube ich nicht, dass es mir so wichtig ist, sehr laut zu singen; Es ist schließlich nur ein Lärm, und manchmal bringt der Lärm die Leute aus der Fassung.“

„Das müssen Nesh-Leute sein, wie es bei Vogelgezwitscher der Fall ist“, antwortete Emanuel ziemlich beleidigt.

„Es ist für jemanden, dem es schlecht geht“, sagte Libbie abfällig.

„Nun“, sagte er, als würde er über die Sache nachdenken, „Leute, die verschroben sind, nehmen oft mehr Wert auf ihre Liebe als auf Klugheit und Begabung.“ „ Zufällig, das hättest du lieber“, öffnete er eine Käfigtür und rief einem trüben Vogel zu, der mit einem Moped in einer Ecke saß. „Hier – Jupiter, Jupiter!“

Der Vogel glättete augenblicklich seine Federn und flog mit einem leisen Ton der Freude zu Emanuel, legte seinen Schnabel an seine Lippen, als würde er ihn küssen, und dann setzte er sich auf seinen Kopf und begann ein gurgelndes Freudenträllern. keineswegs so abwechslungsreich oder so klar wie das Lied der anderen, aber was Libbie mehr gefiel; Denn sie war immer jemand, der herausfand, dass ihr die Stachelbeeren, die zugänglich waren, besser gefielen als die Trauben, die außerhalb ihrer Reichweite lagen. Auch der Preis war genau richtig, also nahm sie freudig den Käfig in Besitz und versteckte ihn unter ihrem Umhang, um ihn nach Hause zu tragen. Emanuel gab ihr unterdessen mit der Kleinigkeit eines Menschen, der sein Fach liebt, Anweisungen zum Essen.

„Wird es bald jemand kennenlernen?“ fragte sie.

„Geben Sie ihm nur zwei Tage, und Sie und er werden genauso dick sein wie er und ich jetzt. Sie brauchen nur seine Tür zu öffnen und ihn zu rufen, und er wird Ihnen durch den Raum folgen; aber er wird dich zuerst küssen und sich dann auf deinen Kopf setzen. Er möchte nur lernen, wofür ich keine Zeit habe, um noch viele weitere Erfolge zu erzielen.“

"Wie heißt er? Ich habe es nicht richtig verstanden.“

„Jupiter – das kommt nicht häufig vor; Aber in der Stadt wimmelt es nur so von Bobbies und Dickies, und da meine Vögel etwas abgelegen sind, hätte ich gerne bessere Namen für sie, also habe ich einfach ein paar aus den Schulbüchern meines Jungen ausgesucht. Wenn man es gewohnt ist, ist man genauso bereit, Jupiter als Dicky zu sagen.“

„Ich könnte meine Zunge besser zu Peter bringen; würde er Peter antworten?“ fragte Libbie, die jetzt im Begriff war zu gehen.

„Das könnte passieren, aber ich denke, er wäre besser auf die drei Silben vorbereitet."

Am Valentinstag war Jupiters Käfig rundum mit Efeublättern geschmückt, die auf dem Korbgeflecht einen hübschen Kranz bildeten; und an einem von ihnen war ein Zettel befestigt, auf dem in Libbies bester, runder Handschrift folgende Worte standen:

„Von deinem treuen Valentin. Bitte beachten Sie, dass sein Name Peter ist und er nach einer Weile kommen wird, wenn Sie ihn anrufen."

Aber Libbie leistete an diesem Nachmittag wenig Arbeit; Sie war so damit beschäftigt, nach dem Boten Ausschau zu halten, der ihr Geschenk zu ihrem kleinen Valentin überbringen sollte, und rannte davon, sobald er den Kanarienvogel abgeliefert und erklärt hatte, wem er geschickt wurde.

Endlich kam er; dann gab es eine Pause, bevor die Frau des Hauses die Freiheit hatte, es nach oben zu tragen. Dann sah Libbie, wie das kleine Gesicht zu einer hellen Farbe errötete, die schwachen Hände vor entzücktem Eifer zitterten, wie sich der Kopf nach unten neigte, um zu versuchen, die Schrift zu entziffern (die er nicht lesen konnte, armer Junge), und wie er sich verzückt umdrehte Käfig, um den Kanarienvogel aus jeder Perspektive zu sehen: Kopf, Schwanz, Flügel und Füße; Eine Absicht, der Jupiter in seinem Unbehagen darüber, wieder unter Fremden zu sein, nicht folgte, denn er hüpfte herum, um dem Jungen ständig eine volle Front zu bieten. Es war eine Quelle unermüdlicher Freude für den kleinen Kerl, bis der Tag hereinbrach; Er vergaß offensichtlich, sich zu fragen, wer ihn ihm geschickt hatte, in seiner Freude darüber, einen solchen Schatz zu besitzen; Und als sich der Schatten seiner Mutter auf der Jalousie verdunkelte und der Vogel zur Schau gestellt wurde, sah Libbie, wie sie tat, was ihr bei all ihrer Zärtlichkeit selten in den Sinn gekommen zu sein schien: Sie beugte sich nieder und küsste ihren Jungen auf mütterliche Weise Mitgefühl für die Freude ihres Kindes.

Der Kanarienvogel wurde für die Nacht zwischen Bettchen und Fenster gelegt; und als Libbie einmal aufstand, um ihren gewohnten Blick zu werfen, sah sie, wie sich der kleine Arm liebevoll um den Käfig legte, als würde er seinen neuen Schatz sogar im Schlaf umarmen. Wie Jupiter in dieser ersten Nacht schlief, ist eine ganz andere Sache.

Pfingstmontag im Dunham Park.

Aus „Libbie Marsh's Three Eras", *Howitt's Journal*, 1847

SEIT Jahren ist Dunham Park der beliebteste Ferienort der Manchester-Arbeiter; seit mehr Jahren, als ich sagen kann; wahrscheinlich seit „der

Herzog" durch seine Kanäle das System des billigen Reisens eröffnet hat.
Auch die Landschaft, die einen völligen Kontrast zum Trubel und Aufruhr
von Manchester darstellt; so durch und durch Wald mit seinen
angestammten Bäumen (hier und da blitzblank); seine „grünen Mauern";
Seine grasbewachsenen Wege führen weit weg in eine Lichtung, wo man
beim Rascheln des Kaninchens im letztjährigen Farn beginnt und wo der Ruf
der Waldtaube der einzig passende und passende Ton zu sein scheint.
Verlassen Sie sich darauf, diese vollkommene Waldruhe, diese zugängliche
Stille, dieses Umhüllen der Seele mit grünen Bildern des Landes bildet den
vollkommensten Kontrast zum Erscheinungsbild einer Stadt und übt daher
auf sie den größten Reiz aus.

Plötzlich stellte Libbie fest, dass sie großen Hunger hatte. Jetzt wurde ihnen
nur noch das Abendessen serviert, das natürlich möglichst kurz vor zwölf
eingenommen werden sollte; und Margaret Hall bat in ihrer Klugheit einen
Arbeiter in der Nähe, ihr zu sagen, wie spät es sei.

„Nein", sagte er, „ich werde heute nie auf die Uhr schauen. Ich werde mir
das Vergnügen nicht verderben, indem ich herausfinde, wie schnell es
vergeht. Wenn du hungrig bist, iss. Ich mache mein eigenes Abendessen, und
ich habe meins vor einer Stunde gegessen."

Sie aßen also Kalbfleischpasteten und stellten dann fest, dass es erst halb
zehn war; Dieser Morgen war von so vielen erfreulichen Ereignissen geprägt.
Aber ihre Stimmung war so gut gelaunt, dass sie ihren Fehler nur genossen
und in das allgemeine Gelächter über den Mann einstimmten, der gegen neun
sein Abendessen gegessen hatte. Er lachte so herzlich, bis er plötzlich
innehielt und sagte:

„Ich darf nicht so weitermachen; Lachen macht so viel Appetit."

„Oh, wenn das alles ist", sagte ein fröhlich aussehender Mann, der in voller
Länge dalag und den frischen Duft aus dem Gras wischte, während zwei oder
drei kleine Kinder über ihn stolperten und um ihn herumkrochen, wie
Kätzchen oder Welpen herumtollen ihre Eltern: „Wenn das alles ist, haben
wir ein Abonnement mit Esswaren für die unvorsichtigen Leute, die ihr
Abendessen zum Frühstück gegessen haben. Hier ist eine Wurstpastete und
eine Handvoll Nüsse für meinen Anteil. Bringen Sie den Hut vorbei, Bob,
und sehen Sie, was die Firma geben wird."

Bob führte den Witz aus, sehr zur Belustigung des kleinen Franky; und
niemand war so unhöflich, sich zu weigern, obwohl die Beiträge von einem
Pfefferminzbonbon bis hin zu einer Kalbspastete und einer Wurstpastete
reichten.

„Es ist ein blühender Handel", sagte Bob, als er seinen Hut voller Proviant im Gras neben Libbies leerte. „Außerdem ist es auch tiptop, von der Öffentlichkeit zu leben. Horchen! Was ist das?"

Das Lachen und die Unterhaltung verstummten plötzlich, und Mütter nahmen ihre Kleinen mit, um zuzuhören – als in weiter Ferne, bald sinkend und fallend, bald anschwellend und klar, ein klingender Klang von Kinderstimmen zu hören war, die sich in einer dieser Stimmen vermischten Psalmmelodien, mit denen wir alle so vertraut sind und die uns an die alten, alten Zeiten erinnern, als wir als staunende Kinder zum ersten Mal von jenen geliebten Menschen, die seitdem dorthin gegangen sind, dazu gebracht wurden, „Vater unser" anzubeten vollkommenere Anbetung. Heilig war dieser ferne Chorlobpreis, selbst für die Gedankenlosesten; und als es tatsächlich zu Ende war, in der augenblicklichen Pause, in der das Ohr auf die Wiederholung der Luft wartet, hörten sie das Mittagssummen und Summen der Myriaden von Insekten, die an diesem herrlichen Tag ihr Leben tanzten; sie hörten das Schwanken der mächtigen Wälder in der sanften, aber unwiderstehlichen Brise, und dann brachen wieder die fröhlichen Scherze und die Schreie der Kindheit hervor; und wieder setzten die Älteren ihre fröhliche Unterhaltung fort, während sie „unter dem grünen Baum" lagen oder saßen. Neue Gruppen kamen herein; einige waren mit wilden Blumen beladen – tatsächlich fast mit Weißdornzweigen; während ein oder zwei Preise aus den ersten Heckenrosen gemacht und Lichtnelke, Sternkraut und Rotkehlchen weggeworfen hatten, alles nur, um zu verhindern, dass die Dame der Hecken von der Gemeinde verdeckt oder versteckt wurde.

Einer nach dem anderen näherte sich Franky und sah interessiert zu, wie er da lag und die ihm gegebenen Blumen sortierte. Glückliche Eltern standen mit ihren Hausgemeinschaften gesund und anmutig daneben und spürten die traurige Prophezeiung dieser schrumpfenden Glieder, dieser abgemagerten Finger, dieser lampenähnlichen Augen mit ihrem hellen, dunklen Glanz. Seine Mutter beobachtete zu gespannt sein Glück, um die Bedeutung dieser ernsten Blicke zu erkennen, aber Libbie sah sie und verstand sie; und selbst an diesem Tag durchlief sie ein kalter Schauder, als sie an die Zukunft dachte.

„Ja! Ich dachte, wir sollten dir einen Anfang geben!"

Sie zuckten zusammen, als sie Libbies schrecklichen Schlag auf den Rücken gaben, während sie untätig da saß, Blumen gruppierte und ihren traurigen Gedanken nachging. Es waren die Dixons. Anstatt ihren Urlaub damit zu verbringen, im Bett zu liegen, waren sie und ihre Kinder aufgestanden und mit dem Omnibus zum nächstgelegenen Punkt gefahren. Für einen Moment war das Treffen aufgrund der Fehde zwischen Margaret Hall und Mrs. Dixon etwas unangenehm, aber zu dieser Feiertagszeit und an diesem einsamen, ruhigen Ort konnte man den beruhigenden Beruhigungen von Mutter Natur nicht lange widerstehen; oder wenn sie unbeachtet geblieben wären, hätte der Anblick von Franky jedes wütende Gefühl zur Ruhe gebracht, so verändert war er, seit die Dixons ihn das letzte Mal gesehen hatten; und da er der Puck oder Robin Goodfellow der Nachbarschaft gewesen war, dessen Murmeln immer unter den Füßen anderer Leute rollten und dessen obere Saiten immer in Schlingen hingen, um die Unvorsichtigen zu fangen. Ja, er, der schwache, sanfte, fast mädchenhaft aussehende Junge, war einst ein fröhlicher, glücklicher Schurke gewesen und wurde als solcher oft von Mrs. Dixon gefesselt, der gleichen Mrs. Dixon, die jetzt mit Tränen in den Augen dastand und starrte. Konnte sie angesichts seines veränderten, verblassenden Anblicks einen Streit mit seiner Mutter aufrechterhalten?

„Wie lange bist du schon hier?" fragte Dixon.

„Gummistiefel den ganzen Tag an", antwortete Libbie.

„Haben Sie noch nie die Hirsche oder die Königs- und Königinneneichen gesehen? Herr! wie blöd!"

Seine Frau zwickte ihn in den Arm, um ihn an Frankys hilflosen Zustand zu erinnern, der natürlich die ansonsten willigen Füße fesselte. Aber Dixon hatte ein Heilmittel. Er rief Bob und ein oder zwei andere an; und jeder nahm einen Zipfel des starken karierten Schals, warf Franky wie in eine Hängematte und trug ihn so fröhlich die Waldwege hinunter, über den glatten, grasbewachsenen Rasen, während der schimmernde Glanz und Schatten auf sein nach oben gerichtetes Gesicht fiel . Die Frauen gingen hinterher, unterhielten sich, schlenderten herum, immer in Sichtweite der Hängematte; mal einen grünen Schatz vom Boden aufsammeln, mal nach den tiefhängenden Zweigen der Rosskastanie greifen. Die Seele wuchs an diesem Tag und in diesen Wäldern sehr, und das alles unbewusst, wie Seelen wachsen. Sie folgten Frankys Hängemattenträgern einen grasbewachsenen Hügel hinauf, auf dessen Spitze eine Gruppe Kiefern stand, deren Stämme im Sonnenlicht wie dunkelrotes Gold aussahen. Sie hatten Franky dorthin gebracht, um ihm Manchester zu zeigen, weit weg in der blauen Ebene, vor der sich der Waldvordergrund mit einer weichen, klaren Linie abzeichnete. Weit, weit in der Ferne, auf dieser flachen Ebene, konnte man die bewegungslose Rauchwolke sehen, die über einer großen Stadt hing, und das war Manchester – das hässliche, rauchige Manchester – das liebe, geschäftige, ernsthafte, edel arbeitende Manchester; wo ihre Kinder geboren worden waren und wo vielleicht einige begraben lagen; wo ihre Häuser waren und wo Gott ihr Leben geworfen und ihnen gesagt hatte, sie sollten ihr Schicksal in die Tat umsetzen.

"Hurra! für Oud Smoke-Jack!" rief Bob und setzte Franky sanft auf das Gras, bevor er seinen Hut herumwirbelte und sich auf einen Schrei vorbereitete. "Hurra! Hurra!" von allen Männern. „Da drüben liegt der Rand meines Huts wie ein Quoit", bemerkte Bob ruhig, während er mit der Ernsthaftigkeit eines Richters seinen randlosen Hut wieder auf den Kopf setzte.

„Hier kommen die Sonntagsschulkinder, um auf dieser Schattenseite zu sitzen und ihre Brötchen und Milch zu essen. Horchen! Sie singen das Kinderlied."

Sie saßen nah beieinander, so dass Franky die Worte hören konnte, die sie in Kinderringen sangen, und formten in ihren fröhlichen Sommerprints, die sie für diese Woche neu angezogen hatten, Girlanden aus kleinen Gesichtern, alle glücklich und strahlend auf diesem grünen Hügel . Ein kleiner „Punkt" von einem Mädchen trat schüchtern hinter Franky, den sie schon lange beobachtet hatte, warf ihren halben Dutt an seine Seite und rannte dann weg und versteckte sich, sehr beschämt über die Kühnheit ihres eigenen süßen Impulses. Sie starrte Franky ständig von ihrem Bildschirm aus an; und er war inzwischen fast zu erfreut und glücklich zu essen; Die Welt war so schön und die Männer, Frauen und Kinder alle so zärtlich und freundlich; tatsächlich so erweicht von der Schönheit dieser Erde, so unbewusst berührt vom Geist der Liebe, der der Schöpfer dieser schönen Erde war. Doch der Tag ging zu Ende; die Hitze ließ nach; die Vögel begannen erneut zu trällern; Die frischen Düfte hingen wieder um Pflanzen, Bäume und Gras und kündeten von der wohlriechenden Präsenz des belebenden Taus, und – die Bootszeit war nahe. Als sie erneut den Wiesenweg beschritten, gesellten sich zu ihnen viele Menschen, denen sie im Laufe des Tages begegnet waren, alle voller Glück, alle voller Abenteuer des Tages. Lang gehegte Streitigkeiten waren vergessen, neue Freundschaften entstanden. An diesem Tag wurden frische Geschmäcker und höhere Genüsse vermittelt. Unser Blick wird von Zeit zu Zeit durch einen edlen oder liebevollen Gedanken (unseren höchsten auf Erden) hervorgerufen, der unser Ebenbild im Himmel sein wird. Ich kann den Blick auf so manchem Gesicht erkennen, das flüchtige Licht der Wolke der Herrlichkeit vom Himmel, „der unser Zuhause ist". Dieser Ausdruck war auf vielen hart arbeitenden, faltigen Gesichtern zu sehen, als sie sich umdrehten, um einen sehnsüchtigen, verweilenden Blick auf die Wälder von Dunham zu erhaschen, die sich schnell in die Schwärze der Nacht vertieften, deren Erinnerung aber in Grün und Frische viele verfolgen sollte Webstuhl, Werkstatt und Fabrik mit Bildern von Frieden und Schönheit.

Als Libbie in dieser Nacht wach lag und die Ereignisse des Tages Revue passieren ließ, hörte sie Frankys Stimme durch die offenen Fenster. Anstelle des häufigen Schmerzensstöhnens versuchte er, sich an die Last eines der Kinderlieder zu erinnern:

„Hier leiden wir Kummer und Schmerz,

Hier treffen wir uns, um uns wieder zu trennen;

Im Himmel trennen wir uns nicht mehr.

Oh! das wird Freude machen“ usw.

Sie erinnerte sich an seine Frage, die geflüsterte Frage, die er ihr in der glücklichsten Zeit des Tages gestellt hatte. Er fragte Libbie: „Ist Dunham wie der Himmel? Die Menschen hier sind so freundlich wie Engel, und ich möchte nicht, dass der Himmel schöner ist als dieser Ort. Wenn du und deine Mutter nur mit mir sterben würden, würde ich gerne sterben und immer dort leben!“ Sie hatte ihn überprüft, denn sie fürchtete, er sei gottlos; Aber jetzt hatte das Verlangen des kleinen Kindes nach einer bestimmten Vorstellung von dem Land, in das es laut seiner inneren Weisheit eilte, nichts Falsches oder auch nur Trauriges an sich, denn –

„Im Himmel trennen wir uns nicht mehr.“

II
Romane

Mary Barton , *Lizzie Leigh* , *Ruth* und *North and South* , Mrs. Gaskells frühere Romane, wurden mit dem Ziel geschrieben, „die Armen zu verteidigen" und in ihnen diskutiert sie einige der sozialen Probleme der Zeit, was sie versuchte lösen. Später bewies sie, wie gut sie humorvoll schreiben konnte, beispielsweise in *Cranford* , *Mr. Harrisons Confessions* und *My Lady Ludlow* .

Als beschreibende Autorin zeichnete sie sich besonders durch *Mary Barton* , *Ruth* , *Cousin Phillis* und *Sylvia's Lovers aus* . Sie war immer sehr aufmerksam und viele ihrer Geschichten erinnern an ihr Talent für exquisite Wortmalerei.

Soziale Fragen

Arm *gegen* Reich

Von *Mary Barton* , 1848

„ DU könntest das vornehme Volk nie ertragen", sagte Wilson, halb amüsiert über die Heftigkeit seines Freundes.

„Und was haben sie mir jemals Gutes getan, dass ich sie mochte?" fragte Barton, das latente Feuer erhellte sein Auge; Und er platzte heraus und fuhr fort: „Wenn ich krank bin, kommen sie dann und pflegen mich?" Wenn mein Kind im Sterben liegt (wie der arme Tom da lag, dessen weiße, blasse Lippen zitterten, aus Mangel an besserer Nahrung, als ich ihm geben konnte), bringt der reiche Mann dann den Wein oder die Brühe, die sein Leben retten könnten? Wenn ich in den schlechten Zeiten wochenlang arbeitslos bin und der Winter kommt, mit schwarzem Frost und scharfem Ostwind, und es keine Kohle für den Kamin gibt und keine Kleidung für das Bett, und die dünnen Knochen durch die ... zu sehen sind Zerlumpte Kleidung, teilt der reiche Mann seinen Überfluss mit mir, wie er es tun sollte, wenn seine Religion kein Humbug wäre! Wenn ich auf meinem Sterbebett liege und Maria (segne sie!) dasteht und sich Sorgen macht, weil ich weiß, dass sie sich Sorgen machen wird", und hier stockte seine Stimme ein wenig, „wird eine reiche Dame kommen und sie bei Bedarf zu sich nach Hause bringen?" sein, bis sie sich umschauen und sehen kann, was sie am besten tun kann? Nein, ich sage Ihnen, es sind die Armen und nur die Armen, und so etwas gilt auch für die Armen. Denken Sie nicht, mich mit der alten Geschichte zu überwältigen, dass die Reichen nichts von den Prüfungen der Armen wissen; Ich sage: Wenn sie es nicht wissen, sollten sie es wissen. Wir sind ihre Sklaven, solange wir arbeiten können; wir häufen ihr Vermögen im Schweiße unseres Angesichts an, und doch sollen wir so getrennt leben, als wären wir in zwei Welten; ja, so getrennt wie Dives und Lazarus, mit einer großen Kluft zwischen uns; aber ich weiß, wer damals am besten dran war;" und er beendete seine Rede mit einem leisen Lachen, das keinerlei Heiterkeit enthielt.

Zu jeder Zeit ist es für den armen Weber eine verwirrende Sache, zu sehen, wie sein Arbeitgeber von Haus zu Haus zieht, eines prächtiger als das andere, bis er am Ende eines baut, das prächtiger ist als alle anderen, oder sein Geld aus dem Betrieb abzieht oder verkauft seine Mühle, um ein Anwesen auf dem Land zu kaufen, während der Weber, der glaubt, er und seine Kollegen seien die wahren Erzeuger dieses Reichtums, ständig um Brot für seine Kinder kämpft, durch die Wechselfälle niedrigerer Löhne und kurzer Arbeitszeiten , weniger beschäftigte Hände usw. Und wenn er weiß, dass der Handel schlecht ist, und (zumindest teilweise) verstehen könnte, dass es auf dem Markt nicht genügend Käufer gibt, um die bereits hergestellten Waren zu kaufen, und dass folglich keine Nachfrage nach mehr besteht; Wenn er viel ertragen und ertragen würde, ohne sich zu beschweren, könnte er dann auch sehen, dass seine Arbeitgeber ihren Anteil trugen? Er ist, sage ich, verwirrt und (um seine eigenen Worte zu verwenden) „verärgert", als er sieht, dass bei den Mühlenbesitzern alles so weitergeht wie immer. Große Häuser sind noch immer bewohnt, während Spinner- und Weberhütten leer stehen, weil die Familien, die sie einst bewohnten, gezwungen sind, in Zimmern oder Kellern zu leben. Noch immer rollen Kutschen durch die Straßen, Konzerte sind immer noch überfüllt mit Abonnenten, die Geschäfte für teure Luxusartikel finden immer noch tägliche Kunden, während der Arbeiter seine arbeitslose Zeit damit verbringt, sich diese Dinge anzuschauen und an die blasse, klaglose Frau zu Hause zu denken und so weiter klagende Kinder, die vergeblich um genügend Nahrung bitten – um die sinkende Gesundheit, um das sterbende Leben derer, die ihm nahe und lieb waren. Der Kontrast ist zu groß. Warum sollte er allein unter schlechten Zeiten leiden?

Ich weiß, dass dies nicht wirklich der Fall ist; und ich weiß, was in solchen Angelegenheiten wahr ist; aber was ich einprägen möchte, ist das, was der Arbeiter fühlt und denkt. Es ist wahr, dass gute Zeiten mit kindlicher Unvorsichtigkeit oft sein Murren zerstreuen und ihn alle Klugheit und Voraussicht vergessen lassen.

Aber es gibt ernsthafte Männer unter diesen Menschen, Männer, die Unrecht ertragen haben, ohne sich zu beschweren, aber ohne jemals diejenigen zu vergessen oder ihnen zu vergeben, die (ihrer Meinung nach) all dieses Leid verursacht haben.

Unter diesen war John Barton. Seine Eltern hatten gelitten; Seine Mutter war aus absolutem Mangel an lebensnotwendigen Dingen gestorben. Er selbst war ein guter, zuverlässiger Arbeiter und als solcher ziemlich sicher, eine feste Anstellung zu finden. Aber er gab alles, was er bekam, mit der Zuversicht (man könnte es auch Unvorsichtigkeit nennen) eines Menschen aus, der bereit war und glaubte, in der Lage zu sein, alle seine Bedürfnisse durch eigene Anstrengungen zu befriedigen. Und als sein Meister plötzlich scheiterte und alle Arbeiter in der Mühle zurückgewiesen wurden, mit der Nachricht, dass Mr. Hunter an einem Dienstagmorgen angehalten hatte, hatte Barton nur noch ein paar Schilling, auf die er sich verlassen konnte; aber er hatte ein gutes Herz dafür, in einer anderen Fabrik angestellt zu werden, und so verbrachte er, bevor er nach Hause zurückkehrte, einige Stunden damit, von Fabrik zu Fabrik zu ziehen und um Arbeit zu bitten. Aber an jeder Mühle gab es Anzeichen für einen Handelsrückgang! Einige arbeiteten unter Kurzarbeit, andere stellten ihre Arbeit ab, und Barton war wochenlang arbeitslos und lebte auf Kredit. In dieser Zeit erkrankte sein kleiner Sohn, sein Augapfel, der Inbegriff all seiner starken Liebeskraft, an Scharlach. Sie schleppten ihn durch die Krise, doch sein Leben hing an einem seidenen Faden. Alles, sagte der Arzt, hänge von einer guten Ernährung und einem großzügigen Lebensstil ab, um die Kraft des kleinen Kerls in der Erschöpfung zu bewahren, in der ihn das Fieber zurückgelassen hatte. Spöttische Worte! wenn das einfachste Lebensmittel im Haus nicht eine einzige kleine Mahlzeit liefern würde. Barton versuchte es mit Kredit; aber in den kleinen Lebensmittelläden, die jetzt ihrerseits litten, war es abgenutzt. Er dachte, es wäre keine Sünde zu stehlen, und er hätte gestohlen; aber er konnte in den wenigen Tagen, in denen das Kind blieb, keine Gelegenheit dazu bekommen. Er war selbst hungrig, fast tierisch hungrig, aber die körperlichen Schmerzen wurden von der Sorge um seinen kleinen, sinkenden Jungen verschluckt, und er stand an einem der Schaufenster, in denen alle essbaren Luxusgüter ausgestellt sind; Hirschkeulen, Stilton-Käse, Geleeformen – alles appetitliche Anblicke für den normalen Passanten. Und aus diesem Laden kam Mrs. Hunter! Sie ging zu ihrer Kutsche, gefolgt von dem mit Einkäufen für eine Party beladenen Verkäufer. Die Tür wurde schnell zugeschlagen und sie fuhr davon; und Barton kehrte mit bitterem Zorn im Herzen nach Hause zurück, als er sah, dass sein einziger Junge eine Leiche war!

Jetzt können Sie sich die Horden der Rache in seinem Herzen gegen die Arbeitgeber vorstellen. Denn es mangelt nie an denen, die es in der Arbeiterklasse in Worten oder in gedruckter Form als ihr Interesse empfinden, solche Gefühle zu hegen; die wissen, wie und wann sie die gefährliche Macht, die ihnen zur Verfügung steht, entfachen müssen; und die ihr Wissen mit unermüdlichem Ziel für beide Seiten einsetzen.

Petition der Arbeiter an das Parlament, 1839

Von *Mary Barton*, 1848

SEIT drei Jahren wird der Handel immer schlechter und die Lebensmittelpreise immer höher. Diese Ungleichheit zwischen der Höhe des Einkommens der Arbeiterklasse und dem Preis ihrer Lebensmittel führte in mehr Fällen, als man sich vorstellen kann, zu Krankheiten und Todesfällen. Ganze Familien erlebten eine allmähliche Hungersnot. Sie wollten nur, dass ein Dante ihre Leiden aufzeichnete. Und doch blieben selbst seine Worte hinter der schrecklichen Wahrheit zurück; Sie konnten nur einen Überblick über die gewaltigen Tatsachen des Elends geben, das Tausende und Abertausende in den schrecklichen Jahren 1839, 1840 und 1841 umgab. Sogar Philanthropen, die sich mit dem Thema befasst hatten, mussten sich eingestehen, dass sie in ihrem Bemühen, die Wahrheit herauszufinden, ratlos waren Ursachen des Elends; Die ganze Angelegenheit war so kompliziert, dass es nahezu unmöglich war, sie vollständig zu verstehen. Es braucht also keine Überraschung zu sein, zu erfahren, dass in dieser Zeit der Entbehrung ein schlechtes Gefühl zwischen Arbeitern und der Oberschicht sehr stark zugenommen hat. Die Not und die Leiden der Aktivisten weckten bei vielen von ihnen den Verdacht, dass ihre Gesetzgeber, ihre Beamten, ihre Arbeitgeber und sogar die Geistlichen im Allgemeinen ihre Unterdrücker und Feinde seien; und waren im Bunde für ihre Erniedrigung und Begeisterung. Das beklagenswerteste und nachhaltigste Übel, das aus der Zeit der Wirtschaftskrise, auf die ich mich beziehe, entstand, war dieses Gefühl der Entfremdung zwischen den verschiedenen Klassen der Gesellschaft. Es ist so unmöglich, den damals in der Stadt vorherrschenden Zustand der Not zu beschreiben oder sich auch nur annähernd vorzustellen, dass ich es nicht versuchen werde; Und doch denke ich wieder einmal, dass es in einem christlichen Land sicherlich nicht einmal so schwach bekannt war, wie Worte es ausdrücken könnten, sonst wären die Glücklicheren und Glücklicheren mit ihrem Mitgefühl und ihrer Hilfe zusammengeströmt. In vielen Fällen weinten die Betroffenen zuerst und dann fluchten sie. Ihre rachsüchtigen Gefühle zeigten sich in tollwütiger Politik. Und wenn ich, wie ich gehört habe, von den Leiden und Entbehrungen der Armen höre, von Lebensmittelgeschäften, in denen Tee, Zucker, Butter und sogar Mehl verkauft wurden, um die Bedürftigen zu versorgen – von Eltern, die in ihren Läden sitzen Sieben Wochen lang kleideten sie sich die ganze Nacht über am Kamin, damit ihr einziges Bett und Bettzeug für den Gebrauch ihrer großen Familie reserviert werden konnte – für andere, die wochenlang hintereinander auf dem kalten Herdstein schliefen, ohne ausreichende Mittel, sich selbst zu versorgen mit Nahrung oder Treibstoff – und das mitten im Winter – von anderen, die gezwungen waren, tagelang gemeinsam zu fasten, ohne Hoffnung auf ein besseres Schicksal, und außerdem in einer überfüllten Dachstube oder einem feuchten Keller lebten oder vielmehr verhungerten, und das nach und nach unter dem Druck der Not und Verzweiflung in ein vorzeitiges Grab versinken; Und wenn dies durch die Beweise ihres besorgten Aussehens, ihrer aufgeregten Gefühle und ihrer verlassenen Häuser bestätigt wurde – kann ich mich dann wundern, dass viele von ihnen in solchen Zeiten des Elends und der Not mit wilder Heftigkeit sprachen und handelten?

Unter den Aktivisten keimte nun eine Idee auf, die ihren Ursprung bei den Chartisten hatte, die aber schließlich von vielen und vielen wie ein liebes Kind geschätzt wurde. Sie konnten nicht glauben, dass die Regierung von ihrem Elend wusste: Sie hielten es lieber für möglich, dass Männer freiwillig das Amt des Gesetzgebers für eine Nation übernehmen könnten, die nichts von ihrem wahren Zustand wusste; Wer sollte häusliche Regeln für das hübsche Verhalten von Kindern aufstellen, ohne sich darum zu kümmern, dass diese Kinder tagelang ohne Essen gehalten wurden? Außerdem hatten die hungernden Massen gehört, dass die bloße Existenz ihrer Not im Parlament geleugnet worden sei; und obwohl sie dies seltsam und unerklärlich empfanden, linderte der Gedanke, dass ihr Elend noch in all seinen Tiefen offenbart werden musste und dass dann ein Heilmittel gefunden werden würde, ihre schmerzenden Herzen und hielt ihre wachsende Wut im Zaum.

Deshalb wurde eine Petition verfasst und in den strahlenden Frühlingstagen des Jahres 1839 von Tausenden unterzeichnet. Darin wurde das Parlament gebeten, Zeugen anzuhören, die die beispiellose Armut in den Industriebezirken bezeugen könnten. Nottingham, Sheffield, Glasgow, Manchester und viele andere Städte waren damit beschäftigt, Delegierte zu ernennen, die diese Petition überbringen sollten, die nicht nur über das sprechen konnten, was sie gesehen und gehört hatten, sondern auch über das, was sie ertragen und erlitten hatten. Diese Delegierten waren vom Leben gezeichnete, hagere, ängstliche und vom Hunger geplagte Männer.

Einer von ihnen war John Barton. Er hätte sich geschämt, die Aufregung zuzugeben, die ihm seine Ernennung bescherte. Da war die kindliche Freude, London zu sehen – das ging ein kleines Stück weit, und zwar nur ein kleines Stück. Da war der vergebliche Gedanke, seine Ansichten vor so vielen großen Leuten zum Ausdruck zu bringen – das ging noch ein wenig weiter; Und schließlich war da noch die wirklich reine Herzensfreude, die sich aus dem Gedanken ergab, dass er einer von denen war, die dazu auserwählt wurden, die Nöte des Volkes bekannt zu machen und ihnen folglich eine große Erleichterung zu verschaffen, durch die sie es niemals tun sollten leiden, wollen oder sich nicht mehr darum kümmern. Er hoffte weitgehend, wenn auch vage, auf die Ergebnisse seiner Expedition. Ein Argument für die kostbaren Hoffnungen vieler ansonsten verzweifelter Geschöpfe war die Bitte, gehört zu werden, was ihre Leiden betrifft.

In der Nacht vor dem Morgen, an dem die Manchester-Delegierten nach London aufbrechen sollten, hielt Barton, so könnte man sagen, ein Levée ab, so viele Nachbarn kamen vorbei. Job Legh hatte sich und seine Pfeife schon früh an John Bartons Feuer niedergelassen, ohne viel zu sagen: aber er schnaufte vor sich hin und stellte sich vor, dass er dabei helfen könnte, die Glätteisen zurechtzurücken, die vor dem Feuer hingen, bereit für Mary, wenn sie sie brauchen sollte. Was Mary betrifft, war ihre Beschäftigung die gleiche wie die von Beau Tibbs' Frau: „nur die beiden Hemden ihres Vaters waschen" in der Vorratsküche; denn sie war besorgt über sein Erscheinen in London. (Der Mantel war eingelöst worden, das Seidentaschentuch jedoch verwirkt.) Die Tür zwischen dem Wohnhaus und der Hinterküche stand wie üblich offen, und so grüßte sie ihre Freunde, als sie eintraten.

„Also, John, du bist auf dem Weg nach London, oder?" sagte einer.

„Ja, ich schätze, ich werde gehen", antwortete John und gab sozusagen der Notwendigkeit nach.

„Nun, ich möchte, dass Sie mit den Leuten im Parlament über viele Dinge sprechen. Du wirst sie nicht verschonen, John, hoffe ich. Sag ihnen unsere Meinung; wie wir denken, dass wir lange genug gestraft wurden, und wir sehen nicht, was sie Gutes getan haben, wenn sie uns nicht geben können, worum wir alle am Tag unserer Geburt für Sünde weinen."

"Ay Ay! Das und noch viel mehr werde ich ihnen erzählen, wenn ich an der Reihe bin; aber du weißt, dass es viele gibt, die ihr Wort vor mir haben werden."

„Nun, du wirst endlich sprechen. Segne dich, Junge, bitte sie, die Meister dazu zu bringen, die Maschinen zu zerstören. Es gab noch nie gute Zeiten, als die Spinning-Jennies auftauchten."

„Maschinen sind der Ruin der armen Leute", stimmten mehrere Stimmen zu.

„Für meinen Teil", sagte ein zitternder, halbbekleideter Mann, der sich wie von Fieber geplagt an das Feuer schlich, „ich möchte, dass du ihnen sagst, sie sollen das Kurzarbeitsgesetz verabschieden." Fleisch und Blut werden von so viel Arbeit müde; Warum sollten Fabrikarbeiter so viel länger arbeiten als andere Berufe? Frag sie das einfach, Barton, ja?"

Barton wurde durch das Eintreten von Mrs. Davenport, der armen Witwe, zu der er so freundlich gewesen war, die Notwendigkeit erspart, zu antworten; Sie sah halbgenährt und eifrig aus, war aber anständig gekleidet. In ihrer Hand hielt sie ein kleines Zeitungspaket, das sie zu Mary brachte, die es öffnete und dann rief, während ein Hemdkragen an ihren seifigen Fingern baumeln ließ:

„Sehen Sie, Vater, was für ein Dandy Sie in London sein werden! Mrs. Davenport hat Ihnen das mitgebracht; Neuer Schnitt gemacht, alles nach der Mode. Danke, dass du an ihn gedacht hast.“

„Äh, Maria!“ sagte Mrs. Davenport mit leiser Stimme: „Was kann ich denn alles tun, was er für mich und meine getan hat?“ Aber, Mary, ich kann dir sicher helfen, denn du wirst mit dieser Reise beschäftigt sein.“

„Hilf mir einfach, diese auszuwringen, und dann bringe ich sie zur Mangel.“

So wurde Mrs. Davenport eine Zuhörerin des Gesprächs; und machte nach einer Weile mit.

„Ich bin sicher, John Barton, wenn Sie Botschaften an die Leute im Parlament überbringen, werden Sie nichts dagegen haben, ihnen zu sagen, was für eine schmerzhafte Prüfung es ist, ihr Gesetz, Kinder von der Fabrikarbeit fernzuhalten, ob sie sei schwach oder stark. Da ist unser Ben; Naja, Haferbrei scheint ihm nicht zu schmecken, er isst so viel; und ich habe kein Geld bekommen, um ihn zur Schule zu schicken, wie ich es gerne hätte; Und da ist er, tobt jeden Tag durch die Straßen, wird hungriger und hungriger und lernt so manche schlechte Sitte; und der Inspektor lässt ihn nicht in die Fabrik arbeiten, weil er nicht das richtige Alter hat; obwohl er doppelt so stark ist wie Sankeys kleiner, gewitzter Bursche, und das funktioniert, bis er vor Schmerzen in den Beinen weint, obwohl er im richtigen Alter und besser ist.“

„Ich habe einen Plan, den ich John Barton mitteilen möchte“, sagte ein pompöser, vorsichtig sprechender Mann, „und ich möchte, dass er ihn dem Ehrenhaus vorlegt. Meine Mutter stammte aus Oxfordshire und war Wäschemädchen in Sir Francis Dashwoods Familie; und als wir klein waren, erzählte sie uns Geschichten über ihre Großartigkeit; und eine Sache, die sie nannte, war, dass Sir Francis täglich zwei Hemden trug. Jetzt waren er alle eins wie ein Parlamentsabgeordneter; und viele davon sind, davon bin ich überzeugt, extravagant. Sag ihnen einfach, John, dass sie den Webern in Lancashire einen großen Gefallen tun würden, wenn sie ihre Hemden aus Kattun machen ließen; „Das würde den Handel lebhaft machen, mit der Macht der Hemden, die sie tragen.“

Job Legh gab nun sein Wort. Er nahm die Pfeife aus dem Mund und wandte sich an den letzten Redner:

„Ich sage dir was, Bill, und nichts für ungut, wohlgemerkt; Es gibt nur Hunderte von Parlamentariern, die so viele Hemden auf dem Rücken tragen; Aber es gibt Tausende und Abertausende armer Weber, da sie auf der Welt nur ein einziges Hemd bekommen haben; Ja, und ich weiß nicht, wo ich einen anderen herbekomme, wenn der Lappen fertig ist, obwohl sie jeden Tag kilometerweit Kattun herstellen; und viele Meilen davon liegen in

Lagerhäusern und legen den Handel aus Mangel an Käufern lahm. Befolgen Sie meinen Rat, John Barton, und bitten Sie das Parlament, den Handel freizugeben, damit die Arbeiter einen anständigen Lohn verdienen und ihre zwei, ja, drei Hemden pro Jahr kaufen können; das würde das Weben lebhafter machen."

Er steckte seine Pfeife wieder in den Mund und paffte noch einmal, um die verlorene Zeit auszugleichen.

„Ich habe Angst, Nachbarn", sagte John Barton, „ich habe keine große Chance, ihnen alles zu sagen, was Sie sagen: Was ich denke, ist nur, über die Not zu sprechen, von der sie sagen, dass sie nichts ist." Wenn sie von Kindern hören, die auf nassen Fahnen geboren wurden, ohne einen Lappen zum Zudecken oder ein bisschen Essen für die Mutter; wenn sie von Leuten hören, die sich auf der Straße zum Sterben hinlegten oder ihre Wünsche verbargen 'irgendein Kellerloch, bis der Tod kommt, um sie freizulassen; und wenn sie von all dieser Pest, Pest und Hungersnot hören, werden sie sicherlich etwas klügeres für uns tun, als wir jetzt ahnen können. Allerdings habe ich nichts dagegen, wenn ja, gibt es eine Möglichkeit, sich für das einzusetzen, was Sie sagen; Wie auch immer, ich werde mein Bestes geben, und Sie sehen jetzt, wenn nicht bessere Zeiten kommen, nachdem das Parlament alles weiß."

Treffen zwischen den Meistern und ihren Mitarbeitern

Von *Mary Barton* , 1848

DER Tag, an dem die Meister eine Unterredung mit der Deputation der Arbeiter haben sollten. Das Treffen sollte in einem öffentlichen Raum eines Hotels stattfinden; und dort begannen gegen elf Uhr die Mühlenbesitzer, die die ausländischen Befehle erhalten hatten, zu sammeln.

Das erste Thema war natürlich das Wetter, so sehr ihre Gedanken auch mit einem anderen Thema beschäftigt sein mochten. Nachdem sie trotz all der Regenschauer und des Sonnenscheins, die es in der vergangenen Woche gegeben hatte, ihre Pflicht erfüllt hatten, begannen sie, über das Geschäft zu sprechen, das sie zusammengebracht hatte. Es dürften etwa zwanzig Herren im Raum sein, darunter auch einige, die aus Höflichkeit nicht unmittelbar an der Lösung der vorliegenden Frage beteiligt waren; die aber dennoch genügend Interesse hatten, teilzunehmen. Diese wurden in kleine Gruppen aufgeteilt, die keineswegs einstimmig zu sein schienen. Einige waren für ein leichtes Zugeständnis, nur für eine Zuckerpflaume, um das ungezogene Kind zu beruhigen, ein Opfer für Frieden und Stille. Einige widersetzten sich entschieden und vehement dem gefährlichen Präzedenzfall, der äußeren Kraft einer Wahlbeteiligung auch nur ein Jota oder ein Tüpfelchen nachzugeben. Es ginge darum, den Arbeitern beizubringen, wie man Meister wird, sagten sie. Hätten sie in Zukunft das Wildeste gewollt, wüssten sie, dass der Weg zur Erfüllung ihrer Wünsche darin bestehen würde, die Arbeit zu streiken. Außerdem waren ein oder zwei der Anwesenden gerade erst aus New Bailey zurückgekehrt, wo einer der Ausgeladenen wegen eines grausamen Angriffs auf einen armen Weber aus dem Norden des Landes angeklagt worden war, der versucht hatte, für den niedrigen Preis zu arbeiten. Sie waren zu Recht empört über die gnadenlose Art und Weise, wie der arme Kerl behandelt worden war; und ihre Empörung über das Unrecht nahm (wie so oft) die extreme Form der Rache an. Sie hatten das Gefühl, dass sie, die Herren, lieber auf alle Vorteile verzichten würden, die sich aus der Erfüllung des Auftrags ergeben würden, um den Arbeitern zu helfen, anstatt sich der Masse der Männer zu beugen, die zu so grausamen Maßnahmen gegen ihre Arbeitskollegen greifen könnte sehr leiden. Sie vergaßen, dass der Streik in diesem Fall die Folge von zu Unrecht erlittener Not und Not war, wie die Duldenden glaubten; denn so verrückt und ohne jeden Grund ihr Glaube auch war, und so war die Ursache ihrer Gewalttätigkeit. Es ist eine große Wahrheit, dass man Gewalt nicht durch Gewalt auslöschen kann. Sie können es eine Zeit lang ablegen; Aber während Sie über Ihren imaginären Erfolg jubeln, sehen Sie, ob er nicht mit sieben Teufeln zurückkommt, die schlimmer sind als er selbst!

Niemand kam auf die Idee, die Arbeiter als Brüder und Freunde zu behandeln und sie offen und deutlich als Appelle an vernünftige Männer zu behandeln und genau und vollständig die Umstände darzulegen, die die Meister zu der Annahme veranlassten, es sei die kluge Politik der Zeit, selbst Opfer zu bringen, und zwar selbst Opfer zu bringen Ich hoffe auf sie von den Aktivisten.

Als Sie im Raum von Gruppe zu Gruppe gingen, fielen Ihnen Sätze wie der folgende auf:

„Arme Teufel! Ich fürchte, sie sind dem Verhungern nahe. Mrs. Aldred bereitet jede Woche zwei Kuhköpfe zu einer Suppe zu, und die Leute kommen kilometerweit, um sie zu holen; Und wenn diese Zeiten anhalten, müssen wir versuchen, mehr zu tun. Aber wir dürfen uns zu nichts drängen lassen!"

„Eine Erhöhung um einen Schilling oder so wird keinen großen Unterschied machen, und sie werden gehen und denken, sie hätten ihren Standpunkt verstanden."

„Das ist genau das, wogegen ich Einwände habe. Sie denken so, und wann immer sie einen Punkt zu gewinnen haben, egal wie unvernünftig, werden sie die Arbeit streiken."

„Es schadet ihnen wirklich mehr als uns."

„Ich sehe keine Möglichkeit, unsere Interessen zu trennen."

„Der verdammte **Rohling** hatte Vitriol auf die Knöchel des armen Kerls geschüttet, und Sie wissen, was für ein schlimmer Teil das ist, ihn zu heilen. Er musste mit dem Schmerz stillstehen, und das machte ihn der Gnade des grausamen Kerls ausgeliefert, der ihn so lange auf den Kopf schlug, dass man kaum noch wusste, dass er ein Mann war. Sie bezweifeln, dass er überleben wird."

„Wenn das nur der Fall wäre, würde ich mich ihnen entgegenstellen, auch wenn es der Grund für meinen Untergang ist."

„Ja, ich für meinen Teil werde den grausamen Bestien keinen Heller geben; Sie ähneln eher wilden Tieren als Menschen."

(Nun, wer könnte sie unterschiedlich gemacht haben?)

„Ich sage, Carson, gehen Sie einfach und berichten Sie Duncombe von diesem neuen Beispiel ihres abscheulichen Verhaltens. Er schwankt, aber ich denke, das wird ihn entscheiden."

Nun wurde die Tür geöffnet, und der Kellner verkündete, dass die Männer unten seien, und fragte, ob es den Herren gestatte, sie heraufzuführen.

Sie stimmten zu und nahmen rasch ihre Plätze rund um den offiziellen Tisch ein. Dabei ähnelten sie möglichst stark den römischen Senatoren, die den Einfall von Brennus und seinen Galliern erwarteten.

Tramp, Tramp, kamen die schweren, verstopften Füße die Treppe hinauf; und im nächsten Moment standen fünf wilde, ernst aussehende Männer im Raum. John Barton war aufgrund eines Zeitfehlers nicht unter ihnen. Wären sie kräftigere Männer gewesen, hätte man sie als hager bezeichnet; ohnehin waren sie von kleiner Statur, und ihre pelzigen Kleider hingen lose an ihren geschrumpften Gliedmaßen. Auch bei der Auswahl ihrer Delegierten hatten die Aktivisten mehr Rücksicht auf ihr Gehirn und ihre Sprachbegabung als auf ihre Garderobe genommen; Sie hätten die Meinungen dieses würdigen Professors Teufelsdröckh in *Sartor Resartus lesen können* , wenn man den heruntergekommenen Mänteln und Hosen nachgeht, die noch immer Männer von Rang und Macht bekleideten. Viele von ihnen kannten den Luxus eines neuen Kleidungsstücks schon lange nicht mehr; und in ihren Gewändern waren Luftspalte zu sehen. Einige der Herren waren ziemlich beleidigt darüber, dass eine so zerlumpte Abteilung sich zwischen den Wind und ihren Adel stellte; aber was kümmerte sie?

Auf Wunsch eines Herrn, der eilig zum Vorsitzenden ernannt wurde, verlas der Anführer der Delegierten mit hoher, Psalmen singender Stimme ein

Papier, das die Stellungnahme der Aktivisten zum vorliegenden Fall, ihre Beschwerden und ihre Forderungen enthielt , die sich zuletzt nicht durch Moderation auszeichneten.

Dann wurde er gebeten, sich mit seinen Delegiertenkollegen für einige Minuten in einen anderen Raum zurückzuziehen, während die Herren über ihre endgültige Antwort nachdachten.

Als die Männer den Raum verlassen hatten, fand eine flüsternde, ernsthafte Beratung statt, bei der jeder seine früheren Argumente wieder aufgriff. Die Konzessionäre gewannen den Sieg, allerdings nur mit einer Mehrheit von eins. Die Minderheit brachte hochmütig und hörbar ihre Ablehnung der zu verabschiedenden Maßnahmen zum Ausdruck, selbst nachdem die Delegierten den Saal wieder betraten; Ihre Worte und Blicke blieben den scharfsichtigen Agenten nicht verborgen; Ihre Namen wurden in bitteren Herzen registriert.

Die Meister konnten dem von den Arbeitern geforderten Vorschuss nicht zustimmen. Sie waren bereit, einen Schilling pro Woche mehr zu geben, als sie zuvor angeboten hatten. Waren die Delegierten befugt, ein solches Angebot anzunehmen?

Sie hatten die Befugnis, jedes an diesem Tag von den Meistern gemachte Angebot anzunehmen oder abzulehnen.

Dann könnte es für sie besser sein, sich untereinander zu beraten, was ihre Entscheidung sein sollte. Sie zogen sich erneut zurück.

Es dauerte nicht lange. Sie kamen zurück und lehnten jeden Kompromiss ihrer Forderungen entschieden ab.

Dann sprang Mr. Henry Carson auf, das Oberhaupt und die Stimme der gewalttätigen Partei unter den Herren, und wandte sich noch vor den finster dreinblickenden Funktionären an den Vorsitzenden und schlug einige Resolutionen vor, die er und diejenigen, die ihm zustimmten, währenddessen ausgeheckt hatten diese letzte Abwesenheit der Deputation.

Erstens zogen sie den soeben gemachten Vorschlag zurück und erklärten jegliche Kommunikation zwischen den Meistern und dieser bestimmten Gewerkschaft für beendet; zweitens erklärte er, dass kein Meister in Zukunft einen Arbeiter beschäftigen würde, es sei denn, er unterschrieb eine Erklärung, dass er keiner Gewerkschaft angehörte, und verpflichtete sich, keine Gesellschaft zu unterstützen oder ihr beizutreten, deren Ziel es ist, in die Befugnisse des Meisters einzugreifen; und drittens sollten sich die Meister verpflichten, alle Arbeiter zu schützen und zu ermutigen, die bereit sind, eine Beschäftigung zu diesen Bedingungen und zum zuerst angebotenen

Lohnsatz anzunehmen. Wenn man bedenkt, dass die Männer, die jetzt mit trotzig gesenkten Augenbrauen zuhörten, allesamt führende Mitglieder der Union waren, provozierten solche Resolutionen an sich schon ausreichend Feindseligkeit: Harry Carson begnügte sich jedoch nicht damit, sie einfach nur zu verkünden, sondern charakterisierte weiterhin das Verhalten von die Arbeiter in keiner Weise gemessen; Mit jedem Wort, das er sprach, wurden ihre Blicke noch wütender und ihre funkelnden Augen noch grimmiger. Einer von ihnen hätte etwas gesagt, hielt sich aber zurück, um dem strengen Blick und dem Druck des Anführers auf seinen Arm zu gehorchen. Mr. Carson setzte sich und ein Freund stand sofort auf, um den Antrag zu unterstützen. Es wurde angenommen, aber alles andere als einstimmig. Der Vorsitzende verkündete es den Delegierten (die wegen einer Abstimmung erneut aus dem Saal verwiesen wurden). Sie nahmen es mit tiefem, grüblerischem Schweigen entgegen, sprachen jedoch kein Wort und verließen den Raum, ohne sich auch nur zu verbeugen.

Nun hatte es bei diesem Treffen einige Nebenbemerkungen gegeben, über die in den Manchester-Zeitungen nicht berichtet wurde, die über den reguläreren Teil der Transaktion berichteten.

Während die Männer bei ihrem ersten Eintritt gruppiert in der Nähe der Tür gestanden hatten, hatte Mr. Harry Carson seinen Silberstift hervorgeholt und eine bewundernswerte Karikatur von ihnen gezeichnet – dürr, zerlumpt, entmutigt und von einer Hungersnot geplagt. Darunter schrieb er ein hastiges Zitat aus der bekannten Rede des dicken Ritters in *Heinrich IV*. Er reichte es einem seiner Nachbarn, der die Ähnlichkeit sofort erkannte, und dieser schickte es an andere weiter, die alle lächelten und mit dem Kopf nickten. Als es zu seinem Besitzer zurückkam, riss er die Rückseite des Briefes, auf dem es gezeichnet war, in zwei Teile, drehte sie zusammen und warf sie in den Kamin; Aber egal, ob sie ihr Ziel erreichten oder nicht, er sah nicht, dass sie knapp an der verzehrenden Asche vorbeikamen.

Dieser Vorgang wurde von einem der Männer genau beobachtet.

Er sah den Herren zu, wie sie das Hotel verließen (einige von ihnen lachten, weil sie Witze machten), und als alle gegangen waren, trat er wieder ein. Er ging zum Kellner, der ihn erkannte.

„Auf einem Bild dort oben ist ein Stück, das einer der Herren weggeworfen hat; Ich habe einen kleinen Jungen zu Hause, der ein Bild sehr liebt, mit Deiner Erlaubnis werde ich hinaufgehen und es versuchen.

Der Kellner, gutmütig und mitfühlend, begleitete ihn die Treppe hinauf; sah, wie das Papier aufgehoben und aufgedreht wurde, und als er dann durch einen hastigen Blick auf den Inhalt davon überzeugt war, dass es nur das war, was der Mann es genannt hatte, „ein kleines Bild“, erlaubte er ihm, seine Beute an sich zu nehmen.

Gegen sieben Uhr abends versammelten sich viele Mitarbeiter in einem Raum im Wirtshaus Weavers' Arms, einem Raum, der für „festliche Anlässe“ vorgesehen war, wie der Vermieter ihn in seinem Rundschreiben zur Eröffnung des Lokals beschrieben hatte. Aber leider! Es war kein festlicher Anlass, dass sie sich an diesem Abend dort trafen. Verhungerte, gereizte, verzweifelte Männer versammelten sich, um die Antwort zu hören, die ihre Herren an diesem Morgen den Delegierten gegeben hatten; Danach würde, wie in der Bekanntmachung angegeben, ein Herr aus London die Ehre haben, vor der Versammlung über den gegenwärtigen Stand der Dinge zwischen den Arbeitgebern und den Beschäftigten oder (wie er sie nannte) den faulen und fleißigen Klassen zu sprechen . Der Raum war nicht groß, aber die kargen Möbel ließen ihn so wirken. Als sie eintraten, flackerte unbeschattetes Gas auf die dürren und ungewaschenen Handwerker herab, deren Augen angesichts des Übermaßes an Licht blinzelten.

Sie nahmen auf Bänken Platz und erwarteten die Abordnung. Letztere überbrachten düster und wild das Ultimatum der Meister, fügten jedoch kein einziges Wort hinzu; und es sank umso tiefer in die schmerzenden Herzen der Zuhörer wegen ihrer Nachsicht.

Dann trat der „Herr aus London“ ein (der zuvor über die Entscheidung des Meisters informiert worden war). Es wäre Ihnen ein Rätsel gewesen, seine genaue Position oder seinen Geisteszustand in Bezug auf Bildung zu definieren. Er sah so unsicher und alles andere als ernst aus, inmitten der Gruppe eifriger, grimmiger, in Gedanken versunkener Männer, in deren Mitte er nun stand. Er hätte ein in Ungnade gefallener Medizinstudent der Bob Sawyer-Klasse, ein erfolgloser Schauspieler oder ein protziger Verkäufer sein können. Der Eindruck, den er Ihnen vermittelt hätte, wäre ungünstig gewesen, und doch gab es vieles an ihm, das man nur als zweifelhaft bezeichnen konnte.

Er grinste als Anerkennung für ihre ungehobelten Begrüßungen und setzte sich; Dann blickte er sich um und erkundigte sich, ob es für die anwesenden Herren nicht angenehm wäre, Pfeifen und Schnaps herumgereicht zu bekommen, und fügte hinzu, dass er eine Behandlung vertragen würde.

Wie der Mann, dessen Geschmack zur Liebe zum Lesen erzogen wurde, nach langer Abstinenz versessen auf Bücher verfällt, so glänzten diese armen Kerle, deren Geschmack man sich selbst erziehen musste, um eine Vorliebe für Tabak, Bier und ähnliche Befriedigungen zu entwickeln Vorschlag des

Londoner Delegierten. Tabak und Alkohol lindern den Hunger und lassen das elende Zuhause und die trostlose Zukunft vergessen.

Sie waren nun bereit, ihm anerkennend zuzuhören. Er fühlte es; und er erhob sich wie ein großer Redner, den rechten Arm ausgestreckt, den linken in der Brust seiner Weste, und begann mit forcierter theatralischer Stimme zu deklamieren.

Nach einem Ausbruch von Beredsamkeit, in dem er die Taten des älteren und des jüngeren Brutus vermischte und die unwiderstehliche Macht der „Millionen von Manchester" hervorhob, wandte sich der Londoner dem sachlichen Geschäft zu, und zwar auf diese Weise Er glaubte nicht an das gute Urteil derer, die ihn als Delegierten geschickt hatten. Eine große Zahl von Menschen scheint, wenn man sie ihrer freien Wahl überlässt, bei der Unterscheidung von Männern mit natürlichem Talent über einen Ermessensspielraum zu verfügen; Es ist schade, dass sie Temperament und Prinzipien so wenig respektieren. Er diktierte rasch Beschlüsse und schlug Maßnahmen vor. Er schrieb ein bewegendes Plakat für die Wände. Er schlug vor, Delegierte zu entsenden, um andere Gewerkschaften in anderen Städten um Unterstützung zu bitten. Er führte die Liste der unterzeichnenden Gewerkschaften durch eine großzügige Spende derjenigen an, mit denen er in London besonders verbunden war; und was noch ungewöhnlicher war, er zahlte das Geld in echten, klirrenden, blinkenden, goldenen Sovereigns zurück! Das Geld, leider! wurde dringend benötigt; Doch bevor am nächsten Tag irgendwelche privaten Bedürfnisse befriedigt wurden, wurden jedem Delegierten kleine Summen ausgehändigt, die in ein oder zwei Tagen zu ihren Expeditionen nach Glasgow, Newcastle, Nottingham usw. aufbrechen sollten. Diese Männer waren größtenteils Mitglieder von die Abordnung, die an diesem Morgen den Herren aufgewartet hatte. Nachdem er einige Briefe aufgesetzt und noch ein paar aufwühlende Worte gesprochen hatte, zog sich der Herr aus London zurück, zuvor schüttelte er allen die Hand; und viele folgten ihm eilig aus dem Zimmer und aus dem Haus.

Die neu ernannten Delegierten und ein oder zwei andere blieben zurück, um über ihre jeweiligen Missionen zu sprechen und Meinungen in einer heimeligeren und natürlicheren Sprache zu äußern und auszutauschen, als sie es vor dem Londoner Redner zu gebrauchen wagten.

„Er ist ein seltener Kerl, Mann", begann einer und wies den verstorbenen Delegierten mit einer Daumenbewegung auf die Tür. „Jedenfalls hat er die Gabe des Redens bekommen!"

„Ja! Ja! er weiß, worum es geht. Sehen Sie, wie er uns von diesem Brutus erzählt hat. Es fiel ihm auch ziemlich schwer, seinen eigenen Sohn zu töten!"

„Ich könnte meinen töten, wenn er mit den Meistern teilnehmen würde; Natürlich ist er nur ein Stiefsohn, aber das macht keinen Unterschied", sagte ein anderer.

Doch nun verstummten die Gespräche, und alle Augen richteten sich auf das Mitglied der Deputation, das an diesem Morgen ins Hotel zurückgekehrt war, um Harry Carsons kluge Karikatur der Agenten in Besitz zu nehmen.

Die Köpfe drängten sich zusammen, um die Ähnlichkeiten zu betrachten und zu erkennen.

„Das ist John Slater! An seiner großen Nase hätte ich ihn überall erkannt. Herr! wie genau; Das bin ich, bei Gott, genau so bin ich verpflichtet, meine Weste hochzustecken, um zu verbergen, dass ich kein Hemd bekommen habe. Das ist eine Schande und ich werde es nicht ertragen."

"Also!" sagte John Slater, nachdem er seine Nase und sein Abbild anerkannt hatte; „Ich könnte über einen Scherz genauso gut lachen wie über den besten, obwohl er es mir selbst sagen würde, wenn ich mich nicht anstrengen würde" (seine Augen füllten sich mit Tränen; er war ein armer, verkniffener Mann mit scharfen Gesichtszügen , mit einem sanften und melancholischen Gesichtsausdruck), „und wenn ich es vermeiden könnte, zu Hause an sie zu denken, wie es Clemming ist; aber ihre Schreie nach Essen hallten in meinen Ohren wider und machten mir Angst, nach Hause zu gehen, und ich fragte mich, ob ich sie jammern hören würde, wenn ich dort kalt und ertrunken auf dem Grund des Kanals liegen würde; Warum, Mann, ich kann über nichts lachen. Es scheint mich traurig zu machen, dass es jemanden gibt, der etwas ausnutzen kann, was er nie gewusst hat; Das kann so ein lächerliches Bild von Männern hinterlassen, deren innerstes Herz so wund und wund ist wie unseres, und Gott helfe uns."

John Barton begann zu sprechen; sie wandten sich ihm mit großer Aufmerksamkeit zu. „Es macht mich mehr als traurig, es lässt mein Herz brennen, zu sehen, dass Leute über strebende Männer Witze machen können; von Kerlen, die kamen, um etwas Feuer für die alte Oma zu erbitten, während es vor Kälte zitterte; für ein bisschen Bettzeug und warme Kleidung für die arme Frau, die auf den feuchten Fahnen in den Wehen liegt; und für Lebensmittel für die Kinder, deren kleine Stimmen zu schwach und schwach werden, um laut vor Hunger zu schreien. Denn, Brüder, sind das nicht die Dinge, um die wir bitten, wenn wir um mehr Lohn bitten? Wir wollen keine Leckereien, wir wollen Bäuche voll; Wir wollen keine abgenutzten Mäntel und Westen, wir wollen warme Kleidung; Und damit wir sie bekommen, streiten wir uns nicht darüber, woraus sie gemacht sind. Wir wollen ihre großen Häuser nicht, wir wollen ein Dach, das uns vor Regen, Schnee und Sturm schützt. Ja, und nicht allein, um uns zu bedecken, sondern die Hilflosen, die sich im scharfen Wind an uns klammern und uns mit ihren

Augen fragen, warum wir sie in die Welt gebracht haben, um zu leiden?" Er senkte seine tiefe Stimme fast zu einem Flüstern:

„Ich habe einen Vater gesehen, der sein Kind lieber getötet hatte, als es vor seinen Augen aufwachsen zu lassen; und er war ein sanftherziger Mann."

Er begann wieder in seinem gewohnten Ton: „Wir kommen mit ganzem Herzen zu den Meistern, um für sie die Dinge zu erbitten, die ich oben genannt habe." Wir wissen, dass sie das Geld bekommen haben, das wir für sie verdient haben; Wir wissen, dass sich der Handel bessert und sie große Aufträge haben, für die sie gut bezahlt werden; wir verlangen unseren Anteil an der Zahlung; denn, sagen wir, wenn die Herren unseren Anteil an der Bezahlung bekommen, wird er nur für den Unterhalt von Dienern und Pferden verwendet – für mehr Kleidung und Prunk. Nun gut, wenn du dich dafür entscheidest, dumm zu sein, werden wir dich nicht daran hindern, solange du gerecht bist; aber unseren Anteil müssen und werden wir haben; wir lassen uns nicht betrügen. *Wir* wollen es als tägliches Brot, für das Leben selbst; und auch nicht für unser eigenes Leben (denn es gibt hier viele, das weiß ich selbst, die froh und dankbar wären, sich hinzulegen und aus dieser müden Welt auszusterben), sondern für das Leben der Kleinen, die es nicht tun Sie wissen noch nicht, was Leben ist, und haben Angst vor dem Tod. Nun, wir treten vor die Meister, um zu sagen, was wir wollen und was wir haben müssen, bevor wir uns an ihre Arbeit machen; und sie sagen „Nein." Man könnte meinen, das wäre schon genug an Hartherzigkeit, aber das ist nicht der Fall. Sie gehen und machen Scherzfotos von uns! Ich könnte über mich selbst lachen, genauso wie über den armen John Slater; aber dann muss es mir bestimmt leicht fallen, zu lachen. Jetzt weiß ich nur, dass ich den letzten Tropfen meines Blutes geben würde, um uns an diesem Kerl zu rächen, der so wenig Gefühl in sich hatte, dass er es mit ernsten, leidenden Männern zu tun hätte!"

Unter den Männern war ein leises, wütendes Murmeln zu hören, das jedoch noch keine Form oder Worte angenommen hatte. John fuhr fort:

„Ihr werdet euch fragen, Jungs, wie ich heute Morgen die Zeit verpasst habe; Ich sage dir einfach, was ich gerade gemacht habe. Der Kaplan von New Bailey schickte mir den Auftrag, Jonas Higginbotham zu sehen; Er wurde letzte Woche angeklagt, weil er einem Knüppel Gift ins Gesicht geschüttet hatte. Nun, ich konnte nicht anders, als zu gehen; und ich hätte nicht gedacht, dass es mich so lange aufgehalten hätte. Jonas war wie ein Verrückter, als ich bei ihm ankam; er sagte, er könne Tag und Nacht keine Ruhe für das Gesicht des armen Kerls finden, den er verletzt hatte; dann dachte er an seinen schwachen, gestrafften Blick, als er mit schmerzenden Füßen in die Stadt stapfte; und Jonas dachte, er hätte sie vielleicht zu Hause gelassen, um nach Neuigkeiten zu suchen und zu hoffen und nichts zu bekommen, außer glücklicherweise die Nachricht von seinem Tod. Nun, Jonas hatte über diese Dinge nachgedacht, bis er keine Ruhe mehr hatte, sondern ständig auf und ab ging wie ein wildes Tier in seinem Käfig. Schließlich überlegte er, wie er ein wenig helfen könnte, und veranlasste den Geistlichen, mich holen zu lassen; und er erzählte mir das; und dass der Mann in der Krankenstation liege und er mir befahl, hinzugehen (heute ist der Tag, an dem Leute in die Krankenstation aufgenommen werden dürfen) und seine silberne Uhr, wie die seiner Mutter, zu holen und sie ebenso wie ich zu verkaufen könnte, und das Geld nehmen und dem armen Knüppel befehlen, es an seine Freunde jenseits von Burnley zu schicken; und ich sollte ihn freundlich grüßen, Jonas, und er forderte ihn demütig auf, ihm zu vergeben. Also habe ich getan, was Jonas wollte. Aber Gott segne dich, keiner von uns würde jemals wieder Vitriol werfen (zumindest nicht auf einen Knüppel), wenn er das sehen könnte, was ich heute gesehen habe. Der Mann lag da, sein Gesicht war ganz in Tücher gehüllt, also habe ich *das* nicht gesehen ; aber kein Glied, nicht das Glied eines Gliedes konnte es verhindern, vor Schmerz zu zittern. Er hätte sich in die Hände gebissen, um sein Stöhnen zu unterdrücken, aber es gelang ihm nicht, sein Gesicht tat ihm weh, selbst wenn er es noch so wenig bewegte. Er konnte mich kaum stören, als ich ihm von Jonas erzählte; Er drückte meine Hand, als ich mit dem Geld klimperte, aber als ich den Namen seiner Frau strich, schrie er: „Mary, Mary, soll ich dich nie wieder sehen?" Mary, mein Schatz, sie haben mich blind gemacht, weil ich für dich und unser eigenes Baby arbeiten wollte; O Maria, Maria!' Dann kam die Krankenschwester und sagte, er würde toben und dass ich ihn noch schlimmer gemacht hätte. Und ich fürchte, es war wahr; Dennoch wollte ich nicht gehen, ohne zu wissen, wohin ich das Geld schicken sollte … Das hat mich also über meine Zeit hinausgehalten, Leute."

„Hast du endlich gehört, wo die Frau wohnte?" fragten viele besorgte Stimmen.

"NEIN! Er redete weiter mit ihr, bis seine Worte mein Herz schnitten wie ein Messer. Ich habe die Krankenschwester beauftragt, herauszufinden, wer sie war und wo sie lebte. Aber was ich jetzt besonders benennen möchte, ist Folgendes: Zum einen wollte ich, dass Sie alle wissen, warum ich heute Morgen nicht auf meinem Posten war; Zum anderen möchte ich sagen, dass ich genug davon gesehen habe, was beim Angriff auf Knüppelstöcke passiert, und dass ich nichts mehr damit zu tun haben werde."

Es gab einige Missbilligungsbekundungen, aber John störte sie nicht.

"Nein! „Ich bin kein Feigling", antwortete er, „und ich bleibe dem Rückgrat treu." Was ich gerne hätte und was ich tun würde, wäre, gegen die Meister zu kämpfen. Einer von euch nennt mich einen Feigling. Also! Jeder Mensch hat ein Recht auf seine Meinung; Aber seit ich heute über die Sache nachgedacht habe, habe ich gedacht, dass wir uns alle eher wie Feiglinge verhalten, wenn wir die Armen wie uns selbst angreifen; Sie haben niemanden, der ihnen helfen kann, aber sie müssen zwischen Gift und Hunger wählen. Ich sage, wir sind feiger, das zu tun, als sie in Ruhe zu lassen. NEIN! Was ich tun würde, ist Folgendes: Bei den Meistern haben!" Erneut rief er: „Auf die Meister!" Er sprach leiser; alle hörten mit gedämpftem Atem zu:

„Es sind die Herren, die dieses Leid verursacht haben; Es sind die Meister, die dafür bezahlen sollten. Er, der mich gerade als Feigling bezeichnet hat, kann es versuchen, ob ich einer bin oder nicht. Beauftragen Sie mich, den Meistern zu dienen, und sehen Sie, ob es etwas gibt, bei dem ich bleiben kann."

„Es würde den Meistern ein wenig Angst einjagen, wenn einer von ihnen auch nur um Haaresbreite geschlagen würde", sagte einer.

„Ja! oder geschlagen, bis kein Leben mehr in ihm war", knurrte ein anderer.

Und so schmiedeten sie mit Worten oder Blicken, die mehr verrieten als Worte, einen tödlichen Plan. Die Bedeutung ihrer Reden wurde immer tiefer und dunkler, während sie heiser dastanden, ihre Bedeutung vor sich hin murmelten und mit Augen, die zeigten, wie schrecklich ihre eigenen Gedanken für sie waren, ihre Nachbarn anstarrten. Ihre geballten Fäuste, ihre zusammengebissenen Zähne, ihre wütenden Blicke zeugten von dem Leid, das sie freiwillig erduldeten, als sie über das Verbrechen nachdachten und sich mit seinen Einzelheiten vertraut machten.

Dann kam einer dieser heftigen, schrecklichen Eide, die Gewerkschaftsmitglieder an jedes bestimmte Ziel binden. Dann trafen sie sich im grellen Gaslicht zu weiteren Beratungen. Aus Misstrauen gegenüber der Schuld war jeder gegenüber seinem Nächsten misstrauisch; jeder fürchtete den Verrat des anderen. Mehrere Zettel (der identische Brief, auf den die Karikatur am selben Morgen gezeichnet worden war) wurden zerrissen, und *einer war mit „ markiert* . Dann wurden alle wieder zusammengefaltet und sahen genau gleich aus. Sie wurden in einem Hut zusammengewürfelt. Das Gas wurde gelöscht; jeder zog ein Papier heraus. Das Gas wurde wieder angezündet. Dann entfernte sich jeder so weit er konnte von seinen Kameraden und begutachtete das Papier, das er gezeichnet hatte, ohne ein Wort zu sagen und mit einem Gesichtsausdruck, der so steinern und unbeweglich war, wie er nur konnte.

Dann, immer noch streng schweigend, nahm jeder seinen Hut und ging jeder seinen eigenen Weg.

Derjenige, der das markierte Papier gezogen hatte, hatte das Los des Attentäters gezogen! und er hatte geschworen, nach seiner Zeichnung zu handeln! Aber niemand außer Gott und seinem eigenen Gewissen wusste, wer der Mörder war.

John Barton schließt sich den Chartisten an

Von *Mary Barton* , 1848

WIR müssen zu John Barton zurückkehren. Armer John! Er hat seine enttäuschende Reise nach London nie überwunden. Die tiefe Demütigung, die er dann empfand (vielleicht mit so wenig Egoismus wie jemals zuvor bei Demütigungen), war nicht vorübergehender Natur; tatsächlich waren es nur wenige seiner Gefühle.

Dann kam eine lange Zeit körperlicher Entbehrung; vom täglichen Hunger nach Essen; Und obwohl er sich einzureden versuchte, dass er mit stoischer Gleichgültigkeit das Verlangen ertragen konnte und sich genauso wenig darum kümmerte wie die meisten Menschen, rächte sich der Körper dennoch für seine unruhigen Gefühle. Der Geist wurde verärgert und mürrisch und verlor viel von seinem Gleichgewicht. Es war nicht mehr elastisch wie in den Tagen der Jugend oder in Zeiten relativen Glücks; es hörte auf zu hoffen. Und es ist schwer, weiterzuleben, wenn man nicht mehr hoffen kann.

Derselbe Gefühlszustand, den John Barton hatte, wenn er zu jemandem gehört hätte, der die Muße hatte, über solche Dinge nachzudenken, und Ärzte, die ihnen Namen gaben, hätte man Monomanie genannt, so quälend, so unaufhörlich waren die Gedanken, die ihn quälten . Ich habe irgendwo eine gewaltsam beschriebene Strafe bei den Italienern gelesen, die einer Borgia würdig sei. Der vermeintliche oder tatsächliche Verbrecher wurde in einem Raum eingesperrt, der mit allen Annehmlichkeiten und Luxus ausgestattet war; und trauerte zunächst wenig über seine Inhaftierung. Aber von Tag zu Tag wurde ihm bewusst, dass der Raum zwischen den Wänden seiner Wohnung kleiner wurde, und dann begriff er das Ende. Diese bemalten Wände würden in schreckliche Nähe kommen und ihm schließlich das Leben auslöschen.

Und so kamen die kranken Gedanken von John Barton von Tag zu Tag näher und näher. Sie schlossen das Licht des Himmels und die fröhlichen Geräusche der Erde aus. Sie bereiteten seinen Tod vor.

Es ist wahr, dass ein großer Teil ihrer morbiden Wirkung auf den Konsum von Opium zurückzuführen ist. Aber bevor Sie diesen Gebrauch, oder vielmehr Missbrauch, zu stark beschuldigen, versuchen Sie es mit einem hoffnungslosen Leben, mit täglichen Gelüsten des Körpers nach Nahrung. Versuchen Sie, nicht allein ohne Hoffnung zu sein, sondern zu sehen, wie alle um Sie herum der gleichen Verzweiflung ausgesetzt sind, die aus den gleichen Umständen entsteht. Überall um dich herum sagen sie (obwohl sie weder Worte noch Sprache verwenden) durch ihr Aussehen und ihre schwachen Taten, dass sie leiden und unter dem Druck der Not versinken. Würden Sie nicht gerne das Leben und seine Lasten vergessen? Und Opium schenkt eine Zeitlang Vergessenheit.

Es ist wahr, dass diejenigen, die es auf diese Weise kaufen, ihr Vergessen teuer bezahlen müssen; Aber kann man von Ungebildeten erwarten, dass sie die Kosten für ihre Pfeife berechnen? Arme Kerle! Sie zahlen einen hohen Preis. Tage bedrückender Müdigkeit und Mattigkeit, deren Realität die schwache Krankheit von Träumen hat; Nächte, deren Träume grausame Realitäten der Qual sind; sinkende Gesundheit, schwankende Körper, beginnender Wahnsinn und schlimmer noch, das *Bewusstsein* beginnenden Wahnsinns: Das ist der Preis für ihre Pfeife. Aber haben Sie ihnen die Wissenschaft der Konsequenzen beigebracht?

John Bartons überwältigender Gedanke, der darin bestand, sein Schicksal auf Erden zu klären, war – reich und arm. Warum sind sie so getrennt, so unterschiedlich, wenn Gott sie doch alle geschaffen hat? Es ist nicht sein Wille, dass ihre Interessen so weit voneinander entfernt sind. Wessen Werk ist es?

Und so weiter in die Probleme und Mysterien des Lebens, bis, verwirrt und verloren, unglücklich und leidend, das einzige Gefühl, das in der Aufregung seines Herzens klar und ungestört blieb, Hass gegen die eine Klasse und tiefes Mitgefühl für die andere war.

Aber was nutzte sein Mitgefühl? Keine Bildung hatte ihm Weisheit verliehen; Und ohne Weisheit wirkt selbst die Liebe mit all ihren Auswirkungen allzu oft nur schädlich. Er handelte nach bestem Wissen und Gewissen, aber es war ein völlig falsches Urteil.

Die Taten der Ungebildeten scheinen mir in denen von Frankenstein verkörpert zu sein, diesem Monster mit vielen menschlichen Eigenschaften, ohne Seele und ohne Kenntnis des Unterschieds zwischen Gut und Böse.

Die Menschen erheben sich zum Leben; Sie irritieren uns, sie machen uns Angst und wir werden zu ihren Feinden. Dann, im traurigen Moment unserer triumphalen Macht, blicken ihre Augen mit stummer Vorwurf auf uns. Warum haben wir sie zu dem gemacht, was sie sind? ein mächtiges Monster, aber ohne die inneren Mittel für Frieden und Glück?

John Barton wurde ein Chartist, ein Kommunist, alles, was man gemeinhin als wild und visionär bezeichnet. Ja! aber visionär zu sein ist etwas. Es zeigt eine Seele, ein Wesen, das nicht ganz sinnlich ist; ein Geschöpf, das sich auf andere freut, wenn nicht auf sich selbst.

Und trotz all seiner Schwäche verfügte er über eine Art praktische Kraft, die ihn für die Menschen, denen er angehörte, nützlich machte. Er verfügte über eine Art rauer Lancashire-Beredsamkeit, die aus der Fülle seines Herzens entsprang und für Männer in ähnlichen Verhältnissen, die ihre Gefühle gerne in Worte fassen hörten, sehr bewegend war. Er hatte zeitweise einen ziemlich klaren Kopf für Methoden und Arrangements, ein notwendiges Talent für große Männerkombinationen. Und was ihm vielleicht mehr Vertrauen und Wertschätzung verschaffte, war das Bewusstsein, das jeder, der mit ihm in Kontakt kam, spürte, dass er nicht von selbstsüchtigen Motiven angetrieben wurde; dass seine Klasse, seine Ordnung das war, wofür er stand, nicht die Rechte seines eigenen dürftigen Ichs. Denn selbst bei großen und edlen Männern wird das Selbst, sobald es in den Vordergrund tritt, zu einer gemeinen und dürftigen Sache.

Kurz zuvor hatte es eine jener Gelegenheiten zu Beratungen unter den Angestellten gegeben, die John Barton zutiefst interessierten und deren Diskussionen ihn in letzter Zeit häufig von zu Hause ferngehalten hatten.

Ich bin mir nicht sicher, ob ich mich in der Fachsprache eines Meisters oder eines Arbeiters ausdrücken kann, aber ich werde versuchen, einfach den Fall darzulegen, über den letzterer beraten hat.

Aus einem neuen Auslandsmarkt kam eine Bestellung für Grobgüter. Es handelte sich um einen großen Auftrag, der allen Mühlen, die diese Art der Produktion ausübten, Beschäftigung verschaffte; Aber es war notwendig, es schnell und zu möglichst niedrigen Preisen auszuführen, da die Meister Grund zu der Annahme hatten, dass ein doppelter Auftrag an eine der kontinentalen Industriestädte geschickt worden war, wo es keine Lebensmittelbeschränkungen und keine Steuern gab Gebäude oder Maschinen, und wo sie folglich befürchteten, dass die Waren zu einem viel niedrigeren Preis hergestellt werden könnten, als sie sich leisten konnten; und dass die konkurrierenden Hersteller durch dieses Vorgehen und diese Gebühren den ungeteilten Besitz des Marktes erlangen würden. Es war eindeutig ihr Interesse, Baumwolle so günstig einzukaufen und die Löhne so niedrig wie möglich zu drücken. Und auf lange Sicht wäre dadurch den Interessen der Arbeiter zugutegekommen. So sehr sie einander auch misstrauen mögen, Arbeitgeber und Arbeitnehmer müssen gemeinsam aufsteigen oder fallen. Es mag einen Unterschied in der Chronologie geben, keinen in Bezug auf die Fakten.

Aber die Meister wollten nicht alle diese Umstände bekannt geben. Sie waren davon überzeugt, dass sie die Herren seien und dass sie das Recht hätten, Arbeit zu ihrem eigenen Preis zu bestellen, und sie glaubten, dass es bei der gegenwärtigen Handelsschwäche und Arbeitslosigkeit keine großen Schwierigkeiten geben würde, diese Arbeit zu erledigen.

Wenden wir uns nun der Sichtweise der Arbeiter zu dieser Frage zu. Den Herren (von deren wackeligem Fundament sie nichts wussten) schien es gut zu gehen, und sie lebten, wie die Herren, „zu Hause in Ruhe", während sie hungerten und von Tag zu Tag nach Luft schnappten; und es musste ein ausländischer Befehl ausgeführt werden, dessen Umfang, so groß er auch war, stark übertrieben war; und es sollte schnell geschehen. Warum boten die Meister unter diesen Umständen so niedrige Löhne an? Schande über sie! Es nutzte aus, dass ihre Arbeiter fast verhungerten; aber sie würden lieber gänzlich verhungern, als dass sie sich auf solche Bedingungen einlassen würden. Es war schon schlimm genug, arm zu sein, während die Herren durch die Arbeit ihrer dünnen Hände, den Schweiß ihres Angesichts reich wurden; aber sie würden nicht völlig zu Staub zermahlen werden. NEIN! Sie falteten ihre Hände und saßen untätig da und lächelten den Meistern zu, die sie sogar im Tod verblüffen konnten. Mit spartanischer Ausdauer beschlossen sie, den Arbeitgebern durch Arbeitsverweigerung ihre Macht bewusst zu machen.

So misstraute die Klasse der Klasse, und ihr Mangel an gegenseitigem Vertrauen bereitete beiden Kummer. Die Herren ließen sich nicht schikanieren und nicht dazu zwingen, offenzulegen, warum sie es für das Klügste und Beste hielten, nur so niedrige Löhne anzubieten; Man würde ihnen nicht sagen, dass sie sogar Kapital opferten, um einen entscheidenden Sieg über die kontinentalen Hersteller zu erringen. Und die Arbeiter saßen schweigend und streng da, mit gefalteten Händen, und weigerten sich, für diesen Lohn zu arbeiten. In Manchester kam es zu einem Streik.

Natürlich hatte es die üblichen Konsequenzen. Viele andere Gewerkschaften, die mit verschiedenen Wirtschaftszweigen verbunden waren, unterstützten mit Geld, Unterstützung und Ermutigung aller Art die Haltung, die die Weber von Manchester-Webstühlen gegen ihre Herren vertraten. Delegierte aus Glasgow, Nottingham und anderen Städten wurden nach Manchester geschickt, um den Widerstandsgeist aufrechtzuerhalten; ein Komitee wurde gebildet und alle erforderlichen Amtsträger gewählt – Vorsitzender, Schatzmeister, Ehrensekretär; unter ihnen war John Barton.

Die Meister ergritten inzwischen ihre Maßnahmen. An den Wänden hingen Plakate mit Werbung für Weber mit Webstühlen. Die Arbeiter antworteten mit einem Plakat in noch größeren Buchstaben, auf dem sie ihre Beschwerden zum Ausdruck brachten. Die Herren trafen sich täglich in der Stadt, um über die Zeit zu trauern, die für die Erfüllung der fremden Befehle so schnell verging; und sich gegenseitig in ihrem Vorsatz zu stärken, nicht nachzugeben. Wenn sie jetzt aufgeben würden, würden sie vielleicht immer aufgeben. Das würde niemals gehen. Und unter den energischsten Herren nahmen die Carsons, Vater und Sohn, ihren Platz ein. Es ist bekannt, dass es keinen so eifrigen Religionisten gibt wie einen Konvertiten; Kein Meister ist so streng und ohne Rücksicht auf die Interessen seiner Arbeiter wie diejenigen, die selbst aus einer solchen Position aufgestiegen sind. Dies würde die Entschlossenheit des älteren Mr. Carson erklären, sich nicht zum Nachgeben zwingen zu lassen; nicht einmal dazu gedrängt zu werden, Gründe für sein Handeln anzugeben, wie es die Herren taten. Es war der Wille des Arbeitgebers, und das sollte für den Arbeitnehmer ausreichen. Harry Carson machte sich keine großen Gedanken über die Gründe für sein Verhalten. Ihm gefiel die Aufregung der Angelegenheit. Ihm gefiel die Haltung des Widerstands. Er war mutig und ihm gefiel die Idee der persönlichen Gefahr, mit der einige der Vorsichtigeren versuchten, die Gewalttätigen unter den Herren einzuschüchtern.

Inzwischen hörten die Weber, die in den entlegeneren Teilen von Lancashire und den benachbarten Grafschaften lebten, von den Stellenausschreibungen der Meister für Arbeiter; und in ihren einsamen Behausungen wurden sie des Hungers überdrüssig und beschlossen, nach Manchester zu kommen. Es waren schmerzende, abgenutzte, halb verhungert aussehende Männer, die sich im frühen Morgengrauen, bevor die Leute noch wach waren, oder in der Abenddämmerung in die Stadt zu schleichen versuchten. Und nun begann das wahre Unrecht der Gewerkschaften. Ihre Entscheidung, zu diesem bestimmten Lohnsatz zu arbeiten oder nicht, war entweder klug oder unklug; Im schlimmsten Fall eine Fehleinschätzung. Aber sie hatten kein Recht, andere zu tyrannisieren und sie an ihr eigenes prokrusteisches Bett zu fesseln. Warum unterdrückten sie andere, obwohl sie das verabscheuten, was sie bei ihren Herren als Unterdrückung betrachteten? Denn wenn Männer aufgeregt sind, wissen sie nicht, was sie tun. Urteilen Sie also mit etwas von der Barmherzigkeit des Heiligen, den wir alle lieben.

Trotz Polizisten, die über die Sicherheit der armen Landweber wachen sollten – trotz Richtern und Gefängnissen und strenger Strafen – trotz der armen, deprimierten Männer, die aus Burnley, Padiham und anderen Orten herzogen, um bei den verdammten „Hungerpreisen" zu arbeiten „, wurden überfallen, geschlagen und fast tot am Straßenrand zurückgelassen. Die Polizei löste jede herumlungernde Gruppe von Männern auf: Sie trennten sich stillschweigend, um sich eine halbe Meile außerhalb der Stadt wieder zu vereinen.

Natürlich verbesserte sich unter diesen Umständen das Gefühl zwischen den Meistern und den Arbeitern nicht.

Kombination ist eine schreckliche Kraft. Es ist wie die ebenso mächtige Kraft des Dampfes; fähig zu nahezu unbegrenztem Gutem oder Bösem.

Aber um einen Segen für seine Arbeit zu erhalten, muss es unter der Leitung eines hohen und intelligenten Willens arbeiten und darf sich nicht von Leidenschaft oder Aufregung täuschen lassen. Der Wille der Aktivisten war nicht von der Ruhe der Weisheit geleitet worden.

So viel zum Allgemeinwissen.

Der Prozess wegen Mordes führt dazu, dass Mary Barton vor der Anwaltskammer ihre Liebe zum Gefangenen gesteht

Von *Mary Barton* , 1848

SOBALD er seine zerstreuten Gedanken auf die gegenwärtige Szene lenken konnte, erkannte er, dass der Prozess gegen James Wilson wegen Mordes an Henry Carson gerade begann. Der Angestellte plapperte über die Anklage, und nach ein oder zwei Minuten kam die gewohnte Frage: „Wie sagen Sie, schuldig oder nicht schuldig?"

Obwohl nur eine Antwort erwartet wurde – was in allen Fällen üblich war – , herrschte selbst in diesem abgedroschenen Teil der Verhandlung eine Pause toten Schweigens, eine Pause der Feierlichkeit; während der Gefangene an der Bar mit zusammengepressten Lippen dastand und den Richter mit seinen nach außen gerichteten Augen ansah, ihm aber ganz andere und andere Szenen vor Augen standen; eine Art schnelle Zusammenfassung seines Lebens – Erinnerungen an seine Kindheit – sein Vater (so stolz auf ihn, sein erstgeborenes Kind) – seine süße kleine Spielkameradin Mary – seine Hoffnungen, seine Liebe – seine Verzweiflung, und doch still und doch ewig und für immer seine Liebe – die leere, weite Welt, die es ohne ihre Liebe gewesen war – seine Mutter – seine kinderlose Mutter – aber nicht lange, um so zu sein – nicht lange, um von allem, was sie liebte, entfernt zu sein – und auch nicht, um in dieser Zeit unterdrückt zu werden Zweifel an seiner Unschuld, sicher und geborgen im Herzen ihres Liebsten; – er zuckte nach der Pause seines Augenblicks zusammen und sagte mit leiser, fester Stimme:

„Nicht schuldig, Mylord."

Die Umstände des Mordes, die Entdeckung der Leiche und die Gründe für den Verdacht gegen Jem waren den meisten Zuschauern ebenso gut bekannt wie Ihnen, so dass es während der Hauptrolle ein wenig lebhaftes Gespräch unter den Leuten gab Der Anwalt der Anklage hielt seine sehr wirkungsvolle Rede.

„Das ist Mr. Carson, der Vater, der hinter Serjeant Wilkinson sitzt!"

„Was für ein edler alter Mann er ist! so streng und unflexibel, mit so klassischen Zügen! Erinnert er Sie nicht an einige der Büsten des Jupiter?"

„Es interessiert mich mehr, den Gefangenen zu beobachten. Kriminelle interessieren mich immer. Ich versuche, in den gemeinsamen Merkmalen der Menschheit einen Ausdruck der Verbrechen aufzuspüren, durch die sie sich von ihrer Art unterscheiden. Ich habe zu meiner Zeit eine ganze Reihe von Mördern gesehen, aber ich habe selten einen mit solchen Kainszeichen auf seinem Gesicht gesehen wie den Mann an der Bar.“

„Nun, ich bin kein Physiognomiker, aber ich glaube nicht, dass mir sein Gesicht so schlimm auffällt. Es ist auf jeden Fall düster und deprimiert, und das ist angesichts seiner Situation nicht unnatürlich.“

„Schauen Sie sich nur seine niedrige, entschlossene Stirn, seinen gesenkten Blick, seine weißen, zusammengepressten Lippen an. Er schaut nie auf – beobachte ihn einfach.“

„Seine Stirn wäre nicht mehr so tief, wenn man ihm diese Menge schwarzer Haare hätte entfernen lassen, und sie ist sehr quadratisch, was manche Leute für ein gutes Zeichen halten.“ Wenn andere wie Sie von solchen Kleinigkeiten beeinflusst werden sollen, wäre es viel besser gewesen, wenn der Gefängnisfriseur sich vor dem Prozess ein wenig die Haare geschnitten hätte; und was den gesenkten Blick und die zusammengepresste Lippe betrifft, so ist das alles ein wesentlicher Bestandteil seiner inneren Aufregung; Es hat nichts mit Charakter zu tun, mein Guter.“

Armer Jem! Sollte auch sein rabenschwarzes Haar (der Stolz seiner Mutter, das so oft liebevoll von ihren Fingern gestreichelt wurde) einen Einfluss gegen ihn haben?

Die Zeugen wurden aufgerufen. Anfangs bestanden sie hauptsächlich aus Polizisten, die sehr daran gewöhnt waren, Aussagen zu machen, wussten, was die wesentlichen Punkte waren, die sie beweisen mussten, und die Zeit des Gerichts nicht damit verschwendeten, sich unnötige Dinge anzuhören.

„Klar gegen den Gefangenen“, flüsterte ein Anwaltsgehilfe einem anderen zu.

„Schwarz wie die Nacht, meinst du“, antwortete sein Freund; und sie lächelten beide.

„Jane Wilson! Wer ist sie? Ich vermute, dass es einen Zusammenhang mit dem Namen gibt.“

„Die Mutter – sie, die den Waffenteil des Falles beweisen soll.“

„Oh, ja – ich erinnere mich! Ich denke, das ist auch ziemlich hart für sie.“

Sie schwiegen beide, als einer der Gerichtsbeamten Mrs. Wilson in den Zeugenstand führte. Ich habe sie oft die „alte Frau" und „eine alte Frau" genannt, weil ihr Aussehen in Wahrheit weit über ihre Jahre hinausging, von denen viele kaum älter als fünfzig sein konnten. Aber teils aufgrund ihres Unfalls in jungen Jahren, der einen schmerzlichen Stempel in ihrem Gesicht hinterließ, teils aufgrund ihres ängstlichen Temperaments, teils wegen ihrer Sorgen und teils wegen ihres hinkenden Gangs, ließ sie mich immer an das Alter denken. Aber jetzt schien sie mehr als siebzig zu sein; Ihre Linien waren so fest und tief, ihre Gesichtszüge so scharf und ihr Gang so schwach. Sie versuchte, ihr Schluchzen zu unterdrücken, und bemühte sich (unbewusst), sich so zu verhalten, wie sie dachte, es würde ihrem armen Jungen am besten gefallen, von dem sie wusste, dass ihre unkontrollierte Ungeduld sie oft gekränkt hatte. Er hatte sein Gesicht in seinen Armen vergraben, die auf der Vorderseite der Anklagebank ruhten (eine Haltung, die er während des größten Teils seines Prozesses beibehielt und die bei vielen Vorurteile gegen ihn hervorrief).

Der Anwalt begann mit der Vernehmung.

„Ihr Name ist Jane Wilson, glaube ich?"

"Jawohl."

„Die Mutter des Gefangenen an der Bar?"

„Ja, Sir", mit zitternder Stimme, bereit, in Tränen auszubrechen, sich aber Respekt durch die starke Anstrengung der Selbstbeherrschung verdiente, die, wie ich bereits sagte, durch ihren ernsthaften Wunsch, ihrem Sohn durch ihr Verhalten zu gefallen, ausgelöst wurde.

Der Anwalt ging nun zum wichtigen Teil der Vernehmung über und wollte beweisen, dass die am Tatort gefundene Waffe dem Gefangenen gehörte. Sie hatte sich dem Polizisten so sehr verschrieben, dass sie sich kaum zurückziehen konnte; Ohne große Verzögerung, um die Frage auf den gewünschten Punkt zu bringen, wurde die Waffe dem Gericht vorgelegt und die Untersuchung durchgeführt:

„Diese Waffe gehört Ihrem Sohn, nicht wahr?"

Sie umklammerte die Seiten des Zeugenstandes und versuchte, mit ihrer ausgedörrten Zunge Worte auszusprechen. Schließlich stöhnte sie:

"Oh! Jem, Jem! Was soll ich sagen?"

Jeder beugte sich vor, um die Antwort des Gefangenen zu hören; obwohl es in Wirklichkeit für den Ausgang des Prozesses von geringer Bedeutung war.

Er hob seinen Kopf; und mit einem Gesicht voller Mitleid für seine Mutter, das dennoch zur Geduld entschlossen war, sagte er:

„Sag die Wahrheit, Mutter!"

Und das tat sie, und zwar mit der Treue eines kleinen Kindes. Jeder hatte das Gefühl, dass sie es tat; und das kleine Gespräch zwischen Mutter und Sohn erwies sich in der Meinung des Publikums als ein kleiner Gefallen. Aber der schreckliche Richter saß ungerührt da; und die Geschworenen veränderten keinen Gesichtsausdruck; Während der Anwalt der Staatsanwaltschaft diesen Teil des Falles triumphierend durchging, einschließlich der Tatsache, dass Jem in der Nacht des Mordes nicht zu Hause war, und indem er jedes Eingeständnis zu Recht gegen den Gefangenen geltend machte.

Es war vorbei. Ihr wurde gesagt, sie solle hinuntergehen. Aber sie konnte das Herz ihrer Mutter nicht länger zum Schweigen zwingen, und plötzlich wandte sie sich dem Richter zu (bei dem sie glaubte, das Urteil liege) und sprach ihn mit ihrer erstickten Stimme an:

„Und jetzt, Herr, habe ich Ihnen die ganze Wahrheit gesagt, wie *er* es mir befohlen hat; Aber lassen Sie nicht zu, was ich gesagt habe, um ihn aufzuhängen. Oh, mein Herr Richter, glauben Sie mir, er ist so unschuldig wie das Kind, das noch nicht geboren wurde. Sicherlich sollte ich, die seine Mutter bin und ihn auf meinen Knien gestillt habe und mich seitdem jeden Tag über seinen Anblick gefreut habe, ihn besser kennen als diese Meute von Kerlen" (womit sie auf die Geschworenen deutete, während sie sich dagegen wehrte ihr Herz, um ihre Worte zum Wohle ihres lieben Sohnes klar und deutlich zu formulieren), „der, ich werde auf Kaution gehen, ihn in all ihren Lebenstagen noch nie vor diesem Morgen gesehen hat. Mein Herr Richter, er ist so gut, dass ich mich oft gefragt habe, was für ein Schaden in ihm steckte; Oftmals war ich verärgert (denn manchmal bin ich ziemlich frech), in denen ich mich selbst gescholten und gesagt habe: „Du undankbares Ding, der Herr, Gott, hat dir Jem gegeben und ist es nicht." Genug dieser Segen für dich?' Aber Er hat es für angebracht gehalten, mich zu bestrafen. Wenn Jem – wenn Jem mir genommen wird –, werde ich eine kinderlose Frau sein; und sehr arm, da es auf Erden nichts mehr zu lieben gibt, und ich kann nicht sagen: „Sein Wille geschehe." Ich kann nicht, mein Herr Richter, oh, ich kann nicht!"

Während sie diese Worte schluchzte, wurde sie von den Gerichtsdienern abgeführt, aber zärtlich und ehrfürchtig, mit dem Respekt, der großer Kummer erfordert.

Der Strom der Beweise ging weiter und weiter, gewann bei jedem Zeugen, der vernommen wurde, an neuer Kraft und drohte den armen Jem zu überwältigen. Sie hatten bereits bewiesen, dass die Waffe ihm gehörte und dass er wenige Tage vor der Tat, mit der er den Verstorbenen bedrohte, gehört worden war; Tatsächlich war die Polizei zu diesem Zeitpunkt gezwungen gewesen, einzugreifen, um eine mögliche Gewalttat zu verhindern. Es blieb nur noch, ein hinreichendes Motiv für die Drohung und den Mord anzuführen. Den Hinweis darauf hatte der Polizist geliefert, der Jems wütende Worte gegenüber Mr. Carson belauscht hatte; und sein Bericht hatte in erster Linie die Vorladung an Mary veranlasst.

Und nun sollte sie als Zeugin aufgerufen werden. Der Gerichtssaal war zu diesem Zeitpunkt fast so voll, wie er fassen konnte; aber es wurden neue Versuche unternommen, sich durch alle Eingänge zu drängen, denn viele waren begierig darauf, diesen Teil des Prozesses zu sehen und zu hören.

Der alte Mr. Carson verspürte bei dem Gedanken, die verhängnisvolle Helena, die Ursache von allem, zu sehen, noch mehr Herzschlag – eine Art Interesse und doch Abscheu, denn die Toten liebten sie nicht; ja, vielleicht auf ihre Art, das gleiche Wesen zu lieben und um es zu trauern, um das er selbst so bitterlich trauerte? Und doch hatte er das Gefühl, als verabscheute er sie und ihre angebliche Schönheit, als wäre sie der Fluch gegen ihn; und er wurde eifersüchtig auf die Liebe, mit der sie seinen Sohn inspiriert hatte, und hätte sie am liebsten sogar ihres natürlichen Rechts beraubt, über das vorzeitige Ende ihres Geliebten zu trauern; Denn, sehen Sie, es war eine feste Vorstellung in den Köpfen aller, dass der hübsche, kluge, fröhliche und reiche junge Herr lieber geliebt worden sein musste als der ernste, fast streng aussehende Schmied, der für sein tägliches Brot schuften musste .

Bislang hatte die Wirkung des Prozesses Mr. Carsons optimistischsten Hoffnungen entsprochen, und ein ernster Ausdruck der Befriedigung zeichnete sich über das Gesicht des Rächers – über das Gesicht, aus dem ein Lächeln verschwunden war, das nie wieder zurückgekehrt war.

Alle Augen waren auf die Tür gerichtet, durch die die Zeugen eintraten. Sogar Jem blickte auf, um einen flüchtigen Blick zu erhaschen, bevor er sein Gesicht vor ihrem Ausdruck der Abneigung verbarg. Der Beamte war gegangen, um sie abzuholen.

Sie war in genau der gleichen Haltung wie damals, als Job Legh sie zwei Stunden zuvor durch die halboffene Tür gesehen hatte. Kein Finger hatte sich bewegt. Der Beamte rief sie herbei, aber sie rührte sich nicht. Sie war so still, dass er dachte, sie wäre eingeschlafen, und er trat vor und berührte sie. Sie sprang augenblicklich auf und folgte ihm mit einer Art eiliger, schneller Bewegung in den Gerichtssaal, in den Zeugenstand.

Und in all dem Meer von Gesichtern, die neblig und vor ihren Augen schwammen, sah sie nur zwei klare, helle Punkte, klar und deutlich: den

Richter, der möglicherweise verurteilen musste; und der Gefangene, der möglicherweise sterben müsste.

Das sanfte Sonnenlicht strömte durch das hohe Fenster auf ihren Kopf und fiel auf den üppigen Schatz ihres goldenen Haares, das in Massen unter ihrer kleinen Haube verstaut war; und in diesen warmen Strahlen tanzten die Partikel weiter auf und ab. Der Wind hatte sich verändert – hatte sich fast in dem Moment verändert, als sie das Beobachten aufgegeben hatte; Der Wind hatte sich gedreht, und sie achtete nicht darauf.

Viele, die nach bloßer Schönheit aus Fleisch und Blut, nach bloßer Farbe suchten, wurden enttäuscht; denn ihr Gesicht war tödlich weiß und in seinem Ausdruck fast erstarrt, während aus den Tiefen dieser sanften, tiefgrauen Augen eine traurige, verwirrte Seele blickte. Aber andere erkannten eine höhere und seltsamere Art von Schönheit; eines, das noch viele Jahre lang in Erinnerung bleiben würde.

Ich selbst war nicht dort; Aber jemand, der es war, sagte mir, dass ihr Aussehen und tatsächlich ihr ganzes Gesicht eher dem bekannten Stich von Guidos Bild von „Beatrice Cenci" ähnelten als irgendetwas anderem, von dem er mir eine Vorstellung geben konnte. Er fügte hinzu, dass ihr Gesicht ihn verfolgte wie die Erinnerung an eine wilde, traurige Melodie, die er in seiner Kindheit gehört hatte; dass es mit seiner stummen, flehenden Qual immer wiederkehren würde.

Während das ganze Gericht vor ihr schwankte (immer mit Ausnahme dieser schrecklichen beiden), hörte sie eine Stimme sprechen und beantwortete die einfache Frage (etwas über ihren Namen) mechanisch, wie in einem Traum. Also fuhr sie fort, zwei oder drei weitere Fragen zu stellen, mit einem seltsamen Staunen im Kopf über die Realität der schrecklichen Umstände, in denen sie sich befand.

Plötzlich wurde sie geweckt, sie wusste nicht wie und wodurch. Sie war sich bewusst, dass alles real war, dass Hunderte sie ansahen, dass ihr wahrhaftig klingende Worte entlockt wurden; dass diese Gestalt, die so gebeugt war und deren Gesicht mit beiden Händen verdeckt war, in Wirklichkeit Jem war. Ihr Gesicht wurde scharlachrot und dann blasser als zuvor. Aber aus Angst vor sich selbst und dem gewaltigen Geheimnis, das in ihr verborgen war, setzte sie alle Kräfte ein, die sie hatte, um im vollen Umfang zu verstehen, was vor sich ging, was sie gefragt wurde und was sie antwortete. Mit all ihren Fähigkeiten, die übernatürlich lebendig und sensibel waren, hörte sie die nächste Frage des kecken jungen Anwalts, der sich über die Vernehmung dieses Zeugen freute.

„Und bitte, darf ich fragen, wer der bevorzugte Liebhaber war? Sie sagen, Sie kannten diese beiden jungen Männer. Welcher war der bevorzugte Liebhaber? Was hat Ihnen am besten gefallen?"

Und wer war er, der Fragesteller, dass er es so leichtfertig wagen sollte, nach den Geheimnissen ihres Herzens zu fragen? Dass er es wagen sollte, sie zu bitten, vor der dort versammelten Menge zu erzählen, welche Frau normalerweise mit Erröten, Tränen und vielem Zögern nur einem Ohr zuflüstert?

So zog sich für einen Moment ein Ausdruck der Empörung auf Marys Stirn zusammen, als sie fest in die Augen des unverschämten Beraters blickte. Aber in diesem Moment sah sie, wie die Hände von einem Gesicht dahinter entfernt wurden; und ein Gesicht, das so tiefe Liebe und Leid ausdrückte – eine so herabwürdigende Angst vor ihrer Antwort; und plötzlich war ihr Entschluss gefasst. Die Gegenwart war alles; die Zukunft, dieses riesige Leichentuch, es war wahnsinnig, darüber nachzudenken; aber *jetzt* könnte sie ihre Schuld eingestehen, aber *jetzt* könnte sie sogar ihre Liebe eingestehen. Wenn nun die Geliebte so dastand und die Männer verabscheute, würde keine weibliche Schande mehr zwischen ihr und ihrem Bekenntnis stehen. Also wandte sie sich ebenfalls dem Richter zu, teils um zu zeigen, dass ihre Antwort nicht dem albernen Mann gegeben wurde, der sie befragte, und auch, um ihr Gesicht von der Gestalt abzuwenden und ihre Augen nicht auf die Gestalt zu richten, die sich vor Angst zusammenzog die Worte, die er erwartet hatte.

„Er fragt mich, welcher von beiden mir am besten gefallen hat. Vielleicht mochte ich Mr. Harry Carson einmal – ich weiß es nicht – ich habe es vergessen; Aber ich liebte James Wilson, der jetzt vor Gericht steht, über alles, was die Zunge sagen kann – über alles andere auf der Welt zusammengenommen; und ich liebe ihn jetzt mehr denn je, obwohl er bis zu diesem Moment noch nie ein Wort davon erfahren hat. Denn sehen Sie, mein Herr, meine Mutter starb, bevor ich dreizehn war, bevor ich in manchen Dingen richtig von falsch unterscheiden konnte; und ich war schwindlig und eitel und bereit, jedes Lob für mein gutes Aussehen anzuhören; und dieser arme junge Mr. Carson schloss sich mir an und sagte mir, dass er mich liebte; und ich war dumm genug zu glauben, dass er meine Heirat meinte: Eine Mutter ist ein erbärmlicher Verlust für ein Mädchen, Sir; und so dachte ich immer, ich könnte gerne eine Dame und reich sein und nie mehr wollen. Ich habe nie herausgefunden, wie sehr ich einen anderen liebte, bis James Wilson mich eines Tages fragte, ob ich ihn heiraten möchte, und ich war in meiner Antwort sehr hart und scharfsinnig – denn in der Tat, Sir, ich musste gerade einen Deal ertragen – und er nahm mich beim Wort und verließ mich; und von diesem Tag an bis heute habe ich nie ein Wort mit ihm gesprochen oder ihn gesehen; obwohl ich es gern getan hätte, um ihm zu zeigen, dass wir beide zu voreilig gewesen waren; denn er war nicht länger als eine Minute aus meinen Augen verschwunden, da wusste ich, dass ich liebte – weit über mein Leben hinaus", sagte sie und senkte ihre Stimme, als sie zu diesem zweiten Geständnis der Stärke ihrer Zuneigung kam. „Aber wenn der Herr mich fragt, was mir am besten gefallen hat, antworte ich: Mr. Carson hat mir geschmeichelt und ich war zufrieden mit seiner Schmeichelei; aber James Wilson, ich –"

Sie bedeckte ihr Gesicht mit den Händen, um die brennende, scharlachrote Röte zu verbergen, die sogar ihre Finger färbte.

John Bartons Geständnis des Mordes an dem jungen Mr. Carson

Von *Mary Barton* , 1848

„ UND habe ich dich richtig verstanden?" begann Mr. Carson mit seiner tiefen, zitternden Stimme. "Mann! Habe ich dich richtig gehört? Warst du es dann, der meinen Jungen getötet hat? „Mein einziger Sohn?" – (er sagte diese letzten paar Worte fast so, als ob er um Mitleid bitten würde, und änderte dann seinen Ton zu einem noch vehementeren und grimmigeren). „Wage nicht zu denken, dass ich barmherzig sein und dich verschonen werde, weil du vorgetreten bist, um dich selbst zu beschuldigen. Ich sage dir, ich werde dir nicht den geringsten Schmerz ersparen, den das Gesetz verursachen kann – du, der du meinem Jungen gegenüber kein Mitleid gezeigt hast, sollst von mir nichts bekommen."

„Ich habe nicht darum gebeten", sagte John Barton mit leiser Stimme.

„Fragen oder nicht fragen, was kümmert es mich? Du sollst gehängt werden – gehängt – Mann!" sagte er, indem er sein Gesicht vorrückte und das Wort mit langsamer, schleifender Betonung wiederholte, als wolle er ihm etwas von der Bitterkeit seiner Seele einflößen.

John Barton schnappte nach Luft, aber nicht vor Angst. Es war nur so, dass er es schrecklich fand, einen solchen Hass hervorgerufen zu haben, der sich in jedem Wort, in jeder Geste von Mr. Carson konzentrierte.

„Was das Erhängen angeht, Sir, ich weiß, dass es in Ordnung und angemessen ist. Ich wage zu behaupten, dass es schon schlimm genug ist; Aber ich sage Ihnen was, Sir", sagte er mit einem Ausbruch, „wenn Sie mich am Tag nach meiner Tat gehängt hätten, wäre ich auf die Knie gefallen und hätte Sie gesegnet. Tod! Herr, was hat es mit dem Leben auf sich? Auf ein Leben, wie ich es in den letzten zwei Wochen geführt habe. Das Leben ist im besten Fall keine große Sache; aber so ein Leben, wie ich es seit dieser

Nacht durchgemacht habe", schauderte er bei dem Gedanken. „Aber, Sir, ich war so oft nahe daran, mich umzubringen, um meinen eigenen Gedanken zu entfliehen. Ich habe es nicht getan! und ich sage dir warum. Ich wusste nicht, dass mich die Erinnerung an meine Sünde mehr denn je verfolgen würde. Oh! Nur Gott oben kann mir sagen, mit welcher Qual ich es bereut habe, und zum Teil vielleicht, weil ich fürchtete, er würde denken, ich wäre ungeduldig angesichts des Elends, das er mir als Strafe schickte – weit, viel schlimmeres Elend als jede Erhängung, Sir." Er hörte vor übermäßiger Emotion auf.

Dann fing er wieder an.

„An diesem Tag (es mag sehr böse sein, Sir, aber es ist die Wahrheit) habe ich immer wieder darüber nachgedacht, wenn ich nicht in der Welt wäre, in der es Gott gibt, von dem man sagt, dass er mich vielleicht lehren würde, richtig und falsch zu unterscheiden. selbst wenn es viele Streifen hätte. Ich war hier völlig verwirrt. Wenn ich könnte, würde ich durch die Hölle gehen, aber endlich von der Sünde frei werden, das ist eine schreckliche Sache. Was das Aufhängen angeht, das ist überhaupt nichts."

Seine Erschöpfung zwang ihn, sich zu setzen. Mary eilte zu ihm. Es schien, als hätte er ihre Anwesenheit bis dahin nicht bemerkt.

„Ay, ay, Mädchen!" sagte er schwach: „Bist du es? Wo ist Jem Wilson?"

Jem trat vor. John Barton sprach erneut, mit vielen Pausen und keuchenden Pausen:

"Junge! Du hast für mich ein Geschäft gemacht. Es ist das Schlimmste, was ich je getan habe, dich die Hauptlast tragen zu lassen. Du, der du davon genauso unschuldig warst wie das ungeborene Kind. Ich werde dich dafür nicht segnen. Der Segen von jemandem wie mir würde dir nichts Gutes bringen. Du wirst Maria lieben, auch wenn sie mein Kind ist."

Er hörte auf und es entstand eine Pause für ein paar Sekunden.

Dann wandte sich Mr. Carson zum Gehen. Als seine Hand auf dem Türriegel lag, zögerte er einen Moment.

„Sie können keinen Zweifel daran haben, zu welchem Zweck ich gehe. Direkt zur Polizei, um Männer zu schicken, die sich um dich, elender Mann, und deinen Komplizen kümmern. Morgen früh soll Ihre Geschichte denen erzählt werden, die Sie ins Gefängnis bringen können, und schon bald werden Sie die Gelegenheit haben, zu erfahren, wie wünschenswert das Erhängen ist."

„O Herr!" sagte Mary, sprang vor und ergriff Mr. Carsons Arm, „mein Vater liegt im Sterben. Schauen Sie ihn an, Sir. Wenn Sie Tod für Tod wollen, haben Sie ihn. Nimm ihn mir in diesen letzten Stunden nicht weg. Er muss allein durch den Tod gehen, aber lass mich so lange wie möglich bei ihm sein. O, Herr! Wenn du Gnade in dir hast, lass ihn hier sterben."

John selbst stand steif und starr auf und antwortete:

„Mary, Mädchen! Ich schulde ihm summat. Ich werde sterben, wo und wie er es mir wünscht. Du hast wahr gesagt, ich stehe Seite an Seite mit dem Tod; und es spielt keine Rolle, wo ich die verbleibende Zeit meines Lebens verbringe. Diese Zeit muss ich damit verbringen, mit meiner Seele zu ringen, damit eine Figur in die andere Welt entführt werden kann. Ich gehe dorthin, wo Sie es für richtig halten, Sir. Er ist unschuldig", deutete er schwach auf Jem, während er in den Stuhl zurückfiel.

"Hab niemals Angst! Sie können ihn nicht berühren", sagte Job Legh mit leiser Stimme.

Aber als Mr. Carson im Begriff war, das Haus zu verlassen, ohne Anzeichen von Nachgiebigkeit, wurde er erneut von John Barton aufgehalten, der noch einmal von seinem Stuhl aufgestanden war und sich auf Jem stützte, während er sprach.

„Sir, ein Wort! Meine Haare sind grau vor Leid und deine vor Jahren –"

„Und habe ich kein Leid gehabt?" fragte Mr. Carson, als wollte er um Mitgefühl bitten, selbst für den Mörder seines Kindes.

Und der Mörder seines Kindes antwortete auf die Bitte und seufzte im Geiste über den Kummer, den er verursacht hatte.

„Hatte ich kein inneres Leid, das diese Haare bleichen ließ? Habe ich nicht selbst in diesen Jahren mit Hoffnungen in meinem Herzen gearbeitet und gekämpft, die sich ganz auf meinen Jungen konzentrierten? Ich habe nicht von ihnen gesprochen, aber waren sie nicht da? Ich kam mir hart und kalt vor; und so könnte ich auch zu anderen sein, aber nicht zu ihm! – wer kann sich jemals vorstellen, wie sehr ich ihn liebte? Sogar er hätte nie gedacht, wie mein Herz beim Klang seiner Schritte hüpfte und wie wertvoll er für seinen armen alten Vater war. Und er ist verschwunden – getötet – aus dem Hörbereich aller liebevollen Worte – aus meinen Augen für immer. Er war mein Sonnenschein, und jetzt ist es Nacht! Ach du lieber Gott! tröste mich, tröste mich!" rief der alte Mann laut.

Die Augen von John Barton wurden dunkel vor Tränen. Reiche und Arme, Herren und Männer waren damals Brüder im tiefen Leiden des Herzens; Denn war dies nicht derselbe Kummer, den er um den kleinen Tom empfunden hatte, in so langen vergangenen Jahren, dass es einem wie ein anderes Leben vorkam?

Der Trauernde vor ihm war nicht mehr der Arbeitgeber; ein Wesen einer anderen Rasse, das auf ewig in einer antagonistischen Haltung steht; durch die Welt gehen, glitzernd wie Gold, mit einem steinernen Herzen im Inneren, das kein Leid kannte außer durch die Unfälle des Handels; nicht länger der Feind, der Unterdrücker, sondern ein sehr armer und verlassener alter Mann.

Das Mitleid mit dem Leiden, das früher ein so weit verbreitetes Gefühl bei ihm war, erfüllte wieder John Bartons Herz und trieb ihn fast dazu, (so gut er konnte) ein paar ernste, zärtliche Worte an den strengen Mann zu richten, der in seiner Qual zitterte.

Aber wer war er, dass er Mitgefühl oder Trost aussprechen sollte? Die Ursache all dieses Leids.

Oh, verdammter Gedanke! Oh, elende Erinnerung! Er hatte das Recht verspielt, die Wunden seines Bruders zu verbinden.

Von dem Gedanken verblüfft, ließ er sich auf den Sitz sinken, fast erdrückt von dem Wissen um die Konsequenzen seines eigenen Handelns; denn er hatte sich das verdorbene Zuhause und die elenden Eltern ebenso wenig vorgestellt, wie der Soldat, der seine Muskete abfeuert, sich die Trostlosigkeit der Frau und die jämmerlichen Schreie der hilflosen Kleinen vorstellt, die in einer Notlage sind sofort verwitwet und vaterlos gemacht werden.

Um eine Klasse von Männern einzuschüchtern, von der nur die Untergebenen wissen, dass sie darauf bedacht ist, die größtmögliche Menge an Arbeit für den niedrigsten Lohn zu erhalten – höchstens, um einen überheblichen Partner aus einer widerwärtigen Firma zu entfernen, der denen im Weg stand, die darum kämpften und dass sie ihre Rechte durchsetzen konnten – in diesem Licht hatte John Barton seine Tat gesehen; Und selbst als er es betrachtete, hatte der Rächer, der sichere Rächer, nachdem die Aufregung vorüber war, ihn herausgefunden.

Aber jetzt wusste er, dass er einen Mann und einen Bruder getötet hatte – jetzt wusste er, dass aus diesem Übel nichts Gutes entstehen konnte, nicht einmal für die Leidenden, deren Sache er so blind vertreten hatte.

Er lag mit gebrochenem Herzen auf der anderen Seite des Tisches. Jedes neue zitternde Schluchzen von Mr. Carson traf ihn bis in die Seele.

Er fühlte sich von allen verabscheut; und als könnte er niemals die pervertierten Überlegungen offenlegen, die das Begehen einer zweifellosen Sünde als Pflicht erscheinen ließen. Das Verlangen, irgendeine schwache Entschuldigung vorzubringen, wurde immer stärker. Er hob schwach den Kopf, blickte Job Legh an und flüsterte:

„Ich wusste nicht, was ich tat, Job Legh; Gott weiß, dass ich das nicht getan habe! O, Herr!" sagte er wild und warf sich fast zu Mr. Carsons Füßen, „sagen

Sie mir, dass Sie mir den Kummer verzeihen, den ich Ihnen verursacht habe, wie ich jetzt sehe. Ich interessiere mich nicht für Schmerz oder Tod; Du weißt, dass ich das nicht tue. aber oh, Mann! vergib mir die Sünde, die ich begangen habe!"

„Vergib uns unsere Verfehlungen, so wie wir denen vergeben, die gegen uns verstoßen", sagte Hiob feierlich und leise, als ob er betete: als wären die Worte von denen angedeutet, die John Barton verwendet hatte.

Mr. Carson nahm die Hände von seinem Gesicht. Ich würde lieber den Tod sehen als die gespenstische Dunkelheit, die dieses Gesicht verdunkelte.

„Möge meine Verfehlungen unverzeihlich sein, damit ich Rache für den Mord an meinem Sohn habe."

Es gibt gotteslästerliche Taten ebenso wie gotteslästerliche Worte: Alle lieblosen, grausamen Taten sind gespielte Gotteslästerung.

Mr. Carson verließ das Haus. Und John Barton lag wie ein Toter am Boden.

Sie hoben ihn hoch, und fast in der Hoffnung, dass diese tiefe Trance für ihn das Ende aller irdischen Dinge bedeuten würde, trugen sie ihn zu seinem Bett.

Eine Zeit lang lauschten sie mit geteilter Aufmerksamkeit seinem schwachen Atem; denn bei jedem hastigen, eiligen Schritt, der draußen auf der Straße widerhallte, glaubten sie, das Herannahen der Gerichtsdiener zu hören.

Als Mr. Carson das Haus verließ, war ihm vor Aufregung schwindlig; Das heiße Blut strömte durch seinen Körper. Er konnte das tiefe Blau des Nachthimmels nicht sehen, vor lauter heftigen Pulsschlägen, die in seinem Kopf pochten. Und teilweise um sich zu beruhigen und zu beruhigen, lehnte er sich an ein Geländer und schaute hinauf in diese ruhigen, majestätischen Tiefen mit all ihren tausend Sternen.

Und nach und nach kehrte seine eigene Stimme zu ihm zurück, als ob die letzten Worte, die er gesprochen hatte, durch den ganzen unendlichen Raum gesprochen würden; aber in ihren Echos lag ein Ton unaussprechlicher Trauer.

„Möge meine Verfehlungen unverzeihlich sein, damit ich Rache für den Mord an meinem Sohn habe."

Er versuchte, den spirituellen Eindruck dieser Vorstellung abzuschütteln. Er hatte Fieber und war krank – kein Wunder.

Also machte er sich auf den Heimweg; nicht, wie er gedroht hatte, zur Polizei. Schließlich (sagte er sich) würde das am Morgen reichen. Keine Angst vor der Flucht des Mannes, es sei denn, er flüchtete ins Grab.

Also versuchte er, die Phantomstimmen und -formen zu verbannen, die ungebeten in sein Gehirn eindrangen, und sein geistiges Gleichgewicht wiederherzustellen, indem er ruhig und langsam ging und alles wahrnahm, was seine Sinne berührte.

Es war ein warmer, milder Abend im Frühling, und es waren viele Menschen auf den Straßen. Unter anderem eine Krankenschwester mit einem kleinen Mädchen, das sie aus der Fröhlichkeit einiger Kinder nach Hause brachte – höchstwahrscheinlich ein Tanz, denn das hübsche kleine Geschöpf war zierlich in weiches, schneeweißes Musselin geschmückt; und ihre Feenfüße trotteten an der Seite ihrer Amme entlang, als ob sie sich an eine Melodie hielten, zu der sie sich in letzter Zeit die Zeit genommen hatte.

Plötzlich kam hinter ihr ein grober, unhöflicher Laufbursche, neun oder zehn Jahre alt; Er sah wie ein Riese neben dem Feenkind aus, das dahinflatterte. Ich weiß nicht, wie es war, aber auf irgendeine ungeschickte Weise warf er das arme kleine Mädchen auf das harte Pflaster, als es unsanft vorbeifuhr, ohne sich darum zu kümmern, wen er verletzte, damit er zurechtkam.

Das Kind stand auf und schluchzte vor Schmerz; Und das nicht ohne Grund, denn eine Minute zuvor tropfte Blut aus dem Gesicht, so schön und strahlend – es tropfte auf das hübsche Kleid und machte diese scharlachroten Flecken für kleine Kinder so schrecklich.

Die Krankenschwester, eine kräftige Frau, hatte den Jungen gerade in dem Moment ergriffen, als Mr. Carson (der die ganze Transaktion beobachtet hatte) auftauchte.

„Du frecher kleiner Schlingel! Ich werde dich einem Polizisten übergeben, das werde ich! Sehen Sie, wie sehr Sie das kleine Mädchen verletzt haben? Tust du?" begleitet jeden Satz von einem heftigen Anflug leidenschaftlicher Wut.

Der Junge sah hart und herausfordernd aus; aber dennoch voller Angst vor der Drohung des Polizisten, diesem Menschenfresser unserer Straßen für alle unglücklichen Bengel. Die Krankenschwester sah es und begann, ihn mitzuziehen, in der Absicht, einen „gesunden Eindruck" zu hinterlassen, wie sie es nannte.

Sein Schrecken nahm zu und mit ihm auch seine Verärgerung; Als das kleine süße Gesicht sein Schluchzen unterdrückte, den Kopf der Krankenschwester herunterzog und sagte:

„Bitte, liebe Krankenschwester, ich bin nicht sehr verletzt; Es war sehr albern zu weinen, wissen Sie. Er hatte es nicht vor. *Er wusste nicht, was er tat* , oder, kleiner Junge? Die Krankenschwester wird keinen Polizisten rufen, also haben Sie keine Angst." Und sie hob ihren kleinen Mund, um sich von ihrem Verletzten küssen zu lassen, so wie man es ihr zu Hause beigebracht hatte, um „Frieden zu schließen".

„Dieser Junge wird sich darum kümmern und in Zukunft sanfter sein, das bin ich mir sicher, dank dieser kleinen Dame", sagte ein Passant, halb zu sich selbst und halb zu Mr. Carson, den er bemerkt hatte die Szene.

Dieser nahm die Bemerkung offenbar nicht zur Kenntnis, sondern ging weiter. Aber das Flehen des Kindes erinnerte ihn an die tiefe, gebrochene Stimme, die er so kürzlich gehört hatte, und die reumütig und demütig auf die gleiche Milderung seiner großen Schuld drängte.

„Ich wusste nicht, was ich tat."

Er hatte eine gewisse Verbindung zu diesen Worten; er hatte diesen Appell schon einmal irgendwo gehört oder gelesen. Wo war es?

Könnte es sein--?

Er würde nachschauen, wenn er nach Hause kam. Als er also sein Haus betrat, ging er direkt und schweigend nach oben in seine Bibliothek und holte die große, schöne Bibel herunter, ganz prächtig und golden, mit zusammengeklebten Blättern aus der Buchbinderpresse, so wenig war sie benutzt worden.

Auf der ersten Seite (die für Mr. Carson offen war) standen die Namen seiner Kinder und seine eigenen.

„Henry John, Sohn des oben genannten John
und Elizabeth Carson, geboren am 29. September 1815."

Um den Eintrag zu vervollständigen, sollte nun noch sein Tod hinzugefügt werden. Doch die Seite wurde vom aufsteigenden Tränennebel verdeckt.

Gedanke um Gedanke und Erinnerung nach Erinnerung drängten sich in die Erinnerung an den stolzen Tag, als er das teure Buch gekauft hatte, um die Geburt des kleinen Babys aufzuschreiben, das gerade einmal einen Tag alt war.

Er legte seinen Kopf auf die aufgeschlagene Seite und ließ die Tränen langsam auf die makellosen Blätter tropfen.

Der Mörder seines Sohnes wurde entdeckt; hatte seine Schuld gestanden; und doch (seltsamerweise) konnte er ihn nicht mit der Vehemenz des Hasses hassen, die er empfunden hatte, als er sich ihn als einen jungen Mann vorgestellt hatte, voller lustvollem Leben, der sich allen Gesetzen, menschlichen und göttlichen, widersetzte. Trotz seines Wunsches, das Rachegefühl, das er als Pflicht gegenüber seinem toten Sohn betrachtete, beizubehalten, schlich sich etwas Mitleid über das arme, ausgezehrte Skelett eines Mannes, das geschlagene Geschöpf, das ihm von seiner Sünde erzählt und ihn angefleht hatte, ein seine Begnadigung an diesem Abend.

In seiner Kindheit und Jugend war Mr. Carson an Armut gewöhnt, aber es war ehrliche, anständige Armut; nicht das zermürbende, elende Elend, das er in jedem Teil von John Bartons Haus bemerkt hatte und das in seltsamem Kontrast zur pompösen Pracht des Zimmers stand, in dem er jetzt saß. Ein ungewohntes Staunen erfüllte seinen Geist, als er über die verschiedenen Schicksale der Brüder der Menschheit nachdachte.

Dann erwachte er aus seinen Träumereien und wandte sich dem Gegenstand seiner Suche zu – dem Evangelium, wo er halb damit rechnete, die zärtliche Bitte zu finden: „Sie wissen nicht, was sie tun."

Es war mittlerweile Mitternacht, und im Haus herrschte Stille und Stille. Nichts störte den alten Mann in seinem ungewohnten Arbeitszimmer.

Vor Jahren war das Evangelium sein Lehrbuch beim Lesenlernen gewesen. Vor so vielen Jahren war er mit den Ereignissen vertraut geworden, bevor er den Geist begreifen konnte, der das Leben erschuf.

Jetzt beschäftigte er sich erneut mit der Erzählung, mit dem ganzen Interesse eines kleinen Kindes. Er begann am Anfang und las fast gierig weiter, wobei er zum ersten Mal die volle Bedeutung der Geschichte verstand. Er kam zum Ende; das schreckliche Ende. Und da waren die eindringlichen Worte des Flehens.

Er klappte das Buch zu und dachte tief nach.

Die ganze Nacht kämpfte der Erzengel mit dem Dämon.

Die ganze Nacht hindurch schauten andere am Bett des Todes zu. John Barton hatte eine unruhige Nachricht wiederbelebt. Er sprach manchmal sogar mit etwas von seiner früheren Energie und in dem rassigen Lancashire-Dialekt, den er immer verwendet hatte, wenn er frei sprach.

„Siehst du, ich habe mich so oft nach dem richtigen Weg gesehnt; und es ist für einen armen Mann schwer, es zu finden. Zumindest war es bei mir so. Niemand hat es mir beigebracht, und niemand hat es mir gesagt. Als ich ein kleiner Junge war, brachten sie mir das Lesen bei, und dann gaben sie mir nie Bücher; Ich habe nur gehört, dass die Bibel ein gutes Buch sei. Als ich also nachdenklich und verwirrt wurde, habe ich mich darauf eingelassen. Aber du hättest nie geglaubt, dass Schwarz schwarz ist oder dass die Nacht Nacht ist, wenn du alles um dich herum so siehst, als ob Schwarz weiß und die Nacht

Tag wäre. Es ist nicht viel, was ich für mich selbst in der anderen Welt sagen kann, Gott vergib mir; Aber ich kann eines sagen: Ich hätte mich gerne an die Regeln der Bibel gehalten, wenn ich gesehen hätte, dass die Leute das glauben. Sie alle sprachen sich dafür aus und taten klar das Gegenteil. Damals wäre ich wie ein kleines Kind mit meiner Bibel umhergegangen, den Finger an der Stelle, und nach der Bedeutung dieses oder jenes Textes gefragt, und niemand hat es mir gesagt. Dann nahm ich zwei oder drei glasklare Texte heraus und versuchte, das zu tun, was sie mir sagten. Aber ich weiß nicht, wie es war, Herren und Männer, sie alle kümmerten sich nicht mehr darum, sich um diese Texte zu kümmern, als ich um den Oberbürgermeister von London; Deshalb kam ich zu dem Schluss, dass es sich um eine Täuschung handeln musste, die armen, unwissenden Leuten, Frauen und dergleichen angetan wurde.

„Es dauerte nicht lange, bis ich versuchte, nach dem Evangelium zu leben, aber es war wie im Himmel als auf jedem anderen Fleckchen Erde. Ich würde die alte Alice brauchen, um mich zu stärken; aber alle anderen sagten: „Steh für deine Rechte ein, sonst wirst du sie nie bekommen." und Frau und Kinder sprachen nie miteinander, aber ihre Hilflosigkeit schrie laut auf, und ich wurde dazu getrieben, das zu tun, was andere taten – und dann starb Tom. Du weißt alles darüber – ich werde kurzatmig und fast blind."

Dann sprach er erneut, nach einigen Minuten gedämpften Schweigens.

„Von Anfang an war es ganz natürlich, Menschen zu lieben, aber jetzt bin ich, was ich bin. Ich glaube, einmal hätte ich die Meister sogar lieben können, wenn sie es mir erlaubt hätten; Das war zu meiner Zeit als Evangelium, bevor mein Kind verhungerte. Ich war oft hin- und hergerissen zwischen meiner Trauer um arme, leidende Menschen und meinem Versuch, sie so zu lieben, wie sie (meiner Meinung nach) ihr Leiden verursacht haben.

„Schließlich gab ich es verzweifelt auf und versuchte, die Handlungen der Leute mit der Bibel in Einklang zu bringen. und ich dachte, ich würde mich nicht länger darum bemühen, der Bibel selbst zu folgen. Ich habe das alles vielleicht schon einmal gesagt. Aber von da an bin ich immer tiefer gefallen."

Danach sprach er nur noch in gebrochenen Sätzen.

„Ich hätte nicht gedacht, dass er so ein alter Mann war – oh, dass er mir nur vergeben hätte!" und dann kamen ernste, leidenschaftliche, gebrochene Gebetsworte.

Job Legh war nach Hause gegangen, als hätte ihn der unerwartete Schock getroffen. Maria und Jem warteten gemeinsam auf den nahenden Tod; Doch als der letzte Kampf sich hinzog und der Morgen anbrach, schlug Jem vor, etwas Linderung für den keuchenden Atem zu finden, und verließ das Haus auf der Suche nach einem Drogerieladen, der zu dieser frühen Stunde geöffnet sein sollte, um ihn zu kaufen.

Während seiner Abwesenheit ging es Barton schlechter; er war über das Bett gefallen und sein Atem schien fast zum Stillstand gekommen zu sein; Vergeblich bemühte sich Maria, ihn zu erziehen, ihr Kummer und ihre Erschöpfung hatten sie zu schwach gemacht.

Als sie hörte, wie unten jemand das Haus betrat, rief sie Jem zu, er solle ihr zu Hilfe kommen.

Eine Stufe, die nicht Jems war, kam die Treppe hinauf.

Mr. Carson stand in der Tür. In einem Augenblick verstand er den Fall.

Er richtete den kraftlosen Körper auf; und die scheidende Seele blickte voller Dankbarkeit aus den Augen. Er hielt den Sterbenden auf seinen Armen. John Barton faltete die Hände wie zum Gebet.

„Beten Sie für uns", sagte Mary, sank auf die Knie und vergaß in dieser feierlichen Stunde alles, was ihren Vater und Mr. Carson getrennt hatte.

Es kämen ihm keine anderen Worte in den Sinn als einige von denen, die er erst wenige Stunden zuvor gelesen hatte:

„Gott sei uns Sündern gnädig. – Vergib uns unsere Verfehlungen, so wie wir denen vergeben, die gegen uns verstoßen."

Und als die Worte gesprochen waren, legte John Barton Mr. Carson eine Leiche in die Arme.

So endete die Tragödie im Leben eines armen Mannes.

Job Legh verteidigt John Barton

Von *Mary Barton* , 1848

„ JOHN BARTON war kein Mann, der sich mit Menschen beraten ließ; Er machte auch nicht viele Worte über seine Taten. Daher kann ich das nur anhand seiner Denk- und Sprechweise im Allgemeinen beurteilen, da ich ihn zu dieser Angelegenheit im Besonderen noch nie eine Silbe sagen hörte. Sehen Sie, er war traurigerweise dazu gezwungen, große Reichtümer und große Armut mit dem Evangelium Christi in Einklang zu bringen." Hiob hielt inne, um auszudrücken, was in seinem eigenen Kopf klar genug darüber war, welche Wirkung das Große und der Spott auf John Barton hervorrief Kontraste, die sich aus den unterschiedlichen menschlichen Verhältnissen ergeben. Bevor er passende Worte finden konnte, um seine Bedeutung zu erklären, sprach Mr. Carson.

„Du meinst, er war ein Oweniter; alles für Gleichheit und Gütergemeinschaft und diese Art von Absurdität."

„Nein, nein! John Barton war kein Dummkopf. Es ist nicht nötig, ihm zu sagen, dass, wenn heute Abend alle Männer gleich wären, einige den Anfang machen würden, indem sie morgen eine Stunde früher aufstehen würden. Noch kümmerte er sich weder um Güter noch um Reichtum; niemand Geringerer, damit er für sich und die Seinen das tägliche Brot bekäme; Aber was ihn so sehr verletzte und ihn quälte, solange ich ihn kannte (und, mein Herr, es wühlt in den Herzen mancher armen Menschen weit mehr als der Mangel an irgendwelchen Annehmlichkeiten, und es schmerzt den Hunger selbst), war das diejenigen, die feinere Kleidung trugen, besseres Essen aßen und mehr Geld in der Tasche hatten, hielten ihn auf Distanz und kümmerten sich nicht darum, ob sein Herz traurig oder froh war; ob er lebte oder starb – ob er in den Himmel oder in die Hölle ging. Es kam ihm schwer vor, dass ein Haufen Gold ihn und seinen Bruder so weit trennen sollte. Denn er war ein liebender Mann, bevor er wütend wurde, als er sah, wie jemand ihn beleidigte, als ob Christus selbst nicht arm gewesen wäre. Ich habe ihn einmal sagen hören, dass er jedem Mann gegenüber, ob reich oder arm, freundlich war, weil er dachte, sie seien alle gleich. Aber in letzter Zeit wurde er von den Sorgen und dem Leid, das er sah, noch schlimmer, und er dachte, die Meister könnten ihm helfen, wenn sie es wollten."

„Das ist die Meinung, die Sie alle haben", sagte Mr. Carson. „Wie in aller Welt können wir dem helfen? Wir können die Nachfrage nach Arbeitskräften nicht regulieren. Kein Mann oder keine Gruppe von Männern kann das tun. Es hängt von Ereignissen ab, die Gott allein kontrollieren kann. Wenn es keinen Markt für unsere Waren gibt, leiden wir genauso wie Sie."

„Nicht so sehr, da bin ich mir sicher, Sir; Obwohl ich kein Faible für politische Ökonomie habe, weiß ich so viel. Mir fehlt es am Lernen, ich bin mir dessen bewusst; aber ich kann meine Augen gebrauchen. Ich sehe nie, dass die Meister aus Mangel an Nahrung dünn und abgemagert werden; Ich sehe kaum, dass sie ihre Lebensweise stark verändern, obwohl ich nicht bezweifle, dass sie das in schlechten Zeiten tun müssen. Aber bei Dingen, die der Show dienen, greifen sie zu kurz; Für jemanden wie mich hingegen müssen wir bei den Dingen fürs Leben sparen. Sicher, mein Herr, Sie werden zugeben, dass es zu einer schwierigen Situation gekommen ist, wenn ein Mann alles in der Welt für die Arbeit geben würde, um seine Kinder vor dem Verhungern zu bewahren, und kein bisschen davon bekommen kann, wenn er überhaupt bereit ist zu arbeiten. Ich bin nicht in der Lage, so zu reden, wie John Barton es getan hätte, aber das ist mir jedenfalls klar."

„Mein guter Mann, hör mir einfach zu. Zwei Männer leben in Einsamkeit; der eine produziert Brote, der andere beschichtet – oder was auch immer Sie wollen. Wäre es nun nicht schwer, wenn der Brotproduzent gezwungen wäre, Brot für die Mäntel zu geben, ob er sie wollte oder nicht, um dem anderen eine Beschäftigung zu verschaffen? Das ist die einfache Form der Sache; Sie müssen nur die Zahlen multiplizieren. Es werden Zeiten großer Veränderungen in der Beschäftigung von Tausenden kommen, wenn Verbesserungen in den Fabriken und Maschinen vorgenommen werden. Es ist alles Blödsinn, das muss so sein!“

Job Legh dachte einen Moment nach.

„Es ist wahr, dass es für die Handweber eine schwierige Zeit war, als die Webstühle auf den Markt kamen; diese neumodischen Dinge machen das Leben eines Mannes wie eine Lotterie; und doch werde ich niemals daran zweifeln, dass Webstühle, Eisenbahnen und alle ähnlichen Erfindungen Geschenke Gottes sind. Auch ich habe lange genug gelebt, um zu erkennen, dass es Teil Seines Plans ist, Leid zu senden, um ein höheres Wohl hervorzubringen; Aber sicherlich ist es auch Teil Seines Plans, dass die Last des Leidens so weit wie möglich von denen gelindert wird, die Seine Freude daran hat, sie in ihren eigenen Umständen glücklich und zufrieden zu machen. Natürlich würde es viel mehr Nachdenken und Weisheit erfordern, als ich oder irgendein anderer Mensch es hätte, um aus der Hand zu entscheiden, wie das gemacht werden soll. Aber ich bin mir darüber im Klaren: Wenn Gott einen Segen gibt, den man genießen kann, gibt er ihn mit der Pflicht, die erfüllt werden muss; und die Pflicht der Glücklichen besteht darin, den Leidenden zu helfen, ihr Leid zu ertragen.“

„Dennoch haben Fakten bewiesen und beweisen täglich, wie viel besser es für jeden Menschen ist, unabhängig von Hilfe und selbstständig zu sein“, sagte Herr Carson nachdenklich.

„Man kann Fakten nie so verarbeiten, wie man es mit festen Mengen tun würde, und sagen wir, wenn zwei Fakten gegeben sind und das Produkt so und so ist. Gott hat den Menschen Gefühle und Leidenschaften gegeben, die nicht in das Problem eingearbeitet werden können, weil sie sich ständig ändern und unsicher sind. Gott hat auch einige schwach gemacht; nicht in irgendeiner Weise, sondern in allem. Einer ist körperlich schwach, ein anderer geistig, ein anderer zielstrebig, ein Vierter kann nicht richtig von falsch unterscheiden und so weiter; oder wenn er das Richtige sagen kann, will er die Kraft, daran festzuhalten. Meiner Meinung nach soll derjenige, der in irgendeiner der Gaben Gottes stark ist, den Schwachen helfen – bleiben Sie an den Tatsachen hängen! Ich bitte um Verzeihung, Sir; Ich kann die Bedeutung, die in mir steckt, nicht richtig erklären. Ich bin wie ein

Wasserhahn, der nicht läuft, sondern ihn Tropfen für Tropfen herauslässt, sodass man keine Ahnung von der Kraft dessen hat, was darin ist."

Hiob sah aus und fühlte sich sehr traurig über den Mangel an Kraft in seinen Worten, während das Gefühl in ihm so stark und klar war.

„Was Sie sagen, ist zweifellos sehr wahr", antwortete Mr. Carson; „Aber wie würden Sie es auf das Verhalten der Meister auswirken – auf meinen speziellen Fall?" fügte er ernst hinzu.

„Ich bin nicht gebildet genug, um zu streiten. Mir kommen Gedanken in den Sinn, von denen ich sicher bin, dass sie genauso wahr sind wie das Evangelium, auch wenn sie vielleicht nicht aufeinander folgen wie die QED eines Satzes. Die Meister haben es auf ihrem eigenen Gewissen – Sie haben es auf sich, Herr, vor Gott zu verantworten, ob Sie alles in Ihrer Macht Stehende getan haben und tun, um die Übel zu lindern, die immer mit den Berufen zu hängen scheinen, mit denen Sie arbeiten Du machst dein Vermögen. Gott sei Dank geht es mich nichts an. John Barton nahm die Frage in die Hand und seine Antwort darauf war NEIN! Dann wurde er verbittert und wütend und wütend; und in seinem Wahnsinn tat er eine große Sünde und verursachte großes Leid; und ich habe ihn mit blutigen Tränen bereut und werde an einem anderen Ort demütig und demütig seine Buße tun, ich werde gebunden sein. Ich habe noch nie eine so bittere Reue empfunden wie in jener letzten Nacht."

Es herrschte minutenlange Stille. Mr. Carson hatte sein Gesicht bedeckt und schien ihre Anwesenheit völlig zu vergessen; und doch störten sie ihn nicht gern, indem sie aufstanden, um das Zimmer zu verlassen.

Schließlich sagte er, ohne ihren mitfühlenden Augen zu begegnen:

„Vielen Dank, dass Sie beide gekommen sind – und dass Sie offen mit mir gesprochen haben. Ich fürchte, Legh, weder du noch ich haben uns gegenseitig davon überzeugt, dass die Herren die Macht oder den Mangel an Macht haben, um die Übel zu beseitigen, über die sich die Männer beschweren."

„Ich habe keine Lust, Sie zu ärgern, Sir, gerade jetzt; aber es war nicht der Mangel an Macht, von dem ich sprach; Was wir alle am schärfsten empfinden, ist der Mangel an Neigung, den Übeln zu helfen, die zuweilen wie eine Plage über die Produktionsstätten kommen, während wir sehen, dass die Meister ihre Arbeit unterbrechen können, ohne zu leiden. Wenn wir sahen, wie die Meister für uns versuchten, ein Heilmittel zu finden – auch wenn sie lange dabei waren – selbst wenn sie keine Hilfe fanden und am Ende nur sagen konnten: „Arme Kerle, unser Herz tut weh für euch." ; „Wir

haben alles getan, was wir konnten, und können kein Heilmittel finden" –
wir würden schlechte Zeiten wie Männer ertragen. Niemand weiß, bevor er
versucht hat, welche Kraft in ihm steckt, wenn er einmal glaubt, dass Männer
sich um ihre Sorgen kümmern und helfen werden, wenn sie können. Wenn
unsere Mitmenschen nichts anderes geben können als Tränen und mutige
Worte, dann nehmen wir unsere Prüfungen direkt von Gott und wissen
genug von seiner Liebe, um uns blind in seine Hände zu begeben. Sie sagen,
unser Gespräch hat nichts gebracht. Ich sage, das ist der Fall. Ich sehe die
Sichtweise, die Sie von Ihrem Standpunkt aus auf die Dinge haben. Ich kann
mich daran erinnern, wenn die Zeit gekommen ist, dich zu verurteilen; Ich
werde nicht länger darüber nachdenken, ob er nach meinen Ansichten zu
einer Sache richtig handelt, sondern ob er aus eigener Kraft richtig handelt.
Es hat mir in dieser Hinsicht gut getan. Ich bin ein alter Mann und werde
dich vielleicht nie wieder sehen; Aber ich werde für dich beten und an dich
und deine Prüfungen denken, sowohl an deinen großen Reichtum als auch
an den grausamen Tod deines Sohnes, der noch viele, viele Tage vor dir liegt.
und ich werde Gott bitten, euch jetzt und für immer zu segnen. Amen.
Lebewohl!"

Jem hatte eine männliche und würdevolle Zurückhaltung bewahrt, seit er
seine offene Aussage über alles gemacht hatte, was er wusste. Jetzt standen
beide Männer auf, verneigten sich tief und blickten Mr. Carson mit dem
tiefen menschlichen Interesse an, das sie einem Menschen entgegenbringen
konnten, der eine schwere Verletzung erduldet und vergeben hatte; und der,
wie es offensichtlich war, hart darum kämpfte, sein Elend wie ein Mann zu
ertragen.

Als Antwort verneigte er sich tief. Dann trat er plötzlich vor und schüttelte
ihnen die Hand; und so trennten sie sich ohne ein weiteres Wort.

Es gibt Phasen in der Kontemplation und dem Ertragen großer Trauer, die
den Menschen den gleichen Ernst und die gleiche Klarheit des Denkens
verleihen, die in einigen alten Zeiten die Form der Prophezeiung annahmen.
Für diejenigen, die über eine große Fähigkeit zu lieben und zu leiden
verfügen, verbunden mit einer großen Kraft zu standhaftem Durchhalten,
kommt in ihrem Leid eine Zeit, in der sie aus der Betrachtung ihres
individuellen Falles herausgehoben werden und sich einer gründlichen
Untersuchung der Natur ihres Unglücks widmen das Heilmittel (falls es ein
Heilmittel gibt), das sein erneutes Auftreten sowohl bei anderen als auch bei
sich selbst verhindern kann.

Daher die schönen, edlen Bemühungen, die von Zeit zu Zeit ans Licht
kommen, als dass sie ständig von denen unternommen werden, die einst am
Kreuz der Qual hingen, damit andere nicht so leiden mögen wie sie; eines
der großartigsten Ziele, die Trauer erreichen kann; Der Leidende ringt mit

dem Boten Gottes, bis ein Segen zurückbleibt, nicht für einen einzelnen, sondern für Generationen.

Es dauerte eine Weile, bis die strenge Natur von Mr. Carson dazu gezwungen wurde, dieses Geheimnis des Trostes anzuerkennen, und dieselbe Strenge verhinderte, dass er aus den von ihm durchgeführten Taten irgendeinen Nutzen in der öffentlichen Wertschätzung ziehen konnte; denn der Charakter lässt sich leichter ändern als die Gewohnheiten und Manieren, die ursprünglich von diesem Charakter gebildet wurden, und bis zu seinem Tod galt Mr. Carson von denen, die ihn nur beiläufig sahen oder oberflächlich kannten, als hart und kalt. Aber diejenigen, die in sein Vertrauen aufgenommen wurden, waren sich bewusst, dass der Wunsch, der ihm am Herzen lag, darin bestand, dass niemand unter der Ursache leiden möge, unter der er gelitten hatte; dass zwischen Meistern und Menschen ein vollkommenes Verständnis und völliges Vertrauen und Liebe bestehen könnten; dass die Wahrheit erkannt werden könnte, dass die Interessen eines Einzelnen die Interessen aller seien und als solche die Rücksichtnahme und Überlegung aller erforderten, dass es daher äußerst wünschenswert sei, gebildete und urteilsfähige Arbeiter zu haben, und nicht bloße Maschinen unwissender Männer; und sie durch Bande des Respekts und der Zuneigung an ihre Arbeitgeber zu binden, nicht nur durch bloße Geldgeschäfte; kurz gesagt, den Geist Christi als das regulierende Gesetz zwischen beiden Parteien anzuerkennen.

Viele der Verbesserungen, die jetzt im Beschäftigungssystem in Manchester in die Praxis umgesetzt werden, sind auf kurze, ernste Sätze zurückzuführen, die Herr Carson gesprochen hat. Viele und viele, die noch zur Hinrichtung geführt werden müssen, haben ihren Ursprung in diesem strengen, nachdenklichen Geist, der sich der Belehrung durch das Leiden unterwarf.

Ein Manchester-Streik in den „Hungry Forties"

Von *Norden und Süden* , 1855

Schreiben über *Nord und Süd* Frau Gaskell sagte: „Ich habe versucht, sowohl die Geschichte als auch den Text so leise wie möglich zu gestalten, damit die Leute nicht sagen, sie könnten nicht sehen, was der Autor für eine klare und ernsthafte Wahrheit hielt." für einen romantischen Vorfall oder übertriebenes Schreiben." Die früheren Kapitel von „*Nord und Süd*" enthalten einige der besten Arbeiten von Frau Gaskell.

SIE bat mich, mich bei Ihnen zu entschuldigen. Vielleicht wissen Sie, dass mein Bruder Hände aus Irland importiert hat, und das hat die Leute in Milton übermäßig verärgert – als ob er kein Recht hätte, Arbeitskräfte zu bekommen, wo er konnte; und die dummen Kerle hier würden nicht für ihn arbeiten; Und jetzt haben sie diese armen irischen Hungernden mit ihren Drohungen so sehr erschreckt, dass wir es nicht wagen, sie rauszulassen. Man sieht sie vielleicht zusammengedrängt in dem obersten Raum der Mühle – und sie sollen dort schlafen, um sie vor diesen Unmenschen zu beschützen, die weder arbeiten noch sie arbeiten lassen wollen.

„Sie sind vor den Toren! Ruf John, Fanny – ruf ihn von der Mühle her! Sie stehen vor den Toren! Sie werden sie einschlagen! Ruf John an, sage ich!"

Und gleichzeitig war der sich versammelnde Landstreicher – dem sie zugehört hatte, anstatt auf Margarets Worte zu achten – direkt vor der Mauer zu hören, und ein zunehmender Lärm wütender Stimmen tobte hinter der hölzernen Barriere, die bebte, als ob die unsichtbare, wahnsinnige Menge sie erschütterte Sie rissen ihre Körper mit Sturmböcken auseinander und zogen sich ein kurzes Stück zurück, nur um dann mit vereinter, stetiger Wucht dagegen vorzugehen, bis ihre gewaltigen Schläge die starken Tore wie Schilfrohr vor dem Wind erzittern ließen.

Die Frauen versammelten sich um die Fenster und blickten fasziniert auf die Szene, die ihnen Angst machte. Mrs. Thornton, die Dienstmädchen, Margaret – alle waren da. Fanny war schreiend nach oben zurückgekehrt, als würde sie auf Schritt und Tritt verfolgt, und hatte sich in hysterischem Schluchzen auf das Sofa geworfen. Mrs. Thornton hielt Ausschau nach ihrem Sohn, der noch in der Mühle war. Er kam heraus, sah zu ihnen auf – der blassen Gruppe von Gesichtern – und lächelte ihnen Mut zu, bevor er die Fabriktür abschloss. Dann rief er einer der Frauen zu, sie solle herunterkommen und seine eigene Tür öffnen, die Fanny in ihrer wilden Flucht hinter sich zugemacht hatte. Mrs. Thornton selbst ging. Und der Klang seiner wohlbekannten und befehlenden Stimme schien für die wütende Menge draußen wie der Geschmack von Blut gewesen zu sein. Bislang waren sie stimmlos und wortlos gewesen und brauchten ihren ganzen Atem für ihre mühsamen Bemühungen, die Tore einzureißen. Doch als sie ihn nun drinnen sprechen hörten, stießen sie ein so heftiges, überirdisches Stöhnen aus, dass sogar Mrs. Thornton weiß vor Angst war, als sie ihm in den Raum vorausging. Er kam ein wenig gerötet herein, aber seine Augen leuchteten, als ob er auf den Trompetenruf der Gefahr antwortete, und mit einem stolzen Ausdruck des Trotzes im Gesicht, was ihn zu einem edlen, wenn nicht sogar zu einem gutaussehenden Mann machte. Margaret hatte immer gefürchtet, dass ihr in jedem Notfall der Mut fehlen könnte, und dass sich herausstellte, dass sie das war, wovor sie sich fürchtete – ein Feigling. Aber jetzt, in dieser wirklich großen Zeit der vernünftigen Angst und der Nähe des Schreckens, vergaß sie sich selbst und empfand nur ein tiefes Mitgefühl – bis hin zur Schmerzhaftigkeit – für die Interessen des Augenblicks.

Herr Thornton meldete sich offen:

„Es tut mir leid, Miss Hale, Sie haben uns in diesem unglücklichen Moment besucht, in dem ich fürchte, dass Sie möglicherweise in das Risiko verwickelt sind, das wir tragen müssen. Mutter! Wäre es nicht besser, in die Hinterzimmer zu gehen? Ich bin mir nicht sicher, ob sie nicht von Pinner's Lane in den Stallhof gelangt sind; aber wenn nicht, sind Sie dort sicherer als hier. Geh, Jane!" fuhr er fort und wandte sich an den Oberdiener. Und sie ging, gefolgt von den anderen.

„Ich höre hier auf!" sagte seine Mutter. „Wo du bist, da bleibe ich." Und tatsächlich war der Rückzug in die Hinterzimmer nutzlos; Die Menge hatte die Nebengebäude im hinteren Teil umzingelt und ließ ihr schreckliches, drohendes Gebrüll hinter sich herschallen. Unter vielem Geschrei und Geschrei zogen sich die Diener in die Dachstube zurück. Mr. Thornton lächelte verächtlich, als er sie hörte. Er warf einen Blick auf Margaret, die ganz allein am Fenster neben der Fabrik stand. Ihre Augen glitzerten, ihre Farbe auf Wange und Lippe vertiefte sich. Als hätte sie seinen Blick gespürt, drehte sie sich zu ihm um und stellte eine Frage, die ihr schon seit einiger Zeit im Kopf herumschwirrte:

„Wo sind die armen importierten Arbeitskräfte? In der Fabrik dort?"

"Ja! Ich ließ sie zusammengekauert in einem kleinen Raum am Ende einer Hintertreppe zurück; Ich befahl ihnen, alle Risiken einzugehen und dorthin zu fliehen, wenn sie einen Angriff auf die Mühlentore hörten. Aber sie sind es nicht – sie wollen mich."

„Wann können die Soldaten hier sein?" fragte seine Mutter mit leiser, aber nicht unsicherer Stimme.

Er holte seine Uhr mit der gleichen gemessenen Gelassenheit heraus, mit der er alles tat. Er machte eine kleine Rechnung:

„Angenommen, Williams ist sofort losgekommen, als ich es ihm gesagt habe, und müsste nicht zwischen ihnen herumlaufen – es müssen noch zwanzig Minuten sein."

"Zwanzig Minuten!" sagte seine Mutter und zeigte zum ersten Mal ihre Angst im Tonfall ihrer Stimme.

„Mach sofort die Fenster zu, Mutter", rief er, „die Tore halten einem weiteren Stoß nicht stand." Machen Sie das Fenster zu, Miss Hale."

Margaret schloss ihr Fenster und ging dann, um Mrs. Thorntons zitternden Fingern zu helfen.

Aus irgendeinem Grund herrschte auf der unsichtbaren Straße eine Pause von mehreren Minuten. Mrs. Thornton blickte mit wilder Sorge auf das Gesicht ihres Sohnes, als wollte sie von ihm die Erklärung für die plötzliche Stille erfahren. Auf seinem Gesicht zeichneten sich starre Linien verächtlichen Trotzes ab; weder Hoffnung noch Angst waren dort zu lesen. Fanny erhob sich:

„Sind sie weg?" fragte sie flüsternd.

"Gegangen!" antwortete er. "Hören!"

Sie hörte zu; sie alle konnten den einen großen, angestrengten Atemzug hören; das Knarren von Holz, das langsam nachgibt; der Schraubenschlüssel aus Eisen; der mächtige Fall der schweren Tore. Fanny stand schwankend auf, machte ein oder zwei Schritte auf ihre Mutter zu und fiel ohnmächtig in ihre Arme. Mrs. Thornton hob sie mit einer Kraft hoch, die sowohl Willenskraft als auch Körperkraft entsprach, und trug sie fort.

"Gott sei Dank!" sagte Mr. Thornton, während er sie beobachtete. „Wollen Sie nicht besser nach oben gehen, Miss Hale?"

Margarets Lippen formten ein „Nein"! – aber er konnte sie nicht sprechen hören, wegen des Stampfens unzähliger Schritte direkt unter der Hauswand und des wilden Knurrens tiefer, wütender Stimmen, die ein wildes Gemurmel der Befriedigung von sich gaben in ihnen, schrecklicher als ihre verwirrten Schreie vor wenigen Minuten.

"Egal!" sagte er und dachte daran, sie zu ermutigen. „Es tut mir sehr leid, dass Sie in diesen ganzen Alarm verwickelt waren; aber es kann jetzt nicht mehr lange dauern; Noch ein paar Minuten, dann sind die Soldaten da."

"Oh Gott!" rief Margaret plötzlich; „Da ist Boucher. Ich kenne sein Gesicht, obwohl er vor Wut wütend ist – er kämpft darum, nach vorne zu kommen – schauen Sie! sehen!"

„Wer ist Boucher?" fragte Mr. Thornton kühl und näherte sich dem Fenster, um den Mann zu entdecken, für den Margaret so großes Interesse hatte. Sobald sie Mr. Thornton sahen, stießen sie einen Schrei aus – es nicht menschlich zu nennen ist nichts – es war wie das dämonische Verlangen eines schrecklichen wilden Tieres nach der Nahrung, die seiner Gier vorenthalten wird. Sogar er zog sich für einen Moment zurück, bestürzt über die Intensität des Hasses, den er provoziert hatte.

„Lass sie schreien!" sagte er. „In fünf Minuten –. Ich hoffe nur, dass meine armen Iren durch solch einen teuflischen Lärm nicht zu Tode erschreckt werden. Behalten Sie fünf Minuten lang Ihren Mut, Miss Hale."

„Hab keine Angst um mich", sagte sie hastig. „Aber was in fünf Minuten? Können Sie nichts tun, um diese armen Kreaturen zu beruhigen? Es ist schrecklich, sie zu sehen."

„Die Soldaten werden sofort hier sein, und das wird sie zur Vernunft bringen."

„Zur Vernunft!" sagte Margaret schnell. „Aus welchem Grund?"

„Der einzige Grund dafür sind Menschen, die sich in wilde Tiere verwandeln. Beim Himmel! Sie haben sich dem Mühlentor zugewandt!"

"Herr. Thornton", sagte Margaret, die vor Leidenschaft am ganzen Körper zitterte, „gehen Sie sofort unter, wenn Sie kein Feigling sind. Geh hinunter und stelle dich ihnen wie ein Mann. Rette diese armen Fremden, die du hierher verführt hast. Sprechen Sie mit Ihren Arbeitern, als wären sie Menschen. Sprich freundlich mit ihnen. Lassen Sie nicht zu, dass die Soldaten hereinkommen und arme Kreaturen niedermetzeln, die in den Wahnsinn getrieben werden. Ich sehe dort einen, der es ist. Wenn Sie Mut oder eine edle Eigenschaft in sich haben, gehen Sie hinaus und sprechen Sie von Mann zu Mann mit ihnen."

Er drehte sich um und sah sie an, während sie sprach. Während er zuhörte, zog eine dunkle Wolke über sein Gesicht. Er biss die Zähne zusammen, als er ihre Worte hörte.

"Ich werde gehen. Vielleicht darf ich Sie bitten, mich nach unten zu begleiten und die Tür hinter mir zu verriegeln; Meine Mutter und meine Schwester werden diesen Schutz brauchen."

"Oh! Herr Thornton! Ich weiß es nicht – vielleicht irre ich mich – nur –"

Aber er war weg; er war unten im Flur; er hatte die Haustür entriegelt; Alles, was sie tun konnte, war, ihm schnell zu folgen, es hinter ihm zu befestigen und mit krankem Herzen und schwindeligem Kopf wieder die Treppe hinaufzusteigen. Wieder nahm sie ihren Platz am hintersten Fenster ein. Er war auf den Stufen unten; sie sah das durch die Richtung tausender zorniger Augen; aber sie konnte nichts sehen oder hören außer der wilden Befriedigung des rollenden, wütenden Gemurmels. Sie öffnete das Fenster weit. Viele in der Menge waren bloße Jungen; grausam und gedankenlos – grausam, weil sie gedankenlos waren; Einige waren Männer, hager wie Wölfe und verrückt nach Beute. Sie wusste, wie es war; Sie waren wie Boucher – mit hungernden Kindern zu Hause –, die auf den endgültigen Erfolg ihrer Bemühungen um höhere Löhne hofften, und maßlos wütend, als sie erfuhren, dass Iren herbeigeholt werden sollten, um ihren Kleinen das Brot zu stehlen. Margaret wusste alles; Sie las es in Bouchers Gesicht, verzweifelt verzweifelt und wütend vor Wut. Wenn Mr. Thornton ihnen nur etwas sagen würde – sie nur seine Stimme hören ließen –, schien es, als wäre das besser als dieses wilde Schlagen und Toben gegen die steinerne Stille, die ihnen kein Wort gewährte, nicht einmal von Wut oder Vorwurf. Aber vielleicht sprach er jetzt; Für einen Moment verstummte ihr Lärm, unartikuliert wie der einer Tiertruppe. Sie riss ihre Haube ab; und beugte sich vor, um zu hören. Sie konnte nur sehen; Denn wenn Mr. Thornton tatsächlich den Versuch unternommen hatte, etwas zu sagen, war der momentane Instinkt, ihm zuzuhören, verschwunden und die Menschen tobten schlimmer als je zuvor. Er stand mit verschränkten Armen da; immer noch wie eine Statue; sein Gesicht war blass vor unterdrückter Aufregung. Sie versuchten, ihn einzuschüchtern – ihn zusammenzucken zu lassen; Jeder drängte den anderen zu einer unmittelbaren persönlichen Gewalttat. Margaret spürte instinktiv, dass in einem Augenblick alles in Aufruhr geraten würde; Die erste Berührung würde eine Explosion auslösen, in der inmitten solcher Hunderte von wütenden Männern und rücksichtslosen Jungen sogar Mr. Thorntons Leben unsicher wäre – dass im nächsten Augenblick die stürmischen Leidenschaften ihre Grenzen überschritten und alle Schranken der Vernunft überwunden hätten. oder Angst vor Konsequenzen. Noch während sie hinsah, sah sie im Hintergrund Jungs, die sich bückten, um ihre schweren Holzschuhe auszuziehen – die schussbereitste Rakete, die sie finden konnten; Sie sah, dass es der Funke des Schießpulvers war, und mit einem Schrei, den niemand hörte, stürzte sie aus dem Zimmer nach unten – sie hatte die große Eisenstange der Tür mit herrischer Kraft angehoben – und die Tür aufgestoßen weit – und war da, angesichts dieses wütenden Meeres von Männern, und ihre Augen trafen sie mit flammenden Pfeilen des Vorwurfs. Die Holzschuhe wurden in den Händen, die sie hielten, festgehalten – die Mienen, die noch keinen Augenblick zuvor so getrübt waren, sahen jetzt unentschlossen aus, als ob sie fragten, was das zu bedeuten habe. Denn sie stand zwischen ihnen und ihrem Feind. Sie konnte nicht sprechen, streckte ihnen aber die Arme entgegen, bis sie wieder zu Atem kam.

„Oh, wende keine Gewalt an! Er ist ein Mann, und ihr seid viele." aber ihre Worte verklangen, denn in ihrer Stimme war kein Ton; es war nur ein heiseres Flüstern. Mr. Thornton stand ein wenig auf der Seite; Er hatte sich von ihrem Rücken entfernt, als wäre er eifersüchtig auf alles, was zwischen ihn und die Gefahr kommen sollte.

"Gehen!" sagte sie noch einmal (und jetzt war ihre Stimme wie ein Schrei). „Die Soldaten werden gerufen – sie kommen. Gehen Sie friedlich. Geh weg. Sie sollen von Ihren Beschwerden befreit werden, was auch immer sie sein mögen."

„Sollen diese irischen Schurken wieder zurückgedrängt werden?" fragte einer aus der Menge mit heftig drohender Stimme.

„Niemals, auf Ihren Wunsch!" rief Herr Thornton aus. Und sofort brach der Sturm los. Das Gejohle erklang und erfüllte die Luft – aber Margaret hörte es nicht. Ihr Blick war auf die Gruppe von Jungs gerichtet, die sich vor einiger Zeit mit ihren Holzschuhen bewaffnet hatten. Sie sah ihre Geste – sie kannte ihre Bedeutung – sie erkannte ihre Absicht. Noch einen Augenblick, und Mr. Thornton könnte niedergeschlagen sein – er, den sie gedrängt und gedrängt hatte, an diesen gefährlichen Ort zu kommen. Sie dachte nur, wie sie ihn retten könnte. Sie warf ihre Arme um ihn; Sie machte ihren Körper zu einem Schutzschild vor den wilden Menschen dahinter. Dennoch schüttelte er sie mit verschränkten Armen ab.

„Geh weg", sagte er mit seiner tiefen Stimme. „Das ist kein Ort für dich."

"Es ist!" sagte sie. „Du hast nicht gesehen, was ich gesehen habe." Wenn sie geglaubt hätte, ihr Geschlecht würde ihr Schutz bieten – wenn sie sich mit zusammengekniffenen Augen vor der schrecklichen Wut dieser Männer abgewandt hätte, in der Hoffnung, dass sie, bevor sie noch einmal hinschaute, innegehalten und nachgedacht, sich davongeschlichen und verschwunden wären – Sie lag falsch. Ihre rücksichtslose Leidenschaft hatte sie zu weit getragen, als dass sie aufhören konnten – zumindest hatte sie einige von ihnen zu weit getragen; Denn es sind immer die wilden Jungs mit ihrer Vorliebe für grausame Aufregung, die den Aufruhr anführen – ungeachtet des Blutvergießens, das er nach sich ziehen mag. Ein Holzschuh sauste durch die Luft. Margarets faszinierte Augen beobachteten den Fortschritt; es verfehlte sein Ziel, und sie wurde vor Angst krank, änderte jedoch nicht ihre Position, sondern verbarg nur ihr Gesicht auf Mr. Thorntons Arm. Dann drehte sie sich um und sprach erneut:

"Um Gottes Willen! Schädigen Sie Ihre Sache nicht durch diese Gewalt. Du weißt nicht, was du tust." Sie bemühte sich, ihre Worte deutlich zu machen.

Ein spitzer Kieselstein flog an ihr vorbei, streifte Stirn und Wange und zeichnete einen blendenden Lichtstrahl vor ihre Augen. Sie lag wie tot auf Mr. Thorntons Schulter. Dann breitete er seine Arme aus und umarmte sie einen Moment lang:

"Du machst dich gut!" sagte er. „Du bist gekommen, um den unschuldigen Fremden zu vertreiben. Sie fallen – Sie Hunderte – auf einen Mann; Und wenn eine Frau vor dich tritt und dich bittet, vernünftige Geschöpfe zu sein, fällt dein feiger Zorn auf sie! Du machst dich gut!" Sie schwiegen, während er sprach. Mit offenen Augen und offenem Mund beobachteten sie den dunkelroten Blutfaden, der sie aus ihrer Trance der Leidenschaft weckte. Diejenigen, die dem Tor am nächsten waren, stahlen sich beschämt; Es gab eine Bewegung in der ganzen Menge – eine Rückzugsbewegung. Nur eine Stimme rief:

„Der Stein war für dich bestimmt; aber du warst hinter einer Frau geschützt!"

Mr. Thornton zitterte vor Wut. Der Blutfluss hatte Margaret zu Bewusstsein gebracht – undeutlich, vage. Er stellte sie sanft auf die Türschwelle und lehnte ihren Kopf gegen den Rahmen.

„Kannst du dich dort ausruhen?" er hat gefragt. Doch ohne ihre Antwort abzuwarten, ging er langsam die Stufen hinunter, mitten in die Menge. „Jetzt töte mich, wenn es dein brutaler Wille ist. Hier gibt es keine Frau, die mich beschützt. Du wirst mich vielleicht zu Tode schlagen – du wirst mich nie von dem abbringen, was ich beschlossen habe – nicht du!" Er stand mit verschränkten Armen zwischen ihnen und hatte genau die gleiche Haltung wie auf der Treppe.

Aber die rückläufige Bewegung in Richtung Tor hatte begonnen – ebenso unvernünftig, vielleicht genauso blind wie die gleichzeitige Wut. Oder vielleicht die Vorstellung der Annäherung der Soldaten und der Anblick dieses blassen, nach oben gerichteten Gesichts mit geschlossenen Augen, still und traurig wie Marmor, obwohl die Tränen aus dem langen Gewirr der Wimpern hervorquollen und herabtropften; und schwerer und langsamer als Tränen tropfte Blut aus ihrer Wunde. Sogar der Verzweifelteste – Boucher selbst – wich zurück, schreckte zurück, runzelte die Stirn und ging schließlich weg, wobei er Verfluchungen über den Meister murmelte, der in seiner unveränderlichen Haltung dastand und mit trotzigen Augen ihren Rückzug beobachtete. In dem Moment, in dem sich dieser Rückzug in eine Flucht verwandelt hatte (wie es seinem Charakter nach sicher war), stürmte er die Stufen hinauf zu Margaret.

Sie versuchte, ohne seine Hilfe aufzustehen.

„Es ist nichts", sagte sie mit einem kränklichen Lächeln. „Die Haut ist aufgeschürft und ich war im Moment fassungslos. Oh, ich bin so dankbar, dass sie weg sind!" Und sie weinte hemmungslos.

Norden *gegen* Süden

Von *Norden und Süden* .

Mrs. Gaskell war sich über den Titel ihres Romans noch nicht sicher, als Charles Dickens beim Lesen des Folgenden zu dem Schluss kam, dass *Nord und Süd* am besten geeignet wären. Mrs. Gaskell neigte dazu, den Namen der Heldin, Margaret Hale, als Titel anzugeben.

MARGARET gefiel dieses Lächeln; Es war das Erste, was sie an diesem neuen Freund ihres Vaters bewundert hatte; und der charakterliche Gegensatz, der sich in all diesen Einzelheiten ihres Aussehens zeigte, die sie gerade bemerkt hatte, schien die Anziehung zu erklären, die sie offensichtlich zueinander empfanden.

Sie ordnete das Kammgarnwerk ihrer Mutter und verfiel wieder in ihre eigenen Gedanken – Mr. Thornton hatte sie so völlig vergessen, als wäre sie nicht im Zimmer gewesen, so gründlich war er damit beschäftigt, Mr. Hale die großartige, aber dennoch heikle Macht zu erklären Anpassung der Kraft des Dampfhammers, die Mr. Hale an einige der wundervollen Geschichten unterwürfiger Genies aus *Tausendundeiner Nacht erinnerte* – in einem Moment erstreckte er sich von der Erde bis zum Himmel und füllte die gesamte Breite des Horizonts aus, im nächsten gehorsam komprimiert in einer Vase, die klein genug ist, um in der Hand eines Kindes getragen zu werden.

„Und diese Vorstellung von Macht, diese praktische Verwirklichung eines gigantischen Gedankens kam aus dem Gehirn eines Mannes in unserer guten Stadt. Dieser Mann hat es in sich, jedes Wunder, das er vollbringt, Schritt für Schritt zu noch höheren Wundern zu erklimmen. Und ich muss sagen, wir haben viele unter uns, die, wenn er weg wäre, in die Bresche springen und den Krieg weiterführen könnten, der alle materielle Macht zwingt und zwingen wird, der Wissenschaft nachzugeben."

„Deine Prahlerei erinnert mich an die alten Zeilen:

„Ich habe hundert Kapitäne in England", sagte er,

„So gut wie eh und je war er.""

Als Margaret das Zitat ihres Vaters hörte, blickte sie plötzlich auf, mit fragendem Staunen im Blick. Wie in aller Welt waren sie von den Zahnrädern zum Chevy Chace gekommen?

„Das ist keine Prahlerei von mir", antwortete Mr. Thornton; „Es ist einfach sachlich. Ich werde nicht leugnen, dass ich stolz darauf bin, einer Stadt anzugehören – oder vielleicht sollte ich besser sagen einem Bezirk –, deren Notwendigkeiten eine so großartige Konzeption hervorbringen. Ich wäre lieber ein Mann, der hier schuftet, leidet – nein, scheitert und keinen Erfolg hat –, als ein langweiliges, wohlhabendes Leben in den alten, abgenutzten Gräben dessen zu führen, was Sie unten im Süden eine eher aristokratische Gesellschaft nennen, mit ihren langsamen Tagen sorgloser Bequemlichkeit. Man könnte mit Honig verstopft sein und nicht in der Lage sein, aufzustehen und zu fliegen."

„Sie irren sich", sagte Margaret, die durch die Verunglimpfung ihres geliebten Südens zu einer zärtlichen Heftigkeit der Verteidigung aufgerüttelt wurde, die ihr Farbe in die Wangen und wütende Tränen in ihre Augen trieb. „Sie wissen nichts über den Süden. Wenn der Glücksspielgeist des Handels, der notwendig erscheint, um diese wunderbaren Erfindungen durchzusetzen, weniger Abenteuer oder weniger Fortschritt – ich muss wohl nicht sagen weniger Aufregung – mit sich bringt, gibt es auch weniger Leid. Ich sehe hier Männer, die auf der Straße umhergehen und den Eindruck erwecken, dass sie von einer drückenden Trauer oder Sorge niedergedrückt werden – die nicht nur leiden, sondern auch Hasser sind. Nun, im Süden haben wir unsere Armen, aber in ihren Gesichtern ist nicht der schreckliche Ausdruck eines mürrischen Gefühls der Ungerechtigkeit zu erkennen, den ich hier sehe. Sie kennen den Süden nicht, Mr. Thornton“, schloss sie, verfiel in entschlossenes Schweigen und war wütend auf sich selbst, weil sie so viel gesagt hatte.

„Und darf ich sagen, dass Sie den Norden nicht kennen?“ fragte er mit einer unaussprechlichen Sanftheit in seinem Ton, als er sah, dass er sie wirklich verletzt hatte. Sie schwieg weiterhin entschieden; Sie sehnte sich nach den schönen Orten, die sie weit weg in Hampshire zurückgelassen hatte, mit einer leidenschaftlichen Sehnsucht, die ihr das Gefühl gab, dass ihre Stimme unsicher und zittern würde, wenn sie sprechen würde.

„Auf jeden Fall, Mr. Thornton“, sagte Mrs. Hale, „werden Sie zugeben, dass Milton eine viel rauchigere und schmutzigere Stadt ist, als Sie jemals im Süden antreffen werden.“

„Ich fürchte, ich muss auf die Sauberkeit verzichten“, sagte Mr. Thornton mit dem schnellen, strahlenden Lächeln. „Aber das Parlament fordert uns auf, unseren eigenen Rauch zu verbrennen; Ich nehme also an, dass wir wie gute kleine Kinder irgendwann einmal tun werden, was uns geboten wird.“

Nicholas Higgins bespricht Religion mit dem pensionierten Geistlichen

Von *Norden und Süden* .

Rev. William Gaskell, der zusammen mit seiner begabten Frau in den „Hungrigen Vierzigern“ so viel als Friedensstifter zwischen den Herren und den Männern tat, war oft in den Häusern der Armen in Manchester zu finden und hörte sich ihre Geschichte an Wehe, und wie Mr. Hale behandelte er die Armen stets mit ausgeprägter Höflichkeit und Freundlichkeit.

SIE fragte sich, wie es ihrem Vater und Higgins ergangen war.

Erstens hatte der anständige, gutherzige, einfache, altmodische Herr durch seine eigene Vornehmheit und Höflichkeit unbewusst die ganze latente Höflichkeit des anderen zum Ausdruck gebracht.

Herr Hale behandelte alle seine Mitgeschöpfe gleich; Es kam ihm nie in den Sinn, aufgrund ihres Ranges einen Unterschied zu machen. Er stellte einen Stuhl für Nicholas auf und stand auf, bis er auf Mr. Hales Bitte hin Platz nahm; und nannte ihn ausnahmslos „Mr. Higgins" anstelle des knappen „Nicholas" oder „Higgins", an das der „betrunkene ungläubige Weber" gewöhnt war. Aber Nikolaus war weder ein gewöhnlicher Trunkenbold noch ein völliger Ungläubiger. Er trank, um die Sorge zu übertönen, wie er es selbst ausgedrückt hätte; und er war insofern ungläubig, als er noch nie irgendeine Form des Glaubens gefunden hatte, der er sich mit Herz und Seele anschließen konnte.

Margaret war ein wenig überrascht und sehr erfreut, als sie ihren Vater und Higgins in einem ernsthaften Gespräch fand – jeder sprach mit sanfter Höflichkeit miteinander, wie unterschiedlich ihre Meinungen auch sein mochten. Nicholas – sauber, aufgeräumt (wenn auch nur am Pumpentrog) und ruhig gesprochen – war für sie ein neues Wesen, die ihn nur in der rauen Unabhängigkeit seines eigenen Herdes gesehen hatte. Er hatte sein Haar mit frischem Wasser „nach unten geglättet"; er hatte sein Halstuch zurechtgerückt und sich einen seltsamen Kerzenstiel geliehen, um damit seine Holzschuhe zu polieren; Und da saß er und drängte ihrem Vater eine Meinung auf, zwar mit einem starken Darkshire-Akzent, aber mit gesenkter Stimme und einer guten, ernsten Gelassenheit im Gesicht. Auch ihr Vater interessierte sich für das, was sein Begleiter sagte. Er sah sich um, als sie eintrat, lächelte, gab ihr ruhig seinen Stuhl und setzte sich dann so schnell wie möglich wieder hin, mit einer kleinen entschuldigenden Verbeugung vor seinem Gast für die Unterbrechung. Higgins nickte ihr als Zeichen der Begrüßung zu; und sie rückte sanft ihre Arbeitsmaterialien auf dem Tisch zurecht und bereitete sich darauf vor, zuzuhören.

„Wie ich schon sagte, Sir, ich schätze, Sie hätten nicht viel Vertrauen in Sie, wenn Sie hier leben würden – wenn Sie hier aufgewachsen wären. Ich entschuldige mich, wenn ich falsche Worte verwende; Aber was ich jetzt mit Glauben meine, ist das Nachdenken über Sprüche, Maximen und Versprechen von Leuten, die Sie nie gesehen haben, über die Dinge und das Leben, die Sie nie gesehen haben, und auch sonst niemanden. Nun, Sie sagen, das seien wahre Dinge, wahre Sprüche und ein wahres Leben. Ich sage nur: Wo ist der Beweis? Es gibt viele, viele, die klüger und viel gebildeter sind als ich um mich herum – Leute, die Zeit hatten, über diese Dinge nachzudenken –, während meine Zeit dafür aufgewendet werden musste, mein Brot zu bekommen. Nun, ich sehe diese Leute. Ihr Leben ist für mich ziemlich offen. Sie sind echte Leute. Sie glauben nicht an die Bibel – nicht sie. Der Form halber sagen sie vielleicht , dass sie es tun; Aber Herr, mein Herr, meinst du, ihr erster Schrei am Morgen wäre: „Was soll ich tun, um das ewige Leben zu erlangen?" oder „Was soll ich tun, um an diesem gesegneten Tag meinen

Geldbeutel zu füllen?" Wohin soll ich gehen? Welche Geschäfte soll ich machen?' Der Geldbeutel, das Gold und die Banknoten sind echte Dinge; Dinge, die gefühlt und berührt werden können; ihre Realitäten; und ewiges Leben ist alles ein Gerede, sehr passend für – ich entschuldige mich, Sir; Ich glaube, du bist ein arbeitsloser Pfarrer. Also! Ich werde niemals respektlos über einen Mann sprechen, der in der gleichen Situation steckt wie ich selbst. Aber ich werde Ihnen einfach noch eine Frage stellen, Sir, und ich möchte nicht, dass Sie darauf antworten, nur um dann Ihre Pfeife einzustecken und zu rauchen, bevor Sie sich auf den Weg machen, uns niederzumachen, die wir nur an ihn glauben was wir sehen, als Dummköpfe und Nicken. Wenn die Erlösung und das zukünftige Leben und was nicht wahr wäre – nicht in den Worten der Menschen, sondern im Innersten der Herzen der Menschen –, glauben Sie dann nicht, dass sie uns damit auf die gleiche Weise belästigen würden, wie sie es mit der politischen Wirtschaft tun? Sie sind sehr begierig darauf, mit diesem Stück Weisheit um uns herumzukommen; aber das andere wäre eine größere Kontroverse, wenn es wahr wäre."

„Aber die Meister haben nichts mit Ihrer Religion zu tun. Alles, was sie mit Ihnen verbindet, ist der Handel – so denken sie – und alles, worum es ihnen geht, Ihre Meinung zu berichtigen, ist daher die Wissenschaft des Handels."

„Ich bin froh, Sir", sagte Higgins mit einem neugierigen Augenzwinkern, „dass Sie ‚so denken sie‘ eingefügt haben." Ich fürchte, ich hätte dich für einen Heuchler gehalten, wenn du das nicht getan hättest, egal, ob du ein Pfarrer bist, oder besser gesagt, weil du ein Pfarrer bist. Sehen Sie, wenn Sie von Religion als einer Sache gesprochen hätten, bei der es, wenn es wahr wäre, nicht die Aufgabe aller Menschen wäre, die Aufmerksamkeit aller Menschen zu erregen, mehr als alles andere auf dieser „Varsal-Erde", hätte ich denken sollen Du bist ein Schurke, weil du Pfarrer bist. Und ich halte dich lieber für einen Narren als für einen Schurken. Nichts für ungut, hoffe ich, Sir."

"Überhaupt keine. Sie halten mich für einen Irrtum, und ich halte Sie für einen weitaus verhängnisvolleren Irrtum. Ich erwarte nicht, Sie an einem Tag zu überzeugen – nicht in einem Gespräch; aber lasst uns einander kennen lernen und frei miteinander über diese Dinge reden, dann wird die Wahrheit siegen. Ich würde nicht an Gott glauben, wenn ich das nicht glauben würde. Herr Higgins, ich vertraue darauf, was auch immer Sie sonst noch aufgegeben haben, Sie glauben" (Mr. Hales Stimme senkte sich vor Ehrfurcht) – „Sie glauben an ihn."

Nicholas Higgins stand plötzlich aufrecht und steif da. Margaret sprang auf – denn seinem Gesicht nach zu urteilen, dass er Krämpfe bekommen würde, glaubte sie. Mr. Hale sah sie bestürzt an. Endlich fand Higgins Worte:

"Mann! Ich könnte zu Boden fallen, weil du mich in Versuchung geführt hast. Was hast du denn für ein Geschäft, mich mit deinen Zweifeln zu konfrontieren? Denken Sie an sie, wie sie dort liegt, nachdem das Leben vorbei ist. Und denken Sie dann darüber nach, wie Sie mir den einzigen Trost verweigern würden, der noch übrig ist – dass es einen Gott gibt und dass er ihr das Leben gegeben hat. Ich glaube nicht, dass sie jemals wieder leben wird", sagte er, setzte sich und redete trübsinnig weiter, als wolle er sich auf das gleichgültige Feuer einlassen. „Ich glaube nicht an ein anderes Leben als dieses, in dem sie so viel Ärger hatte und so unendliche Fürsorge empfand; und ich kann es nicht ertragen, anzunehmen, dass es sich alles um eine Reihe von Zufällen handelte, die sich mit einem Windhauch hätten ändern können. Es kam oft vor , dass ich dachte, dass ich nicht an Gott glaube, aber ich habe es mir nie in Worte gefasst, wie es viele Männer tun. Ich habe vielleicht über diejenigen gelacht, die es getan haben, um es herauszufordern – aber ich habe mich nachher umgeschaut, um zu sehen, ob Er mich hörte, wenn ja, ob es einen Er gab; aber heute, wenn ich verlassen bin, werde ich nicht auf deine Fragen und Zweifel hören. In dieser ganzen turbulenten Welt gibt es eine Sache, die stabil und ruhig ist, und daran werde ich festhalten, egal ob Grund oder Grund.

Humorvoll

Die neue Mama – Mrs. Gibson

Aus „*Wives and Daughters*", 1866

In ihrem Buch „*Wives and Daughters*" sagte Madame Mohl: „Die Hamleys sind entzückend, und Mrs. Gibson! oh, die Tricks sind köstlich; aber ich bin Cynthia noch nicht gewachsen. Molly ist die beste Heldin, die du bisher hattest. Jeder sagt, es sei das Beste, was du je getan hast."

AM Dienstagnachmittag kehrte Molly nach Hause zurück – in das Haus, das ihr ohnehin schon fremd vorkam und das, was die Leute in Warwickshire für sie als „entkernt" bezeichnen würden. Neues Papier, neue Farben; grimmige Diener trugen ihr Bestes und lehnten jede Veränderung ab – von der Heirat ihres Herrn bis zum neuen Wachstuch in der Halle, „das ihnen ein Bein stellte und sie zu Boden warf, und es war kalt an den Füßen und roch einfach abscheulich." " All diese Beschwerden musste sich Molly anhören, und es war keine heitere Vorbereitung auf den Empfang, den sie ohnehin schon als so gewaltig empfand.

Endlich war das Geräusch ihrer Kutschenräder zu hören, und Molly ging ihnen zur Haustür entgegen. Ihr Vater stieg als Erster aus, nahm ihre Hand und hielt sie fest, während er seiner Braut beim Aussteigen half. Dann küsste er sie zärtlich und reichte sie seiner Frau weiter; Aber ihr Schleier war so fest (und anständig) fest geschlossen, dass es einige Zeit dauerte, bis Mrs. Gibson ihre Lippen klarmachen konnte, um ihre neue Tochter zu begrüßen. Dann war noch Gepäck zu sehen; und beide Reisenden waren damit beschäftigt, während Molly zitternd vor Aufregung daneben stand, unfähig zu helfen und nur Bettys ziemlich böse Blicke wahrnahm, als eine schwere Kiste nach der anderen den Gang verstopfte.

„Molly, meine Liebe, führe – deine Mama in ihr Zimmer!"

Mr. Gibson hatte gezögert, weil ihm die Frage, mit welchem Namen Molly ihre neue Verwandte nennen sollte, noch nie in den Sinn gekommen war. Die Farbe blitzte in Mollys Gesicht auf. Sollte sie sie „Mama" nennen? – den Namen, den sie in Gedanken schon lange für jemand anderen verwendet hatte – für ihre eigene tote Mutter. Das rebellische Herz erhob sich dagegen, aber sie sagte nichts. Sie ging voran nach oben, wobei Mrs. Gibson sich von Zeit zu Zeit umdrehte und ihr eine neue Anweisung gab, welche Tasche oder Truhe sie am meisten brauchte. Sie sprach kaum mit Molly, bis sie beide im neu eingerichteten Schlafzimmer waren, wo auf Mollys Befehl hin ein kleines Feuer angezündet worden war.

„Jetzt, meine Liebe, können wir uns in Frieden umarmen. Oh mein Lieber, wie müde bin ich!" – (nachdem die Umarmung vollzogen war). „Meine Stimmung wird so leicht durch Müdigkeit beeinträchtigt; Aber dein lieber Papa war die Güte selbst. Lieb! Was für ein altmodisches Bett! Und was für ein... Aber das hat keine Bedeutung. Nach und nach werden wir das Haus renovieren – nicht wahr, meine Liebe? Und du wirst heute Abend mein kleines Mädchen sein und mir helfen, ein paar Dinge zu arrangieren, denn ich bin einfach erschöpft von der Reise des Tages."

„Ich habe eine Art Tee-Dinner für Sie bestellt", sagte Molly. „Soll ich gehen und ihnen sagen, dass sie es einschicken sollen?"

„Ich bin mir nicht sicher, ob ich heute Abend noch einmal hinuntergehen kann. Es wäre sehr bequem, wenn ich hier einen kleinen Tisch herstellte und in meinem Schlafrock an diesem fröhlichen Feuer sitze. Aber natürlich ist da dein lieber Papa! Ich glaube wirklich nicht, dass er etwas essen würde, wenn ich nicht da wäre. Man darf nicht an sich selbst denken, wissen Sie. Ja, ich komme in einer Viertelstunde runter."

Aber Mr. Gibson hatte eine Nachricht gefunden, die ihn erwartete, mit einer sofortigen Vorladung zu einem alten, gefährlich kranken Patienten; und als er sich einen Bissen Futter schnappte, während sein Pferd gesattelt wurde, musste er sofort wieder zu seinen alten Gewohnheiten zurückkehren, sich vor allem auf seinen Beruf zu konzentrieren.

Sobald Mrs. Gibson feststellte, dass er ihre Anwesenheit wahrscheinlich nicht vermissen würde – er hatte in der Einsamkeit ein sehr erträgliches

Mittagessen mit Brot und kaltem Fleisch gegessen, sodass ihre Befürchtungen, er könnte in ihrer Abwesenheit Appetit bekommen, unbegründet waren –, wünschte sie sich, sie zu verpassen ihr Essen oben in ihrem eigenen Zimmer; und die arme Molly, die nicht wagte, den Dienern von dieser Laune zu erzählen, musste zuerst einen Tisch hochtragen, der zwar klein, aber zu schwer für sie war; und danach alle erlesenen Portionen der Mahlzeit, die sie mit großer Mühe auf dem Tisch arrangiert hatte, wie sie solche Dinge in Hamley gesehen hatte, vermischt mit Früchten und Blumen, die an diesem Morgen von verschiedenen großen Häusern, in denen Mr . Gibson wurde respektiert und geschätzt. Wie hübsch hatte Molly ihr Werk vor ein oder zwei Stunden gefunden! Wie trostlos kam es ihr vor, als sie, endlich von Mrs. Gibsons Gespräch befreit, sich einsam zu kaltem Tee und den Hähnchenkeulen hinsetzte! Niemand, der sich ihre Zubereitungen ansieht und ihre Geschicklichkeit und ihren Geschmack bewundert! Sie hatte geglaubt, dass ihr Vater damit zufrieden sein würde, und dann hatte er es nie gesehen. Sie hatte ihre Sorgen als Zeichen des Wohlwollens gegenüber ihrer Stiefmutter gemeint, die gerade jetzt klingelte, um das Tablett abzuholen und Miss Gibson in ihr Schlafzimmer zu rufen.

Molly beendete hastig ihr Essen und ging wieder nach oben.

„Ich fühle mich so einsam, Liebling, in diesem seltsamen Haus; Komm und sei bei mir und hilf mir beim Auspacken. Ich denke, dein lieber Papa hätte seinen Besuch bei Mr. Craven Smith vielleicht nur für diesen einen Abend verschoben.“

"Herr. Craven Smith konnte seinen Tod nicht aufschieben“, sagte Molly unverblümt.

„Du drolliges Mädchen!“ sagte Mrs. Gibson mit einem schwachen Lachen. „Aber wenn dieser Mr. Smith im Sterben liegt, wie Sie sagen, welchen Sinn hat es dann, wenn Ihr Vater so eilig zu ihm geht? Erwartet er ein Vermächtnis oder etwas in der Art?“

Molly biss sich auf die Lippen, um nicht etwas Unangenehmes zu sagen. Sie antwortete nur:

„Ich weiß nicht genau, ob er stirbt. Der Mann sagte es; und Papa kann manchmal etwas tun, um den letzten Kampf zu erleichtern. Auf jeden Fall ist es für die Familie immer ein Trost, ihn zu haben.“

„Was für ein tristes Wissen über den Tod hast du für ein Mädchen in deinem Alter gelernt! Wirklich, wenn ich all diese Einzelheiten über den Beruf Ihres Vaters gehört hätte, hätte ich mich kaum dazu durchringen können, ihn zu haben!“

„Er macht weder die Krankheit noch den Tod; er gibt sein Bestes gegen sie. Ich nenne es eine sehr schöne Sache, darüber nachzudenken, was er tut oder zu tun versucht. Und das werden Sie auch denken, wenn Sie sehen, wie auf ihn geachtet wird und wie die Menschen ihn willkommen heißen!"

„Nun, lasst uns heute Abend nicht mehr über so düstere Dinge reden! Ich denke, ich gehe sofort zu Bett, ich bin so müde, wenn du nur bei mir sitzen würdest, bis ich müde werde, Liebling. Wenn du mit mir sprichst, wird mich der Klang deiner Stimme bald vertreiben."

Molly holte sich ein Buch und las ihrer Stiefmutter das Einschlafen vor. Sie zog das der schwierigeren Aufgabe vor, ununterbrochen etwas zu murmeln.

Dann schlich sie sich hinunter und ging ins Esszimmer, wo das Feuer erloschen war; von den Dienern absichtlich vernachlässigt, um ihren Unmut darüber zum Ausdruck zu bringen, dass ihre neue Herrin ihren Tee in ihrem eigenen Zimmer getrunken hatte. Molly schaffte es jedoch, es anzuzünden, bevor ihr Vater nach Hause kam, und sammelte etwas Leckeres für ihn ein und arrangierte es neu. Dann kniete sie sich wieder auf den Kaminvorleger und starrte in einer träumerischen Träumerei ins Feuer, die so traurig war, dass ihr unbemerkt eine Träne aus den Augen tropfte. Aber sie sprang auf und schüttelte sich, als sie die Schritte ihres Vaters hörte.

„Wie geht es Herrn Craven Smith?" sagte sie.

"Tot. Er hat mich gerade erkannt. Er war einer meiner ersten Patienten, als ich nach Hollingford kam."

Mr. Gibson setzte sich in den für ihn bereitgestellten Sessel und wärmte seine Hände am Feuer, während er eine Reihe von Erinnerungen durchging. Er schien weder Essen noch Gespräch zu brauchen. Dann erwachte er aus seiner Traurigkeit, blickte sich im Zimmer um und sagte energisch:

„Und wo ist die neue Mama?"

„Sie war müde und ging früh zu Bett. Oh, Papa! Muss ich sie ‚Mama' nennen?"

„Es würde mir gefallen", antwortete er mit leicht zusammengezogenen Brauen.

Molly schwieg. Sie stellte eine Tasse Tee neben ihn; er rührte um, nippte daran und kam dann wieder auf das Thema zurück.

„Warum solltest du sie nicht ‚Mama' nennen? Ich bin mir sicher, dass sie dir gegenüber die Pflicht einer Mutter erfüllen will. Es kann sein, dass wir alle Fehler machen, und ihre Art und Weise ist vielleicht nicht ganz auf einmal unsere Art; aber lasst uns auf jeden Fall mit einer familiären Bindung zwischen uns beginnen."

Was würde Roger für richtig halten? – das war die Frage, die Molly durch den Kopf ging. Sie hatte die neue Frau ihres Vaters immer als Mrs. Gibson bezeichnet und war einmal bei Miss Brownings mit der Behauptung ausgebrochen, dass sie sie niemals „Mama" nennen würde. Sie fühlte sich durch den Verkehr an diesem Abend nicht zu ihrer neuen Verwandten hingezogen. Sie schwieg, obwohl sie wusste, dass ihr Vater eine Antwort erwartete. Schließlich gab er seine Erwartung auf und wandte sich einem anderen Thema zu; erzählte von ihrer Reise, befragte sie nach den Hamleys, den Brownings, Lady Harriet und dem Nachmittag, den sie gemeinsam im Herrenhaus verbracht hatten. Aber in seinem Verhalten lag eine gewisse Härte und Zwang, in ihrem eine Schwere und Geisteslosigkeit. Auf einmal sagte sie:

„Papa, ich werde sie ‚Mama' nennen!"

Er nahm ihre Hand und drückte sie fest; aber für einen oder zwei Augenblicke sprach er nicht. Dann sagte er:

„Du wirst es nicht bereuen, Molly, wenn du so lügst wie der arme Craven Smith heute Abend."

Wadenliebe

Von *Frauen und Töchtern* .

Lady Ritchie sagt: „Menschen einer älteren Generation, *die Wives and Daughters noch einmal lesen* , scheinen jetzt, stark, sanft und voller Spaß und Weisheit, die ganze Jugend darin zu stecken; Es ist Ruhe, wieder in den fröhlich berührenden Seiten zu leben" (*Blackstick Papers* , 1908).

EINES Tages kam Mr. Gibson aus irgendeinem Grund unerwartet nach Hause. Er durchquerte gerade die Halle, nachdem er durch die Gartentür hereingekommen war – der Garten war mit dem Stallhof verbunden, wo er sein Pferd zurückgelassen hatte –, als sich die Küchentür öffnete und das Mädchen, das im Lokal als Untergebene arbeitete, schnell in die Halle kam mit einem Zettel in der Hand und tat so, als würde sie ihn nach oben tragen; Doch als sie ihren Herrn sah, zuckte sie kurz zusammen und drehte sich um, als wolle sie sich in der Küche verstecken. Hätte sie diese schuldbewusste Bewegung nicht gemacht, hätte Mr. Gibson, der alles andere als misstrauisch war, nie Notiz von ihr genommen. So wie es war, trat er schnell vor, öffnete die Küchentür und rief so laut „Bethia", dass sie nicht zögern konnte, nach vorne zu kommen.

„Gib mir diesen Zettel", sagte er. Sie zögerte ein wenig.

„Es ist für Miss Molly", stammelte sie.

"Gib es mir!" wiederholte er schneller als zuvor. Sie sah aus, als würde sie gleich weinen; Dennoch hielt sie den Zettel fest hinter ihrem Rücken.

„Er sagte, ich solle es ihr selbst in die Hand geben; und ich habe versprochen, was ich wollte, treu."

„Koch, geh und suche Miss Molly. Sagen Sie ihr, sie soll sofort herkommen."

Er fixierte Bethia mit seinen Augen. Es nützte nichts, zu fliehen: Sie hätte es vielleicht ins Feuer geworfen, aber sie besaß nicht die nötige Geistesgegenwart. Sie stand unbeweglich da, nur ihre Augen schauten in die andere Richtung, als dass sie dem festen Blick ihres Meisters begegneten. „Molly, meine Liebe!"

"Papa! Ich wusste nicht, dass du zu Hause bist", sagte Molly unschuldig und wunderte sich.

„Bethia, halte dein Wort. Hier ist Miss Molly; gib ihr den Zettel.

„In der Tat, Fräulein, ich konnte nicht anders!"

Molly nahm den Zettel entgegen, aber bevor sie ihn öffnen konnte, sagte ihr Vater: „Das ist alles, mein Lieber; Du brauchst es nicht zu lesen. Gib es mir. Sag denen, die dich geschickt haben, Bethia, dass alle Briefe für Miss Molly durch meine Hände gehen müssen. Und jetzt geh mit dir, Gänsehaut, und geh dorthin zurück, wo du hergekommen bist.

„Papa, ich werde dich bitten, mir zu sagen, wer mein Korrespondent ist."

„Das werden wir nach und nach sehen."

Etwas zögernd und voller unbefriedigter Neugier ging sie nach oben zu Miss Eyre, die immer noch ihre tägliche Begleiterin, wenn nicht sogar ihre Gouvernante war. Er ging in das leere Esszimmer, schloss die Tür, brach das Siegel des Zettels auf und begann ihn zu lesen. Es war ein flammender Liebesbrief von Mr. Coxe; der erklärte, er sei nicht in der Lage, sie Tag für Tag zu sehen, ohne mit ihr über die Leidenschaft zu sprechen, die sie geweckt hatte – eine „ewige Leidenschaft", wie er es nannte; Beim Lesen lachte Mr. Gibson ein wenig. Würde sie ihn nicht freundlich ansehen? Würde sie nicht an den denken, der nur an sie dachte? und so weiter, mit einer sehr angemessenen Beimischung heftiger Komplimente für ihre Schönheit. Sie war hell, nicht blass; Ihre Augen waren leuchtende Sterne, ihre Grübchen waren Zeichen von Amors Fingern usw.

Mr. Gibson hat es zu Ende gelesen; und begann in seinem eigenen Kopf darüber nachzudenken. „Wer hätte gedacht, dass der Junge so poetisch ist?

Aber natürlich gibt es einen *Shakespeare* in der Chirurgie-Bibliothek: Ich werde ihn wegnehmen und stattdessen *Johnsons Wörterbuch hineinlegen* . Ein Trost ist die Überzeugung ihrer vollkommenen Unschuld – Unwissenheit, würde ich eher sagen –, denn es ist leicht zu erkennen, dass es das erste „Geständnis seiner Liebe" ist, wie er es nennt. Aber es ist eine schreckliche Sorge, so früh mit Liebenden anzufangen. Sie ist erst siebzehn – erst im Juli siebzehn; Noch nicht in sechs Wochen. Sechzehndreiviertel! Sie ist ein ziemliches Baby. Natürlich war die arme Jeanie noch nicht so alt, und wie sehr ich sie liebte!" (Mrs. Gibsons Name war Mary, also muss er sich auf jemand anderen bezogen haben). Dann wanderten seine Gedanken zurück zu anderen Tagen, obwohl er immer noch den offenen Zettel in der Hand hielt. Nach und nach fiel sein Blick wieder darauf, und sein Geist konzentrierte sich wieder auf die gegenwärtige Zeit. „Ich werde nicht hart zu ihm sein. Ich gebe ihm einen Hinweis; Er ist ziemlich scharfsinnig genug, um es zu ertragen. Armer Junge! Wenn ich ihn wegschicke, was das klügste wäre, glaube ich, dass er kein Zuhause hat, in das er gehen kann."

Nach etwas mehr Überlegung in der gleichen Richtung setzte sich Mr. Gibson an den Schreibtisch und schrieb die folgende Formel auf:

Meister Coxe

(„Dieser ‚Meister' wird ihn bis ins Mark berühren", sagte sich Mr. Gibson, als er das Wort schrieb).

℞ .   Verecundiae ℨ j.

        Fidelitatis Domesticae ℨ j.

        Reticentiae gr. iij.

M.   Es ist wichtig, dass Sie im Wasser sterben.

Mr. Gibson lächelte ein wenig traurig, als er seine Worte noch einmal las. „Arme Jeanie", sagte er laut. Und dann wählte er einen Umschlag aus, dem er den glühenden Liebesbrief und das obige Rezept beilegte; versiegelte es mit seinem eigenen scharf geschnittenen Siegelring, RG, in alten englischen Buchstaben, und hielt dann über der Adresse inne.

„Er wird *Master* Coxe draußen nicht mögen; Es besteht kein Grund, ihn unnötig zu beschämen." Die Richtung auf dem Umschlag lautete also:

Edward Coxe, Esq.

Dann widmete sich Mr. Gibson dem beruflichen Geschäft, das ihn so günstig und unerwartet nach Hause gebracht hatte, und ging anschließend durch den Garten zurück zu den Ställen; und gerade als er sein Pferd bestiegen hatte, sagte er zum Stallknecht: „Oh! Übrigens, hier ist ein Brief für Mr. Coxe. Schicken Sie es nicht durch die Frauen; Bringen Sie es zur Praxistür und erledigen Sie es sofort.“

Das leichte Lächeln auf seinem Gesicht, als er durch die Tore ritt, verschwand, sobald er sich in der Einsamkeit der Gassen wiederfand. Er verlangsamte seine Geschwindigkeit und begann nachzudenken. Er hielt es für sehr unangenehm, ein mutterloses Mädchen zu sehen, das im selben Haus mit zwei jungen Männern zur Frau heranwuchs, selbst wenn sie sie nur zu den Essenszeiten traf und der gesamte Verkehr, den sie miteinander hatten, nur der Äußerung entsprach von Worten wie: „Darf ich Ihnen bei den Kartoffeln helfen?“ oder, wie Mr. Wynne beharrlich sagte: „Darf ich Ihnen bei den Kartoffeln behilflich sein?“ – eine Redewendung, die Mr. Gibson von Tag zu Tag mehr und mehr in den Ohren klang. Doch Mr. Coxe, der Täter in dieser gerade stattgefundenen Affäre, musste noch drei Jahre als Schüler in Mr. Gibsons Familie bleiben. Er sollte der Allerletzte des Rennens sein. Dennoch waren noch drei Jahre zu verkraften; Und wenn seine dumme, leidenschaftliche Wadenliebe anhielt, was sollte man dann tun? Früher oder später würde Molly es bemerken. Der Gedanke an die Eventualitäten der Angelegenheit war so unerfreulich, dass Mr. Gibson beschloss, das Thema durch eine kräftige Anstrengung aus seinem Kopf zu verbannen. Er ließ sein Pferd galoppieren und stellte fest, dass das heftige Beben über den Wegen – die mit runden Steinen gepflastert waren, die durch die Abnutzung von hundert Jahren verrutscht waren – das Allerbeste für die Geister war, wenn überhaupt nicht für die Knochen. An diesem Nachmittag machte er eine lange Runde und kam nach Hause zurück in der Vorstellung, dass das Schlimmste vorbei sei und dass Mr. Coxe den Hinweis im Rezept verstanden hätte. Alles, was nötig war, war, einen sicheren Ort für die unglückliche Bethia zu finden, die eine so gewagte Begabung für Intrigen gezeigt hatte. Aber Mr. Gibson rechnete ohne seinen Gastgeber. Es war die Gewohnheit der jungen Männer, mit der Familie zum Tee ins Esszimmer zu kommen, zwei Tassen zu trinken, Brot und Toast zu essen und dann zu verschwinden. Diese Nacht beobachtete Mr. Gibson verstohlen ihre Gesichter unter seinen langen Wimpern, während er gegen seine Gewohnheit versuchte, eine *dégagierte Art* beizubehalten und ein lebhaftes Gespräch über allgemeine Themen zu führen. Er sah, dass Mr. Wynne im Begriff war, in Gelächter auszubrechen, und dass der rothaarige, rotgesichtige Mr. Coxe röter und wilder als je zuvor war, während sein ganzes Aussehen und seine Art Empörung und Zorn verrieten.

„Er wird es haben, oder?“ dachte Mr. Gibson bei sich; und er gürtete seine Lenden für den Kampf. Er folgte Molly und Miss Eyre nicht wie gewöhnlich in den Salon. Er blieb, wo er war, und tat so, als würde er die Zeitung lesen, während Bethia, deren Gesicht vom Weinen geschwollen war und mit einem gekränkten und beleidigten Gesichtsausdruck, das Teegeschirr herausnahm. Keine fünf Minuten nachdem das Zimmer geräumt war, ertönte das erwartete Klopfen an der Tür. „Darf ich Sie sprechen, Sir?" sagte der unsichtbare Mr. Coxe von draußen.

"Um sicher zu sein. Kommen Sie herein, Mr. Coxe. Ich wollte lieber mit Ihnen über den Gesetzentwurf von Corbyn sprechen. Bitte setzen Sie sich."

„Es geht um nichts dergleichen, Sir, was ich wollte – was ich mir wünschte – Nein, danke – ich würde mich lieber nicht hinsetzen." Dementsprechend stand er in beleidigter Würde da. „Es geht um diesen Brief, Sir – diesen Brief mit dem beleidigenden Rezept, Sir."

„Beleidigendes Rezept! Ich wundere mich darüber, dass ein solches Wort auf einem meiner Rezepte verwendet wird – obwohl Patienten natürlich manchmal beleidigt sind, wenn ihnen die Natur ihrer Krankheiten mitgeteilt wird; und ich vermute, sie könnten Anstoß an den Medikamenten nehmen, die ihre Fälle erfordern."

„Ich habe Sie nicht um ein Rezept für mich gebeten."

"Ach nein! Dann sind Sie der Master Coxe, der die Nachricht über Bethia geschickt hat! Lassen Sie mich Ihnen sagen, es hat sie ihren Platz gekostet und war obendrein ein sehr dummer Brief."

„Es war kein Verhalten eines Gentlemans, Sir, es abzufangen und zu öffnen und Worte zu lesen, die nie an Sie gerichtet waren, Sir."

"NEIN!" sagte Mr. Gibson mit einem leichten Augenzwinkern und einer Locke auf den Lippen, was dem empörten Mr. Coxe nicht verborgen blieb. „Ich glaube, ich galt einst als einigermaßen gutaussehend, und ich wage zu behaupten, dass ich ein genauso toller Dummkopf war wie jeder andere mit zwanzig; Aber ich glaube nicht, dass ich schon damals hätte glauben sollen, dass all diese hübschen Komplimente an mich selbst gerichtet waren."

„Es war nicht das Verhalten eines Gentleman, Sir", wiederholte Mr. Coxe und stammelte über seine Worte – er wollte gerade noch etwas sagen, als Mr. Gibson unterbrach.

„Und lassen Sie mich Ihnen sagen, junger Mann", antwortete Mr. Gibson mit plötzlicher Strenge in der Stimme, „dass das, was Sie getan haben, nur angesichts Ihrer Jugend und Ihrer extremen Unkenntnis dessen, was als Gesetze der häuslichen Ehre gilt, entschuldbar ist." . Ich empfange Sie als Mitglied meiner Familie in meinem Haus – Sie überreden eine meiner Dienerinnen – und bestechen sie, da habe ich keinen Zweifel –"

„In der Tat, Herr! Ich habe ihr nie einen Cent gegeben."

„Dann hättest du es tun sollen. Du solltest immer diejenigen bezahlen, die deine Drecksarbeit machen.“

„Gerade haben Sie es als Korruption durch Bestechung bezeichnet, Sir“, murmelte Mr. Coxe.

Mr. Gibson nahm diese Rede nicht zur Kenntnis, sondern fuhr fort: „Eine meiner Dienerinnen dazu zu bringen, ihren Platz aufs Spiel zu setzen, ohne ihr das geringste Gegenwert anzubieten, indem sie sie anflehte, meiner Tochter – einem bloßen Kind – heimlich einen Brief zu überbringen.“

„Miss Gibson, Sir, ist fast siebzehn! „Das habe ich Sie erst neulich sagen hören“, sagte der zwanzigjährige Mr. Coxe. Wieder ignorierte Herr Gibson die Bemerkung.

„Einen Brief, den Sie von ihrem Vater nicht sehen wollten, der stillschweigend auf Ihre Ehre vertraut hatte, indem er Sie als Bewohner dieses Hauses aufnahm. Der Sohn Ihres Vaters – ich kenne Major Coxe gut – hätte zu mir kommen und offen sagen sollen: „Mr. Gibson, ich liebe – oder ich glaube, dass ich liebe – deine Tochter; Ich halte es nicht für richtig, dies vor Ihnen zu verheimlichen, obwohl ich keinen Penny verdienen kann; Und da ich mehrere Jahre lang keine Aussicht auf einen Lebensunterhalt selbst für mich selbst habe, werde ich der sehr jungen Dame selbst kein Wort über meine Gefühle – oder eingebildeten Gefühle – sagen. Das hätte der Sohn deines Vaters sagen sollen; wenn tatsächlich ein paar Körnchen zurückhaltendes Schweigen nicht noch besser gewesen wären.“

„Und wenn ich es gesagt hätte, Sir – vielleicht hätte ich es sagen sollen“, sagte Mr. Coxe in ängstlicher Eile, „wie wäre Ihre Antwort gewesen? Hätten Sie meine Leidenschaft gebilligt, Sir?“

„Ich hätte höchstwahrscheinlich gesagt – ich bin mir in einem vermeintlichen Fall meiner genauen Worte nicht sicher –, dass du ein junger Narr warst, aber kein unehrenhafter junger Narr, und ich hätte dir sagen sollen, dass du deinen Gedanken nicht freien Lauf lassen sollst eine Kalbsliebe, bis du sie zur Leidenschaft gesteigert hast. Und ich vermute, um die Demütigung, die ich Ihnen hätte bereiten sollen, auszugleichen, hätte ich Ihnen den Beitritt zum Hollingford Cricket Club verordnen und Sie so oft wie möglich an den Samstagnachmittagen freilassen sollen. So wie es aussieht, muss ich an den Agenten Ihres Vaters in London schreiben und ihn bitten, Sie aus meinem Haushalt zu entfernen, natürlich unter Rückzahlung der Prämie, damit Sie in einer anderen Arztpraxis neu anfangen können.“

„Es wird meinen Vater sehr betrüben“, sagte Mr. Coxe, erschrocken vor Bestürzung, wenn nicht sogar Reue.

„Ich sehe keinen anderen Kurs offen. Es wird Major Coxe einige Schwierigkeiten bereiten (ich werde dafür sorgen, dass ihm keine zusätzlichen Kosten entstehen), aber was ihn meiner Meinung nach am meisten betrüben wird, ist der Vertrauensbruch; denn ich habe dir vertraut, Edward, wie einem Sohn von mir!" In Mr. Gibsons Stimme lag etwas, wenn er ernsthaft sprach, besonders wenn er sich auf ein eigenes Gefühl bezog – er, der so selten verriet, was in seinem Herzen vorging –, das für die meisten Menschen unwiderstehlich war: der Wechsel von Scherz und Sarkasmus zu zarte Schwerkraft.

Mr. Coxe ließ den Kopf ein wenig hängen und meditierte.

„Ich liebe Miss Gibson", sagte er schließlich. „Wer könnte helfen?"

"Herr. Wynne, das hoffe ich!" sagte Herr Gibson.

„Sein Herz ist vorgespannt", antwortete Mr. Coxe. „Meins war luftig, bis ich sie sah."

„Würde es Ihre – na ja! Leidenschaft, würden wir sagen – wenn sie beim Essen eine blaue Brille tragen würde? Ich beobachte, dass Sie viel Wert auf die Schönheit ihrer Augen legen."

„Sie verspotten meine Gefühle, Mr. Gibson. Vergisst du, dass du selbst einmal jung warst?"

„Arme Jeanie" erhob sich vor Mr. Gibsons Augen; und er fühlte sich ein wenig zurechtgewiesen.

„Kommen Sie, Mr. Coxe, lassen Sie uns sehen, ob wir keinen Handel abschließen können", sagte er nach etwa einer Minute Schweigen. „Sie haben etwas wirklich Falsches getan, und ich hoffe, dass Sie in Ihrem Herzen davon überzeugt sind, oder dass Sie es sein werden, wenn die Hitze dieser Diskussion vorbei ist und Sie ein wenig darüber nachdenken. Aber ich werde nicht jeglichen Respekt vor dem Sohn deines Vaters verlieren. Wenn Sie mir Ihr Wort geben, dass Sie, solange Sie ein Mitglied meiner Familie bleiben – Schüler, Lehrling, was auch immer –, nicht noch einmal versuchen werden, Ihre Leidenschaft preiszugeben – dann sehen Sie, dass ich sorgfältig darauf achte, Ihre Meinung darüber zu vertreten Ich würde eine bloße Einbildung nennen – durch Worte oder Schrift, Blicke oder Taten, auf welche Art auch immer, gegenüber meiner Tochter oder um mit jemand anderem über Ihre Gefühle zu sprechen, Sie werden hier bleiben. Wenn Sie mir Ihr Wort nicht geben können, muss ich dem von mir genannten Weg folgen und an den Agenten Ihres Vaters schreiben."

Mr. Coxe stand unschlüssig da.

"Herr. Wynne weiß alles, was ich für Miss Gibson empfinde, Sir. Er und ich haben keine Geheimnisse voreinander."

„Nun, ich nehme an, er muss das Schilfrohr darstellen. Sie kennen die Geschichte vom Friseur von König Midas, der herausfand, dass sein königlicher Herr Eselsohren unter seinen hyazinthfarbenen Locken hatte. Also ging der Friseur, der keinen Mr. Wynne hatte, zu den Schilfrohren, die an den Ufern eines benachbarten Sees wuchsen, und flüsterte ihnen zu: „König Midas hat Eselsohren." Aber er wiederholte es so oft, dass die Schilfrohre die Worte lernten und sie den ganzen Tag lang wiederholten, bis das Geheimnis schließlich gar kein Geheimnis mehr war. Wenn Sie Mr. Wynne Ihre Geschichte weiter erzählen, sind Sie dann sicher, dass er sie nicht seinerseits wiederholen wird?"

„Wenn ich mein Wort als Gentleman verspreche, Sir, dann verspreche ich es auch für Mr. Wynne."

„Ich schätze, ich muss das Risiko eingehen. Aber denken Sie daran, wie schnell der Name eines jungen Mädchens besudelt und besudelt werden kann. Molly hat keine Mutter, und genau aus diesem Grund sollte sie so unbeschadet unter euch allen leben wie Una selbst."

"Herr. Gibson, wenn du es wünschst, schwöre ich es bei der Bibel", rief der aufgeregte junge Mann.

"Unsinn. Als ob Ihr Wort, wenn es überhaupt etwas wert wäre, nicht genug wäre! Wenn Sie möchten, geben wir Ihnen gerne die Hand."

Mr. Coxe trat eifrig vor und drückte Mr. Gibsons Ring fast in seinen Finger.

Als er den Raum verließ, sagte er etwas unbehaglich: „Darf ich Bethia ein Kronenstück geben?"

"In der Tat nicht! Überlass Bethia mir. Ich hoffe, dass du kein weiteres Wort zu ihr sagst, während sie hier ist. Ich werde dafür sorgen, dass sie einen respektablen Platz bekommt, wenn sie weggeht."

Herzprobleme

Aus Mr. Harrisons Confessions, *The Ladies' Companion* , 1851

MISS CAROLINE empfing mich immer und ließ mich in ihrer abgedroschenen Art reden, nachdem ich meinen Patienten gesehen hatte. Eines Tages erzählte sie mir, sie glaube, sie hätte eine Herzschwäche und wäre froh, wenn ich das nächste Mal mein Stethoskop mitbringen würde, was ich auch tat! und während ich auf Händen und Knien dem Pulsieren lauschte, kam eine der jungen Damen herein. Sie sagte:

"Oh je! Ich niemals! Ich bitte um Verzeihung, Ma'am", und huschte hinaus. Mit Miss Carolines Herz war nicht viel los: ein wenig kraftlos oder so, eine reine Schwäche und allgemeine Trägheit. Als ich nach unten ging, sah ich zwei oder drei der Mädchen aus der halb geschlossenen Tür des Schulzimmers gucken, aber sie schlossen sie sofort und ich hörte sie lachen. Als ich das nächste Mal anrief, saß Miss Tomkinson im Empfangssaal, um mich zu empfangen.

„Miss Tyrrells Kehle scheint keine großen Fortschritte zu machen. Verstehen Sie den Fall, Herr Harrison, oder sollten wir weitere Ratschläge haben? Ich denke, Mr. Morgan würde wahrscheinlich mehr darüber wissen.“

Ich versicherte ihr, dass es die einfachste Sache der Welt sei; dass es immer eine gewisse Trägheit in der Verfassung mit sich brachte und dass wir es vorzogen, das System durchzuarbeiten, was natürlich ein langsamer Prozess war; und dass das Medikament, das die junge Dame einnahm (Eisenjodid), mit Sicherheit erfolgreich sein würde, auch wenn der Fortschritt nicht schnell erfolgen würde. Sie neigte den Kopf und sagte: „Es könnte so sein; aber sie gab zu, dass sie mehr Vertrauen in Medikamente hatte, die eine gewisse Wirkung zeigten.“

Sie schien zu erwarten, dass ich ihr etwas erzählte; aber ich hatte nichts zu sagen und verabschiedete mich dementsprechend. Irgendwie schaffte es Miss Tomkinson durch eine Reihe von Brüskierungen immer, dass ich mich sehr klein fühlte; und wann immer ich sie verließ, musste ich mich über ihre Widersprüche trösten, indem ich mir sagte: „Dass sie es so sagt, macht es nicht so.“ Oder ich erfand gute Erwiderungen, die ich vielleicht auf ihre schroffen Reden hätte machen können, wenn ich zur rechten Zeit daran gedacht hätte. Aber es war provozierend, dass ich nicht die Geistesgegenwart hatte, sie genau dann in Erinnerung zu rufen, wenn ich sie brauchte.

Das Dilemma des jungen Arztes

Aus Mr. Harrisons Confessions, *The Ladies' Companion* .

EIN PAAR Tage nach dem Verkauf war ich im Sprechzimmer. Ich glaube, der Diener muss die Falttüren ein wenig offen gelassen haben. Mrs. Munton kam, um Mrs. Rose zu besuchen; Da die erstere taub war, hörte ich alle Reden der letzteren Dame, da sie sehr laut sprechen musste, um gehört zu werden. Sie begann:

„Das ist mir eine große Freude, Mrs. Munton, denn so selten geht es Ihnen gut genug, um auszugehen.“

Murmel, murmel, murmel, durch die Tür.

„Oh, sehr gut, danke. Nehmen Sie Platz, dann können Sie meinen neuen Arbeitstisch bewundern, Ma'am; ein Geschenk von Mr. Harrison.“

Murmel, murmel.

„Wer hätte es Ihnen sagen können, Ma'am? Fräulein Horsman? Oh ja, ich habe es gezeigt, Miss Horsman."

Murmel, murmel.

„Ich verstehe Sie nicht ganz, Ma'am."

Murmel, murmel.

„Ich glaube nicht, dass ich rot werde, ich tappe wirklich im Dunkeln, was du meinst."

Murmel, murmel.

„Oh ja, Mr. Harrison und ich fühlen uns am wohlsten zusammen. Er erinnert mich so an meinen lieben Mr. Rose – genauso zappelig und ängstlich in seinem Beruf."

Murmel, murmel.

„Ich bin mir sicher, dass Sie jetzt Witze machen, Ma'am." Dann hörte ich ein ziemlich lautes:

"Ach nein;" murmeln, murmeln, murmeln, lange.

„Hat er das wirklich? Nun ja, ich weiß es sicher nicht, es würde mir leidtun, wenn ich annehmen würde, dass er dazu verdammt war, in einer so ernsten Affäre Pech zu haben; aber Sie kennen meine unsterbliche Hochachtung für den verstorbenen Mr. Rose."

Noch ein langes Murmeln.

„Du bist sehr nett, da bin ich mir sicher. Mr. Rose dachte immer mehr an mein Glück als an sein eigenes" – ein wenig weinend – „aber die Turteltaube war schon immer mein Ideal, Ma'am."

Murmel, murmel.

„Niemand hätte glücklicher sein können als ich. Wie Sie sagen, ist es ein Kompliment für die Ehe."

Murmeln.

„Oh, so etwas darfst du nicht wiederholen! Mr. Harrison würde es nicht gefallen. Er kann es nicht ertragen, wenn über seine Angelegenheiten gesprochen wird."

Dann gab es einen Themenwechsel; eine Anfrage nach einer armen Person, stelle ich mir vor. Ich hörte Frau Rose sagen:

„Sie hat eine Schleimhaut, fürchte ich, Ma'am."

Ein mitleidiges Murmeln.

„Nicht immer tödlich. Ich glaube, Herr Rose kannte einige Fälle, die noch Jahre überlebten, nachdem entdeckt wurde, dass sie eine Schleimhaut hatten." Eine Pause. Dann sprach Frau Rose in einem anderen Ton.

„Sind Sie sicher, Ma'am, dass es keinen Fehler gibt, was er gesagt hat?"

Murmeln.

„Bitte seien Sie nicht so aufmerksam, Mrs. Munton; Du erfährst zu viel. Man kann keine kleinen Geheimnisse haben."

Der Anruf wurde abgebrochen; und ich hörte Frau Munton in der Passage sagen: „Ich wünsche Ihnen von ganzem Herzen Freude, Ma'am." Es hat keinen Sinn, es zu leugnen; denn ich habe die ganze Zeit gesehen, was passieren würde."

Als ich zum Abendessen hineinging, sagte ich zu Frau Rose:

„Ich glaube, Sie hatten Mrs. Munton hier. Hat sie irgendwelche Neuigkeiten mitgebracht?" Zu meiner Überraschung wurde sie zügellos und lachte und antwortete: „Oh, Sie dürfen nicht fragen, Mr. Harrison; So dumme Berichte!"

Ich fragte nicht, da sie es offenbar nicht wünschte, und ich wusste, dass es immer dumme Berichte gab. Dann glaube ich, dass sie verärgert war, dass ich nicht gefragt habe. Insgesamt redete sie so seltsam, dass ich nicht umhin konnte, sie anzusehen; und dann nahm sie einen Handschirm und hielt ihn zwischen mich und sich. Ich war wirklich ziemlich besorgt.

"Fühlst du dich nicht gut?" sagte ich unschuldig.

„Oh, danke, ich glaube, mir geht es ganz gut; Nur ist das Zimmer ziemlich warm, nicht wahr?"

„Lass mich die Jalousien für dich herunterlassen? Die Sonne beginnt, eine Menge Kraft zu haben." Ich habe die Jalousien heruntergelassen.

„Sie sind so aufmerksam, Mr. Harrison. Herr Rose selbst hat nie mehr für meine kleinen Wünsche getan als Sie."

„Ich wünschte, ich könnte mehr tun – ich wünschte, ich könnte Ihnen zeigen, wie sehr ich mich fühle" – ihre Freundlichkeit gegenüber John Brouncker, wollte ich sagen; aber ich wurde gerade zu einem Patienten gerufen. Bevor ich ging, drehte ich mich um und sagte:

„Passen Sie auf sich auf, meine liebe Frau Rose; Du solltest dich besser ein wenig ausruhen.

„Um deinetwillen werde ich das tun", sagte sie zärtlich.

Es war mir egal, um wessen willen sie es tat. Nur dachte ich wirklich, dass es ihr nicht ganz gut ging und sie Ruhe brauchte. Ich dachte, sie wäre zur Teezeit noch betroffener als sonst; und ich hätte ein- oder zweimal über ihre Unsinnigkeit wütend sein können, wenn ich nicht die wahre Güte ihres Herzens gekannt hätte. Sie sagte, sie wünschte, sie hätte die Macht, mein Leben so zu versüßen, wie sie meinen Tee könnte. Ich erzählte ihr, was für ein Trost sie mir in meiner späten Zeit der Angst gewesen war; und dann stahl ich mich hinaus, um zu versuchen, ob ich den abendlichen Gesang im Pfarrhaus hören könnte, indem ich mich dicht an die Gartenmauer stellte.

„Oh, Mr. Harrison", sagte sie, „wenn Sie Caroline wirklich geliebt haben, lassen Sie nicht zu, dass ein bisschen dürftiges Geld Sie dazu bringt, sie für eine andere zu verlassen."

Ich war sprachlos. Liebte Miss Caroline! Ich liebte Miss Tomkinson viel lieber, und doch mochte ich sie nicht. Sie machte weiter:

„Ich habe fast dreitausend Pfund gespart. Wenn du denkst, dass du zu arm bist, um ohne Geld zu heiraten, werde ich Caroline alles geben. Ich bin stark und kann weiterarbeiten; aber sie ist schwach, und diese Enttäuschung wird sie töten." Sie setzte sich plötzlich hin und bedeckte ihr Gesicht mit ihren Händen. Dann blickte sie auf.

„Du bist unwillig, wie ich sehe. Ich glaube nicht, dass ich Sie gedrängt hätte, wenn es um mich selbst gegangen wäre; aber sie hat so viel Kummer gehabt." Und jetzt weinte sie ziemlich laut. Ich habe versucht zu erklären; aber sie wollte nicht zuhören, sondern sagte immer wieder: „Verlassen Sie das Haus, Herr! das Haus verlassen!" Aber ich würde gehört werden.

„Ich hatte nie ein wärmeres Gefühl als den Respekt vor Miss Caroline, und ich habe nie ein anderes Gefühl gezeigt. Ich habe nie einen Augenblick daran gedacht, sie zu meiner Frau zu machen, und mein Verhalten hatte keinen Anlass zu der Annahme, dass ich eine solche Absicht hege."

„Das ist noch schlimmer", sagte sie. „Verlassen Sie sofort das Haus, Sir!"

Ich bin hingegangen, und zwar leider. In einer Kleinstadt sorgt ein solcher Vorfall mit Sicherheit für Gesprächsstoff und verursacht viel Unheil. Als ich zum Abendessen nach Hause ging, war ich so begeistert und sah so klar voraus, dass ich bald einen Anwalt brauchen würde, um den Fall ins rechte Licht zu rücken, dass ich beschloss, die gute Mrs. Rose zu meiner Vertrauten zu machen. Ich konnte nicht essen. Sie beobachtete mich zärtlich und seufzte, als sie bemerkte, dass ich keinen Appetit mehr hatte.

„Ich bin sicher, Sie haben etwas im Kopf, Mr. Harrison. Wäre es eine Erleichterung – wäre es nicht eine Erleichterung, es einem mitfühlenden Freund mitzuteilen?"

Es war genau das, was ich tun wollte.

„Meine liebe, gütige Frau Rose", sagte ich, „ich muss es Ihnen sagen, wenn Sie zuhören wollen."

Sie nahm den Handschirm und hielt ihn, wie gestern zwischen mir und ihr.

„Das bedauerlichste Missverständnis ist passiert. Miss Tomkinson glaubt, dass ich Miss Caroline meine Aufmerksamkeit geschenkt habe; obwohl – darf ich es Ihnen sagen, Frau Rose? – meine Zuneigung woanders liegt. Vielleicht haben Sie es schon herausgefunden?" denn tatsächlich dachte ich, ich wäre zu sehr verliebt gewesen, um meine Zuneigung zu Sophy vor jedem zu verbergen, der meine Bewegungen so gut kannte wie Mrs. Rose.

Sie ließ den Kopf hängen und sagte, sie glaube, sie hätte mein Geheimnis herausgefunden.

„Dann denken Sie nur daran, wie miserabel es mir geht. Wenn ich Hoffnung habe – oh, Mrs. Rose, glauben Sie, dass ich Hoffnung habe –?"

Sie hielt den Handschirm noch weiter vor ihr Gesicht, und nach einigem Zögern sagte sie, sie dachte: „Wenn ich durchhalte – mit der Zeit –, könnte ich Hoffnung haben." Und dann stand sie plötzlich auf und verließ das Zimmer.

An diesem Nachmittag traf ich Mr. Bullock auf der Straße. Meine Gedanken waren so sehr mit der Affäre mit Miss Tomkinson beschäftigt, dass ich ohne Vorankündigung an ihm vorbeigegangen wäre, wenn er mich nicht kurz angehalten und gesagt hätte, er müsse mit mir sprechen; ungefähr meine wunderbaren fünfhundert Pfund, vermutete ich. Aber das war mir jetzt egal.

„Was habe ich da gehört", sagte er ernst, „über Ihre Verlobung mit Mrs. Rose?"

„Mit Frau Rose!" sagte ich fast lachend, obwohl mein Herz schwer genug war.

"Ja! mit Frau Rose!" sagte er streng.

„Ich bin nicht mit Mrs. Rose verlobt", antwortete ich. „Es liegt ein Fehler vor."

„Das freut mich, Sir", antwortete er, „sehr froh." Es bedarf jedoch einer Erklärung. Frau Rose wurde beglückwünscht und hat die Richtigkeit des Berichts anerkannt. Es wird durch viele Fakten bestätigt. Der Arbeitstisch, den Sie gekauft haben, wird ihr geschenkt und gesteht, dass Sie beabsichtigen, ihn Ihrer zukünftigen Frau zu schenken. Wie erklären Sie sich diese Dinge, Sir?"

Ich sagte, dass ich nicht vorgab, für sie verantwortlich zu sein. Im Augenblick war vieles unerklärlich; und als ich eine Erklärung geben konnte, glaubte ich nicht, dass ich mich berufen fühlen würde, sie ihm zu geben....

Er sah aus, als würde er mich am liebsten auspeitschen.

„Ein für alle Mal bin ich mit niemandem verlobt. Bis du deine Tochter gesehen und von ihr die Wahrheit erfahren hast, wünsche ich dir Lebewohl."

Ich verneigte mich steif und hochmütig und ging nach Hause. Aber als ich an meiner eigenen Tür ankam, erinnerte ich mich an Mrs. Rose und an alles, was Mr. Bullock darüber gesagt hatte, dass sie den Bericht über meine Verlobung mit ihr als wahr anerkennt. Wohin könnte ich gehen, um in Sicherheit zu sein? Mrs. Rose, Miss Bullock, Miss Caroline – sie lebten sozusagen an den drei Punkten eines gleichseitigen Dreiecks; Hier war ich im Mittelpunkt. Ich würde zu Mr. Morgan gehen und mit ihm Tee trinken. Dort jedenfalls war ich vor jedem, der mich heiraten wollte, sicher; und ich konnte beruflich so langweilig sein, wie ich wollte, ohne missverstanden zu werden. Aber auch da erwartete mich ein Contretemps.

Mr. Morgan sah ernst aus. Nach ein oder zwei Minuten des Summens und Heulens sagte er:

„Ich wurde zu Miss Caroline Tomkinson geschickt. Herr Harrison, es tut mir leid, das zu hören. Ich stelle mit Bedauern fest, dass offenbar die Zuneigung einer sehr würdigen Dame in Frage gestellt wurde. Miss Tomkinson, die in trauriger Not ist, erzählt mir, dass sie allen Grund zu der Annahme hatten, dass Sie an ihrer Schwester hängen. Darf ich fragen, ob Sie nicht beabsichtigen, sie zu heiraten?"

Ich sagte, dass nichts weiter von meinen Gedanken entfernt sei.

„Mein lieber Herr", sagte Mr. Morgan ziemlich aufgeregt, „äußern Sie sich nicht so stark und vehement. Es ist eine Verunglimpfung des Geschlechts, so zu sprechen. In diesen Fällen ist es respektvoller zu sagen, dass man es nicht wagt, eine Hoffnung zu hegen; Eine solche Vorgehensweise wird allgemein verstanden und klingt nicht wie ein positiver Einwand."

„Ich kann nicht anders, Sir; Ich muss auf meine eigene natürliche Art sprechen. Ich würde über keine Frau respektlos sprechen; aber nichts sollte mich dazu bewegen, Miss Caroline Tomkinson zu heiraten; nicht, wenn sie selbst Venus und obendrein Königin von England wäre. Ich kann nicht verstehen, was zu dieser Idee geführt hat."

„In der Tat, Herr; Ich denke, das ist sehr klar. Sie haben im Haus einen unbedeutenden Fall zu erledigen, und Sie machen ihn stets zum Vorwand, um die Dame zu sehen und sich mit ihr zu unterhalten."

„Das war ihre Tat, nicht meine!" sagte ich vehement.

„Aber, mein lieber Herr, ich hätte nicht gedacht, dass Sie es so weit bringen würden. „Philandering", nannte Miss Tomkinson es. Das ist ein hartes Wort, Sir. Mein Benehmen war immer zärtlich und mitfühlend, aber ich weiß nicht, dass ich jemals Hoffnungen geweckt hätte; Es gab nie einen Bericht über mich. Ich glaube, keine Dame hatte jemals eine Bindung zu mir. Sie müssen diesen Mittelweg anstreben, Sir."

Ich war immer noch verzweifelt. Mr. Morgan hatte nur von einer gehört, aber es gab drei Damen (einschließlich Miss Bullock), die hofften, mich zu heiraten. Er sah meinen Ärger.

„Machen Sie sich darüber keine allzu großen Sorgen, mein lieber Herr; Ich war mir von Anfang an sicher, dass Sie ein zu ehrenhafter Mann waren. Mit einem Gewissen wie deinem würde ich der Welt trotzen."

Ich war sehr feige. Ich wagte es definitiv nicht, nach Hause zu gehen; aber schließlich war ich dazu gezwungen. Ich hatte alles getan, was ich konnte, um Mr. Morgan zu trösten, aber er weigerte sich, getröstet zu werden. Ich ging endlich. Ich klingelte. Ich weiß nicht, wer die Tür geöffnet hat, aber ich glaube, es war Mrs. Rose. Ich hielt mir ein Taschentuch vors Gesicht, murmelte etwas darüber, dass ich schreckliche Zahnschmerzen hätte, flog in mein Zimmer und verriegelte die Tür. Ich hatte keine Kerze; aber was bedeutete das? Ich war in Sicherheit. Ich konnte nicht schlafen; Und wenn ich dann doch in eine Art Einschlafen fiel, war es beim Aufwachen noch zehnmal schlimmer. Ich konnte mich nicht erinnern, ob ich verlobt war oder nicht. Wenn ich verlobt war, wer war die Dame? Ich hatte mich immer für eher unscheinbar gehalten; aber sicherlich hatte ich einen Fehler gemacht. Faszinierend muss ich auf jeden Fall sein; aber vielleicht sah ich gut aus. Sobald der Tag anbrach, stand ich auf, um mich durch den Spiegel davon zu überzeugen. Auch wenn ich die beste Veranlagung hätte, mich überzeugen zu lassen, konnte ich in meinem runden Gesicht mit dem unrasierten Bart und der Nachtmütze, die wie eine Narrenmütze aussah, keine auffallende Schönheit erkennen. NEIN! Ich muss mich damit zufrieden geben, schlicht, aber angenehm zu sein. Das alles erzähle ich Ihnen im Vertrauen. Ich würde um nichts in der Welt mein kleines bisschen Eitelkeit preisgeben.

Familiengebet auf der Hope Farm

Von *Cousin Phillis* , 1865

SOBALD das Abendessen beendet war, versammelte sich die Familie zum Gebet. Es war ein langes spontanes Abendgebet; und es hätte mir ziemlich oberflächlich vorgekommen, wenn ich nicht einen flüchtigen Blick auf den Tag geworfen hätte, der ihm vorausging, und so einen Hinweis auf die Gedanken finden konnte, die den unzusammenhängenden Äußerungen vorausgingen; denn er kniete dort in der Mitte eines Kreises, die Augen geschlossen, die ausgestreckten Hände Handfläche an Handfläche gedrückt – manchmal mit einer langen Pause des Schweigens, als warte er darauf, ob es noch etwas gäbe, das er „vorlegen" wollte Herr" (um seinen eigenen Ausdruck zu verwenden), bevor er mit dem Segen abschloss. Zu meiner Überraschung betete er für das Vieh und die lebenden Tiere. denn meine Aufmerksamkeit begann abzuschweifen, bis sie von den vertrauten Worten in Erinnerung gerufen wurde.

Und hier darf ich nicht vergessen, einen seltsamen Vorfall am Ende des Gebets zu nennen, und bevor wir von unseren Knien aufgestanden waren (in der Tat, bevor Betty ganz wach war, denn sie machte es sich zur Gewohnheit, jeden Abend ein Nickerchen zu machen, ihr müder Kopf auf ihren kräftigen Armen liegend); Der Pfarrer, der immer noch in unserer Mitte kniete, mit weit geöffneten Augen und herabhängenden Armen, sprach mit dem älteren Mann, der sich auf den Knien umdrehte, um anwesend zu sein. „John, hast du gesehen, dass Daisy heute Abend ihren warmen Brei hatte? denn wir dürfen die Mittel nicht vernachlässigen, John – zwei Liter Haferschleim, einen Löffel Ingwer und eine Kieme Bier – das arme Tier braucht es, und ich fürchte, es ist mir aus dem Kopf gerutscht, es dir zu sagen; und hier habe ich um einen Segen gebeten und die Mittel vernachlässigt, was ein Hohn ist", sagte er und senkte die Stimme.

Bevor er zu Bett ging, sagte er mir, er solle mich während meines Besuchs, der am Sonntagabend enden sollte, kaum oder gar nicht mehr sehen, da er sowohl den Samstag als auch den Sabbat immer seiner Arbeit im Predigtdienst widmete. Ich erinnerte mich, dass mir der Wirt im Gasthaus dies an dem Tag gesagt hatte, als ich mich zum ersten Mal nach meinen neuen Verwandten erkundigte; und mir gefiel die Gelegenheit nicht, die sich mir bot, Cousin Holman und Phillis besser kennenzulernen, obwohl ich ernsthaft hoffte, dass Letzterer mich nicht wegen der toten Sprachen angreifen würde.

Miss Galindo wird fast Autorin

Von *My Lady Ludlow* , 1859

NIEMAND weiß, wie schwer es für sie war, an Sally zu denken, die jeden Morgen drei Stunden lang unkontrolliert und ungeschimpft war. Aber sie sagte nur:

„Sally, geh zum Deuce.‘ Ich bitte um Verzeihung, meine Dame, wenn ich mit mir selbst gesprochen habe; Es ist eine Gewohnheit, die ich mir angewöhnt habe, in der Praxis meinen Mund zu halten, und ich bin mir nicht ganz bewusst, wann ich es tue. Jeden Morgen drei Stunden! Ich werde nur zu stolz sein, für Ihre Ladyschaft zu tun, was ich kann; und ich hoffe, dass Mr. Horner zunächst nicht zu ungeduldig mit mir sein wird. Sie wissen vielleicht, dass ich einmal beinahe Autorin geworden wäre, und das scheint, als wäre ich dazu bestimmt, ‚meine Zeit dem Schreiben zu widmen‘.“

"In der Tat nicht; Auf das Thema des Referendariats müssen wir bitte im Anschluss zurückkommen. Eine Autorin, Miss Galindo! Du überrascht mich!"

„Aber das war ich tatsächlich. Alles war ziemlich fertig. Doktor Burney brachte mir immer Musik bei; nicht, dass ich es jemals lernen könnte, aber es war eine Fantasie meines armen Vaters. Und seine Tochter schrieb ein Buch, und sie sagten, sie sei nur eine sehr junge Dame und nichts als die Tochter eines Musiklehrers; Warum sollte ich es also nicht versuchen?“

"Also?"

"Also! Ich habe Papier und ein halbes Hundert gute Stifte, eine Flasche Tinte, alles bereit.“

"Und dann--"

„Oh, es endete damit, dass ich nichts zu sagen hatte, als ich mich zum Schreiben hinsetzte. Aber manchmal, wenn ich ein Buch in die Hände bekomme, frage ich mich, warum ich mich von so einem schlechten Grund aufhalten lasse. Andere tun es nicht.“

„Aber ich denke, es war sehr gut, Miss Galindo“, sagte Ihre Ladyschaft. „Ich bin strikt dagegen, dass Frauen die Arbeitsplätze von Männern an sich reißen, wozu sie sehr geneigt sind. Aber vielleicht hat die Vorstellung, ein Buch zu schreiben, Ihre Fähigkeiten doch verbessert. Es ist eines der am besten lesbaren, die ich je gesehen habe.“

„Ich verabscheue Z’s ohne Schwanz“, sagte Miss Galindo mit einer großen Portion befriedigten Stolzes über das Lob meiner Dame. Schließlich nahm meine Dame sie mit, um sich einen merkwürdigen alten Schrank anzusehen, den Lord Ludlow in Den Haag mitgenommen hatte; und während sie wegen dieser Besorgung nicht im Zimmer waren, vermute ich, dass die Frage der Vergütung geklärt war, denn ich hörte nichts mehr davon.

Und die heikelste Arbeit von allen wurde von Miss Galindo geleistet, wie Lady Ludlow sehr gut wusste. Doch trotz aller feinen Nähte kam es

manchmal vor, dass Miss Galindos Muster altmodisch waren; und das
Dutzend Schlafmützen vielleicht, für die Materialien, für die sie *echtes* Geld
ausgegeben hatte, und für das Make-up, nicht wenig Zeit und Sehvermögen,
würden monatelang in einem gelben, verwahrlosten Haufen liegen; und in
solchen Momenten, so hieß es, sei Miss Galindo amüsanter als sonst, voller
trockener Skurrilität und Humor; So wie sie manchmal, wenn bei X (der von
ihr gewählten Initiale) eine Bestellung für einen Vorrat an gut bezahlten
Dingen einging, dasaß und auf ihre Dienerin losging, während sie
weiternähte. Sie selbst erklärte ihre Praxis folgendermaßen:

„Wenn alles schief geht, würde man das Atmen aufgeben, wenn man sich
nicht durch einen Witz das Herz erleichtern könnte. Aber wenn ich von
morgens bis abends sitzen muss, muss ich etwas haben, das mein Blut in
Wallung bringt, sonst würde ich einen Schlaganfall bekommen; Also machte
ich mich daran, mit Sally zu streiten.“

Dies waren die Mittel und die Art und Weise, wie Miss Galindo in ihrem
eigenen Haus lebte. Draußen und im Dorf war sie nicht beliebt, obwohl sie
schmerzlich vermisst worden wäre, wenn sie den Ort verlassen hätte. Aber
sie stellte zu viele häusliche Fragen (um nicht zu sagen: unverschämt) über
die heimische Wirtschaft (denn selbst die Ärmsten gaben ihren Teil ihres
Geldes gerne auf ihre eigene Weise aus), und sie öffnete Schränke, um
versteckte Extravaganzen herauszufinden, und stellte genau respektvolle
Fragen die wöchentliche Buttermenge; Bis sie eines Tages auf etwas stieß,
was für jede andere Person eine Abfuhr gewesen wäre, von ihr aber mehr
genossen wurde als sonst.

Sie ging in ein Häuschen, und im Türrahmen begegnete sie der guten Frau,
die eine Ente hinausjagte und offensichtlich ihren Besucher nicht bemerkte.

„Verschwinden Sie, Miss Galindo!“ rief sie und wandte sich an die Ente.
"Aussteigen! „Oh, ich bitte um Verzeihung“, fuhr sie fort, als würde sie die
Dame zum ersten Mal sehen. „Es ist nur so, dass diese müde Ente
hereinkommt. Verschwinden Sie, Miss Gal –“ (zur Ente).

„Und so nennst du es nach mir, oder?“ fragte ihren Besucher.

„Oh ja, Ma'am; mein Meister wollte es so; denn, sagte er, tatsächlich stocherte
der unglückliche Vogel immer dort herum, wo er nicht erwünscht war.“

„Ha, ha! sehr gut! Und Ihr Meister ist also ein Witzbold, oder? Also! Sagen
Sie ihm, er soll heute Abend heraufkommen und mit mir über meinen
Wohnzimmerschornstein sprechen. denn es gibt niemanden wie ihn für den
Schornsteinfeger.“

Und der Meister ging hinauf und war von Fräulein Galindos fröhlicher Art und ihrem scharfen Einblick in die Geheimnisse seiner verschiedenen Branchen (er war Maurer, Schornsteinfeger und Rattenfänger) so überzeugt, dass er nach Hause kam und misshandelte Seine Frau nannte die Ente das nächste Mal den Namen, auf den er sie selbst getauft hatte.

London, wie John Barton es sah

Von *Mary Barton* , 1848

„ ERZÄHL uns doch alles über London, lieber Vater", fragte Mary, die auf ihrem alten Posten neben dem Knie ihres Vaters saß.

„Wie soll ich dir davon erzählen, wenn ich nie ein Zehntel davon gesehen habe? Es ist so groß wie sechs Manchesters, sagten sie mir. Ein Sechstel kann aus großen Palästen bestehen und drei Sechstel aus mittelmäßigen Palästen, und der Rest besteht aus Löchern der Ungerechtigkeit und des Schmutzes, von denen Manchester nichts weiß, das kann ich mit Freude sagen."

„Nun, Vater, aber hast du die Königin gesehen?"

„Das glaube ich nicht, obwohl ich eines Tages dachte, ich hätte sie schon oft gesehen. Sehen Sie", sagte er und wandte sich an Job Legh, „es gab einen bestimmten Tag, an dem wir zum Parlamentsgebäude gehen sollten. Wir waren am meisten darauf bedacht, in einem Wirtshaus in Holborn zu warten, wo sie sehr gut für uns arbeiteten. An dem Morgen, an dem wir unsere Petition entgegennahmen, gab es zum Frühstück so viel Auswahl, dass die Königin selbst sich hätte hinsetzen können. Ich nehme an, sie dachten, wir wollten Mut machen. Es gab Hammelnieren und Würstchen und gegrillten Schinken und gebratenes Rindfleisch und Zwiebeln; eher ein Abendessen als ein Frühstück. Viele von uns konnten jedoch, wie ich sehen konnte, nur wenig essen. Das Essen blieb ihnen im Hals stecken, als sie an sie zu Hause dachten, Frauen und Kinder, die vielleicht zu diesem Zeitpunkt nichts zu essen hatten. Nun, nach dem Frühstück machten wir uns alle auf den Weg in einer Prozession, und es dauerte eine Weile, bis wir uns in Ordnung gebracht hatten, zwei und zwei, und die Petition, die mehrere Meter lang war, wurde von den vordersten Paaren getragen. Die Männer sahen ziemlich ernst aus, das können Sie sicher sein; Und was für dünne, blasse, elend aussehende Kerle sie waren!"

„Du selbst bist kein Grund, sich zu rühmen."

„Ja, aber ich war für viele fett und rosig. Nun, wir gingen immer weiter durch viele Straßen, ähnlich wie in Deansgate. Wir mussten langsam, langsam gehen, denn auf den Straßen drängten sich die Kutschen und Droschken. Ich dachte, nach und nach sollten wir vielleicht an ihnen vorbeikommen, aber als die Straßen breiter wurden, wurde es immer schlimmer, und schließlich waren wir an der Oxford Street ziemlich verstopft. Nach einer Weile haben wir es jedoch verstanden, und meine Augen! die großen Straßen, in denen wir damals waren! Leider sind sie sich nicht sicher, wie man in London Häuser baut. Dort gäbe es eine Stelle für einen guten, festen Baumeister, der sich mit seinem Geschäft auskennt. Denn Sie sehen, es gibt viele Häuser, die ohne die richtige Form gebaut sind, damit ein Körper darin leben kann; Manche von ihnen dachten sie, sie würden herunterfallen, deshalb haben sie große, hässliche Säulen vor ihnen aufgestellt. Und einige auf ihnen (wir dachten, es müsste das Schneiderschild sein) hatten steinerne Männer und Frauen als Fahndungskleidung aufgeklebt. Ich war wie ein Kind, ich vergaß einen Auftrag, als ich mich umsah. Zu diesem Zeitpunkt war es Zeit zum Abendessen, oder besser gesagt, wie wir an der Sonne direkt über unseren Köpfen erkennen konnten, und wir waren staubig und müde und gingen hin und wieder einen Schritt. Nun, schließlich gelangten wir in eine noch prächtigere Straße, die zum Palast der Königin führte, und dort glaubte ich, die Königin zu sehen. Du hast die Leichenwagen mit den weißen Federn gesehen, Hiob?"

Hiob stimmte zu.

„Nun, diese Leichenbestatter betreiben in London ein schönes Geschäft. Nahezu jede Dame, die wir in einer Kutsche sahen, hatte für diesen Tag einen dieser Federn gemietet und ließ ihn auf ihrem Kopf nicken. Es sei der Salon der Königin gewesen, sagten sie, und die Kutschen fuhren kegelartig auf ihr Haus zu, einige mit verkleideten Herren wie Zirkusleuten, in anderen Wagen voller Damen. Auch die Kutschen selbst waren ein tolles Erlebnis. Einige der Herren, die nicht reinkommen konnten, hingen hinten fest, mit Blumensträußen zum Riechen und Stöcken, um Leute fernzuhalten, die ihre Seidenstrümpfe bespritzen könnten. Ich frage mich, warum sie nicht ein Taxi gemietet haben, anstatt wie ein Junge, der ihnen hinterherläuft, durchzuhalten; Aber ich nehme an, sie wollten mit ihren Frauen zusammenbleiben, so wie Darby und Joan. Kutscher waren kleine, untersetzte Männer mit Perücken wie die altmodischen Pfarrer. Nun ja, wir konnten in diese Waggons nicht einsteigen, obwohl wir warteten und warteten. Die Pferde waren zu fett, um sich schnell fortzubewegen; An ihrem glatten Fell konnte man erkennen, dass es ihnen nie an Nahrung mangelte . und die Polizei drängte uns zurück, als wir versuchten, die Straße zu überqueren. Ein oder zwei von ihnen schlugen mit ihren Stöcken, und Kutscher lachten, und einige Offiziere, die in der Nähe standen, steckten ihre Ferngläser in ihre Augen und ließen sie dort stecken wie Bergbänke. Einer der Polizisten hat mich geschlagen. „Was für ein Geschäft hast du, das zu tun?" sagte ich.

„„Du machst den Pferden Angst', sagt er auf seine prägnante Art (denn die Londoner sind meistens sprachlos und können ihre A's und I's nicht richtig sagen), ‚und es ist unsere Aufgabe, dich davon abzuhalten, sie zu belästigen Meine Damen und Herren gehen in den Salon Ihrer Majestät.'

„„Und warum sollen wir belästigt werden', fragte ich, ‚wenn wir anständig unserem Geschäft nachgehen, das für uns Leben und Tod bedeutet, und so mancher Kleine zu Hause in Lancashire herumtollt? Welches Geschäft ist vor Gott von größter Bedeutung, denken Sie, unsere Damen und Herren oder die großen Damen und Herren, über die Sie so viel nachdenken?

„Aber ich hätte genauso gut schweigen können, denn er hat nur gelacht."

John hörte auf. Nachdem er eine Weile gewartet hatte, um zu sehen, ob er selbst weitermachen würde, sagte Hiob:

„Na ja, aber das ist nicht deine Geschichte, Mann. Erzählen Sie uns, was passiert ist, als Sie im Parlamentsgebäude ankamen."

Nach einer kleinen Pause antwortete John:

„Bitte, Nachbar, dazu möchte ich lieber nichts sagen. Es darf weder von mir noch von vielen anderen vergessen oder vergeben werden; Aber ich kann unsere Herabwürdigung nicht nur als eine Neuigkeit aus London erzählen. Solange ich lebe, wird unsere Ablehnung dieses Tages in meinem Herzen bleiben; und solange ich lebe, werde ich sie verfluchen, weil sie sich so grausam weigerten, uns zu hören; aber ich werde nicht mehr darüber sprechen.

Major Jenkyns besucht Cranford

Aus *Cranford*, 1853

MAJOR JENKYNS schlug in einem Brief vor, dass er und seine Frau auf dem Weg nach Schottland eine Nacht in Cranford verbringen sollten – im Gasthaus, wenn es Miss Matilda nicht passte, sie in ihrem Haus aufzunehmen; In diesem Fall sollten sie hoffen, tagsüber so viel wie möglich bei ihr zu sein. Natürlich *muss es* ihr passen, wie sie sagte; soweit Cranford wusste, hatte sie das Schlafzimmer ihrer Schwester zur freien Verfügung; Aber ich bin sicher, sie wünschte, der Major hätte in Indien angehalten und seine Cousins völlig vergessen.

"Oh! Wie muss ich zurechtkommen?" fragte sie hilflos. „Wenn Deborah noch am Leben gewesen wäre, hätte sie gewusst, was sie mit dem Gentleman-Besucher tun sollte. Muss ich Rasierer in seine Umkleidekabine legen? Lieb! Liebling! und ich habe keine. Deborah hätte sie gehabt. Und Hausschuhe und Mantelbürsten?" Ich schlug vor, dass er wahrscheinlich all diese Dinge mitbringen würde. „Und wie soll ich nach dem Abendessen wissen, wann ich aufstehen und ihn seinem Wein überlassen soll? Deborah hätte es so gut gemacht; sie wäre ganz in ihrem Element gewesen. Wird er Kaffee wollen, meinst du?" Ich übernahm die Verwaltung des Kaffees und sagte ihr, ich würde Martha in der Kunst des Wartens unterrichten, wobei ihr zugegebenermaßen schreckliche Mängel auftraten; und dass ich keinen Zweifel hatte, dass Major und Mrs. Jenkyns die ruhige Art verstehen würden, in der eine Dame allein in einer Landstadt lebte. Aber sie war traurigerweise nervös. Ich ließ sie ihre Dekanter leeren und zwei frische Flaschen Wein herbeiholen. Ich wünschte, ich hätte verhindern können, dass sie bei meinen Anweisungen an Martha dabei war; denn sie mischte sich häufig mit einer neuen Richtung ein und verwirrte den Verstand des armen Mädchens, während es mit offenem Mund dastand und uns beiden zuhörte.

„Geben Sie das Gemüse herum", sagte ich (wie ich jetzt begreife, ist das töricht – denn es ging um mehr, als wir mit Stille und Einfachheit erreichen könnten): Und als ich dann sah, wie sie verwirrt aussah, fügte ich hinzu: „Bringt das Gemüse zu den Leuten.", und lassen Sie sie sich selbst helfen."

„Und denken Sie daran, zuerst zu den Damen zu gehen", warf Miss Matilda ein. „Gehen Sie immer zu den Damen vor den Herren, wenn Sie warten."

„Ich werde es tun, wie Sie es mir sagen, gnädige Frau", sagte Martha; „Aber ich mag Jungs am liebsten."

Wir fühlten uns sehr unwohl und schockiert über diese Rede von Martha; Dennoch glaube ich nicht, dass sie es böse gemeint hat; und im Großen und Ganzen befolgte sie unsere Anweisungen sehr gut, außer dass sie den Major, als er sich nicht so schnell wie erwartet bediente, zu den Kartoffeln „anstupste", während sie sie herumreichte.

Als sie kamen, waren der Major und seine Frau eher ruhige, unprätentiöse Leute; träge, wie wohl alle Ostinder sind. Wir waren ziemlich bestürzt darüber, dass sie zwei Diener mitbrachten, einen hinduistischen Leibdiener für den Major und ein treues älteres Dienstmädchen für seine Frau; aber sie schliefen im Gasthaus und nahmen sich einen Großteil der Verantwortung ab, indem sie sich sorgfältig um das Wohlbefinden ihres Herrn und ihrer Herrin kümmerten. Natürlich hatte Martha nie damit aufgehört, den weißen Turban und die braune Haut des Ostindianers anzustarren, und ich sah, dass Miss Matilda ein wenig vor ihm zurückwich, während er beim Abendessen wartete. Tatsächlich fragte sie mich, als sie weg waren, ob er mich nicht an Blaubart erinnerte? Im Großen und Ganzen war der Besuch äußerst zufriedenstellend und ist auch jetzt noch Gegenstand von Gesprächen mit Fräulein Matilda; Damals erregte es Cranford sehr und brachte sogar die apathische und ehrenwerte Mrs. Jamieson dazu, Interesse zu bekunden, als ich sie besuchte und ihr für die freundlichen Antworten dankte, die sie auf

Miss Matildas Anfragen bezüglich der Vereinbarung gegeben hatte Die Garderobe eines Herrn – Antworten, die sie, wie ich gestehen muss, in der müden Art der skandinavischen Prophetin gegeben hatte:

„Lass mich, lass mich ruhen."

Mrs. Gibson besucht Lady Cumnor

Aus „*Wives and Daughters*", 1866

Es wurde vorgeschlagen, dass in Hollingford [Knutsford] eine Statue für Mrs. Gibson errichtet werden könnte, wenn alle Menschen, die sich über sie amüsiert haben, sich anmelden würden.

DANN sollte Mrs. Gibson am nächsten Tag endlich zum Mittagessen in die Towers gehen; Lady Cumnor hatte Lady Harriet eine kleine Notiz geschrieben, in der sie sie bat, zu kommen; Wenn es Mrs. Gibson gelang, den Weg zu den Towers zu finden, sollte sie im Laufe des Nachmittags mit einer der eingesetzten Kutschen zu ihrem Haus zurückgebracht werden.

„Die liebe Gräfin!" sagte Frau Gibson mit sanfter Zuneigung. Es war ein Monolog, der nach einer Minute Pause am Ende all dieser Informationen vorgetragen wurde.

Und den ganzen Rest des Tages hing ihrer Unterhaltung ein aristokratischer Duft inne. Eines der wenigen Bücher, die sie in Mr. Gibsons Haus mitgebracht hatte, war rosa gebunden, und sie las darin „Menteith, Herzog von Adolphus George" usw. usw., bis sie ganz in den Büchern der Herzogin war Verbindungen und mögliche Interessen. Mr. Gibson formte seinen Mund zu einem lustigen Pfiff, als er nachts nach Hause kam, und fand sich in einer Towers-Atmosphäre wieder. Molly sah den Anflug von Verärgerung in der Witzigkeit; Sie fing an, es öfter zu sehen, als ihr lieb war, nicht, dass sie darüber nachgedacht hätte, oder dass sie den Ärger bewusst auf seine Quelle zurückgeführt hätte; aber sie konnte nicht umhin, sich unwohl zu fühlen, als sie wusste, dass ihr Vater im geringsten verärgert war.

Natürlich wurde für Mrs. Gibson eine Fliege bestellt. Am frühen Nachmittag kam sie nach Hause. Auch wenn sie bei ihrem Gespräch mit der Gräfin enttäuscht gewesen war, so erzählte sie ihr nie ihr Leid und verriet auch nicht die Tatsache, dass sie bei ihrer Ankunft in den Towers eine Stunde lang in Lady Cumnors Morgenzimmer warten musste, ohne von irgendeiner anderen Gesellschaft als der von ... aufgeheitert worden zu sein Ihre alte Freundin, Mrs. Bradley, bis Lady Harriet plötzlich hereinkam und ausrief: „Warum, Clare! Du liebe Frau! Bist du hier ganz allein? Weiß Mama Bescheid?" Und nach einem etwas liebevolleren Gespräch beeilte sie sich, ihre Ladyschaft zu treffen, die sich dieser Tatsache vollkommen bewusst war, aber zu sehr damit beschäftigt war, der Herzogin den Vorteil ihrer Weisheit und Erfahrung in der Aussteuer zu geben, als dass sie sich überhaupt der Länge der Zeit bewusst gewesen wäre Mrs. Gibson war in geduldiger Einsamkeit vorübergegangen. Während des Mittagessens war Mrs. Gibson insgeheim darüber gekränkt, dass Mylord annahm, es sei ihr Abendessen, und vom hinteren Ende des Tisches seine dringende Gastfreundschaft ausrief und als Grund dafür angab, dass sie sich daran erinnern müsse, dass es ihr Abendessen sei. Vergebens rief sie mit ihrer sanften, hohen Stimme: „Oh, mein Herr! Ich esse nie mitten am Tag Fleisch; Mittags kann ich kaum etwas essen." Ihre Stimme war verloren, und die Herzogin könnte davon ausgehen, dass die Frau des Arztes aus Hollingford früh zu Abend gegessen hatte; das heißt, wenn Ihre Gnaden sich jemals herabließen, überhaupt eine Ahnung von diesem Thema zu haben; Das setzt voraus, dass sie wusste, dass es in Hollingford einen Arzt gab und dass er eine Frau hatte, und dass seine Frau die hübsche, verblasste, elegant aussehende Frau war, die ihren Teller mit ungeschmecktem Essen wegschickte – Essen, das sie sehnte sich nach Essen, denn nach der Fahrt und der Einsamkeit hatte sie wirklich großen Hunger.

Und dann kam es nach dem Mittagessen zu einem *Tête-à-Tête* mit Lady Cumnor, das wie folgt ablief:

„Nun, Clare! Ich freue mich wirklich, Sie zu sehen. Ich dachte einmal, ich sollte nie wieder in die Towers zurückkehren, aber hier bin ich! Es gab so einen klugen Mann in Bath – einen Doktor Snape – der mich endlich geheilt hat – der mich ziemlich in die Irre geführt hat. Ich glaube wirklich, dass ich ihn holen werde, wenn ich jemals wieder krank werde. Es ist so eine Sache, einen wirklich klugen Mediziner zu finden. Ach, übrigens, ich vergesse immer, dass Sie Mr. Gibson geheiratet haben – natürlich ist er sehr schlau und so. (Der Wagen steht in zehn Minuten vor der Tür, Brown, und bitte Bradley, meine Sachen herunterzubringen.) Was habe ich dich gefragt? Oh! Wie geht es dir mit der Stieftochter? Sie schien mir eine junge Dame mit einem ziemlich eigensinnigen Willen zu sein. Ich habe irgendwo einen Brief zur Post hingelegt und weiß nicht, wo; Helfen Sie mir, danach zu suchen, es gibt eine gute Frau. Lauf einfach in mein Zimmer und schau, ob Brown es finden kann, denn es ist von großer Bedeutung."

Mrs. Gibson ging ziemlich widerwillig davon; denn es gab mehrere Dinge, über die sie sprechen wollte, und sie hatte nicht die Hälfte von dem gehört, was sie über den Familienklatsch erwartet hatte. Aber alle Chance war dahin; Denn als sie von ihrem vergeblichen Auftrag zurückkam, unterhielten sich Lady Cumnor und die Herzogin in vollem Gange, wobei erstere den fehlenden Brief in der Hand hielt, den sie so etwas wie einen Schlagstock benutzte, um ihren Worten Nachdruck zu verleihen.

„Jedes Jota aus Paris! Jedes Io-ta!"

Lady Cumnor war zu sehr eine Dame, um sich nicht für nutzlosen Ärger zu entschuldigen, aber das waren fast die letzten Worte, die sie zu Mrs. Gibson sagte, denn sie musste rausgehen und mit der Herzogin fahren; und der Brougham, der „Clare" (wie sie Mrs. Gibson beharrlich nannte) zurück nach Hollingford bringen sollte, folgte der Kutsche bis zur Tür. Lady Harriet verließ ihr Gefolge aus jungen Männern und jungen Damen, die alle auf einen Wanderausflug vorbereitet waren, um Mrs. Gibson Lebewohl zu wünschen.

„Wir sehen uns auf dem Ball", sagte sie. „Du wirst natürlich mit deinen beiden Mädchen dort sein, und ich muss dort ein kleines Gespräch mit dir führen; Bei all diesen Besuchern im Haus war es heute unmöglich, etwas von Ihnen zu sehen, wissen Sie?

Das waren die Tatsachen, aber die Rose war das Medium, durch das sie von Mrs. Gibsons Zuhörern bei ihrer Rückkehr gesehen wurden.

„Es gibt viele Besucher in den Towers – oh ja! sehr viele: die Herzogin und Lady Alice und Mr. und Mrs. Grey und Lord Albert Monson und seine Schwester und mein alter Freund Captain James von den Blues – tatsächlich noch viele mehr. Aber natürlich zog ich es vor, in Lady Cumnors Zimmer zu gehen, wo ich sie und Lady Harriet in Ruhe sehen konnte und wir nicht von der Hektik unten gestört wurden. Natürlich mussten wir zum Mittagessen gehen, und dann traf ich meine alten Freunde und erneuerte nette Bekanntschaften. Aber ich konnte wirklich kaum ein zusammenhängendes Gespräch mit irgendjemandem führen. Lord Cumnor schien so erfreut, mich dort wiederzusehen: Obwohl wir zu sechst oder sieben waren, unterbrach er uns immer mit einer höflichen oder freundlichen Rede, die speziell an mich gerichtet war. Und nach dem Mittagessen stellte mir Lady Cumnor alle möglichen Fragen zu meinem neuen Leben mit so viel Interesse, als wäre ich ihre Tochter gewesen. Natürlich mussten wir aufhören, als die Herzogin hereinkam, und uns über die Aussteuer unterhalten, die sie für Lady Alice vorbereitet. Lady Harriet legte großen Wert auf unser Treffen auf dem Ball; Sie ist so ein gutes, liebevolles Wesen, Lady Harriet!"

Letzteres wurde in einem Ton meditativer Wertschätzung gesagt.

Mrs. Gibsons kleine Dinnerparty

Von *Frauen und Töchtern* .

MRS. Gibson wollte, dass die Hamleys dieses Abendessen angenehm fanden; und das taten sie. Mr. Gibson liebte die beiden jungen Männer, sowohl um ihrer Eltern als auch um ihrer selbst willen, denn er kannte sie seit seiner Kindheit; und denen gegenüber, die er mochte, konnte Mr. Gibson außerordentlich freundlich sein. Mrs. Gibson hat sie wirklich herzlich willkommen geheißen – und die Herzlichkeit einer Gastgeberin ist ein sehr passender Ausgleich für etwaige andere Mängel. Cynthia und Molly sahen von ihrer besten Seite aus, und das war die Pflicht, die Mrs. Gibson unbedingt von ihnen verlangte, da sie bereit war, sich voll und ganz an der Unterhaltung zu beteiligen. Osborne fiel ihr natürlich zu, und eine Zeit lang plapperten er und sie mit all der Leichtigkeit und Alltäglichkeit der Bedeutung weiter, die so weit gehen, dass sie die „Kunst der höflichen Konversation" ausmachen. Roger, der sich mit der einen oder anderen der jungen Damen hätte sympathisch machen sollen, war äußerst interessiert an dem, was Mr. Gibson ihm über einen Aufsatz über vergleichende Osteologie in einer ausländischen Wissenschaftszeitschrift erzählte, was Lord Hollingford pflegte an seinen Freund, den Landarzt, weiterzuleiten. Doch hin und wieder, während er zuhörte, wanderte seine Aufmerksamkeit zum Gesicht von Cynthia, die zwischen seinem Bruder und Mr. Gibson platziert war. Sie war nicht besonders damit beschäftigt, sich um irgendetwas zu kümmern, was vor sich ging; Ihre Augenlider waren achtlos gesenkt, als sie ihr Brot auf dem Tischtuch zerbröckelte, und ihre schönen langen Wimpern waren auf der klaren Tönung ihrer ovalen Wange zu sehen. Sie dachte an etwas anderes; Molly versuchte mit aller Kraft zu verstehen. Plötzlich blickte Cynthia auf und fing Rogers Blick voller Bewunderung so sehr auf, dass sie nicht bemerkt hätte, dass er sie anstarrte. Sie wurde ein wenig rot; aber nach dem ersten Augenblick rosiger Verwirrung über seine offensichtliche Bewunderung für sie ging sie zum Angriff über und lenkte seine Verwirrung darüber, so ertappt worden zu sein, ab, um sich gegen ihre Anschuldigung zu verteidigen.

„Es ist ganz wahr!" sagte sie zu ihm. „Ich war nicht dabei: Sie sehen, ich kenne nicht einmal das ABC der Wissenschaft. Aber schauen Sie mich bitte nicht so streng an, auch wenn ich ein Idiot bin!"

„Ich wusste es nicht – ich wollte sicher nicht ernst blicken", antwortete er, der nicht genau wusste, was er sagen sollte.

„Cynthia ist auch kein Dummkopf", sagte Mrs. Gibson, aus Angst, dass die Meinung ihrer Tochter über sich selbst ernst genommen werden könnte. „Aber ich habe schon immer beobachtet, dass manche Menschen ein Talent für das eine haben, andere für das andere. Jetzt sind Cynthias Talente nicht mehr für die Wissenschaft und die anspruchsvolleren Studien bestimmt. Erinnerst du dich, Liebes, welche Mühe ich hatte, dir den Gebrauch der Globen beizubringen?"

"Ja; und ich kann jetzt den Längengrad nicht vom Breitengrad unterscheiden; und ich frage mich immer, was senkrecht und was horizontal ist."

„Dennoch versichere ich Ihnen", fuhr ihre Mutter fort und wandte sich eher an Osborne, „dass ihr Gedächtnis für Poesie erstaunlich ist." Ich habe sie den ,Gefangenen von Chillon' von Anfang bis Ende wiederholen hören."

„Es wäre ziemlich langweilig, sie hören zu müssen, denke ich", sagte Mr. Gibson und lächelte Cynthia an, die ihm einen ihrer strahlenden Blicke des gegenseitigen Verständnisses erwiderte.

„Ah, Mr. Gibson, ich habe schon früher herausgefunden, dass Sie keine Seele für Poesie haben; und Molly, da ist dein eigenes Kind. Sie liest so tiefgründige Bücher, in denen es nur um Fakten und Zahlen geht: Mit der Zeit wird sie ein echter Blaustrumpf sein."

„Mama", sagte Molly und errötete, „du denkst, es war ein tiefes Buch, weil darin die Formen der verschiedenen Bienenzellen waren!" aber es war überhaupt nicht tief. Es war sehr interessant."

„Macht nichts, Molly", sagte Osborne. „Ich setze mich für Blaustrümpfe ein."

„Und ich bin gegen die Unterscheidung, die Sie sagen", sagte Roger. „Es war nicht tiefgründig, *also* sehr interessant. Nun kann ein Buch sowohl tiefgründig als auch interessant sein."

„Oh, wenn Sie die Logik durcheinander bringen und lateinische Wörter verwenden wollen, ist es meiner Meinung nach an der Zeit, dass wir den Raum verlassen", sagte Mrs. Gibson.

„Lass uns nicht weglaufen, als wären wir geschlagen, Mama", sagte Cynthia. „Obwohl es logisch sein mag, kann ich zumindest verstehen, was Mr. Roger Hamley gerade gesagt hat; und ich habe einige von Mollys Büchern gelesen; und ob es tiefgründig war oder nicht, ich fand es sehr interessant – mehr, als ich heutzutage bei „Der Gefangene von Chillon" denken sollte. Ich habe den Gefangenen verdrängt, um Platz für Johnnie Gilpin als mein Lieblingsgedicht zu schaffen."

„Wie konntest du so einen Unsinn reden, Cynthia!" sagte Mrs. Gibson, als die Mädchen ihr nach oben folgten. „Du weißt, dass du kein Dummkopf bist. Es ist gut, kein Blaustrumpf zu sein, denn sanfte Leute mögen solche Frauen nicht; Aber machen Sie sich selbst klein und widersprechen Sie allem, was ich über Ihre Vorliebe für Byron, Dichter und Poesie gesagt habe – und zwar ausgerechnet gegenüber Osborne Hamley!"

Mrs. Gibson sprach ziemlich verärgert für sie.

„Aber, Mama", antwortete Cynthia, „entweder bin ich ein Dummkopf, oder ich bin es nicht." Wenn ja, habe ich es richtig gemacht, es zu besitzen; Wenn nicht, ist er ein Idiot, wenn er nicht herausfindet, dass ich einen Scherz gemacht habe."

„Nun", sagte Mrs. Gibson, ein wenig verwirrt über diese Rede und auf der Suche nach einer erläuternden Ergänzung.

„Nur dass seine Meinung über mich nichts wert ist, wenn er ein Idiot ist. Es hat also jedenfalls keine Bedeutung."

„Du verwirrst mich wirklich mit deinem Unsinn, Kind. Molly ist zwanzig von euch wert."

„Ich stimme dir voll und ganz zu, Mama", sagte Cynthia und drehte sich um, um Mollys Hand zu nehmen.

"Ja; aber das sollte nicht sein", sagte Mrs. Gibson immer noch verärgert. „Denken Sie an die Vorteile, die Sie hatten."

„Ich fürchte, ich wäre lieber ein Dummkopf als ein Blaustrumpf", sagte Molly; denn der Begriff hatte sie ein wenig geärgert, und der Ärger quälte sie immer noch.

"Stille; Da kommen sie: Ich höre die Esszimmertür! Ich habe nie gemeint, dass du ein Blaustrumpf bist, Liebes, also schau nicht verärgert – Cynthia, meine Liebe, wo hast du diese schönen Blumen her – Anemonen, nicht wahr? Sie passen so genau zu Ihrem Teint."

„Komm, Molly, sieh nicht so ernst und nachdenklich aus", rief Cynthia. „Begreifen Sie nicht, dass Mama möchte, dass wir lächeln und liebenswürdig sind?"

Ein Besuch bei einem alten Bachelor

Aus *Cranford*, 1853

EIN PAAR Tage später kam eine Nachricht von Mr. Holbrook, in der er uns – und zwar unparteiisch – in einem formellen, altmodischen Stil aufforderte, einen Tag in seinem Haus zu verbringen – einen langen Junitag –, denn es war jetzt Juni. Er nannte, dass er auch seine Cousine, Miss Pole, eingeladen hatte; damit wir uns einer Fliege anschließen könnten, die in seinem Haus aufgehängt werden könnte.

Ich erwartete, dass Miss Matty dieser Einladung nachkommen würde; aber nein! Miss Pole und ich hatten größte Schwierigkeiten, sie zum Mitgehen zu überreden. Sie hielt es für unangemessen; und war sogar halb verärgert, als wir den Gedanken völlig ignorierten, dass es unangemessen wäre, dass sie mit zwei anderen Damen zu ihrem alten Liebhaber ging. Dann kam eine ernstere Schwierigkeit. Sie glaubte nicht, dass Deborah es gewollt hätte, dass sie gegangen wäre. Es hat einen halben Tag gedauert, bis wir darüber hinweggekommen sind; aber schon beim ersten Satz des Nachgebens nutzte ich die Gelegenheit und schrieb und schickte in ihrem Namen eine

Annahmeerklärung ab, in der ich Tag und Stunde festlegte, damit alles entschieden und erledigt werden könne.

Am nächsten Morgen fragte sie mich, ob ich mit ihr in den Laden gehen würde; und dort wählten wir nach langem Zögern drei Mützen aus, die wir nach Hause schickten und anprobierten, damit wir die passendsten auswählen und am Donnerstag mitnehmen konnten.

Auf dem Weg nach Woodley befand sie sich in einem Zustand stiller Aufregung. Offensichtlich war sie noch nie dort gewesen; und obwohl sie kaum träumte, wusste ich etwas über ihre frühe Geschichte, aber ich konnte erkennen, dass sie bei dem Gedanken zitterte, den Ort zu sehen, der ihr Zuhause gewesen sein könnte und um den sich wahrscheinlich viele ihrer unschuldigen, mädchenhaften Fantasien drehten geclustert. Es war eine lange Fahrt dorthin, durch gepflasterte, holprige Gassen. Miss Matilda saß kerzengerade da und schaute wehmütig aus dem Fenster, als wir uns dem Ende unserer Reise näherten. Der Anblick des Landes war ruhig und ländlich. Woodley stand zwischen Feldern; und es gab einen altmodischen Garten, in dem Rosen und Johannisbeersträucher einander berührten und in dem der gefiederte Spargel einen hübschen Hintergrund für die Nelken und Kiemenblumen bildete; Es gab keine Zufahrt bis zur Tür. Wir stiegen an einem kleinen Tor aus und gingen einen geraden, von Buchsbäumen gesäumten Weg hinauf.

„Ich glaube, meine Cousine macht vielleicht eine Fahrt", sagte Miss Pole, die Angst vor Ohrenschmerzen hatte und nur ihre Mütze auf hatte.

„Ich finde es sehr hübsch", sagte Miss Matty mit einer sanften Klage in ihrer Stimme, fast flüsternd; denn in diesem Moment erschien Mr. Holbrook an der Tür und rieb sich voller Gastfreundschaft die Hände. Er ähnelte mehr denn je meiner Vorstellung von Don Quijote, und doch war die Ähnlichkeit nur äußerlich. Seine respektable Haushälterin stand bescheiden an der Tür, um uns willkommen zu heißen; und während sie die älteren Damen nach oben in ein Schlafzimmer führte, bettelte ich darum, mich im Garten umzusehen. Meine Bitte gefiel dem alten Herrn offenbar; der mich durch das ganze Haus führte und mir seine sechsundzwanzig Kühe zeigte, die nach den verschiedenen Buchstaben des Alphabets benannt waren. Während wir weitergingen, überraschte er mich gelegentlich, indem er treffende und schöne Zitate der Dichter wiederholte, die von Shakespeare und George Herbert bis hin zu denen unserer Zeit reichten. Er tat dies so natürlich, als würde er laut denken, und ihre wahren und schönen Worte waren der beste Ausdruck, den er für das finden konnte, was er dachte oder fühlte. Natürlich nannte er Byron „mein Lord Byrron" und sprach den Namen Goethe streng nach dem englischen Klang der Buchstaben aus − „Wie Goëthe sagt: ‚Ihr immergrünen Paläste'" usw. Im Großen und Ganzen habe ich das nie getan

Ich traf vorher oder nachher einen Mann, der ein so langes Leben in einem abgelegenen und wenig beeindruckenden Land verbracht hatte, mit immer größerer Freude am täglichen und jährlichen Wechsel der Jahreszeiten und der Schönheit.

Als er und ich hineingingen, stellten wir fest, dass das Abendessen in der Küche fast fertig war – denn ich denke, das Zimmer sollte so heißen, da es überall Kommoden und Schränke aus Eichenholz gab, überall neben dem Kamin und nur dort ein kleiner Türkei-Teppich in der Mitte des Fahnenbodens. Der Raum hätte leicht in ein hübsches Esszimmer aus dunkler Eiche umgewandelt werden können, wenn man den Ofen und einige andere Küchenutensilien entfernt hätte, die offensichtlich nie benutzt wurden; der eigentliche Kochplatz liegt in einiger Entfernung. Der Raum, in dem wir sitzen sollten, war eine schlicht eingerichtete, hässliche Wohnung; aber das, in dem wir saßen, war das, was Mr. Holbrook das Kontorhaus nannte, wo er seinen Arbeitern ihren wöchentlichen Lohn auszahlte, an einem großen Schreibtisch in der Nähe der Tür. Der Rest des hübschen Wohnzimmers – mit Blick auf den Obstgarten und ganz bedeckt mit tanzenden Baumschatten – war voller Bücher. Sie lagen auf dem Boden, sie bedeckten die Wände, sie streuten den Tisch. Offensichtlich war er halb beschämt und halb stolz über seine diesbezügliche Extravaganz. Es gab sie aller Art, wobei Poesie und wilde, seltsame Geschichten vorherrschten. Offensichtlich wählte er seine Bücher nach seinem eigenen Geschmack aus, nicht weil das eine oder das andere Klassiker oder etablierte Favoriten waren.

"Ah!" Er sagte: „Wir Bauern sollten nicht viel Zeit zum Lesen haben; doch irgendwie kann man nichts dagegen tun.“

„Was für ein hübsches Zimmer!“ sagte Miss Matty, *sotto voce* .

„Was für ein angenehmer Ort!“ sagte ich laut, fast gleichzeitig.

"Nein! wenn es dir gefällt“, antwortete er; „Aber kann man auf diesen tollen schwarzen Leder-Dreiecksstühlen sitzen? Mir gefällt es besser als der beste Salon; aber ich dachte, die Damen würden das für den klügeren Ort halten.“

Es war der intelligentere Ort; aber, wie die meisten schicken Dinge, überhaupt nicht hübsch oder angenehm oder heimelig; Während wir also beim Abendessen waren, staubte und schrubbte die Dienstmagd die Stühle des Kontors, und wir saßen den ganzen Rest des Tages dort.

Wir hatten Pudding vor dem Fleisch; und ich dachte, Mr. Holbrook würde sich für sein altmodisches Verhalten entschuldigen, denn er begann:

„Ich weiß nicht, ob du neue Wege magst.“

"Oh! gar nicht!" sagte Miss Matty.

„Das tue ich nicht mehr", sagte er. „Meine Haushälterin *wird* diese in ihrer neuen Art haben; oder ich erzähle ihr, dass wir uns als junger Mann strikt an die Regel meines Vaters gehalten haben: „Keine Brühe, kein Ball; kein Ball, kein Rindfleisch'; und begann das Abendessen immer mit Brühe. Dann gab es Talgpudding, der in der Brühe mit dem Rindfleisch gekocht wurde, und dann das Fleisch selbst. Wenn wir unsere Brühe nicht aßen, hatten wir keinen Ball, was uns viel besser gefiel; und das Rindfleisch kam zuletzt, und nur diejenigen hatten es, die der Brühe und dem Bällchen gerecht geworden waren. Jetzt beginnen die Leute mit süßen Dingen und stellen ihr Abendessen auf den Kopf."

Als die Enten und grünen Erbsen kamen, sahen wir uns bestürzt an; Wir hatten nur zweizinkige Gabeln mit schwarzem Griff. Es stimmt, der Stahl war so glänzend wie Silber; aber was sollten wir tun? Miss Matty nahm ihre Erbsen eine nach der anderen mit der Spitze der Zinken auf, so wie Aminé nach ihrem letzten Festmahl mit dem Ghul ihre Reiskörner aß. Miss Pole seufzte über ihre zarten jungen Erbsen, die sie ungeschmeckt auf einer Seite ihres Tellers liegen ließ; denn sie *würden* zwischen die Zinken fallen. Ich sah meinen Gastgeber an: Die Erbsen wanderten in großen Mengen in seinen geräumigen Mund, aufgeschaufelt von seinem großen, runden Messer. Ich habe gesehen, ich habe nachgeahmt, ich habe überlebt! Meine Freunde konnten trotz meines Beispiels nicht den Mut aufbringen, etwas Unhöfliches zu tun; und wenn Mr. Holbrook nicht so großen Hunger gehabt hätte, hätte er wahrscheinlich gesehen, dass die guten Erbsen fast unberührt blieben.

Nach dem Abendessen wurden eine Tonpfeife und ein Spucknapf hereingebracht; und indem er uns bat, uns in ein anderes Zimmer zurückzuziehen, wo er bald zu uns kommen würde, wenn wir Tabakrauch nicht mochten, reichte er Miss Matty seine Pfeife und forderte sie auf, die Pfeife zu füllen. Dies war ein Kompliment an eine Dame in seiner Jugend; Aber es war ziemlich unpassend, es Miss Matty als Ehre vorzuschlagen, die von ihrer Schwester dazu erzogen worden war, Rauchen jeglicher Art mit völliger Abscheu zu behandeln. Aber wenn es ein Schock für ihre Bildung war, war es auch eine Befriedigung für ihre Gefühle, so ausgewählt zu werden; Also stopfte sie behutsam den starken Tabak in die Pfeife; und dann haben wir uns zurückgezogen.

„Es ist sehr angenehm, mit einem Junggesellen zu speisen", sagte Miss Matty leise, als wir uns im Kontor niederließen. „Ich hoffe nur, dass es nicht ungebührlich ist; Es gibt so viele angenehme Dinge!"

Hochzeit

Von *Cranford*.

ABER als sie weg war, begann Miss Pole damit, Miss Matty lange zu gratulieren, dass sie bisher der Ehe entgangen waren, was die Leute ihrer Meinung nach immer bis zum Äußersten leichtgläubig machte; Tatsächlich glaubte sie, es zeuge von großer natürlicher Leichtgläubigkeit einer Frau, wenn sie sich einer Heirat nicht entziehen könne; und in dem, was Lady Glenmire über Mr. Hoggins' Raub gesagt hatte, hatten wir ein Beispiel dafür, wozu Menschen kamen, wenn sie einer solchen Schwäche nachgaben; Offensichtlich würde Lady Glenmire alles schlucken, wenn sie die arme aufgemotzte Geschichte über einen Hammelhals und eine Muschi glauben könnte, mit der er versucht hatte, Miss Pole aufzudrängen, nur hatte sie sich immer davor gehütet, zu viel zu glauben von dem, was Männer sagten.

Wir waren dankbar, dass wir nie verheiratet waren, so wie Miss Pole es sich gewünscht hatte. aber ich denke, wir von den beiden waren noch dankbarer, dass die Räuber Cranford verlassen hatten; Das schließe ich zumindest aus einer Rede von Miss Matty an diesem Abend, als wir am Feuer saßen, in der sie offenbar einen Ehemann als einen großen Beschützer gegen Diebe, Einbrecher und Geister ansah; und sagte, sie glaube nicht, dass sie es wagen sollte, junge Leute ständig vor der Ehe zu warnen, wie Miss Pole es immer wieder tat; – allerdings sei die Ehe ein Risiko, wie sie jetzt sah, dass sie einige Erfahrung hatte; Aber sie erinnerte sich an die Zeit, als sie sich wie jeder andere auf die Hochzeit gefreut hatte.

„Nicht einer bestimmten Person, meine Liebe", sagte sie und überprüfte hastig, als fürchtete sie, zu viel zugegeben zu haben; „Nur die alte Geschichte, wissen Sie, von Damen, die immer sagten: , *Wenn* ich heirate', und Herren: , *Wenn* ich heirate'." Es war ein Witz, der in einem eher traurigen Tonfall gesprochen wurde, und ich bezweifle, dass einer von uns lächelte; aber ich konnte Miss Mattys Gesicht im flackernden Feuerschein nicht sehen. Nach einer Weile fuhr sie fort:

„Aber schließlich habe ich dir nicht die Wahrheit gesagt. Es ist so lange her, und niemand wusste jemals, wie viel ich damals darüber nachgedacht habe, es sei denn, meine liebe Mutter hätte es tatsächlich erraten; aber ich kann sagen, dass es eine Zeit gab, in der ich nicht dachte, ich hätte mein ganzes Leben lang nur Miss Matty Jenkyns sein sollen; Denn selbst wenn ich jetzt jemanden treffen würde, der mich heiraten möchte (und wie Miss Pole sagt, ist man nie zu sicher), könnte ich ihn nicht nehmen – ich hoffe, er würde es sich nicht zu sehr zu Herzen nehmen, aber ich konnte *nicht* nimm ihn – oder irgendjemanden außer der Person, mit der ich einmal verheiratet sein sollte, und er ist tot und verschwunden, und er wusste nie, wie das alles zustande kam, dass ich „Nein" sagte, obwohl ich viele, viele Male nachgedacht hatte ———Nun, es ist egal, was ich dachte. Gott ordnet alles, und ich bin sehr glücklich, mein Lieber. Niemand hat so nette Freunde wie ich", fuhr sie fort, nahm meine Hand und hielt sie in ihrer.

Wenn ich Mr. Holbrook nie kennengelernt hätte, hätte ich in dieser Pause etwas sagen können, aber da ich es getan hatte, fiel mir nichts ein, was auf natürliche Weise eintreten würde, und so schwiegen wir beide eine Weile.

„Mein Vater hat uns einmal aufgetragen", begann sie, „ein Tagebuch in zwei Spalten zu führen; Auf der einen Seite sollten wir am Morgen aufschreiben, wie unserer Meinung nach der Verlauf und die Ereignisse des kommenden Tages aussehen würden, und auf der anderen Seite sollten wir abends aufschreiben, was wirklich geschehen war. Für manche Menschen wäre es eher eine traurige Art, ihr Leben zu erzählen" – (bei diesen Worten fiel mir eine Träne auf die Hand) – „Ich meine nicht, dass mein Leben traurig war, sondern nur so ganz anders, als ich erwartet hatte. Ich erinnere mich an einen Winterabend, als wir mit Deborah am Kamin in unserem Schlafzimmer saßen – ich erinnere mich daran, als wäre es gestern gewesen – und wir unser zukünftiges Leben planten – wir beide planten, obwohl nur sie darüber sprach. Sie sagte, sie würde gerne einen Erzdiakon heiraten und seine Anträge schreiben; Und weißt du, meine Liebe, sie war nie verheiratet, und soweit ich weiß, hat sie in ihrem Leben nie mit einem unverheirateten Erzdiakon gesprochen. Ich war nie ehrgeizig und hätte auch keine Anklage schreiben können, aber ich dachte, ich könnte ein Haus führen (meine Mutter nannte mich immer ihre rechte Hand), und ich mochte kleine Kinder immer so sehr – die schüchternsten Babys streckten ihr Kleines aus Arme, die zu mir kommen; Als ich ein Mädchen war, verbrachte ich die Hälfte meiner Freizeit damit, in den benachbarten Hütten zu stillen – aber ich weiß nicht, wie es war, als ich traurig und ernst wurde – was ich ein oder zwei Jahre später tat –, zeichneten die kleinen Dinger Ich bin von mir zurückgekehrt, und ich fürchte, ich habe den Dreh verloren, obwohl ich noch immer kinderlieb bin und immer eine seltsame Sehnsucht in meinem Herzen verspüre, wenn ich eine Mutter mit einem Baby auf dem Arm sehe. Nein, meine Liebe" – (und durch ein plötzliches Feuer, das aus dem Herabfallen der ungerührten Kohlen entstand, sah ich, dass ihre Augen voller Tränen waren – sie starrte konzentriert auf eine Vision dessen, was hätte sein können) – „weißt du, Ich träume manchmal, dass ich ein kleines Kind habe – immer dasselbe – ein kleines Mädchen von etwa zwei Jahren; Sie wird nie älter, obwohl ich schon viele Jahre von ihr geträumt habe. Ich glaube nicht, dass ich jemals von irgendwelchen Worten oder Geräuschen träume, die sie macht; Sie ist sehr geräuschlos und still, aber sie kommt zu mir, wenn es ihr sehr leid tut oder sie sehr froh ist, und ich bin mit der Umklammerung ihrer lieben kleinen Arme um meinen Hals aufgewacht. Erst letzte Nacht – vielleicht weil ich mit dem Gedanken an diesen Ball für Phoebe eingeschlafen war – kam mein kleiner Liebling in meinem Traum und hob den Mund, um geküsst zu werden, so wie ich gesehen habe, wie echte Babys es mit echten Müttern tun, bevor sie zu Bett gehen . Aber das ist alles Unsinn, mein Lieber! Lassen Sie sich von Miss Pole nur nicht einschüchtern, weil sie verheiratet ist. Ich kann mir vorstellen, dass es ein sehr glücklicher Zustand sein kann, und ein wenig Leichtgläubigkeit hilft einem, ganz reibungslos durchs Leben zu kommen – besser, als ständig zu zweifeln und zu zweifeln und in allem Schwierigkeiten und Unannehmlichkeiten zu sehen."

Eine Liebesbeziehung von vor langer Zeit

Von *Cranford*.

UND *Jetzt* komme ich zur Liebesaffäre.

Es scheint, dass Miss Pole eine Cousine hatte, die ein- oder zweimal entfernt worden war und Miss Matty vor langer Zeit ein Angebot gemacht hatte. Nun, dieser Cousin lebte vier oder fünf Meilen von Cranford entfernt auf seinem eigenen Anwesen; aber sein Vermögen war nicht groß genug, um ihn zu einem höheren Rang als einem Freibauern zu berechtigen; oder besser gesagt, mit etwas von dem „Stolz, der Demut nachahmt", hatte er sich geweigert, in die Reihen der Gutsbesitzer aufzusteigen, wie es so viele seiner Klasse getan hatten. Er würde sich nicht Thomas Holbrook, *Esq.* nennen lassen . : Er schickte sogar Briefe mit dieser Adresse zurück und teilte der Postmeisterin in Cranford mit, dass sein Name *Mr.* Thomas Holbrook, Freibauer, sei.

Er verachtete jede Verfeinerung, die nicht tief in der Menschheit verwurzelt war. Wenn die Menschen nicht krank wären, sah er keine Notwendigkeit, seine Stimme zu mäßigen. Er sprach den Dialekt des Landes perfekt und benutzte ihn ständig in Gesprächen; obwohl Miss Pole (die mir diese Einzelheiten gab) hinzufügte, dass er schöner und gefühlvoller vorlas als jeder andere, den sie jemals gehört hatte, außer dem verstorbenen Rektor.

„Und wie kam Miss Matilda dazu, ihn nicht zu heiraten?" fragte ich.

„Oh, ich weiß es nicht. Sie war bereit genug, denke ich; Aber Sie wissen, Cousin Thomas wäre für den Rektor und Miss Jenkyns kein Gentleman gewesen."

"Also! aber sie sollten ihn nicht heiraten", sagte ich ungeduldig.

"NEIN; aber es gefiel ihnen nicht, dass Miss Matty unter ihrem Rang heiratete. Sie wissen, dass sie die Tochter des Rektors war, und irgendwie sind sie mit Sir Peter Arley verwandt: Miss Jenkyns hat viel davon gehalten."

„Arme Miss Matty!" sagte ich.

„Nein, ich weiß nicht mehr, als dass er angeboten hat und abgelehnt wurde. Miss Matty mag ihn vielleicht nicht – und Miss Jenkyns hat vielleicht nie ein Wort gesagt – das ist nur eine Vermutung von mir."

„Hat sie ihn seitdem nie mehr gesehen?“

„Nein, ich glaube nicht. Wissen Sie, Woodley, das Haus von Cousin Thomas, liegt auf halbem Weg zwischen Cranford und Misselton; und ich weiß, dass er Misselton sehr bald zu seiner Marktgemeinde machte, nachdem er Miss Matty das Angebot gemacht hatte; und ich glaube nicht, dass er seitdem ein- oder zweimal in Cranford gewesen ist – einmal, als ich mit Miss Matty in der High Street spazieren ging; und plötzlich rannte sie von mir los und ging die Shire Lane hinauf. Ein paar Minuten später erschrak ich, als ich Cousin Thomas traf.“

"Wie alt ist er?" fragte ich nach einer Pause beim Schlossbau.

„Er muss ungefähr siebzig sein, glaube ich, meine Liebe“, sagte Miss Pole und sprengte mein Schloss wie mit Schießpulver in kleine Splitter.

Sehr bald darauf – zumindest während meines langen Besuchs bei Miss Matilda – hatte ich Gelegenheit, Mr. Holbrook zu sehen; Er sah auch seine erste Begegnung mit seiner früheren Liebe nach dreißig oder vierzig Jahren Trennung. Ich half bei der Entscheidung, ob eines der neuen Sortimente an farbigen Seidenstoffen, die sie gerade im Geschäft erhalten hatten, zu einem grau-schwarzen Mousseline-de-Laine passen würde, das eine neue Breite brauchte, zu einem großen, dünnen Don Quijote Ein alter Mann kam in den Laden, um Wollhandschuhe zu holen. Ich hatte die Person (die ziemlich auffällig war) noch nie zuvor gesehen und beobachtete sie ziemlich aufmerksam, während Miss Matty dem Verkäufer zuhörte. Der Fremde trug einen blauen Mantel mit Messingknöpfen, eintönige Hosen und Gamaschen und trommelte mit den Fingern auf der Theke, bis er bedient wurde. Als er auf die Frage des Verkäufers antwortete: „Was darf ich Ihnen heute zeigen, Sir?“ Ich sah, wie Miss Matilda zusammenzuckte und sich dann plötzlich setzte; und sofort erriet ich, wer es war. Sie hatte eine Frage gestellt, die dem anderen Verkäufer mitgeteilt werden musste.

„Miss Jenkyns will den schwarzen Sarsenet für zwei und zwei Pence im Hof haben“; und Mr. Holbrook hatte den Namen verstanden und war mit zwei Schritten durch den Laden gegangen.

„Matty – Miss Matilda – Miss Jenkyns! Gott segne meine Seele! Ich hätte dich nicht kennen sollen. Wie geht es dir? Wie geht es dir?" Er schüttelte ihr immer wieder die Hand, was die Herzlichkeit seiner Freundschaft bewies; aber er wiederholte so oft wie zu sich selbst: „Ich hätte dich nicht kennen sollen!“ dass jede sentimentale Romanze, zu der ich geneigt sein könnte, durch sein Verhalten völlig zunichte gemacht wurde.

Allerdings redete er die ganze Zeit über mit uns, während wir im Laden waren; und dann winkte er dem Verkäufer mit den nicht gekauften Handschuhen auf der einen Seite zu und sagte: „Ein anderes Mal, Sir!

einander mal!" er ging mit uns nach Hause. Ich freue mich, sagen zu können, dass meine Kundin, Miss Matilda, den Laden ebenfalls in einem ebenso verwirrten Zustand verließ, da sie weder grüne noch rote Seide gekauft hatte. Mr. Holbrook war offensichtlich voller ehrlicher, lauter Freude darüber, seine alte Liebe wiederzusehen; er ging auf die Veränderungen ein, die stattgefunden hatten; er sprach sogar von Miss Jenkyns als „Ihre arme Schwester! Gut gut! wir haben alle unsere Fehler"; und verabschiedete sich von uns mit der Hoffnung, dass er Miss Matty bald wiedersehen würde. Sie ging direkt in ihr Zimmer; und kam erst zu unserer frühen Teezeit zurück, als ich dachte, sie sah aus, als hätte sie geweint.

Die Katze und die Spitze

Von Cranford.

MRS. FORRESTER erzählte Lady Glenmire eine merkwürdige kleine Tatsache – eine Anekdote, die dem Kreis ihrer engsten Freunde bekannt war, von der aber selbst Mrs. Jamieson nichts wusste. Es handelte sich um eine feine alte Spitze, das einzige Überbleibsel aus besseren Zeiten, die Lady Glenmire an Mrs. Forresters Kragen bewunderte.

„Ja", sagte diese Dame, „solche Spitze kann man heute weder für Liebe noch für Geld bekommen; gemacht von den Nonnen im Ausland, erzählen sie mir. Sie sagen, dass sie es jetzt nicht schaffen, nicht einmal dort. Aber vielleicht können sie es, nachdem sie das Gesetz zur Katholikenemanzipation verabschiedet haben. Ich sollte mich nicht wundern. Aber inzwischen schätze ich meine Spitze sehr. Ich traue mich nicht einmal, das Waschen meiner Magd anzuvertrauen" (der kleinen Wohltätigkeitsschülerin, die ich zuvor genannt habe, deren Name aber gut klang: „meine Magd"). „Ich wasche es immer selbst. Und einmal hatte es ein knappes Entkommen. Natürlich wissen Ihre Ladyschaft, dass solche Spitzen niemals gestärkt oder gebügelt werden dürfen. Manche Leute waschen es in Zucker und Wasser; und etwas in Kaffee, um ihm die richtige gelbe Farbe zu verleihen; Aber ich selbst habe ein sehr gutes Rezept zum Waschen in Milch, das es ausreichend fest macht und ihm eine sehr schöne cremige Farbe verleiht. Nun, gnädige Frau, ich hatte es zusammengeheftet (und das Schöne an dieser feinen Spitze ist, dass sie, wenn sie nass ist, in einen sehr kleinen Raum passt) und hatte sie in Milch eingeweicht, als ich leider ging das Zimmer; Als ich zurückkam, fand ich eine Muschi auf dem Tisch, die sehr wie eine Diebin aussah, aber sehr unbehaglich schluckte, als wäre sie halb erstickt an etwas, das sie schlucken wollte, aber nicht konnte. Und würden Sie es glauben? Zuerst hatte ich Mitleid mit ihr und sagte: „Arme Muschi!" arme Muschi!' bis ich auf einmal hinschaute und sah, dass der Becher mit der Milch leer war – ausgeräumt! „Du freche Katze!" sagte ich; und ich glaube, ich war so provoziert, dass ich ihr eine Ohrfeige gab, was nichts nützte, sondern nur dazu beitrug, dass sich der Schnürsenkel fester schnürte – genau wie man einem erstickten Kind auf den Rücken schlägt. Ich hätte weinen können, ich war so verärgert; Aber ich beschloss, dass ich den Schnürschuh nicht kampflos aufgeben würde. Ich hoffte, dass die Spitze ihr auf jeden Fall nicht zustimmen würde; aber es wäre zu viel für Hiob gewesen, wenn er wie ich gesehen hätte, wie diese Katze keine Viertelstunde später ganz ruhig und schnurrend hereinkam und fast darauf wartete, gestreichelt zu werden. „Nein, Muschi!" sagte ich; „Wenn Sie ein Gewissen haben, sollten Sie das nicht erwarten!" Und dann kam mir ein Gedanke; und ich klingelte für meine Zofe und schickte sie mit meinen Komplimenten zu Mr. Hoggins. Wäre er so freundlich, mir für eine Stunde einen seiner Stulpenstiefel zu leihen? Ich fand nicht, dass an der Nachricht etwas Seltsames war; Aber Jenny sagte, die jungen Männer in der Praxis lachten, als wären sie krank, weil ich einen Spitzenstiefel wollte. Als es soweit war, steckten Jenny und ich die Muschi hinein, wobei ihre Vorderfüße gerade nach unten zeigten, so dass sie befestigt waren und nicht kratzen konnten, und wir gaben ihr einen Teelöffel Johannisbeergelee, in dem (Ihre gnädige Frau muss mich entschuldigen) Ich hatte etwas Brechweinstein gemischt. Ich werde nie vergessen, wie ängstlich ich in der nächsten halben Stunde war. Ich brachte meine Muschi in mein eigenes Zimmer und breitete ein sauberes Handtuch auf dem Boden aus. Ich hätte sie küssen können, als sie die Spitze wieder zum Vorschein brachte, so wie sie heruntergefallen war. Jenny hatte kochendes Wasser bereit, und wir ließen es einweichen und einweichen und verteilten es auf einem Lavendelstrauch in der Sonne, bevor ich es noch einmal anfassen und auch nur in Milch tun konnte. Aber jetzt würden Eure Ladyschaft nie vermuten, dass es in der Muschi steckte."

Kleine Volkswirtschaften

Aus Cranford

MIR IST oft aufgefallen, dass fast jeder seine eigenen kleinen Volkswirtschaften hat – sorgfältige Angewohnheiten, Bruchteile von Pennys in eine bestimmte Richtung zu sparen – und deren Störung ihn mehr nervt, als Schilling oder Pfund für echte Extravaganz auszugeben. Ein alter Herr aus meinem Bekanntenkreis, der die Nachricht vom Scheitern einer Aktienbank, in die ein Teil seines Geldes investiert war, mit stoischer Milde aufnahm, machte seiner Familie einen langen Sommertag lang Sorgen, weil einer von ihnen gerissen war (anstatt auszuschneiden) die beschrifteten Blätter seines jetzt nutzlosen Sparbuchs herauszuschneiden; Natürlich kamen auch die entsprechenden Seiten am anderen Ende heraus; und diese kleine unnötige Papierverschwendung (seine Privatwirtschaft) ärgerte ihn mehr als der Verlust seines Geldes. Als die Umschläge das erste Mal hereinkamen, bereiteten ihm die Umschläge schreckliche Sorgen; Der einzige Weg, wie er sich mit einer solchen Verschwendung seines geschätzten Artikels abfinden konnte, bestand darin, geduldig alles, was ihm geschickt wurde, auf den Kopf zu stellen und sie so wieder gebrauchsfähig zu machen. Auch heute noch sehe ich, wie er, wenn auch vom Alter gezähmt, seinen Töchtern wehmütige Blicke zuwirft, wenn sie eine ganze Innenseite eines halben Blattes Briefpapier schicken, auf der nur auf einer Seite die drei Zeilen zur Annahme einer Einladung stehen. Ich bin nicht davor zurück, zuzugeben, dass ich selbst diese menschliche Schwäche habe. String ist meine Schwäche. Meine Taschen füllen sich mit kleinen Häufchen davon, die ich aufnehme und zusammendrehe, bereit für eine Verwendung, die nie kommt. Es ärgert mich zutiefst, wenn jemand die Schnur eines Pakets durchschneidet, anstatt es geduldig und gewissenhaft Falte für Falte zu lösen. Ich kann mir nicht vorstellen, wie Menschen sich so leichtfertig dazu durchringen können, Kautschukringe zu verwenden, die eine Art Vergöttlichung einer Schnur darstellen. Für mich ist ein Kautschukring ein kostbarer Schatz. Ich habe eines, das nicht neu ist; eines, das ich vor fast sechs Jahren vom Boden aufgehoben habe. Ich habe wirklich versucht, es zu nutzen; aber mein Herz versagte mir, und ich konnte die Extravaganz nicht begehen.

Kleine Butterstückchen machen anderen Kummer. Sie können sich nicht um Gespräche kümmern, weil sie sich über die Angewohnheit mancher Menschen ärgern, immer mehr Butter zu sich zu nehmen, als ihnen lieb ist. Haben Sie nicht den besorgten (fast hypnotischen) Blick gesehen, den solche Personen auf den Artikel werfen? Sie würden es als Erleichterung empfinden, wenn sie es vor ihren Augen verstecken könnten, indem sie es in ihren eigenen Mund stecken und herunterschlucken könnten; Und sie freuen sich wirklich, wenn derjenige, auf dessen Teller es ungenutzt liegt, plötzlich ein Stück Toast abbricht (was er gar nicht will) und seine Butter auffrisst. Sie denken, dass dies keine Verschwendung ist.

Jetzt hatte Miss Matty Jenkyns Angst vor Kerzen. Wir hatten viele Geräte, um so wenig wie möglich zu verwenden. An den Winternachmittagen saß sie zwei oder drei Stunden lang da und strickte; sie konnte dies im Dunkeln oder bei Feuerschein tun; Und als ich sie fragte, ob ich nicht um Kerzen klingeln dürfe, um meine Armbänder fertig zu nähen, sagte sie mir, ich solle „den Blindenurlaub einhalten." Sie wurden normalerweise mit Tee hereingebracht; aber wir haben jeweils nur einen verbrannt. Da wir uns ständig auf einen Freund vorbereiteten, der jeden Abend vorbeikommen könnte (aber nie kam), war es nötig, dass wir unsere beiden Kerzen gleich lang hielten, damit sie angezündet werden konnten, und so aussahen, als würden wir immer zwei brennen. Die Kerzen wechselten sich ab; und was auch immer wir redeten oder taten, Miss Mattys Augen waren immer auf die Kerze gerichtet, bereit, aufzuspringen und sie auszulöschen und die andere anzuzünden, bevor sie zu ungleichmäßig geworden war, als dass sie im Laufe der Zeit wieder auf Gleichheit gebracht werden könnte des Abends.

Ich erinnere mich, dass mich diese Kerzenwirtschaft eines Abends besonders geärgert hat. Ich hatte meinen obligatorischen „Blindenurlaub" sehr satt – vor allem, weil Miss Matty eingeschlafen war und ich nicht gern das Feuer anzündete und das Risiko einging, sie zu wecken; So konnte ich nicht einmal auf dem Teppich sitzen und mich beim Nähen am Feuer verbrennen, wie es meine übliche Sitte war. Ich hatte den Eindruck, dass Miss Matty von ihrem frühen Leben träumte; denn sie sprach in ihrem unruhigen Schlaf ein oder zwei Worte und bezog sich dabei auf Personen, die schon lange zuvor gestorben waren. Als Martha die brennende Kerze und den Tee hereinbrachte, wurde Miss Matty wach und blickte sich seltsam verwirrt um, als wären wir nicht die Menschen, die sie um sich herum zu sehen erwartet hatte. Als sie mich erkannte, zeichnete sich ein kleiner trauriger Ausdruck über ihr Gesicht ab; aber gleich danach versuchte sie, mir ihr gewohntes Lächeln zu schenken.

Elegante Wirtschaft

Aus *Cranford*

ICH STELLE MIR VOR , dass einige der vornehmen Leute von Cranford arm waren und Schwierigkeiten hatten, über die Runden zu kommen; aber sie waren wie die Spartaner und verbargen ihre Klugheit unter einem lächelnden Gesicht. Keiner von uns sprach von Geld, weil dieses Thema nach Kommerz und Handel roch, und obwohl einige arm sein mochten, waren wir alle aristokratisch. Die Cranfordianer hatten jenen freundlichen *Korpsgeist* , der sie über alle Erfolgsmängel hinwegsehen ließ, wenn einige von ihnen versuchten, ihre Armut zu verbergen. Als zum Beispiel Mrs. Forrester in ihrem Babyhaus eine Party veranstaltete und das kleine Mädchen die Damen auf dem Sofa mit der Bitte störte, das Teetablett darunter herauszuholen, begannen alle mit diesem Roman als die natürlichste Sache der Welt; und redeten weiter über Haushaltsformen und Zeremonien, als ob wir alle glaubten, dass unsere Gastgeberin ein normales Dienstbotenzimmer, einen zweiten Tisch, mit Haushälterin und Verwalter hatte, anstelle des einen kleinen Wohltätigkeitsschulmädchens , dessen kurze, rote Arme niemals hätte sein können stark genug, um das Tablett nach oben zu tragen, wenn sie nicht privat von ihrer Herrin unterstützt worden wäre, die jetzt in Staatsform saß und so tat, als wüsste sie nicht, welche Kuchen heraufgeschickt wurden; Obwohl sie es wusste, und wir wussten es, und sie wusste, dass wir es wussten, war sie den ganzen Morgen damit beschäftigt, Teebrot und Biskuitkuchen zu backen.

Es gab ein oder zwei Konsequenzen, die sich aus dieser allgemeinen, aber uneingestandenen Armut und dieser sehr anerkannten Vornehmheit ergaben, die nicht schlecht waren und die zu ihrer großen Verbesserung in viele Kreise der Gesellschaft eingeführt werden konnten. Zum Beispiel hielten die Einwohner von Cranford die frühen Morgenstunden ein und klapperten gegen neun Uhr abends unter der Führung eines Laternenträgers in ihren Trachten nach Hause; und um halb elf lag die ganze Stadt im Bett und schlief. Darüber hinaus galt es als „vulgär" (ein gewaltiges Wort in Cranford), bei Abendunterhaltungen etwas Kostbares, sei es Ess- oder Trinkbares, zu verschenken. Die ehrenwerte Frau Jamieson gab nur Waffelbrot und Butter und Biskuitkuchen; und sie war Schwägerin des verstorbenen Earl of Glenmire, obwohl sie solch eine „elegante Sparsamkeit" pflegte.

„Elegante Wirtschaft!" Wie natürlich fällt man in die Phraseologie von Cranford zurück! Dort war die Wirtschaft immer „elegant" und die Geldausgabe immer „vulgär und protzig"; eine Art saurer Grapeismus, der uns sehr friedlich und zufrieden machte. Ich werde nie die Bestürzung vergessen, die ich empfand, als ein gewisser Kapitän Brown nach Cranford kam und offen über seine Armut sprach – nicht im Flüsterton gegenüber einem engen Freund, da die Türen und Fenster zuvor geschlossen waren; aber, auf der öffentlichen Straße! mit lauter Militärstimme! Er gab seine Armut als Grund dafür an, ein bestimmtes Haus nicht zu beziehen. Die Damen von Cranford beklagten sich bereits ziemlich darüber, dass ein Mann und ein Gentleman in ihr Territorium eingedrungen waren. Er war ein halbbezahlter Kapitän und hatte eine Anstellung bei einer benachbarten Eisenbahngesellschaft erhalten, gegen die die kleine Stadt vehement protestiert hatte; Und wenn er zusätzlich zu seinem männlichen Geschlecht und seiner Verbindung zur widerwärtigen Eisenbahn so dreist war, von Armut zu sprechen – warum! dann muss er tatsächlich nach Coventry geschickt werden. Der Tod war so wahr und so alltäglich wie Armut; Dennoch wurde darüber nie laut auf der Straße gesprochen. Es war ein Wort, das man höflich nicht erwähnen sollte. Wir hatten uns stillschweigend darauf geeinigt, zu ignorieren, dass jeder, mit dem wir im Rahmen der Besuchsgleichheit verkehrten, jemals durch Armut daran gehindert werden könnte, alles zu tun, was er wollte. Wenn wir zu oder von einer Party gingen, dann deshalb, weil die Nacht so schön war oder die Luft *so* erfrischend; nicht, weil Sänften teuer wären. Wenn wir statt Sommerseide Prints trugen, lag das daran, dass wir ein Waschmaterial bevorzugten; und so weiter, bis wir uns vor der vulgären Tatsache verblendeten, dass wir alle Menschen mit sehr bescheidenen Mitteln waren.

Sally erzählt von ihren Liebsten

Von *Ruth*, 1853

Frau Gaskell galt als freundliche Geliebte, und ihre Diener blieben jahrelang bei ihr; Einer stellte einen Rekord auf und stand über fünfzig Jahre lang im Dienst von Frau Gaskell.

ABER Ruth sagte, sie würde lieber etwas über Sallys Lieblinge hören, sehr zu Sallys Enttäuschung, die das Abendessen als den mit Abstand größten Erfolg ansah.

„Nun, wissen Sie, ich weiß nicht, wie ich sie Lieblinge nennen soll; Denn mit Ausnahme von John Rawson, der in der darauffolgenden Woche im Irrenhaus eingesperrt wurde, hatte ich bis auf ein einziges Mal das, was man als regelrechtes Heiratsangebot bezeichnen könnte, erhalten. Aber ich hatte einmal; und so kann ich sagen, dass ich einen Schatz hatte. Allerdings begann ich Angst zu haben, denn man lässt sich gern streichen; das ist nur Höflichkeit; und ich erinnere mich, dass ich, nachdem ich vierzig geworden war und bevor Jeremiah Dickson gesprochen hatte, zu glauben begann, John Rawson sei vielleicht nicht so sehr verrückt gewesen, und dass ich schlecht daran getan hätte, sein Angebot, als Verrückter, wenn es so wäre, auf die leichte Schulter zu nehmen der Einzige zu sein, den ich jemals haben sollte; Ich meine nicht so, wie ich ihn gehabt hätte, aber ich dachte, wenn es noch einmal passieren sollte, würde ich den Leuten respektvoll von ihm sprechen und sagen, dass es nur seine Art sei, auf allen Vieren herumzulaufen , aber dass er in den meisten Dingen ein vernünftiger Mann war. Allerdings hatte ich, und andere auch, über meinen verrückten Liebhaber gelacht, und jetzt war es spät, ihn als Salomon hinzustellen. Allerdings dachte ich, es wäre nicht schlecht, es noch einmal zu versuchen; aber ich hätte kaum gedacht, dass der Prozess dann kommen würde. Sehen Sie, der Samstagabend ist in Kontoren und ähnlichen Orten ein Freizeitabend, während er für die Bediensteten am geschäftigsten ist. Also! Es war ein Samstagabend, und ich hatte meine Schürze aus Stoff angezogen und die Schöße meines Schlafrocks hinten zusammengesteckt, kniete nieder und klopfte die Küche aus Lehm, als es an der Hintertür klopfte. 'Komm herein!' sagt ich; aber es klopfte erneut, als wäre es zu stattlich, um die Tür selbst zu öffnen; also stand ich ziemlich verärgert auf und öffnete die Tür; und da stand Jerry Dixon, Mr. Holts Chefsekretär; nur war er damals kein Prokurist. Also stand ich da und verschloss die Tür, weil ich mir einbildete, er wolle mit dem Meister sprechen; aber er drängte sich irgendwie an mir vorbei und erzählte mir kurz und bündig das Wetter (als ob ich es nicht selbst sehen könnte), nahm einen Stuhl und setzte sich an den Ofen. „Cool und einfach!" dachte ich; Er meinte sich selbst, nicht seinen Platz, der, wie ich wusste, ziemlich heiß sein musste. Also! Es schien keinen Sinn zu haben, darauf zu warten, dass mein Herr ging; auch nicht, dass er viel zu sagen hatte; aber er drehte immer wieder seinen Hut herum und strich den Flor mit dem Handrücken glatt. So machte ich mich schließlich an meine Arbeit und dachte, ich werde auf den Knien liegen und bereit sein, wenn er ein Gebet spricht, denn ich wusste, dass er von seiner Erziehung her ein Methodee war und sich erst kürzlich dem Weg des Meisters zugewandt hatte Denken; und diese Methodees sind schreckliche Helfer bei unerwarteten Gebeten, wenn man sie am wenigsten sucht. Ich kann nicht sagen, dass mir ihre Art, einen sozusagen zu überraschen, gefällt; Aber andererseits bin ich die Tochter eines Gemeindeschreibers und könnte mich niemals zu abweichenden Moden herablassen, außer der von Meister Thurstan, Gott segne ihn. Allerdings war ich ein- oder zweimal überrascht worden, also dachte ich, dass ich es dieses Mal schaffen würde, und nahm überall, wo ich hinging, einen trockenen Staubwedel mit, auf den ich knien konnte, für den Fall, dass er anfing, wenn ich an einem nassen Ort war. Nach und nach dachte ich, wenn der Mann beten würde, wäre das ein Segen, denn es würde ihn daran hindern, seine Augen nach mir zu schicken, wohin ich auch ginge; denn wenn sie anfangen zu beten, schließen sie die Augen und zittern die Lider auf eine seltsame Art – das tun die Andersdenkenden. Ich kann ziemlich deutlich zu Ihnen sprechen, denn Sie sind wie ich in der Kirche aufgewachsen und müssen es genauso abwegig finden wie ich, unter Andersdenkenden zu sein. Gott bewahre jedoch, dass ich respektlos über Master Thurstan und Miss Faith rede; Ich betrachte sie nie als Kirche oder Andersdenkende, sondern einfach als Christen. Aber um auf Jerry zurückzukommen. Zuerst habe ich versucht, immer hinter ihm zu putzen; Aber als er sich umdrehte, um mir wie immer ins Gesicht zu sehen, dachte ich, ich probiere mal ein anderes Spiel aus. Also sage ich: „Meister Dixon, ich streiche Ihre Begnadigung, aber ich muss Ton unter Ihren Stuhl pfeifen." Würden Sie bitte umziehen?' Nun, er ist umgezogen; und nach und nach wandte ich mich wieder mit denselben Worten an ihn; und danach immer wieder, bis er sich ständig mit seinem Stuhl hinter sich bewegte, wie eine Schnecke, die ihr Haus auf dem Rücken trägt. Und der große Gaupus sät nie, dass ich die gleichen Stellen zweimal mit Ton bearbeitet habe. Schließlich wurde ich verzweifelt wütend, er stand mir so im Weg; Also habe ich zwei große Kreuze auf die Schöße seines braunen Mantels gemacht; Denn wann immer er hinauf- oder hinunterging, zog er die Enden seines Mantels unter sich hervor und steckte sie durch die Stangen des Stuhls; und Fleisch und Blut konnten nicht widerstehen, sie für ihn zu formen; und ich schätze, er müsste ziemlich bürsten, um es wieder loszuwerden. Also! schließlich räuspert er sich ungewöhnlich laut; Also breite ich mein Staubtuch aus und schließe meine Augen ganz bereit; Aber als nichts dabei herauskam, öffnete ich meine Augen ein wenig, um zu sehen, was er meinte. Mein Wort! Wenn er da nicht wäre, wäre er direkt vor mir auf die Knie gefallen und hätte mich angestarrt, so gut er konnte. Also! Ich dachte, es wäre schwer, das zu ertragen, wenn er eine lange Aufregung machen würde; Also schloss ich meine Augen wieder und versuchte, ernsthaft zu denken, denn das, was ich mir vorstellte, würde kommen; aber vergib mir! Aber ich dachte, warum konnte der Kerl nicht hineingehen und mit Meister Thurstan beten, der immer einen ruhigen Geist zum Gebet bereit hatte, statt mir, der meine Kommode reinigen musste, geschweige denn eine Schürze zum Bügeln. Schließlich sagt er, sagt er: „Sally!" Willst du mir mit deiner Hand gehorchen?' Deshalb dachte ich, dass es vielleicht Mode der Methodee wäre, Hand in Hand zu beten; Und ich werde es nicht leugnen, aber ich wünschte, ich hätte es besser gewaschen, nachdem ich das Küchenfeuer angezündet hatte. Ich dachte, es wäre besser, ihm zu sagen, dass es nicht so sauber wäre, wie ich es mir wünschen würde, also sagte ich: „Meister Dixon, Sie sollen es haben, und herzlich willkommen, wenn ich sie erst einmal waschen darf." Aber, sagt er, „Meine liebe Sally, ob schmutzig oder sauber, das ist mir egal, da ich nur sinnbildlich spreche." Was ich auf meinen gebeugten Knien verlange, ist, dass Du so freundlich sein möchtest, meine angetraute Frau zu sein; Die übernächste Woche wird mir passen, wenn es dir recht ist!' Mein Wort! Ich war sofort auf den Beinen! Es war jetzt seltsam, nicht wahr? Ich habe nie daran gedacht, den Kerl zu nehmen und zu heiraten; Im Großen und Ganzen, das will ich nicht leugnen, hatte ich gedacht, dass es angenehm wäre, gestrichen zu werden. Aber auf einmal konnte ich den Kerl nicht mehr ertragen. „Sir", sage ich und versuche, beschämt auszusehen, wie es sich für die Gelegenheit gehörte, aber trotzdem spüre ich ein Zwitschern um meinen Mund, von dem ich befürchtete, dass es in einem Lachen enden könnte. — „Meister Dixon, ich bin Ihnen dafür verpflichtet Kompliment und trotzdem vielen Dank, aber ich denke, ich würde ein Single-Leben vorziehen.' Er sah mächtig verblüfft aus; aber in einer Minute klärte er sich auf und war so süß wie immer. Er blieb immer noch auf den Knien, und ich wünschte, er würde sich aufrichten; aber ich schätze, er dachte, es würde seinen Worten Kraft verleihen; sagt er: „Denk noch einmal nach, meine liebe Sally." Ich habe ein Haus mit vier Zimmern und passenden Möbeln; und achtzig Pfund pro Jahr. Vielleicht haben Sie nie wieder eine solche Chance.' Darin lag genug Wahres, aber es war nicht schön von dem Mann, es auszusprechen; und es hat mich ein bisschen aufgewühlt. „Was das betrifft, können weder Sie noch ich es sagen, Master Dixon. Du bist nicht der erste Kerl, der vor mir auf die Knie ging und mir befahl, ihn zu heiraten (wie du siehst, ich dachte an John Rawson, nur dachte ich, dass es keinen Grund gibt zu sagen, dass er auf allen Vieren liegt – es in Wahrheit wäre er auf den Knien gewesen, wissen Sie), und vielleicht bist du nicht der Letzte. Jedenfalls habe ich im Moment keine Lust, meinen Zustand zu ändern.' „Ich warte bis Weihnachten", sagt er. „Ich habe ein Schwein, das dann zum Töten bereit ist, also muss ich vorher heiraten." Na dann! würdest du es glauben? Das Schwein war eine Versuchung. Ich hätte ein Rezept zum Pökeln von Schinken, da Miss Faith mich nie versuchen ließ und meinte, die alte Methode sei gut genug. Ich habe mich jedoch gewehrt. Sagte ich sehr streng, weil ich das Gefühl hatte zu schwanken: „Meister Dixon, ein für alle Mal, ob Schwein hin oder her, ich werde Sie nicht heiraten." Und wenn Sie meinen Rat befolgen, werden Sie aufstehen. Die Fahnen sind noch feucht, und es wäre eine unangenehme Sache, kurz vor dem Winter Rheuma zu haben.' Damit stand er steif genug auf. Er sah so mürrisch aus wie nie zuvor. Und da er so schwarz und böse war, dachte ich, ich hätte gut daran getan (was auch immer aus dem Schwein wurde), „Nein" zu ihm zu sagen. „Vielleicht wirst du es noch bereuen", sagt er ganz rot. „Aber ich werde nicht zu streng mit dir sein, ich werde dir noch eine Chance geben." Ich lasse Ihnen die Nacht Zeit, darüber nachzudenken, und rufe morgen nach der Kapelle einfach vorbei, um Ihre zweiten Gedanken zu hören.' Na dann! Hast du jemals so etwas gehört? Aber das ist bei allen Männern so, die so viel von sich selbst denken, und dass es nur darum geht, zu fragen und zu haben. Allerdings hatten sie mich noch nie; und am nächsten Martinstag werde ich einundsechzig, also bleibt ihnen wohl nicht mehr viel Zeit, mich auf die Probe zu stellen. Also! Als Jeremia das sagte, ärgerte er mich mehr als je zuvor, und ich sagte: „Meine ersten Gedanken, zweiten Gedanken und dritten Gedanken sind alle ein und dasselbe; Du hast mich nur einmal in Versuchung geführt, und da hast du von deinem Schwein gesprochen. Aber du selbst bist nichts, womit du dich rühmen kannst, und deshalb sage ich dir eine gute Nacht und behalte meine Manieren, sonst würde ich, wenn ich die Wahrheit sagen würde, sagen, dass es ein großer Verlust war Zeit, dir zuzuhören. Aber ich werde höflich sein – also gute Nacht." Er sagte kein Wort, sondern verschwand schwarz wie Donner und schlug die Tür hinter sich zu. Der Meister rief mich zu Gebeten auf, aber ich kann nicht sagen, dass ich mich darauf konzentrieren konnte, denn mein Herz klopfte so sehr. Es war jedoch ein Trost, das Angebot einer heiligen Ehe erhalten zu haben; und obwohl es mich verwirrte, brachte es mich dazu, mehr an mich selbst zu denken."

Sally macht ihr Testament

Von *Ruth* .

In einem ihrer Briefe erwähnt George Eliot „den reichen Humor von Sally" und fährt später fort: „Mrs. Gaskell hat auf jeden Fall einen bezaubernden Geist, und man kann nicht umhin, sie zu lieben, wenn man ihre Bücher liest."

SALLY war wie immer die Rednerin; und wie immer ging es um die Familie, zu der sie so viele Jahre lang gehört hatte.

"Ja! „Als ich ein Mädchen war, war alles anders", sagte sie. „Eier kosteten dreißig für einen Schilling und Butter nur sechs Pence pro Pfund. Mein Lohn, als ich hierher kam, betrug nur drei Pfund, und ich habe davon gelebt, und ich war immer sauber und ordentlich, was mehr ist, als so manches Mädchen jetzt von sich behaupten kann, das sieben und acht Pfund im Jahr bekommt;

und Tee wurde als Nachmittagsgetränk aufbewahrt, und Pudding wurde damals vor dem Fleisch gegessen, und das Ergebnis war, dass die Menschen ihre Schulden besser bezahlten; Aye Aye! Wir sind rückwärts gegangen, und wir denken, wir sind vorwärts gegangen."

Nachdem Sally über den Verfall der Zeit ein wenig den Kopf geschüttelt hatte, kam sie auf einen Teil des Themas zurück, bei dem sie glaubte, Ruth auf eine falsche Idee gebracht zu haben.

„Sie werden jetzt nicht glauben, dass ich nicht mehr als drei Pfund pro Jahr habe. Ich habe jetzt einen Deal darüber. Zuallererst gab mir die alte Frau vier Pfund, denn sie sagte, ich wäre es wert, und ich dachte in meinem Herzen, dass ich es wert sei; also habe ich es ohne weiteres genommen; Aber nach ihrem Tod gerieten Master Thurstan und Miss Faith in einen Anfall von Geldausgaben und sagten eines Tages, als ich Tee hereinbrachte, zu mir: „Sally, wir denken, Ihr Lohn sollte erhöht werden." „Was ist egal, was du denkst!" sagte ich ziemlich scharf, denn ich dachte, sie hätten der Frau mehr Respekt entgegengebracht, wenn sie die Dinge so belassen hätten, wie sie zu ihrer Zeit waren; und sie hatten das Sofa schon am selben Tag von der Wand weggerückt, dorthin, wo es jetzt steht. Also spreche ich scharf und sage: „Solange ich zufrieden bin, liegt es meiner Meinung nach nicht an dir, dich in mich einzumischen, und mein Geld ist wichtig." „Aber", sagt Fräulein Faith (sie ist immer diejenige, die zuerst spricht, wenn Sie bemerken, obwohl es der Herr ist, der hereinkommt und die Sache aus einem Grund entscheidet, an den sie nie gedacht hätte – er war immer ein vernünftiger Junge) „Sally, alle Bediensteten in der Stadt haben sechs Pfund und mehr, und du hast einen genauso harten Platz wie alle anderen." „Haben Sie mich jemals über meine Arbeit schimpfen hören, weil Sie so darüber reden? „Warte, bis ich murre", sage ich, „aber misch dich bis dahin nicht in mich ein." Also sprang ich verärgert davon; aber im Laufe des Abends kam Meister Thurstan herein und setzte sich in die Küche, und er ist so gewinnend, dass er einen zu allem verführen kann; und außerdem war mir eine Idee in den Sinn gekommen – das verraten Sie mir jetzt nicht", sagte sie, blickte sich im Zimmer um und schob vertraulich ihren Stuhl näher an Ruth heran; Ruth versprach es und Sally fuhr fort:

„Ich dachte, ich möchte eine Erbin mit Geld sein und alles dem Meister und Fräulein Faith überlassen; und ich dachte, wenn ich sechs Pfund im Jahr hätte, könnte ich vielleicht Erbin werden; Alles, was ich fürchtete, war, dass irgendein Kerl mich wegen meines Geldes heiraten könnte, aber ich habe es geschafft, die Kerle fernzuhalten; also sehe ich ernst und dankbar aus, und ich danke Meister Thurstan für sein Angebot, und ich nehme den Lohn; und was glaubst du, was ich getan habe?" fragte Sally mit jubelnder Miene.

"Was haben Sie getan?" fragte Ruth.

„Warum", antwortete Sally langsam und nachdrücklich, „ich habe dreißig Pfund gespart! Aber das ist es nicht. Ich habe einen Anwalt beauftragt, mir ein Testament zu erstellen. das ist es, Mädchen!" sagte sie und klopfte Ruth auf die Schulter.

„Wie hast du das geschafft?" fragte Ruth.

„Ja, das war es", sagte Sally; „Ich habe viele Nächte lang darüber geplaudert, bevor ich den richtigen Weg einschlug. Ich hatte Angst, das Geld könnte in die Kanzlei geworfen werden, wenn ich nicht alles in Sicherheit bringen würde, und dennoch konnte ich Meister Thurstan nicht fragen. Endlich und endlich bekam John Jackson, der Lebensmittelhändler, einen Neffen, der eine Woche bei ihm wohnte, ebenso wie einen „Praktikanten bei einem Anwalt in Liverpool". Jetzt war also meine Zeit gekommen, und hier war mein Anwalt. Warten Sie eine Minute! Ich könnte dir meine Geschichte besser erzählen, wenn ich mein Testament in der Hand hätte; und ich werde dich verspotten, wenn du es jemals erzählen willst."

Sie hob die Hand und bedrohte Ruth, als sie die Küche verließ, um das Testament zu holen.

Als sie zurückkam, brachte sie ein in ein blaues Taschentuch gewickeltes Paket mit; Sie setzte sich, streckte die Knie durch, löste das Taschentuch und zeigte ein kleines Stück Pergament.

„Weißt du, was das ist?" sagte sie und hielt es hoch. „Es ist Pergament und es ist das richtige Material, um darauf Testamente zu verfassen. Die Leute kommen ins Kanzleramt, wenn sie das nicht schaffen, und ich schätze, Tom Jackson hat geglaubt, er hätte einen neuen Job in diesem Bereich, wenn er es ins Kanzleramt bringen könnte; Denn der Schurke ging und schrieb es zuerst auf ein Blatt Papier, und dann kam es und las es mir laut vor, von einem Blatt Papier, das nicht besser war als das, worauf man Briefe schreibt. Ich war ihm gewachsen; und denkt ich, komm, komm, mein Junge, ich bin kein Narr, auch wenn du das vielleicht denkst; Ich weiß, dass ein Papiertest nicht standhält, aber ich lasse Sie Ihr Unternehmen laufen lassen. Also sitze ich und höre zu. Und glauben Sie mir, er las es vor, als wäre es eine ebenso offensichtliche Angelegenheit wie die Tatsache, dass Sie mir diesen Fingerhut gegeben haben – kein Umstand mehr, obwohl er dreißig Pfund kostete! Ich konnte es selbst verstehen – das war für mich kein Gesetz. Ich wollte darüber nachdenken und die Bedeutung einpacken, während ich mein bestes Kleid einpacke. Also sage ich: „Tom! es ist nicht auf Pergament. Ich werde es auf Pergament haben.' „Das geht auch nicht", sagt er. „Wir werden dafür sorgen, dass es bezeugt wird, und es wird Bestand haben." Also! Mir gefiel die Vorstellung, Zeuge zu sein, und für eine Weile beruhigte mich das; aber nach einer Weile hatte ich das Gefühl, ich hätte es gerne nach dem Gesetz getan und nicht so einfach, wie es irgendjemand hätte tun können; Ich selbst, wenn ich hätte schreiben können. Also sage ich: „Tom! Ich werde es auf Pergament haben.' „Pergament kostet Geld", sagt er sehr ernst. „Oh, oh, mein Junge! seid ihr da?' denkt ich. „Das ist der Grund, warum mir das Gesetz entzogen ist." Also sage ich: „Tom! Ich werde es auf Pergament haben. Ich werde das Geld bezahlen und willkommen heißen. Es wiegt 30 Pfund, und was ich dazu sagen kann. Ich werde es sicher machen. Es soll auf Pergament sein, und ich sage dir was, Junge! Ich gebe dir Sixpence für jedes gute Gesetzeswort, das du hineinsteckst, das sich so anhört, als würde man nicht eingeholt werden, wenn jemand rennt. Dein Meister musste sich für dich als „Lehrling, wenn du nichts handwerklicheres als das kannst" schämen! Also! Er lachte oben ein wenig, aber ich blieb standhaft und ließ zu. Also machte er es auf Pergament. Nun, Frau, versuche es zu lesen!" sagte sie und gab es Ruth.

Ruth lächelte und begann zu lesen, während Sally mit gespannter Aufmerksamkeit zuhörte. Als Ruth das Wort „Testatrix" hörte, unterbrach Sally sie.

„Das war der erste Sixpence", sagte sie. „Ich dachte, er würde mich wieder mit Klartext abspeisen; Aber als diese Nachricht kam, zog ich mein Sixpence heraus und gab es ihm sofort. Jetzt mach weiter."

Jetzt las Ruth „zunehmend".

„Das war der zweite Sixpence. Insgesamt waren es vier Sixpence, außer sechs und acht Pence, wie wir zunächst ausgehandelt hatten, und drei und vier Pence Pergament. Dort! das nenne ich ein Testament; Zeuge nach dem Gesetz und so weiter. Wenn ich sterbe, wird Meister Thurstan hübsch aufgenommen sein, und sein gesamter zusätzlicher Lohn bleibt ihm zurück. Aber es wird ihm zeigen, dass es nicht so einfach ist, wie er denkt, eine Frau dazu zu bringen, ihren Weg aufzugeben."

Bettys Rat an Phillis

Von *Cousin Phillis* , 1865

PHILLIS wurde nach unten getragen und lag stundenlang ganz schweigend auf dem großen Sofa, das unter den Fenstern des Hauses aufgestellt war. Sie wirkte immer gleich, sanft, ruhig und traurig. Ihre Energie kehrte nicht mit ihrer Körperkraft zurück. Manchmal war es erbärmlich, die vergeblichen Bemühungen ihrer Eltern zu sehen, ihr Interesse zu wecken. Eines Tages brachte ihr der Pfarrer ein Paar blaue Bänder und erinnerte sie mit einem zärtlichen Lächeln an ein früheres Gespräch, in dem sie ihre Vorliebe für solche weiblichen Eitelkeiten gestanden hatte. Sie sprach dankbar zu ihm, aber als er weg war, legte sie sie beiseite und schloss träge die Augen. Ein anderes Mal sah ich, wie ihre Mutter ihr die lateinischen und italienischen Bücher brachte, die sie vor ihrer Krankheit – oder besser gesagt, bevor Holdsworth weggegangen war – so sehr geliebt hatte. Das war das Schlimmste von allem. Sie drehte ihr Gesicht zur Wand und weinte, sobald sie ihrer Mutter den Rücken zuwandte. Betty war gerade dabei, das Tuch für das frühe Abendessen zu decken. Ihre scharfen Augen erkannten den Sachverhalt.

„Jetzt, Phillis!" sagte sie und trat an das Sofa heran; „Wir haben für Sie getan, was wir können, und die Ärzte haben für Sie getan, was sie können, und ich denke, der Herr hat für Sie getan, was Er kann, und zwar mehr, als Sie verdienen, wenn Sie es tun." Tu nichts für dich. Wenn ich du wäre, würde ich aufstehen und den Mond schnüffeln, anstatt die Herzen deines Vaters und deiner Mutter zu brechen, indem ich zuschaue und darauf warte, bis es dir gefällt, deinen Weg zurück zur Fröhlichkeit zu erkämpfen. Dort war ich nie für lange Predigten, und ich habe mein Wort gesagt."

Ein oder zwei Tage später fragte mich Phillis, als wir allein waren, ob ich glaube, dass mein Vater und meine Mutter ihr erlauben würden, ein paar Monate bei ihnen zu bleiben. Sie errötete ein wenig, als sie ihren Wunsch nach einem Gedanken- und Szenenwechsel unterdrückte.

„Nur für kurze Zeit, Paul. Dann kehren wir zum Frieden der alten Zeiten zurück. Ich weiß, dass wir es tun werden; Ich kann und ich werde!"

Praktisches Christentum

Von *My Lady Ludlow*, 1859

„ Während ich morgens weg war, WAR Mr. Gray zweimal bei mir zu Hause und sprach mit Sally über ihren Seelenzustand und dergleichen. Aber als ich feststellte, dass das Fleisch zu Asche verbrannt war, sagte ich: „Komm, Sally, lass uns nicht mehr beten, wenn das Rindfleisch am Feuer liegt." Bete um sechs Uhr morgens und neun Uhr abends, und ich werde dich nicht behindern. Also machte sie mir Soße und sagte etwas über Martha und Mary, womit sie andeutete, dass sie sich für den besseren Teil entschieden hatte, weil sie das Rindfleisch so überbacken hatte, dass ich, wie ich behaupte, kaum etwas für Nancy Poles krankes Enkelkind finden konnte, den besseren Teil gewählt hatte. Ich war sehr verärgert, das gebe ich zu, und vielleicht werden Sie schockiert sein über das, was ich gesagt habe – ich weiß tatsächlich nicht, ob es richtig war –, aber ich habe ihr gesagt, dass ich genauso eine Seele habe wie sie, und , wenn es dadurch gerettet werden sollte, dass ich still saß und über die Erlösung nachdachte und nie meine Pflicht tat, dann dachte ich, ich hätte ebenso ein gutes Recht wie sie, Maria zu sein und meine Seele zu retten.

An diesem Nachmittag saß ich also ganz still, und es war wirklich ein Trost, denn ich weiß, ich bin oft zu beschäftigt, um so zu beten, wie ich sollte. Da ist zuerst eine Person, die mich haben möchte, und dann eine andere, die sich um das Haus, das Essen und die Nachbarn kümmern muss. Wenn also die Teezeit kommt, kommt meine Magd mit ihrem Buckel auf dem Rücken und ihrer Seele, die gerettet werden soll. „Bitte, Ma'am, haben Sie das Pfund Butter bestellt?" „Nein, Sally", sagte ich kopfschüttelnd, „heute Morgen bin ich nicht um Hales Farm herumgegangen, und heute Nachmittag war ich mit spirituellen Dingen beschäftigt."

„Jetzt mag unsere Sally vor allem Tee und Butterbrot, und trockenes Brot gefiel ihr nicht.

„'Ich bin dankbar', sagte das unverschämte Mädchen, ,dass du dich der Frömmigkeit zugewandt hast. Ich vertraue darauf, dass es meine Gebete sein werden, die es dir gegeben haben.'

„Ich war fest entschlossen, sie nicht auf das fleischliche Thema Butter einzulassen; Also blieb sie noch und sehnte sich danach, um Erlaubnis zu bitten, wegzulaufen. Aber ich gab ihr keins und aß selbst mein trockenes Brot und dachte darüber nach, was für einen berühmten Kuchen ich für den kleinen Ben Pole mit etwas Butter backen könnte, die wir aufgehoben hatten; und als Sally ihren butterlosen Tee getrunken hatte und nicht besonders gut gelaunt war, weil Martha nicht an die Butter gedacht hatte, sagte ich nur leise:

„'Nun, Sally, morgen werden wir versuchen, das Rindfleisch gut zu zerhacken, uns an die Butter zu erinnern und gleichzeitig unsere Rettung herbeizuführen, denn ich verstehe nicht, warum das nicht alles sein kann getan, wie Gott es uns aufgetragen hat, alles zu tun.' Aber ich habe sie noch einmal über Maria und Martha sprechen hören, und ich habe keinen Zweifel daran, dass Mr. Gray ihr beibringen wird, mich als verlorenes Schaf zu betrachten."

Betty hält Paul Manning einen Vortrag

Von *Cousin Phillis* , 1865

ICH ERINNERE MICH noch an etwas – einen Angriff, den Betty, die Dienerin, eines Tages auf mich verübte, als ich durch die Küche kam, in der sie gerade am Rühren war, und stehen blieb, um sie um einen Schluck Buttermilch zu bitten.

„Ich sage, Cousin Paul" (sie hatte es sich in ihrer Familie angewöhnt, mich allgemein als Cousin Paul anzusprechen und immer in dieser Form von mir zu sprechen), „mit unserem Phillis stimmt etwas nicht, und ich denke, Sie können sich gut vorstellen, was es ist." Ist. Sie ist nicht jemand, der sich mit Leuten wie Ihnen einlässt" (keine Komplimente, aber das war Betty nie, nicht einmal gegenüber denen, vor denen sie den größten Respekt empfand), „aber ich würde genauso glauben, dass Holdsworth nie in unsere Nähe gekommen wäre. Da hast du also ein bisschen was von mir.

Und es war ein sehr unbefriedigendes Stück. Ich wusste nicht, was ich auf den Einblick in den wahren Sachverhalt antworten sollte, den die kluge Frau in ihrer Rede zum Ausdruck brachte. Deshalb versuchte ich, sie abzuschrecken, indem ich bei ihrer ersten Behauptung eine Überraschung vermutete.

„Falsch mit Phillis! Ich würde gerne wissen, warum Sie glauben, dass mit ihr etwas nicht stimmt. Sie sieht so blühend aus, wie es nur irgendjemand tun kann.“

„Armer Junge! du bist doch nur ein großes Kind; und Sie haben wahrscheinlich noch nie von Fieberwallungen gehört. Aber das wissen Sie auch nicht besser, mein feiner Kerl! Denken Sie also nicht daran, mich mit Blumen und Blüten und ähnlichem Gerede abzuschrecken. Was bringt sie dazu, stundenlang nächtelang herumzulaufen, wenn sie früher im Bett lag und schlief? Ich schlafe neben ihr und höre sie so deutlich wie möglich. Warum kommt sie keuchend herein und ist bereit, sich auf diesen Stuhl fallen zu lassen?“ – sie nickt jemandem zu, der dicht an der Tür steht – „und es ist ‚Oh! Betty, bitte etwas Wasser?‘ So kommt sie jetzt herein, als sie früher so frisch und strahlend zurückkam, wie sie hinausgegangen ist. Wenn Ihr Freund Sie falsch gespielt hat, ist er ein Deal, für den Sie sich verantworten müssen; Sie ist ein Mädchen, so süß und gesund wie eine Nuss und der Augapfel ihres Vaters und auch ihrer Mutter, nur steht sie mit ihr an zweiter Stelle nach dem Pfarrer. Du musst auf deinen Kerl aufpassen, denn ich für meinen Teil werde unserem Phillis kein Unrecht dulden.“

Was sollte ich tun oder sagen? Ich wollte Holdsworth rechtfertigen, Phillis' Geheimnis bewahren und die Frau gleichzeitig beruhigen. Ich fürchte, ich habe nicht den besten Kurs belegt.

„Ich glaube nicht, dass Holdsworth in seinem ganzen Leben jemals ein Wort von Liebe zu ihr gesprochen hat. Ich bin mir sicher, dass er das nicht getan hat.“

"Ay Ay! aber es gibt Augen und Hände sowie Zungen; und ein Mann hat zwei von dem einen und nur einen vom anderen.“

„Und sie ist so jung; Glaubst du, ihre Eltern hätten es nicht gesehen?“

"Also! Wenn Sie mir das verbieten, werde ich mutig „Nein“ sagen. Sie haben sie schon so lange „das Kind“ genannt – „das Kind“ ist immer ihr Name für sie, wenn sie untereinander über sie reden, als ob noch nie jemand anderes ein Mutterschaf vor ihnen gehabt hätte –, dass sie zu einem herangewachsen ist Sie sehen die Frau direkt vor ihren Augen, und sie sehen sie immer noch an, als wäre sie in ihren langen Kleidern. Und Sie haben noch nie von einem Mann gehört, der sich in ein Baby in langen Kleidern verliebt.

"NEIN!" sagte ich halb lachend. Aber sie verhielt sich so ernst wie eine Richterin.

„Ja! Sie sehen, Sie werden beim bloßen Gedanken daran lachen – und ich bin mir sicher, dass der Pfarrer, obwohl er kein lachender Mann ist, bei der Vorstellung, sich in das Kind zu verlieben, gekniffen hätte. Wohin geht Holdsworth?"

„Kanada", sagte ich knapp.

„Kanada hier, Kanada dort", antwortete sie gereizt. „Sagen Sie mir, wie weit er entfernt ist, anstatt mir Ihr Kauderwelsch zu erzählen. Ist er zwei oder drei oder eine Woche entfernt?"

„Er ist noch so weit weg – mindestens drei Wochen", rief ich verzweifelt. „Und er ist entweder verheiratet oder wird es gerade sein. Also da!" Ich erwartete einen neuen Wutausbruch. Aber nein; die Sache war zu ernst. Betty setzte sich und schwieg ein oder zwei Minuten lang. Sie sah so elend und niedergeschlagen aus, dass ich nicht anders konnte, als weiterzumachen und sie ein wenig ins Vertrauen zu ziehen.

„Es ist völlig wahr, was ich gesagt habe. Ich weiß, dass er nie ein Wort mit ihr gesprochen hat. Ich glaube, er mochte sie, aber jetzt ist alles vorbei. Das Beste, was wir tun können – das Beste und Freundlichste für sie – und ich weiß, dass du sie liebst, Betty –"

„Ich habe sie in meinen Armen gepflegt; „Ich habe ihrem kleinen Bruder den letzten Schluck irdischer Nahrung gegeben", sagte Betty und hielt ihre Schürze bis an die Augen.

"Also! Lasst uns ihr nicht zeigen, dass wir vermuten, dass sie trauert; umso schneller wird sie darüber hinwegkommen. Ihr Vater und ihre Mutter ahnen es nicht einmal, und wir müssen so tun, als ob wir es nicht wüssten. Jetzt ist es zu spät, etwas anderes zu tun."

„Ich werde es nie zulassen; Ich weiß nichts. Ich selbst habe zu meiner Zeit die wahre Liebe gekannt. Aber ich wünschte, er wäre verärgert gewesen, bevor er jemals in die Nähe dieses Hauses gekommen wäre, mit seinem „Bitte Betty" hier und „Bitte Betty" dort und dem Trinken unserer neuen Milch, als wäre er eine Katze. Ich hasse solche verführerischen Wege."

Ich dachte, es wäre besser, sie sich damit erschöpfen zu lassen, den abwesenden Holdsworth zu beschimpfen; Wenn es in mir schäbig und heimtückisch war, wurde ich direkt bestraft.

„Es ist eine Warnung für einen Mann, wie er verführt. Manche Männer tun es so leicht und unschuldig wie gurrende Tauben. Sei nicht einer von ihnen, mein Junge. Auch nicht, dass Sie die Gabe dafür hätten; Sie sehen nicht besonders hübsch aus, weder von der Figur noch vom Gesicht her, und es bräuchte schon eine taube Natter, sich von Ihren Worten überzeugen zu lassen, auch wenn sie vielleicht nicht besonders schädlich sind." Einem Jungen von neunzehn oder zwanzig Jahren fühlt sich eine so offene Meinung nicht einmal von der Ältesten und Hässlichsten ihres Geschlechts geschmeichelt; und ich war nur zu froh, das Thema durch meine wiederholten Aufforderungen, Phillis' Geheimnis zu bewahren, zu wechseln. Den Abschluss unseres Gesprächs bildete diese Rede von ihr:

„Du großer Gaupus, obwohl du Cousin des Ministers genannt wirst – mancher ist mit Narren als Cousins verflucht – meinst du, ich kann keinen Sinn erkennen, außer durch deine Brille? Ich gebe dir die Erlaubnis, mir die Zunge herauszuschneiden und sie an das Scheunentor zu nageln, um die Elstern zu warnen, wenn ich sie an die arme Frau rauslasse, entweder an sich selbst oder an irgendjemanden, der ihr gehört, wie die Bibel sagt. Jetzt, wo du gehört hast, wie ich die Sprache der Heiligen Schrift spreche, bist du vielleicht zufrieden und überlässt mir meine Küche.

Beschreibend

Grüne Heys-Felder

Von *Mary Barton* , 1848

Dies ist eine Beschreibung des Viertels in der Nähe von Mrs. Gaskells Haus zum Zeitpunkt des Schreibens *von Mary Barton* , und es war die Genauigkeit, mit der sie Manchester und seine Umgebung beschrieb, die ihre Leser zu dem Schluss führte, dass „Cotton Malther Mills, Esq." Der *Kampfname,* unter dem sie ihre Identität verbarg, war niemand anderes als Mrs. Gaskell. Miss Winkworth schrieb ein paar Wochen nach der Veröffentlichung über *Mary Barton* : „Ich wusste schon bei den ersten paar Worten, dass es ihr (Mrs. Gaskells) gehörte – über Green Heys Fields und den Stil, den sie mir beschrieb."

GIBT ES einige Felder, die den Einwohnern als „Green Heys Fields" bekannt sind und durch die ein öffentlicher Fußweg zu einem etwa zwei Meilen entfernten kleinen Dorf führt. Obwohl diese Felder flach und niedrig sind, ja, trotz des Mangels an Holz (die große und übliche Empfehlung ebener

Landstriche), haben sie einen Charme, der selbst den Bewohner einer Bergregion, der sie sieht, in Erstaunen versetzt und spürt den Kontrast zwischen diesen alltäglichen, aber durch und durch ländlichen Gebieten und der geschäftigen, geschäftigen Industriestadt, die er erst vor einer halben Stunde verlassen hat. Hier und da zeugt ein altes schwarz-weißes Bauernhaus mit seinen weitläufigen Nebengebäuden von anderen Zeiten und anderen Berufen als denen, die heute die Bevölkerung der Nachbarschaft aufnehmen. Hier kann man zu jeder Jahreszeit die ländlichen Geschäfte des Heuerntens, Pflügens usw. beobachten, die für die Stadtbewohner ein so angenehmes Geheimnis darstellen; und hier kann der Handwerker, taub vom Lärm der Zungen und Maschinen, eine Weile kommen, um den köstlichen Geräuschen des Landlebens zu lauschen: dem Brüllen des Viehs, dem Ruf der Melkerin, dem Klappern und Gackern des Geflügels auf den alten Bauernhöfen. Kein Wunder also, dass diese Felder zu jeder Urlaubszeit beliebte Urlaubsorte sind; und Sie würden sich nicht wundern, wenn Sie den Charme eines bestimmten Stils erkennen oder ihn richtig beschreiben könnten, dass er bei solchen Gelegenheiten ein überfüllter Rastplatz sein sollte. In der Nähe befindet sich ein tiefer, klarer Teich, in dessen dunkelgrünen Tiefen sich die schattenspendenden Bäume spiegeln, die sich darüber neigen, um die Sonne abzuschirmen. Der einzige Ort, an dem die Ufer abfallen, ist an der Seite neben einem weitläufigen Bauernhof, der zu einem dieser altmodischen schwarz-weißen Giebelhäuser gehört, die ich oben genannt habe, und mit Blick auf das Feld, durch das der öffentliche Fußweg führt. Die Veranda dieses Bauernhauses ist von einem Rosenstrauch bedeckt; und der kleine Garten, der ihn umgibt, ist überfüllt mit einer Mischung aus altmodischen Kräutern und Blumen, die vor langer Zeit gepflanzt wurden, als der Garten der einzige Drogerieladen in Reichweite war, und in wilder Üppigkeit wachsen durften – Rosen, Lavendel, Salbei, Melisse (für Tee), Rosmarin, Nelken und Mauerblümchen, Zwiebeln und Jasmin, in höchst republikanischer und wahlloser Reihenfolge. Dieses Bauernhaus und der Garten liegen nur hundert Meter von dem Zauntritt entfernt, von dem ich gesprochen habe, und führen von dem großen Weidefeld in ein kleineres, das durch eine Hecke aus Weißdorn und Schlehe getrennt ist; und in der Nähe dieses Zauntritts, auf der anderen Seite, erzählt man sich, dass oft Primeln und gelegentlich das blaue, süße Veilchen auf dem grasbewachsenen Heckenufer zu finden seien.

Ich weiß nicht, ob es sich um einen Feiertag handelte, der von den Herren gewährt wurde, oder um einen Feiertag, den sich die Arbeiter im Namen der Natur und ihres schönen Frühlings zu eigen machten, aber eines Nachmittags (vor jetzt zehn oder einem Dutzend Jahren) waren diese Felder überfüllt . Es war ein früher Maiabend – der April der Dichter; denn den ganzen Vormittag über hatte es heftige Regenschauer gegeben, und die runden, weichen, weißen Wolken, die der Westwind über den dunkelblauen

Himmel wehte, wechselten manchmal durch eine schwärzere und bedrohlichere. Die Sanftheit des Tages lockte die jungen grünen Blätter hervor, die fast sichtbar zum Leben erwachten; und die Weiden, die an diesem Morgen im Wasser unten nur einen braunen Widerschein gehabt hatten, waren jetzt von jenem zarten Graugrün, das so zart mit der Frühlingsharmonie der Farben verschmilzt.

Gruppen fröhlicher und etwas lauter sprechender Mädchen im Alter zwischen zwölf und zwanzig Jahren kamen mit beschwingtem Schritt vorbei. Die meisten von ihnen waren Fabrikmädchen und trugen die übliche Outdoor-Kleidung dieser besonderen Klasse von Mädchen: nämlich einen Schal, der zur Mittagszeit oder bei schönem Wetter nur ein Schal sein durfte, aber gegen Abend, oder Wenn der Tag kühl war, wurde es zu einer Art spanischer Mantilla oder schottischem Plaid und wurde über den Kopf gezogen und locker heruntergehängt oder auf keine unmalerische Weise unter dem Kinn festgesteckt.

Ihre Gesichter waren nicht besonders schön; tatsächlich lagen sie bis auf ein oder zwei Ausnahmen unter dem Durchschnitt; Sie hatten dunkles Haar, ordentlich und klassisch frisiert, dunkle Augen, aber einen blassen Teint und unregelmäßige Gesichtszüge. Das Einzige, was einem Passanten auffiel, war die Scharfsinnigkeit und Intelligenz des Gesichtsausdrucks, die man in einer Industriebevölkerung oft bemerkt hat.

Es gab auch eine Menge Jungen oder vielmehr junge Männer, die auf diesen Feldern umherirrten, bereit, mit jedem Witze zu machen, und besonders bereit, sich mit den Mädchen zu unterhalten, die sich jedoch nicht schüchtern, sondern abseits hielten eher auf eine unabhängige Art und Weise, die eine gleichgültige Haltung gegenüber dem lauten Witz oder den aufdringlichen Komplimenten der Jungs annimmt. Hier und da kam ein nüchternes, ruhiges Paar, entweder flüsternde Liebende oder Ehemann und Ehefrau, je nachdem; und wenn letzteres der Fall war, waren sie selten unbelastet von einem Kleinkind, das zum größten Teil vom Vater getragen wurde, während gelegentlich sogar drei oder vier kleine Kleinkinder bis hierher getragen oder geschleppt wurden, damit die ganze Familie den köstlichen Mainachmittag genießen konnte zusammen.

Eine Teeparty in Lancashire in den frühen vierziger Jahren

Von *Mary Barton* .

MRS. BARTON holte den Türschlüssel aus ihrer Tasche; und als sie das Haus betraten, schien es, als ob sie sich in völliger Dunkelheit befänden, bis auf einen hellen Fleck, der ein Katzenauge oder, was es war, ein glühendes Feuer sein konnte, das unter einem großen Stück Kohle schwelte, das John Barton sofort auflöste, und der sofort erzeugte Effekt war warmes und leuchtendes

Licht in jeder Ecke des Raumes. Um das Ganze noch zu verstärken (obwohl der grobe gelbe Glanz im rötlichen Schein des Feuers verloren zu gehen schien), zündete Mrs. Barton ein Bad an, indem sie es ins Feuer steckte, und nachdem sie es zufriedenstellend in einen Zinnkerzenhalter gestellt hatte, begann sie, sich weiter umzusehen , auf gastfreundliche Gedanken Absicht. Das Zimmer war einigermaßen groß und verfügte über viele Annehmlichkeiten. Als man eintrat, befand sich rechts von der Tür ein längliches Fenster mit einem breiten Sims. Auf jeder Seite davon hingen blau-weiß karierte Vorhänge, die jetzt zugezogen waren, um die Freunde einzuschließen, die sich zum Vergnügen trafen. Zwei unbeschnittene und belaubte Geranien, die auf dem Fenstersims standen, bildeten einen weiteren Schutz vor Plünderern im Freien. In der Ecke zwischen dem Fenster und dem Kamin stand ein Schrank, offenbar voll mit Tellern und Schüsseln, Tassen und Untertassen und einigen weiteren unscheinbaren Gegenständen, von denen man annehmen konnte, dass ihre Besitzer keine Verwendung finden würden – wie zum Beispiel dreieckige Glasstücke Schützen Sie Tranchiermesser und -gabeln vor schmutzigen Tischdecken. Es war jedoch offensichtlich, dass Mrs. Barton stolz auf ihr Geschirr und ihr Glas war, denn sie ließ die Tür ihres Schranks offen und warf einen zufriedenen und erfreuten Blick in die Runde. Auf der der Tür und dem Fenster gegenüberliegenden Seite befanden sich die Treppe und zwei Türen, von denen eine (die dem Feuer am nächsten gelegene) in eine Art kleine Hinterküche führte, in der schmutzige Arbeiten wie das Abwaschen des Geschirrs erledigt werden konnten dessen Regale als Speisekammer, Speisekammer, Lagerraum und so weiter dienten. Die andere Tür, die wesentlich niedriger war, führte in das Kohlenloch – den schrägen Schrank unter der Treppe, von dem aus ein buntes Stück Wachstuch zum Kamin hingelegt war. Der Ort schien mit Möbeln fast vollgestopft zu sein (sicheres Zeichen für eine gute Zeit zwischen den Mühlen). Unter dem Fenster befand sich eine Kommode mit drei tiefen Schubladen. Gegenüber dem Kamin stand ein Tisch, den ich einen Pembroke-Tisch nennen sollte, nur dass er aus Fichtenholz gefertigt war, und ich kann nicht sagen, inwieweit ein solcher Name auf so bescheidenes Material angewendet werden kann. Darauf, an der Wand gelehnt, stand ein leuchtend grünes, lackiertes Teetablett, auf dem sich in der Mitte ein scharlachrotes Liebespaar umarmte. Das Feuerlicht tanzte fröhlich darauf und verlieh dieser Seite des Zimmers tatsächlich (jeden Geschmack außer dem eines Kindes außer Acht lassend) eine Fülle von Farben. Es wurde gewissermaßen von einer purpurroten Teedose gestützt, die ebenfalls aus Japan war. In der Ecke neben dem Schrank stand ein runder Tisch auf einem verzweigten Bein, der eigentlich zum Gebrauch bestimmt war; Und wenn Sie sich das alles mit einem verwaschenen, aber sauberen Schablonenmuster an den Wänden vorstellen können, können Sie sich eine Vorstellung von John Bartons Zuhause machen.

Bald wurde das Tablett heruntergehoben, und bevor das fröhliche Klappern von Tassen und Untertassen begann, entledigten sich die Frauen ihrer Outdoor-Sachen und schickten Mary mit nach oben. Dann erklang ein langes Flüstern und Geldklingeln, dem Mr. und Mrs. Wilson aus Höflichkeit nicht nachkamen; Sie wussten, und das taten sie auch sehr gut, dass alles mit den Vorbereitungen für die Gastfreundschaft zu tun hatte: Gastfreundschaft, die sie ihrerseits mit großer Freude anbieten würden . Deshalb versuchten sie, sich eifrig um die Kinder zu kümmern und nicht auf Mrs. Bartons Anweisungen an Mary zu hören.

„Lauf, Mary, meine Liebe, gleich um die Ecke und hol ein paar frische Eier bei Tipping's (vielleicht bekommst du eins pro Stück, das kostet dann fünf Pence) und schau, ob er einen schönen Schinkenschnitt hat, von dem er uns ein Pfund geben würde ."

„Sagen Sie zwei Pfund, Missis, und seien Sie nicht geizig", stimmte der Ehemann zu.

„Nun, eineinhalb Pfund, Mary. Und besorg dir den Cumberland-Schinken, denn Wilson kommt von dort – weg, und er wird eine Art Heimatgefühl damit haben, das ihm gefallen wird – und Mary" (sie sah, dass das Mädchen am liebsten weg wäre), „du musst einen Pennyworth kaufen." Milch und ein Laib Brot – achten Sie darauf, dass es frisch und frisch ist – und, und – das ist alles, Mary."

„Nein, das ist nicht alles", sagte ihr Mann. „Du musst Rum im Wert von sechs Pennys besorgen, um den Tee aufzuwärmen; Du bekommst es bei den „Grapes". Und du gehst einfach zu Alice Wilson; er sagt, sie wohnt gleich um die Ecke, unter 14, Barber Street" (dies war an seine Frau gerichtet); „Und sag ihr, sie soll kommen und ihren Tee mit uns trinken; Sie wird ihren Bruder gerne sehen. Ich werde gebunden sein, geschweige denn Jane und die Zwillinge."

„Wenn sie kommt, muss sie eine Teetasse und eine Untertasse mitbringen, denn wir haben nur ein halbes Dutzend, und hier sind wir sechs", sagte Mrs. Barton.

„Puh, puh! Jem und Mary können bestimmt aus einem trinken."

Aber Mary beschloss insgeheim, dafür zu sorgen, dass Alice ihre Teetasse und Untertasse mitbrachte, wenn die Alternative darin bestünde, dass sie etwas mit Jem teilte.

Alice Wilson war gerade erst hereingekommen. Sie war den ganzen Tag auf den Feldern gewesen und hatte Wildkräuter für Getränke und Medikamente gesammelt, denn zu ihren unschätzbaren Qualitäten als Krankenpflegerin und ihren weltlichen Beschäftigungen als Wäscherin kam noch ein beträchtliches hinzu Kenntnisse im Hecken- und Feldgehölz; und an schönen Tagen, wenn sich keine gewinnbringendere Beschäftigung bot, schlenderte sie, so weit ihre Beine sie tragen konnten, durch die Gassen und Wiesen. Heute Abend war sie mit Brennnesseln beladen zurückgekehrt, und ihr erstes Ziel war es, eine Kerze anzuzünden und dafür zu sorgen, dass sie sie in Bündeln an jedem verfügbaren Platz in ihrem Kellerraum aufhängte. Es war die Perfektion der Sauberkeit; In einer Ecke stand das bescheiden aussehende Bett mit einem karierten Vorhang am Kopfende, und die weiß getünchte Wand füllte die Stelle aus, an der das entsprechende Bett hätte stehen sollen. Der Boden war gemauert und makellos sauber, wenn auch so feucht, dass es schien, als würde die letzte Wäsche nie eintrocknen. Da das Kellerfenster auf einen Bereich auf der Straße hinausging, in den Jungen Steine werfen konnten, war es durch einen Außenladen geschützt und seltsamerweise mit Hecken, Gräben und Feldpflanzen aller Art geschmückt, die wir als wertlos bezeichnen , die aber eine starke Wirkung entweder zum Guten oder zum Bösen haben und daher unter den Armen häufig verwendet werden. Der Raum war mit diesen Bündeln übersät, aufgehängt und verdunkelt, die beim Trocknen keinen besonders wohlriechenden Geruch verströmten. In einer Ecke befand sich eine Art breites Hängeregal aus alten Brettern, in dem einige alte Schätze von Alice aufbewahrt wurden. Ihr kleines Geschirrteil stand auf dem Kaminsims, wo auch ihr Kerzenständer und ihre Streichholzschachtel standen. Ein kleiner Schrank enthielt unten Kohlen und oben ihr Brot und eine Schüssel mit Haferflocken, ihre Bratpfanne, ihre Teekanne und einen kleinen Blechtopf, der als Wasserkocher und zum Kochen der zarten kleinen Brühe diente die Alice manchmal für einen kranken Nachbarn herstellen konnte.

Nach ihrem Spaziergang fühlte sie sich fröstelnd und müde und war damit beschäftigt, ihr Feuer mit feuchten Kohlen und halbgrünen Stöcken anzuzünden, als Mary klopfte.

„Kommen Sie herein", sagte Alice, erinnerte sich jedoch daran, dass sie die Tür für die Nacht verriegelt hatte, und beeilte sich, jedem den Eintritt zu ermöglichen.

„Bist du das, Mary Barton?" rief sie, als das Licht der Kerze auf das Gesicht des Mädchens fiel. „Wie erwachsen bist du, seit ich dich bei meinem Bruder gesehen habe! Komm rein, Mädchen, komm rein.

„Bitte", sagte Mary fast atemlos, „Mutter sagt, du sollst zum Tee kommen und deine Tasse und Untertasse mitbringen, denn George und Jane Wilson sind bei uns, und die Zwillinge und Jem. Und bitte beeilen Sie sich."

„Ich bin sicher, dass deine Mutter sehr nachbarschaftlich und freundlich ist, und ich werde mit großem Dank kommen. Bleib, Maria; Hat deine Mutter Brennnesseln als Frühlingstrunk? Wenn nicht, bringe ich ihr welche mit.“

„Nein, ich glaube nicht, dass sie das getan hat.“

Mary rannte wie ein Hase davon, um den für ein machthungriges dreizehnjähriges Mädchen zu erfüllen, das der interessantere Teil ihres Auftrages war – den Teil, bei dem es darum ging, Geld auszugeben. Und sie erledigte ihr Geschäft gut und geschickt und kehrte mit einer kleinen Flasche Rum und den Eiern in der einen Hand nach Hause zurück, während die andere mit ausgezeichnetem rot-weißem Cumberland-Schinken mit Rauchgeschmack gefüllt war, der in Papier eingewickelt war .

Sie war zu Hause und briet Schinken, bevor Alice ihre Brennnesseln ausgesucht hatte, löschte ihre Kerze, schloss die Tür ab und ging mit sehr schmerzenden Füßen bis zu John Bartons Haus. Was für eine Behaglichkeit bot sein Haus nach seinem bescheidenen Keller! An einen Vergleich dachte sie nicht; Trotzdem spürte sie den köstlichen Schein des Feuers, das helle Licht, das in jeder Ecke des Raumes schwelgte, die herzhaften Gerüche, die angenehmen Geräusche eines kochenden Wasserkochers und den zischenden, krausen Schinken. Mit einem kleinen altmodischen Knicks schloss sie die Tür und antwortete mit liebevollem Herzen auf den ausgelassenen und überraschten Gruß ihres Bruders.

Und nun, da alle Vorbereitungen getroffen waren, setzte sich die Gruppe zusammen; Mrs. Wilson auf dem Ehrenposten, im Schaukelstuhl, auf der rechten Seite des Feuers, stillte ihr Baby, während sein Vater, in einem Sessel gegenüber, vergeblich versuchte, das andere mit in Milch getränktem Brot zu beruhigen .

Mrs. Barton kannte sich mit Manieren zu gut aus, um etwas anderes zu tun, als sich an den Teetisch zu setzen und Tee zu kochen, obwohl sie sich in ihrem Herzen danach sehnte, das Braten des Schinkens beaufsichtigen zu können, und Mary viele besorgte Blicke zuwarf, als sie den Schinken zerbrach Eier und wendete den Schinken, mit einer sehr angenehmen Portion Vertrauen in ihre eigenen Kochkünste. Jem stand unbeholfen an der Kommode gelehnt und antwortete ziemlich schroff auf die Reden seiner Tante, die ihm, wie er glaubte, das Aussehen eines kleinen Jungen verliehen; während er sich für einen jungen Mann hielt, und auch nicht für einen sehr jungen Mann, denn in zwei Monaten würde er achtzehn sein. Barton vibrierte zwischen dem Feuer und dem Teetisch, sein einziger Nachteil war die Vorstellung, dass das Gesicht seiner Frau hin und wieder rot wurde und sich zusammenzog, als hätte sie Schmerzen.

Endlich begann das Geschäft tatsächlich. Messer und Gabeln, Tassen und Untertassen machten Geräusche, aber die menschlichen Stimmen waren still, denn die Menschen waren hungrig und hatten keine Zeit zum Sprechen. Alice brach zuerst das Schweigen; Sie hielt die Teetasse in der Art, als würde sie einen Toast ausbringen, und sagte: „Auf abwesende Freunde. Freunde treffen sich vielleicht, Berge aber nie."

Es war ein unglücklicher Toast oder ein unglückliches Gefühl, wie sie sofort spürte. Jeder dachte an Esther, die abwesende Esther; und Mrs. Barton stellte ihr Essen ab und konnte ihre Tränen nicht verbergen. Alice hätte sich die Zunge herausbeißen können.

Der Abend war wie eine nasse Decke; Denn obwohl in den Bereichen, die gesagt und vorgeschlagen werden konnten, alles gesagt und vorgeschlagen worden war, verspürte jeder den Wunsch, der armen Mrs. Barton etwas Trost zu sagen, und eine Abneigung, über irgendetwas anderes zu sprechen, während ihre Tränen schnell flossen und Verbrühungen. Also machten sich George Wilson, seine Frau und seine Kinder früh auf den Heimweg, nicht bevor sie (trotz *Mal-à-propos* -Reden) den Wunsch geäußert hatten, dass solche Treffen öfter stattfinden könnten, und nicht bevor John Barton seine herzliche Zustimmung gegeben hatte , und erklärte, dass sie, sobald es seiner Frau wieder gut gehe, wieder einen solchen Abend verbringen würden.

„Ich werde darauf achten, dass ich es nicht verderbe", dachte die arme Alice; Sie ging auf Mrs. Barton zu, nahm fast demütig ihre Hand und sagte: „Sie wissen nicht, wie leid es mir tut, dass ich das gesagt habe."

Zu ihrer Überraschung, die ihr Freudentränen in die Augen trieb, legte Mary Barton die Arme um ihren Hals und küsste die vorwurfsvolle Alice. „Du hast es nicht böse gemeint, und ich war dumm; Nur diese Arbeit über Esther und die Tatsache, dass ich nicht weiß, wo sie ist, liegt mir so schwer auf dem Herzen. Gute Nacht und denk nie mehr darüber nach. Gott segne dich, Alice."

Als Alice an diesem Abend in ihrem späteren Leben noch einmal Revue passieren ließ, segnete sie Mary Barton oft für diese freundlichen und nachdenklichen Worte. Aber in diesem Moment konnte sie nur sagen: „Gute Nacht, Maria, und möge Gott *dich segnen* ."

Babbys Reise von London nach Manchester

Von *Mary Barton* .

„ DANN wollten wir das stämmige kleine Baby mit nach Hause nehmen. Wir hatten nicht mehr viel Geld übrig; aber es war schönes Wetter, und wir dachten, wir würden mit der Kutsche nach Brummagem fahren und weitergehen. Es war ein heller Maimorgen, als ich die Stadt London zum

letzten Mal sah, als ich von einem großen Hügel aus ein oder zwei Meilen
entfernt zurückblickte. Und in dieser großen Masse von einem Ort ließ ich
mein gesegnetes Kind schlafen – in seinem letzten Schlaf. Nun, Gottes Wille
geschehe! Sie ist vor mir in den Himmel gekommen; Aber ich werde es
endlich schaffen, Gott sei Dank, auch wenn es noch eine Weile dauern wird.

„Das Baby war gefüttert worden, bevor wir losfuhren, und die Kutsche, die
sich bewegte, ließ es schlafen, Gott segne sein kleines Herz! Aber als der Bus
zum Abendessen anhielt, war er wach und weinte um seine Kinder. Also
baten wir um etwas Brot und Milch, und Jennings nahm es zuerst, um es zu
füttern; aber es machte seinen Mund wie ein Quadrat und ließ ihn an allen
vier Ecken auslaufen. „Schütteln Sie es, Jennings“, sage ich; „So lässt man
Wasser durch einen Trichter laufen, wenn dieser überfüllt ist; Und der Mund
eines Kindes ist das breite Ende des Trichters und die Speiseröhre das
schmale. Also schüttelte er es, aber es weinte nur noch mehr. „Gib es mir“,
sage ich und denke, er sei ein ungeschickter Oud-Typ. Aber bei mir war es
genauso schlimm. Indem wir das Baby schüttelten, bekamen wir keine
Kiemen in sein Maul, aber das kam auch nicht wieder hoch und benetzte die
schöne trockene Kleidung, die die Vermieterin angezogen hatte. Nun, gerade
als wir am Esstisch angekommen waren, uns selbst bedienten und zwei
Bissen aßen, kam die Wache herein und ein netter Kerl mit einer Probe
Kattun in der Hand. „Trainer ist bereit!“ sagt einer; „Eine halbe Krone für
Ihr Abendessen!“ sagt der andere. Nun, wir hielten es für ein Schnäppchen
für unsere beiden Abendessen, obwohl wir sie kaum probiert hatten; Aber
Gott segne dich, es kostete eine halbe Krone pro Stück und einen Schilling
für das Brot und die Milch, die überall auf Babys Kleidung zu finden waren.
Wir haben es noch einmal ausgesprochen; Aber alle sagten, es sei die Regel,
also was könnten zwei arme Oud-Typen wie wir es noch einmal tun? Nun ja,
das arme Baby weinte, ohne anzuhalten, um Luft zu holen, seit dieser Zeit,
bis wir für die Nacht in Brummagem ankamen. Mein Herz schmerzte für das
kleine Ding. Es packte seinen kleinen Mund an unseren Mantelärmeln und
an unserem Mund, als wir versuchten, es zu trösten, indem wir mit ihm
redeten. Armes kleines Mädchen; Es wollte seine Mutter und lag kalt im
Grab. „Nun“, sagte ich, „es wird zu Tode gequetscht, wenn es sein
Abendessen so ausstößt, wie es sein Abendessen einnahm.“ Lasst uns eine
Frau bitten, es zu füttern; Für Frauen ist es selbstverständlich, für Babys zu
sorgen.‘ So fragten wir nach dem Zimmermädchen im Gasthof, und sie
nahm es sehr freundlich auf; und wir bekamen ein gutes Abendessen und
wurden durch die Wärme und unseren langen Ritt im Freien müde und
schläfrig. Das Zimmermädchen sagte, sie hätte gerne mit ihr geschlafen, nur
Fräulein würde so schimpfen; Aber als es in ihren Armen lag, sah es so ruhig
und lächelnd aus, dass wir dachten, es würde kein Problem sein, es bei uns
zu haben. Ich sage: „Sehen Sie, Jennings, wie Frauen ihre Babys beruhigen;
Es ist genau so, wie ich es gesagt habe.‘ Er sah ernst aus; Er wirkte immer

nachdenklich, obwohl ich ihn nie sehr tiefgründig sagen hörte. Endlich sagt er:

"'Junge Frau! Hast du noch einen Schlummertrunk bekommen?'

„'Missis hält immer einen Schlummertrunk für Herren bereit, da sie nicht gerne auspackt', sagt sie ziemlich schnell.

„'Ja, aber, junge Frau, es ist einer Ihrer Schlummertrunke, den ich will. Das Baby scheint sich für dich interessiert zu haben; Und vielleicht könnte es mich im Dunkeln mit dir verwechseln, wenn ich deinen Schlummertrunk aufgesetzt hätte.'

„Das Zimmermädchen grinste und holte sich eine Mütze, aber ich lachte regelrecht über den bärtigen Kerl, der dachte, er würde sich wie eine Frau machen, wenn er nur eine Frauenmütze aufsetzte. Da er sich jedoch nicht auslachen ließ, hielt ich das Baby fest, bis es im Bett lag. Was für eine Nacht, wie wir sie hatten! Babby fing an, auf die altmodische Art und Weise zu schreien, und wir drehten uns abwechselnd hin und her und rockten es. Mein Herz tat mir sehr weh wegen des Kleinen, als es mit seinem Maul herumtastete; aber für einen Moment konnte ich mich kaum davon abhalten, über den Gedanken an uns zwei alte Kerle zu lächeln, die mit dem Nachtmütze einer Frau die halbe Nacht auf unseren Hinterbeinen saßen und ein Baby zum Schweigen brachten, wie es nicht sein würde gestillt. Bald Morgen, armes kleines Mädchen! Es schlief ein, ziemlich müde vom Weinen, aber selbst im Schlaf schluchzte es so jämmerlich und zitterte bis in den tiefsten Grund seines kleinen Herzens, dass ich ein- oder zweimal fast wünschte, es läge in Frieden an der Brust seiner Mutter für immer. Auch Jennings schlief ein; aber ich begann, unser Geld abzurechnen. Wir hatten nur noch wenig übrig, unser Abendessen am Vortag hatte so viel gekostet. Ich wusste nicht, wie hoch unsere Rechnung für die Übernachtung, das Abendessen und das Frühstück sein würde. Wenn ich eine Summe machte, schlief ich immer ein, weil ich ein Junge war. So wurde ich nach kurzer Zeit gesund und wurde nur von einem Zimmermädchen geweckt, das an die Tür klopfte und sagte, sie würde das Baby anziehen, bevor ihre Mädels auf wären, wenn wir wollten. Aber Gott sei Dank, wir hatten in der Nacht zuvor nie daran gedacht, es auszuziehen, und jetzt schlief es so fest und wir waren so froh über den Frieden und die Stille, dass wir dachten, es wäre sinnlos, es zum Kreischen zu wecken wieder.

"Also! (Da ist Mary, die schläft, eine gute Zuhörerin!) Ich nehme an, Sie werden meiner Geschichte langsam überdrüssig, also werde ich nicht lange damit aufhören, sie zu beenden. Die Abrechnung ließ uns sehr entblößt zurück, und wir dachten, wir sollten am besten zu Fuß nach Hause gehen, denn es seien nur sechzig Meilen, sagten sie uns, und nicht noch einmal anhalten, um nichts zu kaufen, außer Proviant. Also verließen wir

Brummagem (das ein ebenso schwarzer Ort ist wie Manchester, ohne so sehr wie zu Hause auszusehen) und gingen an diesem Tag weiter, immer wieder mit Baby im Arm. Bevor wir abreisten, wurde das Zimmermädchen gut gefüttert, und der Tag war schön, und die Leute fingen an, etwas über die richtige Art zu sprechen zu lernen, und wir waren fröhlicher, als wir an unser Zuhause dachten (obwohl meins, Gott weiß es). , waren einsam genug). Wir machten keine Pause zum Abendessen, aber zur Absackzeit bekamen wir in einem Wirtshaus eine gute Mahlzeit und fütterten das Baby, so gut wir konnten, aber das war nur dürftig. Wir haben auch eine Kruste zum Lutschen bekommen – das Zimmermädchen hat uns dazu gebracht. Ich weiß nicht, ob wir in dieser Nacht müde waren oder nicht, aber es war harte Arbeit, und die arme kleine Frau hatte ihren Schlaf ausgeschlafen und begann zu schreien, was mir erneut das Herz zermürbte. Sagt Jennings, sagt er:

„'Wir hätten uns gestern nicht so wie ein Gentleman auf den Weg in die Kutsche machen sollen.'

„'Nein, Junge! Wir hätten mehr zu Fuß gehabt, wenn wir nicht geritten wären, und ich bin sicher, Sie und ich sind beide des Trampelns müde.'

„Also war er ein bisschen still. Aber er war einer von denen, die mit Sicherheit herausfinden würden, dass etwas falsch gemacht wurde, als es kein Zurück mehr gab, um es wieder rückgängig zu machen. So plötzlich hustet er, als wollte er etwas sagen, und ich sage mir: „Noch einmal, mein Junge." Sagt er:

„'Ich entschuldige mich, Nachbar, aber mir kommt es so vor, als wäre es für meinen Sohn besser gewesen, wenn er nie begonnen hätte, mit Ihrer Tochter Gesellschaft zu leisten.'

"Also! Das brachte mich in Aufregung, und mein Herz wurde sehr erfüllt, und wenn ich nicht *ihr Baby* getragen hätte , hätte ich ihn, glaube ich, umgehauen. Endlich konnte ich es nicht mehr zurückhalten und sagte:

„'Sagen wir besser gleich, es wäre besser gewesen, wenn Gott die Welt nie erschaffen hätte, denn dann wären wir nie in ihr gewesen, wenn wir die müden Herzen gehabt hätten, die wir jetzt haben.'

"Also! er sagte, das sei reine Gotteslästerung; aber ich dachte, dass seine Art, die Ereignisse, die Gott gesandt hatte, noch einmal hochzuwerfen, noch schlimmere Gotteslästerung sei. Allerdings sagte ich nichts wütenderes, um des kleinen Babys willen, ebenso wie um das Kind seines toten Sohnes und meiner toten Tochter.

„Der längste Weg wird eine Biegung haben, und diese Nacht ging endlich zu Ende, und wir hatten wunde Füße und waren müde genug, und meiner Meinung nach wurde das Baby immer schwächer und es schmerzte mein

Herz, sein leises Jammern zu hören! Ich hätte meine rechte Hand für einen
der herzlichen Schreie von gestern hergegeben. Wir wollten unser Frühstück,
und das wolltest du auch, mutterloses Baby! Wir konnten keine Wirtshäuser
sehen, also hielten wir gegen sechs Uhr (wir dachten nur, es sei später) an
einem Häuschen an, wo eine Frau in der Nähe der offenen Tür umherging.
Ich sage: „Gute Frau, können wir uns etwas ausruhen?" „Kommen Sie
herein", sagt sie und wischt mit ihrer Schürze einen Stuhl ab, der zuvor hell
genug aussah. Es war ein fröhlicher, sauberer Raum; und wir waren froh, uns
wieder hinsetzen zu können, obwohl ich dachte, meine Beine würden sich
nie an den Knien beugen. In einer Minute bemerkte sie das Baby, nahm es
in die Arme und küsste es immer wieder. „Missis", sage ich, „wir sind nicht
ohne Geld, und wenn Sie uns etwas zum Frühstück geben würden, würden
wir Sie ehrlich bezahlen, und wenn Sie das arme Baby waschen und anziehen
würden und ein paar Pobbies hineinbringen würden." Hals, denn er ist fast
verschlossen, ich würde für dich beten bis zu meinem Todestag.' Also sagte
sie nichts, sondern gab mir das Baby zurück, und bevor man Jack Robinson
sagen konnte, stellte sie eine Pfanne auf das Feuer und Brot und Käse auf
den Tisch. Als sie sich umdrehte, war ihr Gesicht rot und ihre Lippen waren
fest zusammengepresst. Also! Wir waren überglücklich über unser
Frühstück, und Gott segne und belohne diese Frau für ihre Freundlichkeit
an diesem Tag! Sie fütterte das arme Baby so sanft und sanft und sprach so
zärtlich mit ihm, wie es seine eigene arme Mutter hätte tun können. Es
schien, als hätten sich dieser Fremde und er schon einmal gekannt, vielleicht
im Himmel, wo die Geister der Menschen herkommen, heißt es; Das Baby
blickte ihr so liebevoll in die Augen und machte kleine Geräusche, die eher
einer Taube glichen als irgendetwas anderem. Dann zog sie es aus (armer
Schatz! Es war Zeit), berührte es sanft und wusch es von Kopf bis Fuß; und
da viele seiner Kleidungsstücke schmutzig waren und die Sachen, die seine
Mutter für ihn vorbereitet hatte, vom Spediteur aus London geschickt
worden waren, legte sie beiseite; Sie wickelte das kleine nackte Baby in ihre
Schürze, zog einen Schlüssel heraus, der an einem schwarzen Band befestigt
war, ließ ihn an ihrer Brust hängen und öffnete eine Schublade in der
Kommode. Es tat mir leid, neugierig zu sein, aber ich konnte nicht umhin,
in der Schublade ein paar kleine Kinderkleider zu sehen, ganz mit Lavendel
übersät, und daneben lagen eine kleine Peitsche und eine kaputte Rassel.
Damals bekam ich einen Einblick in das Herz dieser Frau. Sie holte ein oder
zwei Sachen heraus, schloss die Schublade ab und zog sich weiter an, Baby.
In diesem Moment kam ihr Mann herunter, ein großer Kerl, der nicht halb
wach aussah, obwohl es schon spät war; aber er hatte alles gehört, was unten
gesagt worden war, wie deutlich zu sehen war; aber er war ein schroffer Kerl.
Wir hatten unser Frühstück beendet und Jennings blickte die Frau
aufmerksam an, während sie das Baby mit einer Art Schaukelbewegung zum
Schlafen brachte. Schließlich sagt er: „Ich habe den Weg jetzt gelernt; Es sind

zwei Jiggits und ein Shake, zwei Jiggits und ein Shake. Ich kann das Baby jetzt selbst zum Einschlafen bringen.'

„Der Mann hatte uns ziemlich verärgert zugenickt, war zur Tür gegangen und stand pfeifend da, die Hände in den Hosentaschen, und schaute ins Ausland. Aber schließlich dreht er sich um und sagt ziemlich scharf:

„„Ich sage, Missis, ich soll heute vermutlich nicht frühstücken.'

„So sehr, dass sie das Kind küsste, einen langen, sanften Kuss; und schaute mir ins Gesicht, um zu sehen, ob ich ihre Bedeutung verstehen konnte, und gab mir wortlos das Baby. Ich wollte mich nur ungern rühren, aber ich sah, dass es besser war, zu gehen. Ich gebe Jennings einen scharfen Schubs (denn er war eingeschlafen) und sage: „Missis, was soll ich bezahlen?" Ich ziehe mit einem Jingle mein Geld heraus, damit sie nicht vermutet, dass wir überhaupt kein Geld haben. Da schaut sie ihren Mann an, der kein Wort sagte, aber trotzdem mit allen Ohren zuhörte; Und als sie sah, dass er nichts sagen wollte, sagte sie zögernd, als wäre sie von ihrer Angst vor ihm in zwei Richtungen getrieben: „Solltest du Sixpence über viel nachdenken?" Es war so anders als in der Gastwirtschaft, denn wir hatten eine Hauptspeise gegessen, bevor der Kerl kam. Also sage ich: „Und, Missis, was sollen wir Ihnen für das Brot und die Milch des Babys geben?" (Einmal hatte ich im Kopf, „und für deine Mühe damit" zu sagen, aber mein Herz wollte es mir nicht sagen, denn ich konnte an ihrer Art ablesen, dass es ein Werk der Liebe gewesen war.) Also sagt sie ganz schnell und wirft einen verstohlenen Blick auf den Rücken ihres Mannes, der ganz Ohr hat, wenn das jemals ein Rücken getan hat: „Oh, wir könnten nichts für das Essen des kleinen Babys nehmen, wenn es doppelt so viel gefressen hätte, Gott segne es." ' Wi', dass er sie ansah; So ein finsterer Blick! Sie wusste, was er meinte, und trat sanft über den Boden auf ihn zu und legte ihre Hand auf seinen Arm. Es schien, als würde er es durch einen Ruck an seinem Ellbogen abschütteln, aber sie sagte ganz leise: „Um des armen kleinen Johnnie willen, Richard." Er bewegte sich nicht und sprach auch nicht mehr, und nachdem sie ihm eine Minute lang ins Gesicht geschaut hatte, wandte sie sich ab und schluckte tief in der Kehle. Sie küsste das schlafende Baby im Vorbeigehen, als ich sie bezahlte. Um den schroffen Ehemann zu beruhigen und ihn daran zu hindern, wenn er sie wertschätzte, konnte ich nicht anders, als noch einen Sixpence unter den Laib zu stecken, und dann machten wir uns wieder auf den Weg. Als ich den letzten Blick auf die Frau richtete, wischte sie sich leise mit dem Zipfel ihrer Schürze über die Augen, während sie sich dem Frühstück ihres Mannes widmete. Aber ich werde sie im Himmel kennen lernen."

Der Haushalt eines abweichenden Ministers

Von *Ruth*, 1853

George Eliot schrieb kurz nach der Veröffentlichung über *Ruth* : „Natürlich haben Sie *Ruth* inzwischen gelesen. Sein Stil war für mich aufgrund seines Abgangs und seiner Fülle eine große Erfrischung. Wie hübsch und anschaulich die Beschreibung ist … Der kleine Dachboden in der Sakristei des Pfarrers zum Beispiel, der mich mit seinen reinweißen Bettvorhängen, seinen hellgrünen Wänden und dem satten Braun des fleckigen Bodens daran erinnerte ein Schneeglöckchen, das aus der Erde springt." – *Leben von George Eliot.*

NACH dem Tee führte Miss Benson sie nach oben in ihr Zimmer. Das weiße Bett und die grün gebeizten Wände hatten etwas von der Farbe und der reinen Wirkung eines Schneeglöckchens; während der Boden, der mit einer Mischung eingerieben wurde, die ihn in ein sattes Dunkelbraun verwandelte, die Idee des Gartenschimmels nahelegte, aus dem das Schneeglöckchen wächst. Als Miss Benson der blassen Ruth beim Ausziehen half, wurde ihre Stimme weniger voll und eilig; Die Stille der nahenden Nacht überwältigte sie mit einer sanften, feierlichen Art von Zärtlichkeit, und der gemurmelte Segen klang wie ein gewährtes Gebet.

Im Haus der Bensons herrschte die gleiche Unbewusstheit individueller Verdienste, der gleiche Mangel an Selbstbeobachtung und Motivanalyse wie bei ihrer Mutter; aber es schien, dass ihr Leben rein und gut war, nicht nur aufgrund einer schönen und schönen Natur, sondern auch aufgrund eines Gesetzes, dessen Befolgung an sich harmonischen Frieden bedeutete und das sie fast implizit und mit ebenso wenig Fragen regierte ihr Teil, wie die herrlichen Sterne, die nicht eilen und nicht ruhen, in ihrem ewigen Gehorsam. Diese Familie hatte viele Fehler: Sie waren nur Menschen, und trotz all ihres liebevollen Wunsches, ihr Leben mit dem Willen Gottes in Einklang zu bringen, machten sie oft Fehler und versagten; Aber irgendwie dienten gerade die Fehler und Fehler eines Einzelnen dazu, bei einem anderen höhere Vorzüge hervorzurufen, und so wirkten sie aufeinander zurück, und das Ergebnis kurzer Meinungsverschiedenheiten war überragende Harmonie und Frieden. Aber sie hatten selbst keine Ahnung vom tatsächlichen Stand der Dinge; sie machten sich nicht die Mühe, ihre Fortschritte durch Selbstprüfung zu überprüfen; Wenn sich Mr. Benson manchmal in den Stunden kranker Unfähigkeit, sich anzustrengen, nach innen wandte, dann nur, um mit fast krankhafter Verzweiflung laut zu rufen: „Gott sei mir Sünder gnädig!" Aber er strebte danach, sein Leben in die Hände Gottes zu legen und sich selbst zu vergessen.

Ruth saß den langen ersten Tag still und still da. Sie war träge und müde von ihrer Reise; Sie war unsicher, welche Hilfe sie bei den Haushaltspflichten anbieten würde und welche nicht. Und in ihrer Trägheit und Unsicherheit war es angenehm, die neuen Wege der Menschen zu beobachten, unter denen sie untergebracht war. Nach dem Frühstück zog sich Mr. Benson in sein Arbeitszimmer zurück, Miss Benson nahm die Tassen und Untertassen weg, und während sie die Küchentür offen ließ, redete sie manchmal mit Ruth, manchmal mit Sally, während sie sie abwusch. Sally hatte oben Aufgaben zu erledigen, wofür Ruth dankbar war, denn solange Sally unten blieb, erntete sie wegen ihrer Unpünktlichkeit immer wieder ziemlich verärgerte Blicke. Miss Benson half bei den Vorbereitungen für das frühe Abendessen und brachte ein paar Kidneybohnen zum Zerkleinern in ein Becken mit hellem, reinem Quellwasser, das sich in den Sonnenstrahlen verfing und in ihnen tanzte, während sie am offenen Fensterrahmen des Wohnzimmers saß und mit ihnen redete Ruth von Dingen und Menschen, die diese noch nicht verstand und nicht ordnen und begreifen konnte. Sie war wie ein Kind, das ein paar Stücke einer zerlegten Karte bekommt und verwirrt ist, bis ihm ein Blick auf die ganze Einheit gezeigt wird.

Die Kapelle in Eccleston

Von *Ruth* .

Dies ist eine schöne Beschreibung der alten Unitarierkapelle in Knutsford, wie sie heute ist. Auf dem Friedhof befindet sich das Grab von Mrs. Gaskell.

DIE Kapelle befand sich in einer schmalen Straße, oder besser gesagt, *in einer Sackgasse* , ganz in der Nähe. Es stand am Rande der Stadt, fast auf Feldern. Es wurde etwa zur Zeit von Matthäus und Philipp Heinrich erbaut, als die Dissidenten Angst davor hatten, Aufmerksamkeit oder Aufmerksamkeit zu erregen, und ihre Kultstätten in dunklen und abgelegenen Teilen der Städte versteckten, in denen sie errichtet wurden. Dementsprechend kam es, wie im vorliegenden Fall, häufig vor, dass die umliegenden Gebäude sowie die Kapellen selbst den Eindruck erweckten, als würden sie in eine Zeit vor 150 Jahren zurückversetzt. Die Kapelle hatte ein malerisches und altmodisches Aussehen, denn glücklicherweise war die Gemeinde zu arm, um sie zur Zeit Georgs III. wieder aufzubauen oder ihr ein neues Gesicht zu geben. Die Treppen, die zu den Galerien führten, befanden sich außen an jedem Ende des Gebäudes, und das unregelmäßige Dach und die abgenutzten Steinstufen sahen von Zeit und Wetter grau und fleckig aus. Die grasbewachsenen Hügel, auf denen jeweils ein kleiner aufrechter Grabstein stand, wurden von einer großen alten Bergulme beschattet. Ein oder zwei Fliedersträucher, ein weißer Rosenstrauch und ein paar Goldregen, alle alt und knorrig genug, wurden rund um den Kapellenhof gepflanzt; und die Flügelfenster der Kapelle bestanden aus schweren bleihaltigen, rautenförmigen Scheiben, die fast mit Efeu bedeckt waren und im Inneren eine grüne Düsternis erzeugten, die nicht ohne Feierlichkeit war. Dieser Efeu war die Heimat einer unendlichen

Zahl kleiner Vögel, die zwitscherten und trällerten, bis man hätte meinen können, dass sie der Macht des Lobes nacheiferten, die die menschlichen Geschöpfe in ihrem Innern besaßen, mit so ernsten, langgezogenen Tönen, die dies taten Die Menge der geflügelten Sänger freut sich und freut sich über ihr wunderschönes Geschenk des Lebens. Das Innere des Gebäudes war schlicht und einfach, wie es nur sein kann. Als es eingebaut wurde, war Eichenholz viel billiger als heute, daher entsprachen auch die Holzarbeiten dieser Beschreibung; aber grob behauen, denn die frühen Bauherren hatten nicht viel Geld übrig. Die Wände waren weiß getüncht und empfingen die Schatten der Schönheit draußen; Auf ihren „weißen Ebenen" konnte man das Muster des Efeus sehen, mal still, mal bewegt vom plötzlichen Flug eines kleinen Vogels. Die Gemeinde bestand hier und da aus einem Bauern mit seinen Arbeitern, die aus den Hochebenen jenseits der Stadt kamen, um dort zu beten, wo ihre Väter beteten, und die den Ort liebten, weil sie wussten, wie viel diese Väter dafür gelitten hatten, obwohl sie sich nie darum gekümmert hatten sich selbst mit dem Grund, warum sie die Pfarrkirche verlassen haben; von ein paar Ladenbesitzern, die weitaus nachdenklicher und vernünftiger waren und aus Überzeugung Andersdenkende waren, ohne mit alten Vorfahren verbunden zu sein; und aus einer oder zwei Familien von noch höherem weltlichen Stand. Mit vielen Armen, die die Liebe zu Mr. Bensons Charakter und das Gefühl, dass der Glaube, der ihn zu dem gemacht hat, was er war, gemacht haben, nicht viel falsch gemacht haben, angezogen hat, als die Basis der Pyramide und Mr. Bradshaw als ihre Spitze , die Gemeinde stand vollständig da.

Die Landleute kamen herein, ihre Haare glattstreichend, und traten mit ernsthaften Versuchen, geräuschlosen, leichten Schrittes zu folgen, über den Boden des Ganges; und nach und nach, als alle versammelt waren, folgte Mr. Benson unbeaufsichtigt und unbeaufsichtigt. Als er die Tür der Kanzel geschlossen hatte und einen oder zwei Augenblicke betend niederkniete, sang er einen Psalm aus der lieben alten schottischen Paraphrase mit ihrer primitiven Umkehrung der einfachen, perfekten Bibelwörter; und eine Art Vorsänger stand auf und sang, nachdem er den Ton auf einer Stimmpfeife erklingen ließ, ein paar Zeilen, um die Melodie anzuzeigen; Dann stand die ganze Gemeinde auf und sang laut.

Der Beginn eines Gala-Tages

Aus *„Wives and Daughters"*, 1866

UM mit dem alten Geschwätz der Kindheit zu beginnen. In einem Land gab es eine Grafschaft, und in dieser Grafschaft gab es eine Stadt, und in dieser

Stadt gab es ein Haus, und in diesem Haus war ein Zimmer, und in diesem Zimmer war ein Bett, und in diesem Bett lag ein kleines Mädchen; hellwach und sehnsüchtig aufzustehen, wagte es aber nicht aus Angst vor der unsichtbaren Macht im Nebenzimmer – eine gewisse Betty, deren Schlaf nicht gestört werden durfte, bis es sechs Uhr schlug, als sie „wie sicher" aufwachte wie ein Uhrwerk" und ließ dem Haushalt danach kaum Ruhe. Es war ein Junimorgen, und so früh es auch war, der Raum war voller sonniger Wärme und Licht.

Auf den Schubladen gegenüber dem kleinen weißen Bett, in dem Molly Gibson lag, befand sich ein primitiver Hutständer, an dem ein Hut, sorgfältig vor Staub bedeckt, mit einem großen Baumwolltaschentuch aufgehängt war; von einer so schweren und brauchbaren Textur, dass es, wenn das Ding darunter ein dünner Stoff aus Gaze, Spitze und Blumen gewesen wäre, völlig „verdorben" gewesen wäre (wiederum aus Bettys Vokabular zu zitieren). Aber die Haube bestand aus festem Stroh, und ihr einziger Besatz war ein schlichtes weißes Band, das über die Krone gelegt war und die Schnüre bildete. Dennoch befand sich darin eine hübsche kleine Feder, von der Molly jeden Zopf kannte, denn hatte sie ihn nicht am Abend zuvor mit unendlicher Mühe selbst gemacht? Und befand sich in diesem Quilling nicht eine kleine blaue Schleife, das allererste Stück solchen Schmucks, den Molly jemals tragen wollte?

Jetzt sechs Uhr! das verriet das angenehme, lebhafte Läuten der Kirchenglocken; Sie riefen alle zu ihrer täglichen Arbeit auf, wie sie es schon seit Hunderten von Jahren getan hatten. Molly sprang auf und rannte mit ihren bloßen kleinen Füßen durch das Zimmer, nahm das Taschentuch ab und sah wieder die Haube – das Versprechen des bevorstehenden fröhlichen, hellen Tages. Dann ging sie zum Fenster, und nach einigem Ziehen öffnete sie den Fensterflügel und ließ die süße Morgenluft herein. Der Tau war bereits von den Blumen im Garten unten gefallen, stieg aber immer noch vom langen Heugras auf den Wiesen direkt dahinter auf. Auf der einen Seite lag die kleine Stadt Hollingford, zu deren Straße sich Mr. Gibsons Haustür öffnete; und schon begannen zarte Säulen und kleine Rauchwolken aus manchen Hüttenschornsteinen aufzusteigen, wo schon eine Hausfrau aufstand und das Frühstück für den Ernährer der Familie zubereitete.

Molly Gibson sah das alles, aber sie dachte nur: „Oh! es wird ein schöner Tag! Ich hatte Angst, dass es niemals, niemals kommen würde; oder dass es, wenn es jemals käme, ein regnerischer Tag wäre!" Vor fünfundvierzig Jahren waren die Vergnügungen für Kinder in einer Landstadt sehr einfach, und Molly hatte zwölf lange Jahre gelebt, ohne dass ein so großes Ereignis wie das, das jetzt bevorstand, eingetreten wäre. Armes Kind! es ist wahr, dass sie ihre Mutter verloren hatte, was ihr ganzes Leben erschütterte; aber das war kaum ein Ereignis im genannten Sinne; und außerdem war sie damals zu jung gewesen, um sich dessen bewusst zu sein. Das Vergnügen, auf das sie sich heute freute, war ihre erste Teilnahme an einer Art jährlichem Festival in Hollingford.

Die kleine verstreute Stadt ging auf der einen Seite ins Land über, in der Nähe der Eingangsloge eines großen Parks, in dem mein Lord und meine Lady Cumnor lebten: „der Graf" und „die Gräfin", wie sie von den Bewohnern immer genannt wurden die Stadt, in der immer noch ein sehr schönes Maß an feudalistischem Gefühl herrschte und sich auf eine Reihe einfacher Arten zeigte, drollig genug, um darauf zurückzublicken, aber ernste Dinge von Bedeutung für die damalige Zeit. Es war vor der Verabschiedung des Reformgesetzes, aber gelegentlich fanden viele liberale Gespräche zwischen zwei oder drei der aufgeklärteren Grundbesitzer, die in Hollingford lebten, statt; und es gab eine große Whig-Familie in der Grafschaft, die von Zeit zu Zeit vortrat und mit der rivalisierenden Tory-Familie von Cumnor um die Wahl kämpfte. Man hätte meinen können, dass die oben erwähnten liberal sprechenden Einwohner von Hollingford zumindest die Möglichkeit zugegeben hätten, für die Hely-Harrison zu stimmen, die ihre eigene Meinung vertraten. Aber so etwas gibt es nicht. „Der Graf" war Herr des Herrenhauses und Eigentümer eines Großteils des Landes, auf dem Hollingford gebaut wurde; er und seine Familie wurden von den guten Leuten der Stadt ernährt, verarztet und bis zu einem gewissen Grad auch gekleidet; Die Großväter ihrer Väter hatten immer für den ältesten Sohn von Cumnor Towers gestimmt, und in der Tradition ihrer Vorfahren gab jeder Mann im Ort seine Stimme dem Lehnsherrn, völlig unabhängig von Chimären wie der politischen Meinung.

Dies war kein ungewöhnliches Beispiel für den Einfluss der Großgrundbesitzer auf bescheidenere Nachbarn in jenen Tagen vor der Eisenbahn, und es war gut für einen Ort, an dem die mächtige Familie, die es so in den Schatten stellte, einen so respektablen Charakter hatte wie die Cumnors. Sie erwarteten, dass man sich ihnen unterordnete und ihnen gehorchte; Die einfache Verehrung der Stadtbewohner wurde vom Grafen und der Gräfin als Recht anerkannt; und sie wären staunend und mit einer schrecklichen Erinnerung an die französischen Sansculottes, die Schreckgespenster ihrer Jugend, stehen geblieben, wenn irgendein Einwohner von Hollingford es gewagt hätte, seinen Willen oder seine Meinung denen des Grafen entgegenzustellen. Aber trotz all dieser Ehrerbietung leisteten sie viel für die Stadt und waren im Allgemeinen herablassend und oft rücksichtsvoll und freundlich im Umgang mit ihren Vasallen. Lord Cumnor war ein nachsichtiger Vermieter, der seinen Verwalter manchmal ein wenig auf die Seite stellte und ab und zu die Zügel selbst in die Hand nahm, sehr zum Ärger des Maklers, der tatsächlich zu reich und unabhängig war, um sich groß darum zu kümmern für die

Aufrechterhaltung eines Postens, an dem seine Entscheidungen eines Tages dadurch aufgehoben werden könnten, dass Mylord Lust auf „Töpfern" hat (wie der Agent es in der Zuflucht seines eigenen Hauses respektlos ausdrückte), was übersetzt bedeutete, dass der Earl gelegentlich nachfragte Er stellte seine eigenen Fragen an seine eigenen Mieter und nutzte seine eigenen Augen und Ohren bei der Verwaltung der kleineren Details seines Eigentums. Aber seine Pächter mochten Mylord umso mehr, als er diese Gewohnheit besaß. Lord Cumnor hatte sicherlich ein wenig Zeit für Klatsch, was er mit dem Scheitern einer persönlichen Intervention zwischen dem alten Landverwalter und den Pächtern verbinden konnte. Aber dann machte die Gräfin diese Schwäche des Grafen durch ihre unnahbare Würde wett. Einmal im Jahr war sie herablassend. Sie und die Damen, ihre Töchter, hatten eine Schule gegründet; keine Schule im Sinne der heutigen Schulen, in der den Jungen und Mädchen von Arbeitern und Werktätigen weitaus besserer geistiger Unterricht vermittelt wird, als dies oft den Vorgesetzten in der Welt zuteil wird; aber eine Schule von der Art, wie wir sie „Industrie" nennen sollten, wo Mädchen gelehrt werden, schön zu nähen, hervorragende Hausmädchen und hübsche Köchinnen zu sein und vor allem sich ordentlich in eine Art Wohltätigkeitsuniform zu kleiden, die von den Damen von entworfen wurde Cumnor Towers – weiße Mützen, weiße Spitzen, karierte Schürzen, blaue Roben und bereite Knickse, und „Bitte gnädige Frauen" ist *an der Tagesordnung* .

Da die Gräfin nun einen beträchtlichen Teil des Jahres von den Towers abwesend war, war sie froh, die Sympathie der Hollingford-Damen dieser Schule zu gewinnen, um ihre Hilfe als Besucher während der vielen Monate, die sie und sie verbrachten, zu erhalten Töchter waren weg. Und die verschiedenen unbeschäftigten Damen der Stadt folgten dem Ruf ihrer Lehnsherrin und leisteten ihr nach Bedarf ihre Dienste; und damit einhergehend eine Menge geflüsterte und heikle Bewunderung. „Wie gut von der Gräfin! So wie die liebe Gräfin – immer an andere denken!" und so weiter; während man immer davon ausging, dass kein Fremder Hollingford richtig gesehen hatte, es sei denn, man hatte ihn zur Schule der Gräfin gebracht und war von den hübschen kleinen Schülern und den noch hübscheren Handarbeiten dort zur Besichtigung gebührend beeindruckt. Im Gegenzug gab es jeden Sommer einen besonderen Ehrentag, an dem Lady Cumnor und ihre Töchter mit viel liebenswürdiger und herrschaftlicher Gastfreundschaft alle Schulbesucher in den Towers empfingen, dem großen Familiensitz, der in aristokratischer Abgeschiedenheit im Zentrum der Stadt stand großer Park, von dem eine der Lodges in der Nähe der kleinen Stadt lag. Die Reihenfolge dieser jährlichen Feier war folgende. Gegen zehn Uhr rollte eine der Kutschen der Türme durch die Hütte und fuhr zu verschiedenen Häusern, in denen eine zu ehrende Frau wohnte; Er holte sie einzeln oder zu zweit ab, bis die beladene Kutsche wieder durch die bereitstehenden Portale zurückfuhr, die glatte, von Bäumen beschattete Straße entlangrollte und ihre Schar elegant gekleideter Damen auf der großen Treppe absetzte, die zu den gewaltigen Toren von Cumnor führte Türme. Wieder zurück in die Stadt; ein weiteres Abholen der Frauen in ihren besten Kleidern, ein weiteres Zurückbringen und so weiter, bis sich die ganze Gesellschaft entweder im Haus oder in den wirklich schönen Gärten versammelt hatte. Nachdem das gebührende Maß an Ausstellung einerseits und Bewunderung andererseits erfolgt war, gab es eine Zusammenstellung für die Besucher und noch mehr Ausstellung und Bewunderung der Schätze im Inneren des Hauses. Gegen vier Uhr wurde Kaffee gebracht; und dies war ein Signal für die herannahende Kutsche, die sie zu ihren Häusern zurückbringen sollte; wohin sie mit dem glücklichen Bewusstsein eines gut verbrachten Tages zurückkehrten, aber mit einer gewissen Ermüdung durch die lange andauernde Anstrengung, sich so gut wie möglich zu benehmen und so viele Stunden lang auf Stelzen zu reden. Auch Lady Cumnor und ihre Töchter waren nicht frei von der gleichen Selbstgefälligkeit und auch von der gleichen Müdigkeit; die Müdigkeit, die immer auf bewusste Bemühungen folgt, sich so zu verhalten, wie es der Gesellschaft, in der man sich befindet, am besten gefällt.

Zum ersten Mal in ihrem Leben durfte Molly Gibson zu den Gästen der Towers zählen.

Eine brennende Manchester-Mühle

Von *Mary Barton* , 1848

PLÖTZLICH waren Schritte in dem kleinen gepflasterten Hof zu hören; Eine Person nach der anderen rannte am verhangenen Fenster vorbei.

„Etwas ist los", sagte Mary. Sie ging zur Tür, hielt die erste Person an, die sie sah, und fragte nach der Ursache des Aufruhrs.

„Äh, Mädchen! Siehst du den Feuerschein? Die Mühle von Carsons ist ein rasanter Spaß"; und ihr Informant rannte davon.

„Komm, Margaret, mit deiner Haube, und lass uns die Mühle von Carsons besichtigen; Es brennt, und man sagt, eine brennende Mühle sei ein großartiger Anblick. Ich habe noch nie einen gesehen."

„Nun, ich denke, es ist ein furchteinflößender Anblick. Außerdem habe ich noch diese ganze Arbeit zu erledigen."

Aber Mary überredete sie mit ihrer süßen Art und mit ihren sanften Zärtlichkeiten und versprach, wenn nötig die ganze Nacht lang mit den Kleidern zu helfen – nein, sie sagte, es würde ihr durchaus Spaß machen.

Die Wahrheit war, dass Margarets Geheimnis schwer und schmerzlich auf ihr lastete und sie spürte, dass sie nicht trösten konnte; außerdem wollte sie Margarets Gedankengang ändern; Und zu diesen selbstlosen Gefühlen kam noch der von ihr ehrlich zum Ausdruck gebrachte Wunsch, eine Fabrik in Flammen zu sehen.

So waren sie in zwei Minuten fertig. An der Schwelle des Hauses trafen sie John Barton, dem sie ihren Auftrag mitteilten.

„Carsons' Mühle! Ja, irgendwo brennt eine Mühle, das Licht zeigt das ganz sicher, und es wird ein seltenes Feuer sein, denn es ist kein Tropfen Wasser zu holen. Und Carsons wird sich sehr darum kümmern, denn sie sind gut versichert und die Maschinen sind altmodisch. Schauen Sie, ob sie es nicht für eine gute Sache halten. Sie werden es ihnen nicht danken, wenn sie versuchen, es zu löschen."

Er gab den ungeduldigen Mädchen den Vortritt. Sie ließen sich mehr vom rötlichen Licht leiten als von einer genauen Kenntnis der Straßen, die zur Mühle führten, und huschten mit gesenktem Kopf dahin, dem schrecklichen Ostwind trotzend, so gut sie konnten.

Die Mühle von Carsons verlief der Länge nach von Osten nach Westen. Entlang dieser Straße verlief eine der ältesten Durchgangsstraßen Manchesters. Tatsächlich war der gesamte Teil der Stadt vergleichsweise alt; Dort wurden die ersten Baumwollspinnereien gebaut, und in den überfüllten Gassen und Seitenstraßen des Viertels kam es zu einem besonders gefürchteten Feuer. Die Treppe der Mühle führte vom Eingang am westlichen Ende hinauf, der auf eine breite, schmuddelig aussehende Straße hinausging, die hauptsächlich aus Wirtshäusern, Pfandleihgeschäften, Lumpen- und Knochenlagern und Läden für schmutzige Lebensmittel bestand. Das andere, das östliche Ende der Fabrik, ging in eine sehr schmale Seitenstraße hinaus, keine sechs Meter breit und dürftig beleuchtet und gepflastert. Direkt an diesem Ende der Fabrik befanden sich die Giebelenden des letzten Hauses in der Hauptstraße – eines Hauses, das aufgrund seiner Größe, seiner hübschen Steinfassaden und der versuchten Verzierung an der Vorderseite wahrscheinlich einst ein Herrenhaus gewesen war; aber jetzt machte das Licht, das aus seinen vergrößerten Vorderfenstern strömte, das Innere des prächtig ausgestatteten Raumes klar, mit seinen bemalten Wänden, seinen Säulennischen, seiner vergoldeten und prachtvollen Ausstattung, seinen elenden, erbärmlichen Bewohnern. Es war ein Gin-Palast.

Mary wünschte sich fast weg, so schrecklich (wie Margaret gesagt hatte) war der Anblick, als sie sich der Menge anschlossen, die sich versammelt hatte, um dem Feuer beizuwohnen. Immer wenn das Brüllen der Flammen für einen Moment verstummte, ertönte ein vielstimmiges Gemurmel. Es war leicht zu erkennen, dass die Masse großes Interesse hatte.

"Was sagen Sie?" fragte Margaret eine Nachbarin in der Menge, als sie ein paar Worte auffing, die sich deutlich und deutlich vom allgemeinen Gemurmel abhoben.

„Es ist bestimmt nie jemand in der Mühle!" rief Mary, als sich das Meer der nach oben gerichteten Gesichter einstimmig zum östlichen Ende bewegte und in die Dunham Street blickte, die bereits erwähnte schmale Hintergasse.

Das westliche Ende der Mühle, wohin die wütenden Flammen vom Wind getrieben wurden, war mit triumphierendem Feuer gekrönt und mit einem Türmchen versehen. Es schickte seine höllischen Zungen aus jedem Fensterloch und leckte mit verliebter Wildheit die schwarzen Wände; Es schwankte oder fiel vor dem mächtigen Sturm, nur um immer höher zu steigen, um noch wilder zu wüten und zu brüllen. Dieser Teil des Daches stürzte mit einem erstaunlichen Krachen ein, während die Menge immer mehr darum kämpfte, in die Dunham Street vorzudringen; Denn was waren prächtige, schreckliche Flammen, was waren einstürzende Balken oder einstürzende Mauern im Vergleich zum menschlichen Leben?

Dort, wo die verzehrenden Flammen vom noch stärkeren Wind abgewehrt worden waren, wo aber dennoch schwarzer Rauch aus allen Öffnungen strömte – dort, an einem der Fenster im vierten Stock – oder besser gesagt, an einer Tür, an der ein Kran befestigt war Um Waren hochzuheben, konnte man gelegentlich, wenn sich die dichten Rauchwolken für einen Moment teilweise verzogen, die flehenden Gestalten zweier Männer sehen. Sie waren aus irgendeinem Grund hinter den übrigen Arbeitern zurückgeblieben und hatten, da der Wind das Feuer in die entgegengesetzte Richtung getrieben hatte, bis lange danach weder etwas noch einen alarmierenden Ton vernommen (wenn man überhaupt sagen konnte, dass es lange her war). (Diese Menge an Schrecken, die in weniger als einer halben Stunde vorüberzog) hatte das Feuer die alte Holztreppe am anderen Ende des Gebäudes vernichtet. Ich bin mir nicht sicher, ob es nicht das erste Geräusch der strömenden Menge unten war, das ihnen ihre schreckliche Lage bewusst machte.

„Wo sind die Motoren?" fragte Margaret von ihrer Nachbarin.

„Sie kommen zweifellos; Aber Gott sei Dank, ich glaube, es ist kaum zehn Minuten her, seit wir das Feuer zum ersten Mal entdeckt haben. Es wütet so heftig dieser Wind und alles ist so dürr."

„Ist niemand wegen einer Leiter weg?" keuchte Maria, als die Männer deutlich, wenn auch nicht hörbar, die große Menge unten um Hilfe beteten.

„Ja, Wilsons Sohn und ein anderer Mann waren vor fast fünf Minuten wie
ein Volltreffer. Aber die Maurer, Schieferdecker und dergleichen haben ihre
Arbeit aufgegeben und die Höfe verschlossen."

Wilson war also der Mann, dessen Gestalt aus dem immer trüber werdenden,
heißen Licht dahinter hervorragte, wann immer der Rauch klar war – war das
George Wilson? Maria wurde vor Angst krank. Sie wusste, dass er für
Carsons arbeitete; Aber zunächst hatte sie nicht geahnt, dass Menschenleben
in Gefahr waren; und seit sie sich dessen bewusst geworden war, hatten die
heiße Luft, die lodernden Flammen, das schwindelerregende Licht und die
aufgeregte und murrende Menge ihre Gedanken verwirrt.

"Oh! lass uns nach Hause gehen, Margaret; Ich kann nicht bleiben."

„Wir können nicht gehen! Sehen Sie, wie wir von Leuten eingeklemmt
werden. Arme Maria! Ihr werdet nie wieder Lust auf ein Feuer haben.
Horchen! Hören!"

Denn durch die stille Menschenmenge, die um die Ecke der Mühle drängte
und die Dunham Street füllte, konnte man das Rattern der Lokomotive und
den schweren, schnellen Schritt beladener Pferde hören.

"Gott sei Dank!" sagte Margarets Nachbarin, „der Motor ist da."

Noch eine Pause; Die Stöpsel waren steif und man konnte kein Wasser
bekommen.

Dann herrschte ein Druck in der Menge, die vorderen Reihen drängten die
hinteren Reihen zurück, bis den Mädchen die Enge, die Enge und die Enge
übel wurden. Dann eine Entspannung und wieder ein freies Durchatmen.

„Es waren der junge Wilson und ein Feuerwehrmann mit einer Leiter", sagte
Margarets Nachbar, ein großer Mann, der die Menge überblicken konnte.

„Oh, sagen Sie uns, was Sie sehen?" flehte Maria.

„Sie haben es an der Wand des Gin-Ladens befestigen lassen. Einer der
Männer in der Fabrik ist zurückgefallen; Benommen vom Rauch, das gebe
ich zu. Da ist der Boden nicht nachgegeben. Gott!" sagte er und senkte den
Blick, „die Leiter ist zu kurz! Es ist vorbei mit ihnen, die armen Kerle! Das
Feuer breitet sich langsam und sicher aus, und bevor sie entweder Wasser
oder eine andere Leiter haben, werden sie völlig ausgelöscht sein. Herr,
erbarme dich ihrer."

In der Stille der Menge war ein Schluchzen zu hören, als kämen aufgeregte
Frauen. Ein weiterer Druck wie der vorherige! Mary klammerte sich mit
drückendem Griff an Margarets Arm und sehnte sich danach, ohnmächtig

und gefühllos zu werden, um dem bedrückenden Elend ihrer Gefühle zu entfliehen. Ein oder zwei Minuten.

„Sie haben die Leiter in den Apollor-Tempel gebracht. Ich kann mich damit nicht bis zu dem Hof zurückdrängen, aus dem es kam."

Ein gewaltiger Schrei erhob sich; ein Geräusch, um die Toten zu wecken. Hoch oben, zitternd in der Luft, sah man das Ende der Leiter, das aus dem Dachfenster am Giebelende des Gin-Palastes hervorragte, fast gegenüber der Tür, wo die Männer gesehen worden waren. Diejenigen in der Menschenmenge, die der Fabrik am nächsten standen und daher am besten in der Lage waren, bis zum Dachfenster hinaufzuschauen, sagten, dass mehrere Männer ein Ende festhielten und mit ihrem Gewicht den Weg zur Tür lenkten. Der Fensterrahmen der Mansarde war herausgenommen worden, bevor die Menge unten den Versuch bemerkte.

Endlich – gemessen am Herzschlag schien sie lang zu sein, obwohl kaum zwei Minuten vergangen waren – wurde die Leiter befestigt, eine Luftbrücke in luftiger Höhe, über die schmale Straße.

Jedes Auge war in unablässiger Angst fixiert, und selbst der Atem der Menschen schien in der Ungewissheit stillzustehen. Die Männer waren nirgends zu sehen, aber der Wind schien im Moment stärker als je zuvor und trieb die eindringenden Flammen ans andere Ende zurück.

Mary und Margaret konnten jetzt sehen; Direkt über ihnen tanzte die Leiter im Wind. Die Menge drängte von unten zurück; Feuerwehrhelme erschienen am Fenster und hielten die Leiter fest, als ein Mann mit schnellem, gleichmäßigem Schritt und unbeweglichem Kopf von einer Seite zur anderen ging. Die Menge flüsterte nicht einmal, als er die gefährliche Brücke überquerte, die unter ihm bebte; Doch als er drüben war und sich vergleichsweise sicher in der Fabrik befand, herrschte für einen Moment Jubel, der jedoch fast sofort durch die Ungewissheit des Ergebnisses und den Wunsch, die Nerven des tapferen Kerls, der es geschafft hatte, in keiner Weise zu erschüttern, gebremst wurde werfe sein Leben auf einen solchen Würfel.

„Da ist er wieder!" sprang vielen auf die Lippen, als sie ihn an der Tür stehen sahen, als ob er für einen Moment einen Schluck frischer Luft einatmen wollte, bevor er sich traute, die Tür zu überqueren. Auf seinen Schultern trug er einen gefühllosen Körper.

„Es sind Jem Wilson und sein Vater", flüsterte Margaret; aber Maria wusste es schon vorher.

Die Menschen waren krank vor ängstlicher Angst. Er konnte sich nicht mehr mit seinen Armen ausbalancieren; Alles muss von Nerv und Auge abhängen.

Sie sahen, dass letzteres durch die Position des Kopfes fixiert war, der nie schwankte; die Leiter bebte unter dem doppelten Gewicht; aber dennoch bewegte er nie den Kopf – er wagte nicht, nach unten zu schauen. Es schien eine Ewigkeit zu dauern, bis die Überfahrt geschafft war. Endlich war das Fenster erreicht; der Träger wird von seiner Last befreit; beide waren verschwunden.

Dann könnte die Menge schreien; und über den lodernden Flammen, lauter als das Rauschen des mächtigen Windes, erhob sich dieser gewaltige Applaus über den Erfolg des gewagten Unternehmens. Dann war ein schriller Schrei zu hören, der fragte:

„Ist der Oud-Mann am Leben und wird er es wahrscheinlich tun?"

„Ja", antwortete einer der Feuerwehrmänner der stillen Menge unten. „Er kommt gut zurecht, jetzt hat er einen Schuss Kuhwasser getrunken."

Er zog den Kopf zurück; und die eifrigen Fragen, die Rufe, das meeresähnliche Murmeln der sich bewegenden rollenden Masse waren wieder zu hören – aber nur für einen Moment. In weit kürzerer Zeit als der Zeit, in der ich versucht habe, die Pause der Ereignisse kurz zu beschreiben, bestieg derselbe kühne Held erneut die Leiter, mit der offensichtlichen Absicht, den Mann zu retten, der noch in der brennenden Mühle zurückgeblieben war.

Er ging genauso schnell und sicher hinüber wie zuvor, und die Leute unten, die durch seinen früheren Erfolg weniger beunruhigt waren, unterhielten sich miteinander und riefen Informationen über das Fortschreiten des Feuers am anderen Ende der Fabrik. Darin wird von den Bemühungen der Feuerwehrleute an dieser Stelle erzählt, Wasser zu beschaffen, während die dicht gedrängte Gruppe von Männern sich hin und her bewegte und hin und her rollte. Es war anders als die frühere stille, atemlose Stille. Ich weiß nicht, ob das so war, oder aus der Erinnerung an vergangene Gefahren, oder dass er in dem Moment, in dem er atmete, nach unten schaute, bevor er mit der verbleibenden Person (einem schmächtigen kleinen Mann) über seinen Schultern zurückkehrte, aber Jem Wilsons Schritt war so weniger sicher, sein Schritt unsicherer; es schien ihm, als tastete er mit dem Fuß nach der nächsten Runde der Leiter, schwankte und blieb schließlich auf halbem Weg stehen. Zu diesem Zeitpunkt war die Menge immer noch ausreichend; In dem schrecklichen Moment, der dazwischenkam, wagte niemand zu sprechen, nicht einmal zu ermutigen. Viele wurden vor Angst krank und schlossen die Augen, um die Katastrophe, die sie fürchteten, nicht zu sehen. Es kam. Der tapfere Mann schwankte von einer Seite zur anderen, zunächst so leicht, als würde er nur das Gleichgewicht halten; aber er verlor offensichtlich die Nerven und sogar den Verstand; Es war nur wunderbar, wie der tierische Selbsterhaltungstrieb nicht jedes großzügige Gefühl überwältigte und ihn sofort dazu drängte, den hilflosen, leblosen Körper, den er trug, fallen zu lassen; Vielleicht sagte ihm derselbe Instinkt, dass der plötzliche Verlust eines so schweren Gewichts an sich eine große und unmittelbare Gefahr darstellen würde.

"Hilf mir; sie ist ohnmächtig geworden", rief Margaret. Aber niemand beachtete es. Alle Augen waren nach oben gerichtet. Zu diesem Zeitpunkt warf einer der Feuerwehrmänner geschickt ein Seil mit einer Laufschlinge nach Art eines Lassos über den Kopf und um die Körper der beiden Männer. Allerdings geschah dies mit grober und geringfügiger Anpassung; aber so gering es auch war, es diente als stabilisierender Leitfaden; es ermutigte das sinkende Herz, den schwindligen Kopf. Noch einmal trat Jem vor. Er ließ sich durch keinen Ruck oder Zug beeilen. Langsam und allmählich wurde das Seil eingeholt, langsam und allmählich schaffte er die vier oder fünf Schritte zwischen sich und der Sicherheit. Das Fenster wurde erobert und alle wurden gerettet. Die Menge auf der Straße tanzte vor Triumph, brummte und schrie, bis man glaubte, ihre Kehlen würden platzen; und dann drängten und stolperten und fluchten und fluchten sie mit der ganzen Unbeständigkeit des Interesses, die für eine große Menschenmenge charakteristisch ist, in der Eile, die Dunham Street zu verlassen und zum unmittelbaren Brandort zurückzukehren, dem mächtigen Diapason von dessen lodernde Flammen eine schreckliche Begleitung zu den Schreien, Schreien und Verwünschungen der kämpfenden Menge bildeten.

Als sie sich wegdrückten, blieb Margaret zurück, blass und fast zusammengesunken unter dem Gewicht von Marys Körper, den sie in einer aufrechten Position gehalten hatte, indem sie ihre Arme fest um Marys Taille gelegt hatte, und zu Recht fürchtete sie das Trampeln unachtsamer Füße.

Jetzt ließ sie sie jedoch sanft auf dem kalten, sauberen Bürgersteig hinunter; und die Veränderung der Körperhaltung und der Temperaturunterschied, nachdem sich die Menschen aus ihrer unmittelbaren Nachbarschaft zurückgezogen hatten, brachten sie schnell wieder zu Bewusstsein.

Ihr erster Blick war verwirrt und unsicher. Sie hatte vergessen, wo sie war. Ihr kaltes, hartes Bett fühlte sich seltsam an; Der trübe Glanz am Himmel machte ihr Angst. Sie schloss die Augen, um nachzudenken und sich zu erinnern.

Ihr nächster Blick war nach oben gerichtet. Die furchterregende Brücke war zurückgezogen worden; das Fenster war unbesetzt.

„Sie sind in Sicherheit", sagte Margaret.

"Alle? Sind alle in Sicherheit, Margaret?" fragte Maria.

„Fragen Sie Ihren Feuerwehrmann, er wird Ihnen mehr darüber erzählen, als ich kann. Aber ich weiß, dass sie alle in Sicherheit sind."

Der Feuerwehrmann bestätigte hastig Margarets Worte.

„Warum hast du Jem Wilson zweimal gehen lassen?" fragte Margaret.

„Lasst! – nun ja, wir konnten ihn nicht behindern. Sobald er seinen Vater sprechen hörte (was er schon lange nicht mehr tat), war Jem wie ein Blitz unterwegs; Er sagte nur, er wisse besser als wir, wo wir den anderen Mann finden könnten. Wir wären alle gegangen, wenn er es nicht so eilig gehabt hätte, denn niemand kann sagen, dass die Feuerwehr von Manchester jemals rückständig ist, wenn Gefahr droht."

Mit diesen Worten rannte er davon; und die beiden Mädchen machten sich ohne Bemerkung oder Diskussion auf den Heimweg.

„Auf der Suche nach *John Cropper*"

Von *Mary Barton* , 1848

„ OH , wie viel willst du? Beeilen Sie sich nur – ich habe genug, um Sie zu bezahlen, aber jeder Moment ist kostbar", sagte Mary.

„Ja, das ist es. In weniger als einer Stunde werden wir die Flussmündung erreichen, und um zwei Uhr wird sie wieder weg sein!"

Die Vorstellungen der armen Maria von „viel Geld" unterschieden sich jedoch von denen der Bootsleute. Von dem Souverän, den Margaret ihr geliehen hatte, waren nur noch vierzehn oder fünfzehn Schilling übrig, und die Schiffer, die sich unter „reichlich" nicht weniger als mehrere Pfund vorstellten, bestanden darauf, einen Souverän zu erhalten (übrigens ein exorbitanter Preis, wenn auch im Vergleich zu ihrem ersten reduziert). Forderung von dreißig Schilling).

Während Charley mit der Ungeduld eines Jungen sagte:

„Gib es ihnen, Mary; Keiner von ihnen nimmt dich für weniger Geld. Es ist deine einzige Chance. Da läutet der Nikolaus ein!"

„Ich habe nur vierzehn und neun Pence", rief sie verzweifelt, nachdem sie ihr Geld durchgezählt hatte; „Aber ich gebe dir meinen Schal, und du kannst ihn für vier oder fünf Schilling verkaufen – oh! reicht das nicht?" fragte sie in einem solchen Tonfall, dass sie tatsächlich harte Herzen haben müssten, die solch qualvolle Bitten ablehnen könnten.

Sie nahmen sie an Bord.

Und in weniger als fünf Minuten schaukelte und warf sie zum ersten Mal in ihrem Leben ein Boot, allein mit zwei rauen, hart aussehenden Männern.

Mary hatte nicht verstanden, dass Charley nicht mitkommen würde. Tatsächlich hatte sie nicht darüber nachgedacht, bis sie seine Abwesenheit bemerkte, als sie vom Landeplatz abfuhren, und sich daran erinnerte, dass sie ihm nie für all sein freundliches Interesse an ihr gedankt hatte; Und jetzt fühlte sie sich durch seine Abwesenheit äußerst einsam – sogar durch seine, den kleinen Pilzfreund, der seit einer Stunde wuchs.

Das Boot schlängelte sich durch das Labyrinth größerer Schiffe, die das Ufer umgaben, stieß gegen eines, wurde von den Rudern daran gehindert, direkt gegen ein anderes zu stoßen, wurde von einem dritten überschattet, bis sie sich schließlich ziemlich weit draußen auf dem breiten Fluss befanden, von dem sie entfernt waren an beiden Ufern; die Anblicke und Geräusche des Landes, die in der Ferne zu hören sind.

Und dann kam eine Art Pause.

Sowohl Wind als auch Gezeiten waren gegen die beiden Männer, und so sehr sie sich auch anstrengten, kamen sie kaum voran. Einmal war Maria in ihrer Ungeduld aufgestanden, um einen besseren Blick auf die Fortschritte zu werfen, die sie gemacht hatten; Aber die Männer hatten ihr grob gesagt, sie solle sich sofort setzen, und sie war wie ein gescholtenes Kind auf ihren Sitz gefallen, obwohl ihr die Ungeduld immer noch am Herzen lag.

Aber jetzt wurde ihr klar, dass sie von dem geraden Kurs abwichen, den sie bisher auf der Cheshire-Seite des Flusses eingehalten hatten, wohin sie gegangen waren, um der Kraft der Strömung auszuweichen, und nach kurzer Zeit konnte sie nicht anders, als ihre Überzeugung zu benennen , als eine Art alptraumhafte Angst und der Glaube über sie kamen, dass alles Lebendige und Unbelebte gegen ihr einziges Ziel und Ziel, Will zu überholen, im Bunde sei.

Sie antworteten schroff. Sie sahen einen Bootsmann, den sie kannten, und wollten seine Dienste als Steuermann in Anspruch nehmen, damit beide mit größerer Wirkung rudern könnten. Sie wussten, worum es ging. So saß sie schweigend mit geballten Händen da, während die Unterredung weiterging, die Erklärung gegeben, der Gefallen erbeten und gewährt wurde. Aber ihr wurde ständig vor nervöser Angst schlecht.

Sie waren schon sehr, sehr lange gerudert – zumindest einen halben Tag, wie es schien –, doch Liverpool schien immer noch in der Nähe zu sein, und Mary begann sich fast zu wundern, dass die Männer nicht so entmutigt waren wie sie, als der Wind wehte der bis dahin gegen sie gewesen war, fiel, und dünne Wolken begannen sich über dem Himmel zu sammeln, versperrten die Sonne und warfen eine kühle Düsternis über alles.

Es war kein Lufthauch zu spüren, und doch war es kälter als damals, als der sanfte, heftige Westwind zu spüren war.

Die Männer erneuerten ihre Bemühungen. Das Boot sprang bei jedem Ruderzug nach vorne. Das Wasser war glasig und bewegungslos und spiegelte Farbton für Farbton des Tuschehimmels darüber wider. Maria zitterte und ihr wurde das Herz schwer. Dennoch machten sie jetzt offensichtlich Fortschritte. Dann zeigte der Steuermann auf eine sich kräuselnde Leine auf dem Fluss, die nur ein kleines Stück entfernt lag, und die Männer störten Mary, die die Schiffe beobachtete, die auf dem scheinbar offenen Meer lagen, um an ihre Segel zu gelangen.

Sie zuckte kurz zusammen und stand auf. Ihre Geduld, ihre Trauer und vielleicht ihr Schweigen hatten begonnen, die Männer zu überzeugen.

„An zweiter Stelle nach dem Norrard steht der *John Cropper*. Es weht gerade Wind, und die Segel werden uns bald neben ihr tragen.“

Er hatte vergessen (oder vielleicht wollte er Mary nicht daran erinnern), dass derselbe Wind, der jetzt ihr kleines Fahrzeug mit leichter, schneller Bewegung trug, auch für die *John Cropper günstig sein würde*.

Aber als sie mit angestrengten Augen hinsahen, als ob sie den immer kleiner werdenden Abstand messen wollten, der sie von dem Schiff trennte, sahen sie, wie sich die Segel entfalteten und im Wind flatterten, bis sie, als sie den richtigen Punkt erwischten, sich zu einer weißen Rundung ausbreiteten und das Schiff in Fahrt kam zu stürzen und zu heben, als wäre sie ein Lebewesen, das es kaum erwarten kann, loszukommen.

„Sie lichten den Anker!“ sagte einer der Bootsleute zum anderen, während der schwache musikalische Schrei der Seeleute über das Wasser schwebte, das sie noch trennte.

Voller Tatendrang machten sich die Männer auf den Weg, um ein weiteres Segel zu hissen, obwohl sie Marys Beweggründe noch nicht kannten. Es war völlig so viel, wie das Boot bei dem scharfen, böigen Ostwind, der jetzt wehte, ertragen konnte, und es bückte sich und arbeitete und pflügte und knarrte vorwurfsvoll, als ob die Aufgabe seine Kräfte übersteige; aber sie raste mit galanter Schnelligkeit voran.

Sie kamen näher und hörten das ferne „Ahoi“ deutlicher. Es hörte auf. Der Anker war hoch und das Schiff war weg.

Mary stand auf, stützte sich am Mast ab, streckte ihre Arme aus und flehte das fliegende Schiff durch diese stumme Bewegung an, seinen Kurs beizubehalten, während die Tränen über ihre Wangen liefen. Die Männer ergriffen ihre Ruder, hoben sie in die Luft und schrien, um Aufmerksamkeit zu erregen.

Sie wurden von den Männern an Bord des größeren Bootes gesehen; Aber sie waren zu beschäftigt mit der ganzen Verwirrung, die auf einem abfahrenden Schiff herrschte, um ihm viel Aufmerksamkeit zu schenken. Es gab Seilrollen und Seemannskisten, über die man auf Schritt und Tritt stolpern konnte; Es gab nicht richtig gesicherte Tiere, die verwirrt über das Deck liefen und ihr jämmerliches Gebrüll und Blöken zum Lärm hinzufügten. Es gab Kadaver, die nicht zerschnitten waren und eher wie Leichen von Schafen und Schweinen aussahen als wie Hammel- und Schweinefleisch; Da liefen Matrosen hin und her und überallhin, da sie keine Zeit hatten, sich auf die Methode einzulassen, und ihre Gedanken waren zwischen Gedanken an das Land und die Menschen, die sie zurückgelassen hatten, und den gegenwärtigen Pflichten an Bord des Schiffes gespalten. während der Kapitän sich bemühte, durch hastige Befehle, die er mit lauter, ungeduldiger Stimme rechts und links, Steuerbord und Backbord, Kajüte und Zwischendeck gab, eine Art Ordnung herbeizuführen.

Während er mit scheuernden Schritten über das Deck auf und ab ging, verärgert über ein oder zwei kleine Fehler seitens des Steuermanns und selbst unter dem Schmerz der Trennung von Frau und Kindern leidend, sein Leiden aber nur durch seine äußere Verärgerung erkennen ließ, hörte er ein Hagel von dem schäbigen kleinen Flussboot, das versuchte, sein geflügeltes Schiff zu überholen. Denn die Männer, die befürchteten, dass sie den Abstand zwischen ihnen nur vergrößern würden, da sich das Schiff nun ziemlich über der Barke befand, und sich nun in Rufweite befanden, hatten Mary um ihren spezielleren Wunsch gebeten.

Ihre Kehle war trocken, jeglicher musikalische Klang war aus ihrer Stimme verschwunden; Doch mit lautem, rauem Flüstern verkündete sie den Männern ihren Auftrag über Leben und Tod, und sie begrüßten das Schiff.

morgen vor dem Liverpooler Schwurgericht ein *Alibi* beweisen soll . James Wilson soll wegen eines Mordes angeklagt werden, der am Donnerstagabend begangen wurde, als er mit William Wilson zusammen war. Noch etwas, Missis?" fragte der Schiffer Mariens mit leiserer Stimme und nahm die Hände vom Mund.

„Sagen wir, ich bin Mary Barton. Oh, das Schiff fährt weiter! Oh, um Himmels willen, bitte sie, damit aufzuhören."

Der Bootsmann war wütend über die geringe Beachtung seiner Aufforderung und rief erneut; Er wiederholte die Nachricht mit dem Namen der jungen Frau, die sie geschickt hatte, und unterlegte sie mit Seemannseiden.

Das Schiff flog dahin – davon – das Boot mühte sich hinterher.

Sie konnten sehen, wie der Kapitän seine Sprechtrompete nahm. Und oh! und leider! sie hörten seine Worte.

Er schwor einen schrecklichen Eid; er nannte Maria einen schändlichen Namen; und er sagte, er würde sein Schiff für niemanden anhalten und könne sich auch nicht mit einer Hand trennen, wer auch immer danach strebte.

Die Worte kamen mit ihrem Trompetenklang in erbarmungsloser Klarheit. Maria setzte sich hin und sah aus wie jemand, der im Todeskampf betet. Denn ihre Augen richteten sich auf den Himmel, wo die Barmherzigkeit wohnt, während ihre blauen Lippen zitterten, obwohl kein Ton kam. Dann senkte sie den Kopf und versteckte ihn in ihren Händen.

"Horchen! Dein Seemann grüßt uns."

Sie schaute hoch. Und ihr Herz hörte auf zu schlagen, um zuzuhören.

William Wilson stand so nah wie möglich am Heck des Schiffes; Da er dem wütenden Kapitän die Trompete nicht entreißen konnte, fertigte er mit eigenen Händen eine Röhre an.

„Also hilf mir, Gott, Mary Barton, ich werde rechtzeitig mit dem Lotsenboot zurückkommen, um das Leben der Unschuldigen zu retten."

"Was sagt er?" fragte Mary wild, als die Stimme mit zunehmender Entfernung verklang, während die Bootsführer in ihrem entfachten Mitgefühl für ihren Passagier jubelten.

"Was sagt er?" wiederholte sie. "Sag mir. Ich konnte nicht hören."

Sie hatte mit ihren Ohren gehört, aber ihr Gehirn weigerte sich, den Sinn zu erkennen.

Sie wiederholten seine Rede, alle drei gleichzeitig, mit vielen Kommentaren; während Maria sie ansah und dann das Gefäß in der Ferne.

„Ich weiß es nicht richtig", sagte sie traurig. „Was ist das Lotsenboot?"

Sie erzählten es ihr, und sie erschloss die Bedeutung aus dem Matrosenjargon, der es umgab. Es gab immer noch eine Hoffnung, wenn auch so gering und schwach.

Hobbys unter den Armen in Lancashire

Von *Mary Barton* , 1848

GIBT ES eine Klasse von Männern, die selbst vielen Einwohnern unbekannt ist und deren Existenz wahrscheinlich von vielen angezweifelt wird, die dennoch behaupten können, mit allen edlen Namen verwandt zu sein, die die Wissenschaft anerkennt. Ich sagte in „Manchester", aber sie sind über das gesamte Produktionsviertel von Lancashire verstreut. In der Nachbarschaft von Oldham gibt es Weber, gewöhnliche Handweber, die das Weberschiffchen mit unaufhörlichem Lärm werfen, obwohl Newtons *Principia* offen auf dem Webstuhl liegt und man sie sich während der Arbeitszeit schnappen kann, aber beim Essen oder in der Nacht genießt man sie . Mathematische Probleme werden mit Interesse aufgenommen und von manchen weitsichtigen, gemein aussehenden Fabrikarbeitern mit aufmerksamer Aufmerksamkeit studiert. Es ist vielleicht weniger überraschend, dass die populäreren Zweige der Naturgeschichte in dieser Klasse ihre herzlichen und ergebenen Anhänger haben. Unter ihnen gibt es Botaniker, die sowohl mit dem Linnæan-System als auch mit dem Natursystem gleichermaßen vertraut sind und den Namen und Lebensraum jeder Pflanze kennen, die einen Tagesmarsch von ihren Behausungen entfernt liegt. die den Feiertag von ein oder zwei Tagen stehlen, an dem eine bestimmte Pflanze blühen sollte, und ihre einfache Nahrung in ihre Taschentücher binden, mit dem einzigen Ziel, das bescheiden aussehende Unkraut nach Hause zu holen. Es gibt Entomologen, die man mit einem unhöflich aussehenden Netz sehen kann, das bereit ist, jedes geflügelte Insekt zu fangen, oder mit einer Art Bagger, mit dem sie die grünen und schleimigen Teiche durchharken; praktische, kluge, fleißige Männer, die mit echter wissenschaftlicher Freude über jedes neue Exemplar brüten. Es sind auch nicht die üblichen und offensichtlicheren Unterteilungen in Entomologie und Botanik, die diese ernsthaften Wissenssucher allein anziehen. Vielleicht liegt es daran, dass die beiden großen, schönen Familien Ephemeridæ und Phryganidæ von den Arbeitern Manchesters so intensiv und eingehend studiert wurden, weil die Pfingstwoche, der große jährliche Stadtfeiertag, der so oft in den Mai oder Juni fällt weitgehend der allgemeinen Beobachtung entgangen. Wenn Sie sich auf das Vorwort zu Sir JE Smiths Leben beziehen (ich habe es nicht, sonst würde ich Ihnen die genaue Passage kopieren), werden Sie feststellen, dass er einen kleinen Umstand nennt, der das, was ich gesagt habe, bestätigt. Als er Roscoe in Liverpool besuchte, erkundigte er sich bei ihm nach dem Lebensraum einer sehr seltenen Pflanze, die angeblich an bestimmten Orten in Lancashire zu finden sei. Herr Roscoe wusste nichts von der Pflanze; Er erklärte jedoch, dass jemand, der ihm die gewünschten Informationen geben könnte, ein Handweber in Manchester sein würde, den er nannte. Sir JE Smith fuhr mit dem Boot nach Manchester, und als er in dieser Stadt ankam, fragte er den Gepäckträger, der sein Gepäck trug, ob er ihm den Weg nach So und So weisen könne.

„Oh ja", antwortete der Mann. „Er tut mir ein bisschen im Weg"; und bei weiteren Nachforschungen stellte sich heraus, dass sowohl der Träger als auch sein Freund, der Weber, geschickte Botaniker waren und Sir JE Smith genau die Informationen geben konnten, die er wollte.

Dies sind die Vorlieben und Bestrebungen einiger der nachdenklichen, wenig verstandenen Arbeiter von Manchester.

Und Margarets Großvater war einer von ihnen. Er war ein kleiner, drahtig aussehender alter Mann, der sich mit ruckartigen Bewegungen bewegte, als wären seine Gliedmaßen an einer Schnur befestigt, wie bei einem Kinderspielzeug, mit dunkelbraunem Haar, das dünn und weich am Hinterkopf und an den Seiten seines Kopfes lag ; Seine Stirn war so groß, dass sie den Rest seines Gesichts zu überragen schien, das durch das Fehlen aller Zähne tatsächlich seine natürliche Kontur verloren hatte. Die Augen strahlten vor Intelligenz; so scharfsinnig, so aufmerksam, dass man sich fast wie ein Zauberer fühlte. Tatsächlich sah der ganze Raum einer Zaubererwohnung nicht unähnlich aus. Anstelle von Bildern hingen grobe Holzrahmen mit aufgespießten Insekten; der kleine Tisch war mit kabbalistischen Büchern bedeckt; und daneben lag eine Kiste mit geheimnisvollen Instrumenten, eines davon benutzte Job Legh, als seine Enkelin eintrat.

Bei ihrem Erscheinen schob er seine Brille so weit nach oben, dass sie halb auf seiner Stirn ruhte, und begrüßte Maria kurz und freundlich. Aber Margarete streichelte er, wie eine Mutter ihr Erstgeborenes streichelt; Er streichelte sie zärtlich und veränderte fast seine Stimme, während er mit ihr sprach.

Mary schaute sich nach den seltsamen, seltsamen Dingen um, die sie zu Hause noch nie gesehen hatte und die ihr sehr unheimlich vorkamen.

„Ist Ihr Großvater ein Wahrsager?" flüsterte sie ihrer neuen Freundin zu.

„Nein", antwortete Margaret mit derselben Stimme; „Aber du bist nicht der Erste, der ihn für einen solchen gehalten hat. Er mag nur solche Dinge, von denen die meisten Leute nichts wissen."

„Und weißt du auch etwas über sie?"

„Ich weiß ein wenig über einige der Dinge Bescheid, die Großvater liebt; Nur weil er sie mag, habe ich versucht, mehr über sie zu erfahren."

„Was sind das für Dinge?" sagte Mary, beeindruckt von den seltsam aussehenden Kreaturen, die in ihren grob gefertigten Glaskästen im Raum herumlagen.

Aber sie war nicht auf die technischen Namen vorbereitet, die Job Legh ihr aus Ohr hämmerte und auf die sie fielen wie Hagel auf ein Dachfenster; und die seltsame Sprache verwirrte sie nur noch mehr als je zuvor. Margaret erkannte den Sachverhalt und kam zur Rettung.

„Schau, Mary, sieh dir diesen schrecklichen Skorpion an. Er hat mir so einen Schrecken eingejagt: Wenn ich daran denke, bin ich noch ganz wie ein Twitterer. Großvater fuhr in einer Pfingstwoche nach Liverpool, um an den Docks spazieren zu gehen und von den Seeleuten, die oft das eine oder andere seltsame Ding aus den heißen Ländern mitbringen, in die sie fahren, abzuholen, was er konnte; und so sieht er einen Kerl mit einer Flasche in der Hand, wie die Medikamentenflasche eines Apothekers; und sagt Großvater: „Was hast du da bekommen?“ Der Seemann hält ihn also hoch, und Großvater wusste, dass es sich um eine seltene Skorpionart handelte, die nicht einmal auf den Ostindischen Inseln verbreitet war, wo der Mann herkam; und er sagt: „Wie hast du diesen feinen Kerl gefangen, denn er würde nicht umsonst genommen werden, denke ich?“ Und der Mann sagte, als sie das Schiff entluden, hätte er ihn hinter einem Sack Reis liegend gefunden und gedacht, die Kälte hätte ihn getötet, denn er sei weder gequetscht noch verletzt worden. Er wollte nichts von der Spirituose aus seinem Grog abgeben, in die er den Skorpion stecken konnte, aber er ließ ihn in die Flasche gleiten, wissend, dass es genug Leute gab, die ihm etwas für ihn geben würden. Also gibt ihm der Großvater einen Schilling.“

„Zwei Schilling“, unterbrach Job Legh; „Und es war ein gutes Geschäft.“

„Nun, Großvater kam so stolz wie Punch nach Hause und zog die Flasche aus seiner Tasche. Aber sehen Sie, der Skorpion war verdoppelt und der Großvater meinte, ich könnte nicht genau erkennen, wie groß er war. Also schüttelt er ihn direkt vor dem Feuer aus; Und es war schön warm, ich weiß noch, dass ich gerade bügelte. Ich hörte mit dem Bügeln auf und beugte mich über ihn, um ihn besser betrachten zu können, und Großvater holte ein Buch und begann zu lesen, dass genau diese Art die giftigsten und bösartigsten Arten seien, dass ihre Bisse oft tödlich seien, und fuhr dann fort zu lesen, wie Menschen, die gebissen wurden, anschwollen und vor Schmerzen schrien. Ich lauschte angestrengt, aber als es herauskam, ließ ich die Kreatur nicht aus den Augen, obwohl ich nicht hätte sagen können, dass ich sie beobachtete. Plötzlich schien es einen Ruck zu geben, und bevor ich etwas sagen konnte, gab es einen weiteren, und in einer Minute war es so wild, wie es nur sein konnte, und rannte wie ein tollwütiger Hund auf mich zu.“

"Was hast du gemacht?" fragte Maria.

"Mich! Nun, ich sprang zuerst auf einen Stuhl und dann auf all die Dinge, die ich auf der Kommode gebügelt hatte, und ich schrie nach Großvater, er solle zu mir kommen, aber er hörte nicht auf mich.“

„Warum, wenn ich bei dir hergekommen wäre, wer hätte das Geschöpf gefangen, würde ich gerne wissen?"

„Nun, ich habe Großvater angefleht, es zu zerdrücken, und einmal hatte ich das Eisen direkt darüber und war bereit, es fallen zu lassen, aber Großvater hat mich angefleht, es nicht auf diese Weise zu verletzen. Deshalb konnte ich mir nicht vorstellen, was er haben würde, denn er hüpfte durch das Zimmer, als hätte er große Angst, und flehte mich trotzdem an, es nicht zu verletzen. Schließlich geht er zum Kessel, hebt den Deckel hoch und guckt hinein. „Wozu zum Teufel macht er das?" denkt ich; „Er wird niemals seinen Tee trinken, während ein Skorpion frei und locker im Zimmer herumläuft!" Dann nimmt er die Zange und setzt seine Brille auf seine Nase, und in einer Minute hatte er das Geschöpf am Bein hochgehoben und in das kochende Wasser fallen lassen."

„Und hat ihn das getötet?" sagte Maria.

„Ja, sicher; Allerdings kochte er länger, als Großvater lieb war. Aber ich hatte solche Angst davor, dass er wieder zu sich kommen würde, dass ich zum Wirtshaus rannte, um etwas Gin zu holen, und Großvater füllte die Flasche, und dann schütteten wir das Wasser ab, holten ihn aus dem Kessel und ließen ihn in die Flasche fallen , und er war mehr als zwölf Monate dort."

„Was hat ihn ursprünglich zum Leben erweckt?" fragte Maria.

„Sehen Sie, er war nie wirklich tot, nur träge – das heißt, er schlief tief vor Kälte, und unser gutes Feuer brachte ihn wieder zu sich."

„Ich bin froh, dass Vater sich nicht um solche Dinge kümmert", sagte Mary.

"Bist du? Nun, ich bin oft geradezu froh, dass Großvater seine Bücher, seine Kreaturen und seine Pflanzen so liebt. Es tut mir gut, ihn so glücklich zu sehen, wie er zu Hause alles sortiert und so bereit ist, sich auf die Suche nach mehr zu machen, wann immer er einen freien Tag hat. Schau ihn dir jetzt an! Er hat sich wieder seinen Büchern zugewandt und wird glücklich wie ein König arbeiten, bis ich ihn ins Bett bringe. Es hält ihn freilich zum Schweigen; Aber was macht das schon, solange ich ihn ernst, zufrieden und eifrig sehe? Wenn er dann seine Gesprächsrunden hat, kann man sich gar nicht vorstellen, wie viel er zu sagen hat. Lieber Großvater! Du weißt nicht, wie glücklich wir sind!"

Mary fragte sich, ob der liebe Großvater das alles gehört hatte, denn Margaret sprach nicht mit leiser Stimme; aber nein! Er war viel zu tiefgründig und eifrig dabei, ein Problem zu lösen. Er bemerkte Marys Abschied nicht einmal, und sie ging mit dem Gefühl nach Hause, dass sie in dieser Nacht zwei der seltsamsten Menschen kennengelernt hatte, die sie je in ihrem Leben gesehen hatte. Margaret so ruhig, so alltäglich, bis ihre Gesangskräfte zum Vorschein kamen; so still von zu Hause, so fröhlich und angenehm zu Hause; und ihr Großvater war so ganz anders als alle, die Mary je gesehen hatte. Margaret hatte gesagt, er sei kein Wahrsager, aber sie wusste nicht, ob sie ihr glauben sollte.

Um ihre Zweifel auszuräumen, erzählte sie ihrem Vater die Geschichte des Abends, der sich für ihren Bericht interessierte und neugierig war, es selbst zu sehen und zu beurteilen. An Gelegenheiten mangelt es nicht oft, wohin die Neigung geht, und vor dem Ende dieses Winters betrachtete Mary Margaret fast wie eine alte Freundin. Letztere brachte ihre Arbeit mit, wenn Mary abends zu Hause war, und saß bei ihr; und Job Legh steckte ein Buch und seine Pfeife in die Tasche und ging einfach um die Ecke, um sein Enkelkind zu holen, bereit für ein Gespräch, wenn er Barton zu Hause antraf; bereit, Pfeife und Buch herauszuholen, wenn die Mädchen wollten, dass er wartete, und John war immer noch in seinem Club. Kurz gesagt, bereit, alles zu tun, was seiner geliebten Margaret Freude bereiten würde.

Ich weiß nicht, welche Ähnlichkeiten oder Unähnlichkeiten (denn dies verbindet die Menschen genauso oft wie jenes) die Mädchen zueinander hingezogen haben. Margaret hatte den großen Charme, einen guten gesunden Menschenverstand zu besitzen, und ist Ihnen nicht bewusst, wie unfreiwillig dieser Wert geschätzt wird? Es ist so angenehm, einen Freund zu haben, der die Fähigkeit besitzt, eine schwierige Frage in ein klares Licht zu rücken; dessen Urteilsvermögen sagen kann, was am besten zu tun ist; und der so überzeugt davon ist, was „das Klügste und Beste" ist, dass in Anbetracht des Endes alle Schwierigkeiten auf dem Weg verschwinden. Menschen bewundern Talent und sprechen über ihre Bewunderung. Aber sie schätzen den gesunden Menschenverstand, ohne darüber zu sprechen und oft ohne es zu wissen.

Die Pressebande in Yorkshire in der zweiten Hälfte des 18. Jahrhunderts

Aus *Sylvias Liebhaber*, 1863

SEIT dem Ende des amerikanischen Krieges war keine ungewöhnliche Energie bei der Besetzung der Marine erforderlich; und die von der Regierung zu diesem Zweck benötigten Zuschüsse verringerten sich mit jedem Friedensjahr. Im Jahr 1792 erreichte dieser Zuschuss sein jahrelanges Minimum. Im Jahr 1793 hatte das Vorgehen der Franzosen Europa in Aufruhr versetzt, und die Engländer tobten in antigallikanischem Aufruhr, angestachelt durch alle Mittel der Krone und ihrer Minister. Wir hatten unsere Schiffe; aber wo waren unsere Männer? Die Admiralität verfügte jedoch über ein schnelles Rechtsmittel mit zahlreichen Präzedenzfällen für dessen Anwendung und über Gewohnheitsrecht (wenn nicht sogar Gesetzesrecht), um seine Anwendung zu sanktionieren. Sie erließen „Pressebefehle" und forderten die Zivilgewalt im ganzen Land auf, ihre Beamten bei der Erfüllung ihrer Pflichten zu unterstützen. Die Seeküste wurde in Bezirke eingeteilt, die einem Kapitän der Marine unterstanden, der wiederum Unterbezirke an Leutnants delegierte; und auf diese Weise wurden alle heimfahrenden Schiffe überwacht und erwartet, alle Häfen standen unter Aufsicht; und an einem Tag könnte, wenn nötig, eine große Anzahl von Männern zu den Streitkräften der Marine seiner Majestät hinzugefügt werden. Aber wenn die Admiralität in ihren Forderungen dringlicher wurde, war sie auch bereit, skrupellos zu sein. Landsmänner könnten, wenn sie körperlich leistungsfähig wären, bald zu guten Seeleuten ausgebildet werden; und sobald sie sich im Laderaum des Tenders befanden, der immer auf den Erfolg der Operation der Pressegruppe wartete, war es für solche Gefangene schwierig, Beweise für die Art ihrer früheren Beschäftigungen vorzulegen, insbesondere wenn niemand die Zeit hatte, sich solche Beweise anzuhören , oder sie wären bereit, es zu glauben, wenn sie zugehört hätten, oder würden darauf reagieren, um den Gefangenen freizulassen, wenn sie möglicherweise sowohl zugehört als auch geglaubt hätten. Männer wurden entführt, verschwanden buchstäblich und man hörte nie wieder etwas von ihnen. Die Straße einer geschäftigen Stadt war vor solchen Gefangennahmen durch Pressebanden nicht sicher, wie Lord Thurlow nach einem Spaziergang, den er etwa um diese Zeit auf dem Tower Hill unternahm, hätte sagen können, als er, der Generalstaatsanwalt von England, beeindruckt war Die Admiralität hatte ihre ganz eigenen Methoden, um lästige Belagerer und Bittsteller loszuwerden. Noch waren die einsamen Bewohner des Landesinneren nicht sicherer; so mancher Landsmann ging zu einer Messe oder einem „Mop" und kam nie nach Hause, um von seiner Anstellung zu erzählen; Manch ein beleibter junger Bauer verschwand von seinem Platz am Herd seines Vaters, und weder seine Mutter noch sein Geliebter hörten mehr von ihm; So groß war der Andrang auf Männer, die in den ersten Jahren des Krieges mit Frankreich und nach jedem großen Seesieg dieses Krieges in der Marine dienen wollten.

Die Bediensteten der Admiralität lauerten allen Kaufleuten und Händlern; Es gab viele Fälle, in denen Schiffe, die nach langer Abwesenheit heimkehrten und mit reicher Ladung beladen waren, in einer Tagesentfernung vom Land geentert wurden und so viele Männer bedrängt und entführt wurden, dass das Schiff mit seiner Ladung durch den Verlust seiner Besatzung nicht mehr zu bewältigen war , trieb wieder hinaus in den wilden, weiten Ozean und wurde manchmal unter der hilflosen Führung eines oder zweier gebrechlicher oder unwissender Seeleute gefunden; Manchmal hat man nie mehr von solchen Schiffen gehört. Die auf diese Weise unter Druck gesetzten Männer wurden der unmittelbaren Reichweite ihrer Eltern oder Ehefrauen entzogen und ihnen wurde oft der harte jahrelange Verdienst vorenthalten, der in den Händen der Herren des Handelsschiffs verblieb, in dem sie gedient hatten, vorbehaltlich aller Chancen auf Ehrlichkeit oder Unehrlichkeit, Leben oder Tod. Nun ist diese ganze Tyrannei (denn ich kann kein anderes Wort verwenden) für uns wunderbar; Wir können uns nicht vorstellen, wie es sein kann, dass sich eine Nation ihm so lange unterworfen hat, selbst unter kriegerischer Begeisterung, unter Invasionspanik und unter loyaler Unterwürfigkeit gegenüber den herrschenden Mächten. Wenn wir davon lesen, dass das Militär gerufen wurde, um die Zivilmacht bei der Unterstützung der Pressebande zu unterstützen, von Gruppen von Soldaten, die durch die Straßen patrouillierten, und von Wachposten mit aufgeschraubten Bajonetten, die vor jeder Tür standen, während die Pressebande eintrat und jedes Loch durchsuchte Ecke der Wohnung; Wenn wir von Kirchen hören, die während des Gottesdienstes von Truppen umzingelt wurden, während die Pressebande an der Tür bereit stand, um Männer festzunehmen, die aus dem öffentlichen Gottesdienst kamen, nehmen wir diese Vorfälle lediglich als Beispiele dafür, was in verschiedenen Kirchen ständig vor sich ging Wir wundern uns nicht darüber, dass sich Oberbürgermeister und andere Behörden in großen Städten darüber beschweren, dass die Geschäfte durch die Gefahr, die die Händler und ihre Diener eingingen, wenn sie ihre Häuser verließen und auf die Straße gingen, die von der Presse heimgesucht wurde, zum Stillstand gebracht wurden. Banden.

Ob es daran lag, dass das Leben in näherer Nachbarschaft zur Metropole – dem Zentrum von Politik und Nachrichten – die Bewohner der südlichen Landkreise mit einem starken Gefühl jenes Patriotismus inspirierte, der darin besteht, alle anderen Nationen zu hassen; oder ob es daran lag, dass die Chancen einer Gefangennahme in allen südlichen Häfen so viel größer waren, dass die Handelsschiffe sich an die Gefahr gewöhnten; Oder ob es daran lag, dass der Dienst in der Marine für diejenigen, die mit Städten wie Portsmouth und Plymouth vertraut waren, aufgrund des Mutes und der Brillanz der abenteuerlichen Beschäftigung eine Anziehungskraft auf die meisten Männer ausübte – es ist sicher, dass die Südstaatler die Unterdrückung durch Pressebefehle ertragen mussten unterwürfiger als die wilden Menschen im Nordosten. Denn bei ihnen erstreckten sich die Gewinnchancen, die über ihren Lohn im Walfang oder im Grönlandhandel hinausgingen, bis hin zur niedrigsten Bezeichnung eines Seemanns. Er könnte durch Mut und Sparen zum Schiffseigner aufsteigen. Viele um ihn herum hatten es getan; und gerade diese Tatsache machte den Unterschied zwischen Klasse und Klasse weniger offensichtlich; und die gemeinsamen Unternehmungen und Gefahren, das allgemeine Interesse an einem gemeinsamen Streben verbanden die Bewohner dieser Küstenlinie durch ein starkes Band, dessen Trennung durch irgendeine gewalttätige äußere

Maßnahme leidenschaftlichen Zorn und Rachegelüste hervorrief. Ein Mann aus Yorkshire sagte einmal zu mir: „Meine Leute aus der Grafschaft sind alle gleich." Ihr erster Gedanke ist, wie man Widerstand leistet. Warum! Wenn ich einen Mann sagen höre, es sei ein schöner Tag, ertappe ich mich dabei, wie ich versuche herauszufinden, dass das nicht der Fall ist. Es ist so im Denken; es ist so im Wort; es ist in der Tat so."

Sie können sich also vorstellen, dass es die Pressegruppe an der Küste von Yorkshire nicht leicht hatte. An anderen Orten lösten sie Angst aus, hier jedoch Wut und Hass. Der Oberbürgermeister von York wurde am 20. Januar 1777 durch einen anonymen Brief gewarnt, dass „wenn diese Männer nicht am oder vor dem folgenden Dienstag aus der Stadt geschickt würden, die eigene Wohnung seiner Lordschaft und auch das Herrenhaus dies tun sollten." bis auf die Grundmauern niedergebrannt."

Das Begräbnis des Seemanns in Monkshaven

Aus *Sylvia's Lovers* , 1863

DER Pfarrer von Monkshaven war ein freundlicher, friedfertiger alter Mann, der Streit und unruhige Gewässer über alles hasste. Theoretisch war er ein vehementer Tory, wie es damals zu seiner Kleidung gehörte. Er hatte zwei Schreckgespenster zu fürchten – die Franzosen und die Dissidenten. Es war schwer zu sagen, worüber er die schlechteste Meinung und die größte Angst hatte. Vielleicht hasste er die Dissidenten am meisten, weil sie näher mit ihm in Berührung kamen als die Franzosen; außerdem hatten die Franzosen den Vorwand, Papisten zu sein, während die Dissidenten möglicherweise zur Kirche von England gehört hätten, wenn sie nicht völlig verdorben gewesen wären. Doch in der Praxis hatte Dr. Wilson keine Einwände dagegen, mit Mr. Fishburn zu speisen, der ein persönlicher Freund und Anhänger von Wesley war; aber dann, wie der Arzt sagen würde: „Wesley war ein Mann aus Oxford, und das macht ihn zu einem Gentleman; und er war ein ordinierter Geistlicher der Kirche von England, so dass die Gnade niemals von ihm weichen kann." Aber ich weiß nicht, welche Entschuldigung er dafür vorgebracht hätte, Brühe und Gemüse dem alten Ralph Thompson, einem tollwütigen Unabhängigen, der dazu neigte, die Kirche und den Pfarrer zu beschimpfen, von der Kanzel der Dissidenten aus zu schicken, solange er nur die Kanzel besteigen konnte Treppe. Allerdings war dieser Widerspruch zwischen Dr. Wilsons Theorien und Praxis in Monkshaven nicht allgemein bekannt, sodass wir nichts damit zu tun haben.

Dr. Wilson hatte in dieser letzten Woche eine sehr schwierige Rolle zu spielen und eine noch schwierigere Predigt zu schreiben. Der getötete Darley war der Sohn des Gärtners des Pfarrers, und Dr. Wilsons Mitgefühl als Mann lag ausschließlich auf der Seite des trauernden Vaters. Doch dann hatte er als ältester Richter der Nachbarschaft einen Brief des Kapitäns der *Aurora erhalten* , erklärend und entlastend. Darley hatte sich den Befehlen eines Offiziers im Dienst seiner Majestät widersetzt. Was würde aus der gebührenden Unterordnung und Loyalität, den Interessen des Dienstes und den Chancen, diese verdammten Franzosen zu schlagen, wenn ein Verhalten wie das von Darley gefördert werden sollte? (Armer Darley! Er hatte jetzt alle bösen Auswirkungen menschlicher Ermutigung hinter sich!)

So murmelte der Pfarrer hastig während einer Predigt über den Text: „Mitten im Leben sind wir im Tod"; Das hätte für ein Baby, das in einem Krampfanfall abgeschnitten wurde, ebenso gut gereicht wie für den starken Mann, der mit all seinem eifrigen Blut in ihm erschossen wurde, von Männern, die so heißblütig waren wie er selbst. Aber als der Blick des alten Arztes einmal auf den nach oben gerichteten, angespannten Blick des Vaters Darley fiel, der mit ganzer Seele versuchte, in den Spreu der Worte ein Körnchen heiligen Trostes zu finden, schlug ihn sein Gewissen. Hatte er nichts zu sagen, was Wut und Rache mit spiritueller Kraft besänftigen könnte? Kein Hauch des Trösters, der die Resignation besänftigen könnte? Aber wiederum stand ihm der Widerspruch zwischen den Gesetzen des Menschen und den Gesetzen Christi vor Augen; und er gab den Versuch auf, mehr zu tun, als er tat, da er über seine Macht hinausging. Obwohl die Zuhörer so voller Zorn weggingen, wie sie die Kirche betreten hatten, und einige mit einem dumpfen Gefühl der Enttäuschung über das, was sie dort erlebt hatten, empfand niemand etwas anderes als freundlich gegenüber dem alten Pfarrer. Sein einfaches, glückliches Leben führte vierzig Jahre lang unter ihnen und war in seinem täglichen Verlauf allen Menschen offen; seine gutmütige, herzliche Art; seine praktische Freundlichkeit machte ihn bei allen beliebt; und weder er noch sie hatten viel Wert auf die Bewunderung seiner Talente gelegt. Respekt vor seinem Amt war alles, woran er dachte; und das wurde ihm aus alter traditioneller und erblicher Verbindung zugestanden. Wenn man auf das letzte Jahrhundert zurückblickt, erscheint es merkwürdig, wie wenig unsere Vorfahren die Fähigkeit hatten, zwei Dinge zusammenzufügen und entweder die dadurch entstehende Zwietracht oder Harmonie wahrzunehmen. Liegt es daran, dass wir von diesen Zeiten weiter entfernt sind und daher über eine größere Sichtweite verfügen? Werden unsere Nachkommen sich über uns wundern, so wie wir über die Widersprüchlichkeit unserer Vorfahren, oder über unsere Blindheit wundern, dass wir nicht erkennen, dass unsere Vorgehensweise so und so sein muss, wenn wir diese oder jene Meinung vertreten, oder? dass die logische Konsequenz bestimmter Meinungen Überzeugungen sein müssen, die wir derzeit verabscheuen? Es scheint rätselhaft, auf Männer wie unseren Pfarrer zurückzublicken, die fast die Doktrin vertraten, dass der König nichts falsch machen könne, und dennoch immer bereit waren, von der glorreichen

Revolution zu sprechen und die Stuarts zu beschimpfen, weil sie dieselbe Doktrin vertreten hatten, und habe versucht, es in die Tat umzusetzen. Aber solche Diskrepanzen prägten damals das Leben guter Männer. Es ist gut für uns, dass wir in der heutigen Zeit leben, in der jeder logisch und konsequent ist. Diese kleine Diskussion muss als Ersatz für die Predigt von Dr. Wilson dienen, an die sich eine halbe Stunde nach ihrer Verkündung niemand mehr als an den Text erinnern konnte. Sogar der Arzt selbst verlor die Erinnerung an die Worte, die er geäußert hatte, als er, nachdem er sein Kleid ausgezogen und seinen Chorrock angelegt hatte, aus der Dämmerung seiner Sakristei kam, zur Kirchentür ging und in die Weite blickte Licht, das auf die Ebene des Kirchhofs auf den Klippen fiel; denn die Sonne war noch nicht untergegangen, und der blasse Mond ging langsam durch den silbernen Nebel auf, der die fernen Moore verdeckte. Es gab eine dichte, dichte Menschenmenge, alle still und stumm, die den Blick von der Kirche und dem Pfarrer abwandte, der auf die Überführung der Toten wartete. Sie beobachteten die langsame schwarze Linie, die sich die langen Stufen hinaufschlängelte, hier und da ihre schwere Last ablegte und in schweigenden Gruppen an jedem Landeplatz stand; mal aus dem Blickfeld verloren, als ein Stück gebrochener, überhängender Boden dazwischenkam, mal plötzlich näher auftauchte; und darüber die große Kirchenglocke mit ihrer mittelalterlichen Inschrift, die dem Pfarrer vertraut war, wenn auch niemand sonst, der sie hörte:

„Ich rufe alle ins Grab"

behielt seinen schweren, dröhnenden Monoton bei, mit dem sich kein anderes Geräusch von Land oder Meer, ob nah oder fern, vermischte, außer dem Gackern der Gänse auf einem weit entfernten Bauernhof im Moor, als sie zum Schlafen nach Hause kamen; und dieses eine Geräusch aus so großer Entfernung schien die Stille nur noch zu verstärken. Dann gab es eine kleine Bewegung in der Menge; ein wenig von einer Seite zur anderen schieben, um einen Weg für die Leiche und ihre Träger zu schaffen – eine Ansammlung der Raumfragmente.

Mit gesenktem Kopf und erschöpfter Kraft zogen diejenigen, die den Sarg trugen, weiter; Hinter ihm kam der arme alte Gärtner, einen braunschwarzen Leichenumhang über sein schlichtes Kleid geworfen, und unterstützte seine Frau mit Schritten, die kaum weniger kraftlos waren als ihre eigenen. Er war an diesem Nachmittag in die Kirche gekommen und hatte ihr versprochen, dass er zurückkehren würde, um sie zur Beerdigung ihres Erstgeborenen zu begleiten; denn in seinem wunden, verwirrten Herzen fühlte er sich voller Empörung und stummer Wut, als müsste er hingehen und etwas hören, das die ungewohnte Sehnsucht nach Rache austreiben sollte, die seinen Kummer störte und ihm den großen Trost der Treulosigkeit bewusst machte produziert. Und vorerst war er treulos. Wie kam Gott dazu, solch grausame

Ungerechtigkeit gegenüber den Menschen zuzulassen? Wenn Er es zuließ, konnte Er nicht gut sein. Was war dann Leben und was war Tod anderes als Leid und Verzweiflung? Die schönen, feierlichen Worte des Rituals hatten ihm gutgetan und einen Großteil seines Glaubens wiederhergestellt. Obwohl er nicht verstehen konnte, warum ihm so viel Kummer widerfahren war wie zuvor, war er zu einem Teil seines kindlichen Vertrauens zurückgekehrt; Während er die müden Stufen hinaufstieg, sagte er immer wieder flüsternd zu sich selbst: „Es ist das Werk des Herrn"; und die Wiederholung beruhigte ihn unaussprechlich. Hinter diesem alten Ehepaar folgten ihre Kinder, erwachsene Männer und Frauen, die von weit entfernten Orten oder Bauernhöfen stammten: die Bediensteten des Pfarrhauses und viele Nachbarn, die darauf bedacht waren, ihr Mitgefühl zu zeigen, und die meisten Matrosen von der Besatzung der Schiffe Hafen, schloss sich der Prozession an und folgte der Leiche in die Kirche.

Unmittelbar vor der Tür befand sich eine zu große Menschenmenge, als dass Sylvia und Molly noch einmal hineingehen könnten, und sie machten sich dementsprechend auf den Weg zu der Stelle, wo das tiefe Grab weit und hungrig darauf wartete, seine Toten aufzunehmen. Dort, an die Grabsteine rundherum gelehnt, standen viele, blickten auf das weite und ruhige Meer und wandten sich der sanften Salzluft zu, die ihnen in die heißen Augen und starren Gesichter wehte; denn niemand sprach von all dieser Zahl. Sie dachten an den gewaltsamen Tod dessen, über den jetzt in der grauen alten Kirche die feierlichen Worte gesprochen wurden, kaum dass sie sie hören konnten, wäre das Geräusch nicht durch das gemessene Plätschern der Flut tief unter ihnen gebrochen worden.

Plötzlich schauten alle auf den Weg von der Kirchhofstreppe herab. Zwei Matrosen stützten eine gespenstische Gestalt, die sich mit schwachen Bewegungen dem offenen Grab näherte.

„Es ist der Specksioneer, der versucht hat, ihn zu retten! Er ist es, der zum Sterben zurückgelassen wurde!" die Leute murmelten herum.

„Es ist Charley Kinraid, denn ich bin ein Sünder!" sagte Molly und trat vor, um ihre Cousine zu begrüßen.

Aber als er näher kam, erkannte sie, dass er seine ganze Kraft für das bloße Gehen brauchte. Die Matrosen hatten in ihrem starken Mitgefühl seiner dringenden Bitte nachgegeben und trugen ihn die Stufen hinauf, damit er den letzten Teil seines Kameraden sehen könne. Sie stellten ihn neben das Grab, an einen Stein gelehnt; und kaum war er dort, als der Pfarrer herauskam, und die große Menschenmenge strömte aus der Kirche und folgte dem Leichnam bis zum Grab.

Sylvia war so sehr in die Feierlichkeit des Anlasses vertieft, dass sie im ersten Moment keinen Gedanken an die blasse und hagere Gestalt ihr gegenüber verschwendete; Noch weniger war sie sich ihres Cousins Philip bewusst, der sie nun zum ersten Mal aus der Menge hervorhob und sich an ihre Seite drängte, in der Absicht, Kameradschaft und Schutz zu suchen.

Während der Gottesdienst weiterging, erklangen hinter den beiden Mädchen, die zu den vordersten in der Menge gehörten, schlecht unterdrückte Schluchzer, und nach und nach wurde der Schrei und das Jammern allgemeiner. Sylvias Tränen liefen ihr übers Gesicht und ihr Kummer wurde so offensichtlich, dass sie die Aufmerksamkeit vieler in diesem inneren Kreis auf sich zog. Unter anderen, die es bemerkten, fielen die hohlen Augen des Specksionärs auf den Anblick des unschuldigen, blühenden, kindlichen Gesichts, das ihm gegenüberstand, und er fragte sich, ob sie eine Verwandte war; Doch als er sah, dass sie kein Trauerzeichen trug, kam er eher zu dem Schluss, dass sie eine Geliebte des Toten gewesen sein musste.

Und nun war alles vorbei: das Klappern des Kieses auf dem Sarg; der letzte lange, verweilende Blick von Freunden und Liebhabern; Die Rosmarinzweige waren von allen, die das Glück hatten, sie mitgebracht zu haben, niedergeworfen worden – und oh! Wie sehr wünschte Sylvia, sie hätte sich an diesen letzten Akt des Respekts erinnert – und langsam begann sich der äußere Rand der Menge zu lockern und zu verschwinden.

Ein Aufstand einer Pressebande in Monkshaven (Whitby)

Aus *Sylvia's Lovers*, 1863

Dieser Aufstand, den Frau Gaskell so anschaulich beschreibt, fand tatsächlich am 23. Februar 1797 statt, und der Prototyp von Daniel Robson wurde in York gehängt, um die Randalierer zu ermutigen. Frau Gaskell erhielt Kopien der Dokumente im Zusammenhang mit dem Prozess und der Hinrichtung und interviewte mehrere alte Bewohner von Whitby, als sie ihre Geschichte schrieb.

JEDER, der in der Lage war, die Stimmung in Monkshaven zu dieser Zeit zu verstehen, musste sich darüber im Klaren sein, dass jeden Moment eine Explosion stattfinden könnte; und wahrscheinlich gab es diejenigen, die genug Urteilsvermogen hatten, um uberrascht zu sein, dass es nicht früher geschah, als es geschah. Denn bis Februar gab es nur gelegentlich Schreie und Wutgebrüll, als die Pressebande ihre Gefangennahmen erst hier, dann dort vornahm; Anscheinend war es oft tagelang ruhig, dann hörte man in einiger Entfernung an der Küste davon, und dann entführte man einen Seemann aus dem Herzen der Stadt. Sie schienen Angst davor zu haben, eine allgemeine Feindseligkeit zu provozieren, wie sie sie aus Shields vertrieben hatte, und hätten die Bewohner versöhnt, wenn sie könnten; Die Offiziere im Dienst und an Bord der drei Kriegsschiffe kamen oft in die Stadt, gaben viel Geld aus, sprachen mit allen mit fröhlicher Freundlichkeit und machten sich in der Gesellschaft, zu der sie in den Häusern der Marine Zugang finden konnten, sehr beliebt beim Nachbarrichter oder im Pfarrhaus. Aber dies, so angenehm es auch sein mochte, trug nicht zu dem Zweck bei, den die Druckerei im Auge hatte; und dementsprechend wurde ein entschiedenerer Schritt zu einer Zeit unternommen, als, obwohl es keine offensichtlichen Beweise dafür gab, die Stadt voller grönländischer Seeleute war, die stillschweigend eintrafen, um ihre jährlichen Verpflichtungen zu erneuern, die, wenn sie erledigt waren, legal waren berechtigen sie zum Schutz vor Beeinträchtigungen. Eines Nachts – es war an einem Samstag, dem 23. Februar, als bitterer schwarzer Frost herrschte , ein Nordostwind durch die Straßen fegte und Männer und Frauen eng in ihren Häusern eingeschlossen waren – waren alle über ihre Haushaltszufriedenheit erschrocken Wärme durch den Klang der Feuerglocke, die geschäftig schwingt und um Hilfe ruft. Die Feuerglocke wurde im Markthaus aufbewahrt, wo High Street und Bridge Street zusammentrafen: Jeder wusste, was sie bedeutete. Irgendeine Wohnung, oder vielleicht ein Kesselhaus, stand in Flammen, und in einer Stadt, in der es weder Wasser gab noch Feuerwehrfahrzeuge bereithielten, wurde in aller Eile Nachbarschaftshilfe herbeigerufen. Männer schnappten sich ihre Hüte und stürmten hinaus, gefolgt von ihren Frauen, einige mit den bequemsten Tüchern, die sie finden konnten, um damit die übereilten Ehemänner zu bekleiden, andere mit der Mischung aus Furcht und Neugier, die die Menschen zu jedem Schauplatz lockt Katastrophe. Diejenigen von den Marktleuten, die sich auf dem besten Weg nach Hause machten und in der Stadt warteten, bis die frühe Dunkelheit ihnen den Weg verbarg, kehrten beim Klang der immerwährenden Feuerglocke um, die immer schneller läutete, als ob die Die Gefahr wurde von Augenblick zu Augenblick dringlicher.

Während Männer gegeneinander oder nebeneinander rannten, war ihre atemlose Frage immer: „Wo ist es?" und niemand konnte es sagen; Also drängten sie weiter auf den Marktplatz, sicher, dort die gewünschte Information zu erhalten, wo die Feuerglocke unaufhörlich mit ihrer wütenden Metallzunge schrie.

Die trüben Öllampen in den angrenzenden Straßen ließen nur die Dunkelheit auf dem überfüllten Marktplatz sichtbar werden, wo das Summen der unbeantworteten Fragen vieler Männer immer lauter wurde. Ein seltsames Gefühl der Angst überkam diejenigen, die dem geschlossenen Markthaus am nächsten standen. Über ihnen in der Luft läutete noch immer die Glocke; aber vor ihnen war eine Tür fest verschlossen und verschlossen; niemand, der mit ihnen redet und ihnen sagt, warum sie gerufen wurden – wo sie sein sollten. Sie befanden sich im Zentrum des Geheimnisses, und es war eine stille Leere! Ihre ungeklärte Angst nahm Gestalt an, als der Schrei von außerhalb der Menge kam, von wo immer noch Männer die Ostseite der Bridge Street herunterkamen. "Die Gruppe! Die Gruppe!" schrie jemand. „Die Bande ist über uns! Helfen! helfen!" Damals war die Feuerglocke ein Lockvogel gewesen; eine Art, das Kind in der Milch seiner Mutter zum Kochen zu bringen und die Menschen durch ihre freundlichsten Gefühle in die Falle zu locken. Ein dumpfes Gefühl davon verstärkte die völlige Bestürzung und machte alle Anstrengung und Anstrengung erforderlich, um zu allen Ausgängen zu gelangen, mit Ausnahme derjenigen, in der jetzt ein Kampf stattfand. das Sausen schwerer Peitschen, der Aufprall von Knüppeln, das Stöhnen, das Knurren verwundeter oder wütender Männer, die mit schrecklicher Deutlichkeit durch die Dunkelheit an das lebendige Ohr der Angst drangen.

Eine atemlose Gruppe stürmte die Schwärze eines schmalen Eingangs hinauf, um eine Weile still zu stehen und Kraft für einen neuen Lauf zu sammeln. Eine Zeit lang war von ihnen nichts als schweres Keuchen und Keuchen zu hören. Niemand kannte seinen Nachbarn, und ihr gutes Gefühl, das in letzter Zeit so missbraucht und ausgebeutet wurde, machte sie voller Misstrauen. Der erste, der sprach, wurde an seiner Stimme erkannt.

„Bist du es, Daniel Robson?" fragte sein Nachbar leise.

„Ja! Wer sollte es sonst sein?"

„Keine Ahnung."

„Wenn ich jemand anderes sein möchte, möchte ich ein Nobbut-Acht-Stun-Typ sein. Ich bin erledigt!"

„Es war so verdammt schade wie nie zuvor. Wer zum nächsten Feuer gehen soll, das wüsste ich gern!"

„Ich sag euch was, Jungs", sagte Daniel, der wieder zu Atem kam, aber keuchend sprach. „Ich schätze, wir waren ein Haufen Feiglinge, als wir zuließen, dass sie eure Kerle so einfach wegschleppten, wie sie es taten!"

„Das glaube ich tatsächlich", sagte eine andere Stimme.

Daniel fuhr fort:

„Wir waren zweihundert, wenn wir ein Mann wären; Eine Bande hatte noch nie mehr als zwölf."

„Aber sie waren bewaffnet. „Ich habe das Glitzern auf ihren Entermessern gesehen", sagte eine frische Stimme.

"Was dann!" antwortete der, der zuletzt gekommen war und am Eingang stand. „Ich hatte mein Walfangmesser in meiner Erbsenjacke bei mir, als meine Frau es auf mich warf, und hätte es mir im Handumdrehen zerrissen, wenn ich mir hätte vorstellen können, was man damit am besten machen sollte." ' Diese — Glocke macht so einen Lärm direkt über uns. Ein Mann kann nur sterben, und wir waren bereit, ins Feuer zu gehen, um das Leben anderer Menschen zu retten, und doch hatten wir keine Ahnung, ob wir die armen Kerle hätten retten können, wie kreischte um Hilfe bitten."

„Sie werden sie inzwischen nach Randyvow gebracht haben", sagte jemand.

„Sie können sie erst am Morgen an Bord nehmen; „Die Flut reicht nicht aus", sagte der vorletzte Redner.

Daniel Robson sprach den Gedanken aus, der allen Anwesenden im Kopf herumschwirrte.

„Es gibt eine Chance für uns. Wie viele sind wir?" Durch gegenseitiges Berühren wurden die Zahlen gezählt. Sieben. "Sieben. Aber wenn wir Sieben auftauchen und in die Stadt marschieren, wird es viele Dutzend geben, die bereit sind, sich zu den Mariners' Arms zu scharen, und es wird ein Leichtes sein, sie umzukrempeln, wenn es drängt. Wir sieben, jeder reißt uns auf, geht und sucht seine Freunde auf und bringt ihn, so gut er kann, zur Kirchentreppe; Dann wird es vielleicht einige geben, die nicht so sanft sind wie wir und die armen Kerle uns vor der Nase wegtragen lassen, nur weil unsere Ohren damit beschäftigt waren, der verdammten Glocke zu lauschen, deren klirrende Zunge Ich werde es rausreißen, bevor diese Woche um ist."

Bevor Daniel zu Ende gesprochen hatte, murmelten diejenigen, die dem Eingang am nächsten standen, ihre Zustimmung zu seinem Projekt und hatten sich davongeschlichen, wobei sie sich auf der dunkelsten Seite der Straßen und Gassen hielten, die sie in verschiedene Richtungen führten; Die meisten von ihnen machen sich direkt als Spürhunde auf den Weg zu den Verstecken des wildesten und verzweifeltsten Teils der Seefahrerbevölkerung von Monkshaven. Denn in den Herzen vieler nahm die Rache für das Elend und die Angst des vergangenen Winters eine tiefere und grausamere Form an, als Daniel gedacht hatte, als er seinen Rettungsvorschlag machte. Für ihn war es ein Abenteuer wie viele andere, die er in seiner Jugend erlebt hatte; tatsächlich hatte ihm der Alkohol, den er getrunken hatte, für die damalige Zeit eine fiktive Jugend beschert; und es war eher im Lichte eines rauhen Spaßes, dessen Anführer er sein sollte, dass er dahinhinkte (immer lahm von alten Rheumaanfällen) und kicherte vor sich hin über die scheinbare Stille in der Stadt, die keine Warnung gab Pressebande beim Rendezvous von allem im Wind. Auch Daniel hatte seine Freunde zu rufen; alte Hasen wie er selbst, aber auch „tiefe Uns", wie er es sich vorstellte.

Es war neun Uhr, als sich alle Geladenen auf der Kirchentreppe trafen; und um neun Uhr war es in Monkshaven damals ruhiger und schlafender, als es in manchen Städten heute um Mitternacht der Fall ist. Die Kirche und der Kirchhof über ihnen waren von silbernem Licht durchflutet, denn der Mond stand hoch am Himmel: Die unregelmäßigen Stufen waren hier und da in reinweißer Klarheit, hier und dort im schwärzesten Schatten. Aber mehr als auf halber Höhe der Spitze drängten sich die Männer wie Bienen; alles drängte, um nahe genug zu sein, um diejenigen zu befragen, die am nächsten an der Planung des Angriffs standen. Hier und da drängte sich eine Frau mit wilden Gesten und schriller Stimme, die kein Flehen auf die geflüsterte Tonlage der Männer verstummen ließ, durch die Menge – diese beschwor sofortiges Handeln, jene beschwor die Menschen um sie herum, sie zu schlagen und nicht zu verschonen der ihren „Mann" entführt hatte – den Vater, den Ernährer. Tief unten in der dunklen, stillen Stadt lebten viele, deren Herzen der wütenden und aufgeregten Menge folgten und die sie für die Taten dieser Nacht segneten und streichelten. Im Vergleich zu einigen seiner Mitmenschen war Daniel bald ein Nachzügler bei der Planung. Aber als sie mit dem rauschenden Geräusch vieler Schritte und nur wenigen Worten das leere, dunkle, verschlossene Mariners' Arms erreichten, hielten sie überrascht inne, als das ganze Haus unbewohnt aussah: Es war wieder Daniel, der es tat übernahm die Führung.

„Sagen Sie fair," sagte er; „Versuchen Sie es zuerst mit guten Worten. Hobbs lässt sie vielleicht in Ruhe raus, wenn wir mit ihm reden können. „Ein Wort, Hobbs", sagte er mit erhobener Stimme, „ist für diese Nacht verschlossen; denn ich würde mich über ein Glas freuen. Ich bin Daniel Robson, das weißt du."

Kein einziges Wort zur Antwort, genauso wenig wie aus dem Grab; aber seine Rede war trotzdem gehört worden. Die Menge hinter ihm begann zu johlen und zu drohen; Es gab kein Unterdrücken mehr ihrer Stimmen, ihrer Wut, ihrer schrecklichen Flüche. Wenn Türen und Fenster in Erwartung eines solchen Ereignisses nicht in letzter Zeit mit Eisenstangen verstärkt worden wären, wären sie beim Ansturm der wilden und jetzt schreienden Menge eingebrochen worden, die mit der Kraft eines Sturmbocks auf sie losging. in verblüffter Wut vor dem vergeblichen Angriff zurückzuschrecken. Kein Zeichen, kein Laut von innen in dieser atemlosen Pause.

„Komm hierher! „Ich habe einen Weg gefunden, mich zurückzuziehen, wo es vermutlich nicht so gut eingezäunt ist", sagte Daniel, der jüngeren und mächtigeren Männern Platz gemacht hatte, um den Angriff durchzuführen, und in der Zwischenzeit seine Zeit damit verbracht hatte, das Gelände zu untersuchen hintere Räumlichkeiten. Die Männer stürmten hinter ihm her und schlugen ihn fast nieder, als er in die Gasse ging, zu der sich die Türen der Nebengebäude des Gasthauses öffneten. Daniel hatte bereits den Verschluss der Öffnung aufgebrochen, die zu einem feuchten, modrig riechenden Schiffscontainer führte, in dessen einer Ecke eine arme, magere Kuh unruhig und unruhig auf ihren Beinen hin und her wälzte, während ihr Schlafplatz von Aas besetzt wurde so viele Männer konnten sich in den dunklen Laderaum zwängen. Daniel, am Ende, das am weitesten von der Tür entfernt war, war fast erstickt, bevor er den morschen Holzladen einreißen konnte, der, wenn er geöffnet wurde, den Blick auf den unkrautigen Hof des alten Gasthauses freigab, wobei das volle, klare Licht die Umrisse jedes Grashalms zeichnete der zarte schwarze Schatten dahinter.

Dieses Loch, das in der Zeit, als Pferdereisende zum Mariners' Arms zu kommen pflegten, als Stall genutzt wurde, um Luft und Licht zu spenden, war groß genug, um einen Mann hindurchzulassen; und Daniel war aufgrund seiner Entdeckung der Erste, der durchkam. Aber er war größer und schwerer als zuvor; seine Lahmheit machte ihn weniger beweglich, und die ungeduldige Menge hinter ihm gab ihm einen helfenden Stoß, der ihn auf die runden Steine, mit denen der Hof gepflastert war, katapultierte und ihn vorübergehend so sehr behinderte, dass er gerade noch aus dem Hof herauskriechen konnte Mit springenden Füßen und schweren, mit Nägeln beschlagenen Stiefeln drang er durch die Öffnung, bis der Hof mit Männern gefüllt war, die nun einen wilden, spöttischen Schrei ausstießen, der zu ihrer Freude von innen beantwortet wurde. Kein Schweigen mehr, kein toter Widerstand mehr: ein lebendiger Kampf, ein glühender, wütender Kampf! und Daniel meinte, er müsse still sitzen bleiben, an die Wand gelehnt, untätig, während der Streit und die Aktion weitergingen, bei der er einst der Erste gewesen war.

Er sah, wie die Steine zerrissen wurden; er sah, wie sie mit gutem Erfolg an der unbewachten Hintertür eingesetzt wurden; Er schrie in nutzloser Warnung auf, als er sah, wie sich die oberen Fenster öffneten und wie er in die Menge zielte. Doch in diesem Moment gab die Tür nach, und das Gedränge bewegte sich unwillkürlich vorwärts, so dass niemand durch die Schüsse außer Gefecht gesetzt wurde, der sie daran hindern konnte, mit den anderen einzudringen. Und nun kamen die Geräusche, die von den Wänden verschleiert wurden, wie von einem wütenden, gefräßigen Tier, das über seiner Beute knurrte; der Lärm kam und ging – einmal hörte er ganz auf; und Daniel richtete sich mühsam auf, um die Ursache herauszufinden, als das Brüllen erneut klar und deutlich zu hören war und erneut Männer in den Hof strömten, jubelnd und jubelnd über die geretteten Opfer der Pressebande. Daniel humpelte heran und schrie und jubelte und schüttelte den anderen die Hand, ohne zu begreifen, dass der Leutnant und seine Bande das Haus durch ein Vorderfenster verlassen hatten und dass alle auf der Suche nach ihnen herausgeströmt waren; Der größte Teil kehrte jedoch zurück, um die Gefangenen zu befreien, und übte dann Rache am Haus und seinem Inhalt.

Aus allen Fenstern, oben und unten, wurden nun Möbel in den Hof geworfen. Das Krachen von Glas, das heftigere Krachen von Holz, die Schreie, das Lachen, die Flüche – all das erregte Daniel bis zum Äußersten; und seine blauen Flecken vergessend, drängte er sich nach vorne, um ihm zu helfen. Der wilde, raue Erfolg seines Plans hätte ihn fast umgehauen. Er stürzte sich auf jedes eklatante Stück Zerstörung; Er schüttelte allen um ihn herum die Hand, und schließlich, als die Zerstörer im Inneren innehielten, um Luft zu holen, rief er:

„Wenn einer so jung wäre wie einer, müsste er Randyvow runterholen und ein Lagerfeuer darauf machen. Wir würden aus irgendeinem Grund die Feuerglocke läuten.

Gesagt, getan. Ihre Aufregung war bereit, den geringsten Anflug von Unfug zu ertragen; Alte Stühle, zerbrochene Tische, seltsame Schubladen, zerbrochene Truhen wurden schnell und geschickt zu einer Pyramide aufgetürmt, und einer, der beim ersten Aufkommen der Idee glühende Kohlen geholt hatte, um das Feuer schneller anzuzünden, kam jetzt mit durch die Menge eine große Schaufel voll glühender Asche. Die Randalierer blieben stehen, um Luft zu holen und wie Kinder dem unsicheren, flackernden Feuer zuzuschauen, das in einem Moment hoch sprang und im nächsten wieder herunterfiel, nur um am Fuß des Trümmerhaufens entlang zu kriechen und seine künftige Arbeit zu sichern. Dann schoss das grelle Feuer wild, hoch und unbändig empor; und die Männer ringsum stießen einen Schrei heftigen Jubels aus und begannen in grober Heiterkeit, sich gegenseitig hineinzustoßen. In einer der Pausen des rauschenden, dröhnenden Lärms der Flammen ertönte das leise Stöhnen und Stöhnen der armen, alarmierten Kuh Oben im Schiff hörte Daniel sein Ohr, und er verstand ihr Stöhnen so gut, als wären es Worte gewesen. Er humpelte aus dem Hof, durch das nun verlassene Haus, in dem Männer mit der wahnsinnigen Zerstörungsarbeit beschäftigt waren, und fand seinen Weg zurück zu der Gasse, in die der Schiffshafen mündete. Die Kuh tanzte beim Brüllen, Blenden und der Hitze des Feuers umher; Aber Daniel wusste, wie er sie beruhigen konnte, und in wenigen Minuten legte er ihr ein Seil um den Hals und führte sie sanft vom Ort ihrer Angst weg. Er war immer noch auf dem Weg, als Simpson, der Alleskönner bei den Mariners' Arms, aus einem Versteck im verlassenen Nebengebäude kroch und plötzlich Robson gegenüberstand.

Der Mann war weiß vor Wut und Angst.

„Hier, nimm dein Tier und führe es dorthin, wo es deine Schreie und Schreie nicht hören wird. Sie ist ziemlich erschöpft von Hitze und Lärm.“

„Sie verbrennen jeden Lumpen, den ich auf der Welt habe", keuchte Simpson. „Ich hatte nie viel und jetzt bin ich ein Bettler."

"Also! Du hättest deine eigenen Städter nicht wieder verraten und der Bande Unterschlupf gewähren sollen. Sarves dich reet. Würde niemand hier sein und Tiere anführen, wenn er noch so jung wäre; Ich wäre voll dabei."

„Du warst es, der sie anheuerte – und dir dabei half, sie einzubrechen; Sie hätten nie daran gedacht, das Haus anzugreifen und deine Sachen in Brand zu stecken, wenn du nicht darüber gesprochen hättest. Simpson weinte jetzt ziemlich. Aber Daniel erkannte in seinem Stolz auf die gute Arbeit nicht, was der Verlust all des kleinen Eigentums, das er auf der Welt hatte, für den armen Kerl bedeutete (obwohl er ein Vergewaltiger, ein heruntergekommener, mittelloser Tölpel war!). er glaubte, er sei zu Fuß gegangen.

„Ja", sagte er; „Es ist eine tolle Sache für Leute, einen Kerl zu haben, der sie mit einem Kopf auf seinen Schultern führt. Ich bezweifle, dass dort ein Kerl wäre, der auf die Idee gekommen wäre, dein Wespennest zu vertreiben; Es braucht eine Menge Mutterwitz, um den Dingen gewachsen zu sein. Aber die Bande wird dort für eine Weile nie wieder Unterschlupf finden. Ich wünschte nur, wir hätten sie erwischt. Und es würde mir gefallen, wenn ich Hobbs etwas von meiner Meinung erzählt hätte.

„Er hat seine Soße gegessen", sagte Simpson traurig. „Er und ich sind ruiniert."

„Tut, tut, du hast deinen Bruder, er ist reich genug. Und Hobbs wird es viel besser machen; Er hat jetzt seine Lektion gelernt und wird auch in Zukunft auf seiner Seite bleiben. Hier, nimm dein Tier und kümmere dich um es, denn meine Knochen schmerzen. Und mach' dich knapp, denn einige von diesen Kerlen haben ihr Blut in Wallung gebracht, und sie werden nicht dafür sein, dich zu gut zu behandeln, wenn sie sich mit dir verlieben."

„Hobbs sollte ausgeliefert werden; es war, als hätte er mit dem Leutnant verhandelt; und er ist mit seiner Frau und seinem Geldbeutel in Sicherheit, und ich blieb diese Nacht als Bettler in der Monkshaven Street zurück. Mein Bruder und ich haben uns geäußert, und er wird nichts für mich tun, außer mich zu verfluchen. A hatte drei Kronenstücke und ein gutes Paar Kniebundhosen und ein Hemd und sogar zwei Paar Strümpfe. Ein Wunsch, die Bande, und du, und Hobbs, und die verrückten Leute dort oben waren in der Hölle. Ein Muss."

„Komm, Junge", sagte Daniel, ohnehin beleidigt über den Wunsch seines Begleiters in seinem Namen. „Ich bin mir nicht sicher, aber hier ist eine halbe Krone und ein Tuppence, das habe ich mit mir gemacht; Aber es wird dir und dem Tier Nahrung und Unterschlupf in dieser Notlage bieten und dir auch ein Glas Trost verschaffen. Ich hatte darüber nachgedacht, mir selbst einen zu nehmen, aber ein Shannot hat noch einen Penny übrig, also werde ich meiner Frau einfach Whoam geben.

Daniel hatte nicht die Angewohnheit, bei Handlungen, die ihn nicht direkt betrafen, Emotionen zu empfinden; sonst hätte er vielleicht den armen Kerl verachtet, der sich sofort an das Geld klammerte und den Mann mit gesabbertem Dank überhäufte, den er noch keine Minute zuvor verflucht hatte. Aber alle stärkeren Leidenschaften Simpsons waren längst aufgebraucht; jetzt mochte und mochte er nur noch schwach, wo er einst liebte und hasste; sein einziges heftiges Gefühl galt ihm selbst; die sich um sie kümmerten, könnten andere Männer verkümmern oder gedeihen, je nachdem, was ihnen am besten passte.

Viele der Türen, die verschlossen gewesen waren, als die Menge die Hauptstraße hinunterging, standen teilweise offen, als Daniel langsam zurückkam; und Licht strömte von ihnen auf die ansonsten dunkle Straße. Die Nachricht vom erfolgreichen Rettungsversuch hatte diejenigen erreicht, die vor ein oder zwei Stunden in Trauer und Trostlosigkeit gesessen hatten, und einige von ihnen drängten vorwärts, als sie aus ihrer Beobachtungsecke Daniels Annäherung erkannten; Sie drängten auf die Straße, um ihm die Hand zu schütteln, um ihm zu danken (denn sein Name war im Ausland als einer derjenigen gerühmt worden, die die Angelegenheit geplant hatten), und an mehreren Stellen wurde er aufgefordert, einen Schluck zu trinken – eine Dringlichkeit, die er hatte Er weigerte sich aus vielen Gründen nur ungern, aber sein zunehmendes Unbehagen und sein zunehmender Schmerz machten ihn ausnahmsweise abstinent und sehnten sich nur danach, nach Hause zu kommen und sich auszuruhen. Aber er war sowohl berührt als auch geschmeichelt darüber, wie diejenigen, die seine „Welt" bildeten, ihn als Helden betrachteten; und war nicht unempfindlich gegenüber den Segensworten, die eine Frau, deren Mann in dieser Nacht beeindruckt und gerettet worden war, im Vorbeigehen auf ihn herabströmte.

„Na, da – lass dir nicht die Kehle platzen und segnen. Dein Mann hätte das Gleiche für mich getan, auch wenn er vielleicht nicht so viel Mut und Können gezeigt hätte; aber es sind Gaben, auf die man nicht stolz sein kann."

Als Daniel auf dem Heimweg die Spitze des Hügels erreichte, drehte er sich um und blickte sich um. aber er war lahm und verletzt. Er war langsam vorangekommen, das Feuer war fast erloschen; Nur ein roter Farbton in der Luft um die Häuser am Ende der langen Hauptstraße und ein heißer, greller Nebel auf dem Hügel hinter der Stelle, wo das Mariners' Arms gestanden hatte, waren noch als Zeichen und Zeichen der Gewalttat übrig .

Daniel schaute und kicherte. „Das kommt vom Läuten der Feuerglocke",
sagte er zu sich selbst; „Es wäre eine Schande, eine Lüge zu erzählen, armer
alter Geschichtenerzähler."

Ein Blind-Man's-Buff-Spiel

Aus *Sylvia's Lovers* , 1863

Moss Brow, Molly Corneys altes Zuhause, existiert noch immer und der
Raum, in dem das Spiel gespielt wurde, ist zu sehen.

SYLVIA wurde von allen als die Schönheit anerkannt und behandelt. Wenn
sie Blind-Man's-Buff spielten, geh wohin sie wollte, wurde sie immer
erwischt; Sie wurde wiederholt aufgefordert, das zu tun, was in jedem Spiel
erforderlich war, als ob alle Freude daran hätten, ihre schlanke Figur und ihre
geschickte Art zu sehen. Das alles gefiel ihr so gut, dass sie ihre
Schüchternheit gegenüber allen außer Charley überwunden hatte. Als andere
ihr ihre rustikalen Komplimente machten, warf sie den Kopf zurück und
machte ihre kleinen frechen Bemerkungen; aber als er etwas Niedriges und
Schmeichelhaftes sagte, war es zu honigsüß für ihr Herz, als dass es sich so
abschrecken ließe. Und je mehr sie dieser Faszination nachgab, desto mehr
mied sie Philip. Er sprach nicht schmeichelhaft – er machte keine
Komplimente – er beobachtete sie mit unzufriedenen, sehnsüchtigen Augen
und neigte mit jedem Augenblick mehr dazu, in seinem Herzen „ *vanitas
vanitatum" zu schreien, je mehr er sich an die Vorfreude auf einen glücklichen Abend
erinnerte* .

Und jetzt kamen sie und weinten um die Verluste. Molly Brunton kniete
nieder, ihr Gesicht im Schoß ihrer Mutter vergraben; Diese nahm die
Pfandbriefe einen nach dem anderen heraus, und während sie sie hochhielt,
sagte sie die gewohnte Formel:

„Eine schöne Sache, und eine sehr schöne Sache, was muss der (oder die)
tun, dem dieses Ding gehört?"

Ein oder zwei hatte man angewiesen, vor der Schönsten niederzuknien, sich
vor der Witzigsten zu verbeugen und diejenigen zu küssen, die sie am meisten
liebten; andere mussten einen Zentimeter vom Schürhaken abbeißen oder
ähnliche Wortspiele. Und nun kam Sylvias hübsches neues Band, das Philip
ihr geschenkt hatte (er hätte es fast am liebsten Mrs. Corney aus den Händen
gerissen und es vor allen Gesichtern verbrannt, so verärgert war er über die
ganze Angelegenheit).

„Eine schöne Sache und eine sehr schöne Sache – eine ganz besondere
schöne Sache – entscheiden Sie, wie sie dazu gekommen ist. Was muss sie
tun, wenn sie dieses Ding besitzt?"

„Sie muss die Kerze ausblasen und den Kerzenhalter küssen."

In einem Augenblick hatte Kinraid die einzige Kerze in Reichweite; alle anderen waren hoch oben auf unzugänglichen Regalen und an anderen Orten aufgestellt. Sylvia ging hinauf und blies die Kerze aus, und bevor die plötzliche Halbdunkelheit vorüber war, hatte er die Kerze in die Finger genommen und befand sich, gemäß der traditionellen Bedeutung der Worte, an der Stelle des Kerzenhalters und sollte es auch sein geküsst. Alle lachten über das Gesicht der unschuldigen Sylvia, als ihr die Bedeutung ihrer Buße klar wurde, alle außer Philip, der fast erstickte.

„Ich bin Candlestick", sagte Kinraid mit weniger triumphaler Stimme als bei jedem anderen Mädchen im Raum.

„Du musst den Kerzenhalter küssen", riefen die Corneys, „sonst bekommst du dein Band nie zurück."

„Und an diesem Band schließt sie einen Deal ab", sagte Molly Brunton boshaft.

„Ich werde weder den Kerzenhalter noch ihn küssen", sagte Sylvia mit leiser, entschlossener Stimme und wandte sich voller Verwirrung ab.

„Du wirst dein Band nicht bekommen, wenn du es nicht weißt", riefen alle.

„Das Band ist mir egal", sagte sie und blickte zu ihren Peinigern auf, nun hatte sie Kinraid den Rücken zugewandt. „Und ich werde bei solchen Spielen nicht mehr mitmachen", fügte sie mit neuer Empörung in ihrem Herzen hinzu, als sie ihren alten Platz in der Ecke des Zimmers ein wenig abseits der anderen einnahm.

Philipps Stimmung besserte sich, und er sehnte sich danach, zu ihr zu gehen und ihr zu sagen, wie gut ihm ihr Verhalten gefiel. Ach, Philip! Obwohl Sylvia das bescheidenste Mädchen überhaupt war, war sie keineswegs prüde und in einfachen, geradlinigen Landgewohnheiten erzogen worden; und bei jedem anderen jungen Mann, mit Ausnahme vielleicht von Philip, hätte sie nicht mehr daran gedacht, schnell so zu tun, als würde sie die Hand oder Wange des vorübergehenden „Kerzenhalters" küssen, wie es unsere Vorfahren in einem viel höheren Rang bei ähnlichen Gelegenheiten taten. Obwohl Kinraid über seine öffentliche Ablehnung beschämt war, war er sich dessen bewusster als der unerfahrene Philip; Er beschloss, sich nicht davon abhalten zu lassen, und nutzte seine Chance. Er spielte vorerst weiter, als hätte ihn Sylvias Verhalten nicht im Geringsten berührt und als wäre ihm ihr Ausscheiden aus dem Spiel kaum aufgefallen. Als sie sah, wie andere sich ganz selbstverständlich ähnlichen Bußübungen unterwarfen, begann sie wütend auf sich selbst zu werden, weil sie zweimal darüber nachgedacht hatte, und sie begann sich selbst wegen des seltsamen Bewusstseins, das es damals unmöglich erscheinen ließ, fast nicht zu mögen Tu, was ihr gesagt wurde. Ihre Augen füllten sich immer wieder mit Tränen, während ihr ihre isolierte Stellung in der fröhlichen Party und der Gedanke daran, was für einen Narren sie aus sich gemacht hatte, immer wieder in den Sinn kamen; aber niemand sah sie, dachte sie und weinte; Und da sie sich schämte, entdeckt zu werden, als die Gesellschaft ihr Spiel unterbrach, schlich sie sich hinter ihnen in die große Kammer, in der sie beim Anrichten des Abendessens geholfen hatte, mit der Absicht, ihre Augen zu baden und einen Schluck Wasser zu trinken. Einen Augenblick lang fehlte Charley Kinraid in dem Kreis, dessen Leben und Seele er war; und dann kam er mit einem Gesichtsausdruck der Befriedigung zurück, der für diejenigen, die sein Spiel gesehen hatten, durchaus verständlich war; aber unbemerkt von Philip, der inmitten des ständigen Lärms und der Bewegungen um ihn herum nicht bemerkt hatte, dass Sylvia das Zimmer verließ, bis sie nach etwa einer Viertelstunde zurückkam und schöner denn je aussah, ihr Teint strahlend, ihre Augen schlaff herabhängend, ihr Haar ordentlich und frisch frisiert, stattdessen mit einem braunen Band zusammengebunden, das sie hätte verlieren sollen. Sie sah aus, als wolle sie nicht, dass ihre Rückkehr bemerkt würde, schlich sich mit geräuschlosen Bewegungen sanft hinter die herumtollenden Jungs und Mädels und bildete insgesamt mit ihrer kühlen Frische und bescheidenen Ordentlichkeit einen solchen Kontrast zu ihnen, dass es sowohl Kinraid als auch Philip schwer fiel, beizubehalten ihre Augen von ihr. Aber ersterer hatte einen heimlichen Triumph in seinem Herzen, der es ihm ermöglichte, seine Fröhlichkeit fortzusetzen, als würde sie ihn in Anspruch nehmen; während Philip sich aus der Menge zurückzog und auf sie zukam, wo sie schweigend neben Mrs. Corney stand, die mit in die Seite gestemmten Armen über die Ausgelassenheit und den Spaß um sie herum lachte. Sylvia zuckte ein wenig zusammen, als Philip sprach, und wandte nach dem ersten Blick ihre sanften Augen von ihm ab; sie antwortete ihm kurz, aber mit ungewohnter Sanftheit. Er hatte sie nur gefragt, wann er sie nach Hause bringen sollte; und sie war ein wenig überrascht über die Idee, nach Hause zu gehen, obwohl ihr der Abend erst so schien, als hätte sie begonnen, und hatte geantwortet:

"Nach Hause gehen? Ich weiß nicht! Es ist Silvester!"

Philip Hepburn verlässt die Neujahrsparty

Aus *Sylvia's Lovers*, 1863

SCHLOSS die Tür hinter sich, ging hinaus in die trostlose Nacht und begann seinen einsamen Spaziergang zurück nach Monkshaven. Der kalte Schneeregen blendete ihn fast, als der Seewind ihn ihm direkt ins Gesicht trieb; es schnitt gegen ihn, als es mit treibender Kraft geblasen wurde. Das Rauschen des winterlichen Meeres wurde von der Brise getragen; Vom weißen Boden fiel mehr Licht als vom dunklen Himmel darüber. Die Feldwege wären ein Rätsel gewesen, wenn es nicht die bekannten Lücken in der Deichseite gegeben hätte, die das weiße Land dahinter zwischen den beiden dunklen Steinmauern erkennen ließen. Dennoch ging er klar und gerade auf seinem Weg, nachdem er unbewusst alle Führung dem tierischen Instinkt überlassen hatte, der mit der menschlichen Seele koexistiert und manchmal seltsame Kontrolle über den menschlichen Körper übernimmt, wenn alle edleren Kräfte des Individuums in akuter Weise absorbiert werden leiden. Schließlich befand er sich auf dem Weg und mühte sich den Hügel hinauf, von dem aus man tagsüber Monkshaven sehen konnte. Jetzt verloren sich alle Merkmale der Landschaft vor ihm in der Dunkelheit der Nacht, vor der die weißen Flocken immer näher, dichter und schneller kamen. Plötzlich erklangen die Glocken der Kirche von Monkshaven und begrüßten das neue Jahr 1796. Aus der Richtung des Windes schien es, als würde der Klang mit Kraft und Kraft direkt in Philipps Gesicht geschleudert. Er ging den Hügel hinunter zu seinem fröhlichen Klang – seinem fröhlichen Klang, seinem schweren Herzen. Als er die lange Hauptstraße von Monkshaven betrat, konnte er sehen, wie die Wachlichter im Wohnzimmer, in der Kammer oder in der Küche erloschen waren. Das neue Jahr war gekommen und das Warten hatte ein Ende. Die Realität hatte begonnen.

Er wandte sich nach rechts, in den Gerichtssaal, wo er bei Alice Rose logierte. Dort brannte noch immer ein Licht, und fröhliche Stimmen waren zu hören. Er öffnet die Tür; Alice, ihre Tochter und Coulson standen da, als erwarteten sie ihn. Hesters nasser Umhang hing auf einem Stuhl vor dem Feuer; Sie hatte ihre Kapuze auf, denn sie und Coulson waren in der Nachtwache gewesen.

Die feierliche Aufregung des Gottesdienstes hatte ihre Spuren in ihrem Gesicht und in ihrem Geist hinterlassen. In ihren normalerweise schattigen Augen lag ein spirituelles Licht und auf ihrer blassen Wange war eine leichte Röte. Rein persönliche und selbstbewusste Gefühle verschmolzen in einem liebevollen Wohlwollen gegenüber all ihren Mitgeschöpfen. Unter dem Einfluss dieser großen Wohltätigkeitsorganisation vergaß sie ihre gewohnte Zurückhaltung und trat vor, als Philip eintrat, um ihm ihre Neujahrswünsche zu überbringen – Wünsche, die sie zuvor mit den beiden anderen ausgetauscht hatte.

„Ein frohes neues Jahr für dich, Philip, und möge Gott dich alle Tage lang in seiner Obhut haben!"

Er nahm ihre Hand und schüttelte sie herzlich als Antwort. Die Röte auf ihrer Wange verstärkte sich, als sie es herauszog. Alice Rose sagte etwas knapp über die späte Stunde und ihre große Müdigkeit, und dann gingen sie und ihre Tochter nach oben in das vordere Zimmer und Philip und Coulson in das, was sie sich im hinteren Teil des Hauses teilten.

Kinraids Rückkehr nach Monkshaven

Aus Sylvias Liebhaber, 1863

Diese Beschreibung des Treffens der beiden Liebhaber von Sylvia nach ihrer Heirat mit Philip Hepburn ist die dramatischste Szene der Geschichte.

JEMAND stand auf der Fahrspur direkt auf der anderen Seite der Lücke; sein Rücken war der Morgensonne zugewandt; Zuerst sah sie nur die Uniform eines Marineoffiziers, die damals in Monkshaven so bekannt war.

Sylvia eilte an ihm vorbei, ohne noch einmal hinzusehen, obwohl ihre Kleidung fast seine berührte, als er still dastand. Sie hatte noch keinen Meter zurückgelegt – nein, keinen halben Meter –, als ihr Herz einen Satz machte und wieder tot in ihr zusammenfiel, als wäre sie erschossen worden.

„Sylvia!" sagte er mit einer Stimme, die vor Freude und leidenschaftlicher Liebe zitterte. „Sylvia!"

Sie sah sich um; er hatte sich ein wenig gedreht, so dass das Licht direkt auf sein Gesicht fiel. Es wurde bronziert und die Linien wurden verstärkt; Aber es war dasselbe Gesicht, das sie vor drei langen Jahren zum letzten Mal in Haytersbank Gully gesehen hatte und von dem sie nie gedacht hatte, es jemals wieder im Leben zu sehen.

Er war nahe bei ihr und streckte ihr zärtlich seine Arme entgegen; sie flatterte auf ihre Umarmung zu, als würde sie von der alten Faszination angezogen; Als sie aber spürte, wie sie sich um sie schlossen, schreckte sie auf, schrie mit einem großen, kläglichen Schrei auf und legte die Hände an die Stirn, als wolle sie einen verwirrenden Nebel vertreiben.

Dann sah sie ihn noch einmal an, eine schreckliche Geschichte in ihren Augen, wenn er sie nur hätte lesen können.

Zweimal öffnete sie ihre steifen Lippen, um zu sprechen, und zweimal wurden die Worte von den Wogen ihres Elends überwältigt, die sie in die Tiefen ihres Herzens zurücktrugen.

Er glaubte, er sei zu plötzlich auf sie gestoßen, und versuchte, sie mit leisem, liebevollem Murmeln zu beruhigen und sie noch einmal in seine ausgestreckten, hungrigen Arme zu locken. Aber als sie seine Bewegung sah, machte sie eine Geste, als würde sie ihn wegstoßen; und mit einem unartikulierten schmerzerfüllten Stöhnen legte sie noch einmal die Hände an den Kopf, wandte sich ab und rannte blindlings auf die Stadt zu, um Schutz zu suchen.

Etwa eine Minute lang war er von ihrem Verhalten überrascht; und dann glaubte er, dass dies auf den Schock seiner Ansprache zurückzuführen sei und dass sie Zeit brauchte, um die unerwartete Freude zu verstehen. Also folgte er ihr schnell, behielt sie stets im Blick, versuchte aber nicht, sie zu schnell zu überholen.

„Ich habe meiner armen Liebe Angst gemacht", dachte er immer wieder. Und durch diesen Gedanken versuchte er, seine Ungeduld zu unterdrücken und die Geschwindigkeit zu bremsen, die er unbedingt anwenden wollte; Dennoch war er immer so dicht hinter ihr, dass ihr geschärfter Sinn seine wohlbekannten Schritte folgen hörte und eine wahnsinnige Vorstellung durch ihren Kopf schoss, dass sie zu dem breiten, vollen Fluss gehen und dem hoffnungslosen Elend ein Ende bereiten würde, das sie umhüllte. Unter den rauschenden Wassern, die von der Morgenflut landeinwärts getragen wurden, gab es ein sicheres Versteck vor allen menschlichen Vorwürfen und schwerem Todesleid.

Niemand kann sagen, was ihren Kurs verändert hat; vielleicht der Gedanke an ihr säugendes Kind; vielleicht ihre Mutter; vielleicht ein Engel Gottes; Niemand auf der Welt weiß es, aber als sie am Kai entlang rannte, stieß sie plötzlich auf einen Eingang und durch eine offene Tür.

Er folgte ihm die ganze Zeit und kam in ein ruhiges, dunkles Wohnzimmer, auf dem ein Tuch und Teegeschirr zum Frühstück bereit standen; Der Wechsel von der hellen, sonnigen Luft draußen zum tiefen Schatten dieses Zimmers ließ ihn im ersten Moment denken, dass sie gegangen war und dass niemand da war, und er stand einen Moment verwirrt da und hörte kein Geräusch mehr der Schlag seines eigenen Herzens; Doch ein unbändiges Schluchzen ließ ihn sich umschauen, und da sah er sie hinter der Tür kauern, ihr Gesicht fest verhüllt, und scharfe Schauer durchliefen ihren ganzen Körper.

„Meine Liebe, mein Schatz!" sagte er, ging auf sie zu und versuchte, sie aufzurichten und ihre Hände von ihrem Gesicht zu lösen. „Ich war zu plötzlich für dich; es war gedankenlos in mir; aber ich habe mich so sehr auf diese Zeit gefreut und darauf, dich über das Feld kommen und an mir vorbeigehen zu sehen; aber ich hätte zärtlicher und vorsichtiger mit dir sein sollen. Nein! lass mich noch einmal einen Blick auf dein süßes Gesicht werfen.

All dies flüsterte er in den alten Tönen manövrierender Liebe, mit dieser Stimme, nach der sie sich im Leben gesehnt und gesehnt hatte, die sie aber trotz all ihrer Sehnsucht nur in ihren Träumen gehört hatte.

Sie versuchte, sich immer mehr in die Ecke zu ducken, in den verborgenen Schatten – um außer Sichtweite im Boden zu versinken.

Noch einmal sprach er und flehte sie an, ihr Gesicht zu heben, damit er sie sprechen hören könne.

Aber sie stöhnte nur.

„Sylvia", sagte er und dachte, er könnte seine Taktik ändern und sie zum Reden bringen, dass er einen Verdacht und eine Beleidigung vortäuschen würde.

„Sylvia! Man könnte meinen, Sie wären nicht froh, mich endlich wiederzusehen. Ich kam gestern Abend erst spät an und mein erster Gedanke beim Aufwachen galt dir; das ist schon so, seit ich dich verlassen habe."

Sylvia nahm ihre Hände von ihrem Gesicht; es war grau wie das Gesicht des Todes; Ihre schrecklichen Augen waren voller Leidenschaft und Verzweiflung.

„Wo warst du?" fragte sie mit langsamer, heiserer Stimme, als ob ihre Stimme in ihr halb erstickt wäre.

"Gewesen!" sagte er, ein rotes Licht trat in seine Augen, als er seinen Blick auf sie richtete; Jetzt kam ihm tatsächlich ein wahrer und kein vorgetäuschter Verdacht in den Sinn.

"Gewesen!" er wiederholte; Dann trat sie einen Schritt näher und ergriff ihre Hand, diesmal nicht zärtlich, sondern mit dem Vorsatz, zufrieden zu sein.

„Hat Ihr Cousin – Hepburn, meine ich – hat er es Ihnen nicht erzählt? – Er hat gesehen, wie die Pressebande mich festgenommen hat – Ich habe ihm eine Nachricht an Sie gegeben – Ich habe Ihnen gesagt, dass Sie mir treu bleiben, so wie ich es mit Ihnen tun würde."

Zwischen jedem Satz dieser Rede hielt er inne und schnappte nach einer Antwort; aber es kam keiner. Ihre Augen weiteten sich und hielten seinen festen Blick wie mit einem magischen Zauber gefangen – keiner konnte den wilden, forschenden Blick des anderen abwenden. Als er geendet hatte, schwieg sie einen Moment, dann schrie sie schrill und heftig:

„Philipp!" Keine Antwort.

Noch wilder und schriller: „Philip!" Sie weinte.

Er war im entfernten Lagerraum und erledigte die Arbeit der letzten Nacht, bevor die regulären Ladenöffnungszeiten begannen; auch vor dem Frühstück, damit seine Frau ihn nicht wartend und ungeduldig vorfand.

Er hörte sie weinen; es schnitt durch Türen, stille Luft und große Wollballen; Er dachte, dass sie sich verletzt hatte, dass es ihrer Mutter schlechter ging, dass ihr Baby krank war, und eilte zu der Stelle, von der der Schrei kam.

Als er die Tür öffnete, die den Laden vom Wohnzimmer trennte, sah er den Rücken eines Marineoffiziers und seiner Frau auf dem Boden liegen, zusammengekauert; Als sie ihn eintreten sah, zog sie sich auf einem Stuhl hoch, tastete wie ein Blinder, kam und stellte sich ihm gegenüber.

Der Offizier drehte sich grimmig um und wollte auf Philip zugehen, der von der Szene so verwirrt war, dass er, obwohl er nicht verstand, wer der Fremde war, keinen Augenblick bemerkte, dass ihm seine größte Angst bewusst wurde.

Aber Sylvia legte ihre Hand auf Kinraids Arm und nahm sich das Recht zu sagen. Philip kannte ihre Stimme nicht, sie war so verändert.

„Philip", sagte sie, „das ist Kinraid, der zurückgekommen ist, um mich zu heiraten." Er lebt; Er war nie tot, sondern wurde nur von der Pressebande entführt. Und er sagt, du hättest es gesehen und die ganze Zeit gewusst. Sprich, war es so?"

Philipp wusste nicht, was er sagen sollte, wohin er sich wenden sollte, unter welcher Zuflucht von Worten oder Taten er Zuflucht suchen sollte.

Sylvias Einfluss hielt Kinraid zum Schweigen, aber er überwand ihn schnell.

"Sprechen!" rief er, löste sich aus Sylvias leichtem Griff und kam mit einer drohenden Geste auf Philip zu. „Habe ich dir nicht geboten, ihr zu sagen, wie es war? Habe ich dir nicht gesagt, wie ich ihr treu sein würde, und sie sollte mir treu sein? Oh! du verdammter Schurke! Hast du es ihr die ganze Zeit vorenthalten und sie denken lassen, dass ich tot oder falsch bin? Nimm das!"

Seine geschlossene Faust hob sich, um den Mann zu treffen, der vor bitterster Scham und jämmerlichem Selbstvorwurf den Kopf senkte; aber Sylvia kam schnell zwischen dem Schlag und seinem Opfer hindurch.

„Charley, du sollst ihn nicht schlagen", sagte sie. „Er ist ein verdammter Schurke" (das wurde im härtesten, leisesten Ton gesagt), „aber er ist mein Mann."

"Oh! du falsches Herz!" rief Kinraid und drehte sich scharf zu ihr um. „Wenn ich jemals einer Frau vertraut habe, dann habe ich dir vertraut, Sylvia Robson."

Er tat so, als würde er sie von sich werfen, mit einer Geste der Verachtung, die sie zum Leben erweckte.

„Oh, Charley!" rief sie und sprang auf ihn zu: „Ich schneide mich nicht bis ins Mark; habe Mitleid mit mir, obwohl er keins hatte. Ich habe dich so sehr geliebt; Es brach mir das Herz zusammen, als sie mir sagten, du seist ertrunken – Vater und die Corneys und alle, alle. Dein Hut und das Stück Band, das ich dir gegeben habe, wurden durchnässt und triefend vom Meerwasser gefunden; und ich trauerte den ganzen Tag um dich – wende dich nicht von mir ab; Höre das nur einmal und töte mich dann tot, und ich werde dich segnen – und bin seitdem nie mehr ich selbst gewesen; Niemals hörte ich auf zu spüren, wie die Sonne dunkel wurde und die Luft kalt und trostlos wurde, als ich an die Zeit dachte, als du lebtest. Das habe ich, mein Charley, meine eigene Liebe! Und ich dachte, dass du für immer tot seist, und ich wünschte, ich würde neben dir liegen. Oh, Charley! Philip, wo er steht, könnte Ihnen sagen, dass dies wahr ist. Philip, war es nicht so?"

„Wäre Gott, ich wäre tot!" stöhnte der unglückliche, schuldige Mann. Aber sie hatte sich an Kinraid gewandt und sprach erneut mit ihm, und keiner von ihnen hörte ihn oder beachtete ihn – sie kamen immer näher zusammen – sie redete mit glühenden Wangen und Augen eifrig.

„Und Vater wurde verhaftet, und das alles nur, um etwas freizulassen, was die Pressebande durch einen üblen Trick erbeutet hatte; und er wurde ins Yorker Gefängnis gesteckt, vor Gericht gestellt und gehängt! aufgehängt! Charley! – der gute, gütige Vater wurde an einen Galgen gehängt; Und meine Mutter verlor den Verstand und wurde vor Kummer albern, und wir wollten in die weite Welt hinausgeschickt werden, und die arme Mutter verlor ihr Datum – und ich dachte, du wärst tot – oh! Ich dachte, du wärst tot, das stimmte – oh, Charley, Charley!"

Zu diesem Zeitpunkt lagen sie einander in den Armen, sie hatte ihren Kopf auf seiner Schulter und weinte, als würde ihr das Herz brechen.

Philip trat vor und ergriff sie, um sie wegzuziehen; aber Charley hielt sie fest und trotzte Philip stumm. Unbewusst war sie Philipps Schutz in dieser Stunde der Gefahr vor einem Schlag, der seinen Tod hätte bedeuten können, wenn ihm ein starker Wille beim Töten geholfen hätte.

„Sylvia!" sagte er und packte sie fest. "Hört mir zu. Er hat dich nicht so geliebt wie ich. Er hatte andere Frauen geliebt. Ich, du – du allein. Er hatte andere Mädchen vor dir geliebt und aufgehört, sie zu lieben. Ich – ich wünschte, Gott würde mein Herz von dem Schmerz befreien; Aber es wird so weitergehen, bis ich sterbe, ob du mich liebst oder nicht. Und dann – wo war ich? Oh! In derselben Nacht, als er entführt wurde, dachte ich an dich und an ihn. und ich hätte dir vielleicht seine Botschaft überbringen können, aber ich hörte diejenigen, die von ihm redeten, die ihn gut kannten; Sie sprachen von seinen falschen, wankelmütigen Wegen. Woher sollte ich wissen, dass er dir treu bleiben würde? Es könnte eine Sünde in mir sein, das kann ich nicht sagen; Mein Herz und meine Sinne sind in mir tot. Ich weiß das, ich habe dich geliebt, wie kein Mensch außer mir jemals zuvor geliebt hat. Haben Sie etwas Mitleid und Vergebung mit mir, und sei es nur, weil ich von meiner Liebe so gequält wurde."

Er sah sie mit fieberhafter, eifriger Wehmut an; es löste sich in Verzweiflung auf, als sie keinerlei Anstalten machte, seine Worte überhaupt gehört zu haben. Er ließ sie los und sein Arm fiel locker an seine Seite.

„Ich kann sterben", sagte er, „denn mein Leben ist zu Ende!"

„Sylvia!" „Deine Ehe ist keine Ehe", sagte Kinraid mutig und inbrünstig. Du wurdest dazu verleitet. Du bist meine Frau, nicht seine. Ich bin dein Ehemann; wir haben uns gegenseitig geschworen. Sehen! Hier ist meine Hälfte des Sixpence.

Er zog es aus seiner Brust und band es mit einem schwarzen Band um den Hals.

„Als sie mich im französischen Gefängnis auszogen und durchsuchten, konnte ich das behalten. Keine Lüge kann den Eid brechen, den wir einander geschworen haben. Ich kann dafür sorgen, dass Ihr Vorwand einer Ehe aufgehoben wird. Ich stehe in der Gunst meines Admirals, und er wird einen Deal für mich aushandeln und mich zurückziehen. Komm mit mir; Ihre Ehe wird aufgehoben, und wir werden wieder heiraten, ganz ehrlich und ehrlich. Komm weg. Überlassen Sie es diesem verdammten Kerl, den Streich zu bereuen, den er einem ehrlichen Seemann gespielt hat; Wir werden wahr sein, was auch immer gekommen und gegangen ist. Komm, Sylvia."

Sein Arm lag um ihre Taille und er zog sie zur Tür, sein Gesicht war ganz rot vor Eifer und Hoffnung. In diesem Moment weinte das Baby.

"Horchen!" „Das Baby weint um mich", sagte sie und wandte sich von Kinraid ab. Sein Kind – ja, es ist sein Kind – das hatte ich vergessen – alles vergessen. Ich werde jetzt mein Gelübde ablegen, damit ich mich nicht wieder verliere. Ich werde diesem Mann nie verzeihen und auch nicht wieder mit ihm als seiner Frau zusammenleben. Das ist alles erledigt und zu Ende. Er hat mein Leben verdorben – er hat es verdorben, solange ich auf dieser Erde lebe; aber weder du noch er werden meine Seele verderben. Es geht mir schwer, Charley, das tut es tatsächlich. Ich gebe dir nur einen Kuss – einen kleinen Kuss – und dann, so hilf mir, Gott, ich werde nie etwas sehen oder hören, bis – nein, nicht das, nicht das ist nötig – ich werde es nie sehen – sicher ist das genug – Ich werde dich auf dieser Seite des Himmels nie wiedersehen, also hilf mir, Gott! Ich bin gefesselt und gefesselt, aber ich habe sowohl ihm als auch dir meinen Eid geschworen: Es gibt Dinge, die ich tun werde, und es gibt Dinge, die ich nicht tun werde. Küss mich noch einmal. Gott helfe mir, er ist weg!"

Roger Hamleys Abschied

Aus *„Wives and Daughters"*, 1866

Das in diesem Vorfall erwähnte Haus ist Church House in Knutsford, wo Mrs. Gaskells Onkel, Dr. Holland, wohnte. Es ist heute als Hollingford House bekannt.

DER Tag von Rogers Abreise kam. Molly bemühte sich, es zu vergessen, während sie an einem Kissen arbeitete, das sie als Geschenk für Cynthia vorbereitete; Damals wurde Kammgarnarbeit gemacht. Eins zwei drei. Eins zwei drei vier fünf sechs sieben; alles falsch; Sie dachte an etwas anderes und musste es aufheben. Es war auch ein regnerischer Tag; und Mrs. Gibson, die vorgehabt hatte, ein paar Besuche zu tätigen, musste drinnen bleiben. Das machte sie unruhig und zappelig. Sie ging immer wieder zu verschiedenen Fenstern im Wohnzimmer hin und her, um das Wetter zu beobachten, als ob sie sich vorstellte, dass es an einem Fenster zwar regnete, an einem anderen aber schönes Wetter sein könnte. „Molly – komm her! Wer ist dieser Mann, in einen Mantel gehüllt? - dort - in der Nähe der Parkmauer, unter der Buche - er ist seit einer halben Stunde und länger dort, ohne sich zu rühren und die ganze Zeit auf dieses Haus zu schauen! Ich finde es sehr verdächtig."

Molly schaute hin und erkannte sofort Roger unter all seiner Hülle. Ihr erster Instinkt war, sich zurückzuziehen. Der nächste, der nach vorne kommt und sagt: „Warum, Mama, es ist Roger Hamley! Schau jetzt – er küsst seine Hand; Er wünscht uns auf die einzige Art und Weise Lebewohl!" Und sie antwortete auf sein Zeichen; Sie war sich jedoch nicht sicher, ob er ihre bescheidenen, ruhigen Bewegungen wahrnahm, denn Mrs. Gibson wurde sofort so demonstrativ, dass Molly meinte, ihre eifrigen, törichten pantomimischen Bewegungen müssten seine ganze Aufmerksamkeit in Anspruch nehmen.

„Das nenne ich so aufmerksam von ihm", sagte Mrs. Gibson inmitten einer Salve von Handküssen. „Wirklich, es ist ziemlich romantisch. Es erinnert mich an frühere Tage – aber er wird zu spät kommen! Ich muss ihn wegschicken; es ist halb eins!" Und sie nahm ihre Uhr heraus, hielt sie hoch, tippte mit dem Zeigefinger darauf und nahm genau die Mitte des Fensters ein. Molly konnte nur hin und her gucken, mal nach oben, mal nach unten, mal auf diese Seite, mal auf die Seite der sich ständig bewegenden Arme. Sie bildete sich ein, eine entsprechende Bewegung von Rogers Seite zu sehen. Schließlich ging er langsam, langsam und oft zurückblickend weg, trotz der angeklopften Wache. Mrs. Gibson zog sich schließlich zurück, und Molly trat leise an ihren Platz, um seine Gestalt noch einmal zu sehen, bevor die Straßenbiegung sie vor ihrem Blick verbarg. Auch er wusste, wo man den letzten Blick auf Mr. Gibsons Haus werfen konnte, und als er sich noch einmal umdrehte, schwebte sein weißes Taschentuch in der Luft. Molly schwenkte ihr Exemplar hoch in die Höhe, voller sehnsüchtiger Sehnsucht, dass es gesehen werden sollte. Und dann war er weg! und Molly kehrte glücklich, strahlend, traurig, zufrieden zu ihrer Kammgarnarbeit zurück und dachte bei sich, wie süß Freundschaft ist!

Als sie ein Gefühl für die Gegenwart erlangte, sagte Mrs. Gibson:

„Auf mein Wort, obwohl Roger Hamley nie mein großer Favorit war, hat mich diese kleine Aufmerksamkeit sehr stark an einen sehr charmanten jungen Mann erinnert – einen *Soupirant* , wie die Franzosen ihn nennen würden – Lieutenant Harper – das müssen Sie haben Hast du gehört, dass ich von ihm gesprochen habe, Molly?"

"Ich denke ich habe!" sagte Molly abwesend.

„Nun, Sie erinnern sich, wie hingebungsvoll er mir gegenüber war, als ich bei Mrs. Duncombe war, meiner ersten Stelle, und ich erst siebzehn war. Und als die Rekrutierungsgruppe in eine andere Stadt geschickt wurde, kam der arme Mr. Harper und blieb fast eine Stunde lang vor dem Fenster des Schulzimmers stehen, und ich weiß, dass es sein Verschulden war, dass die Kapelle bei ihrem Marsch „Das Mädchen, das ich hinter mir gelassen habe" spielte am nächsten Tag raus. Armer Herr Harper! Es war, bevor ich den lieben Mr. Kirkpatrick kannte! Liebe mich. Wie oft musste mein armes Herz in diesem Leben bluten! Nicht, aber was, lieber Papa, ist ein sehr würdiger Mann und macht mich sehr glücklich. Er würde mich tatsächlich verwöhnen, wenn ich es zulassen würde. Dennoch ist er nicht so reich wie Mr. Henderson."

Dieser letzte Satz enthielt den Keim von Mrs. Gibsons gegenwärtigem Unmut. Nachdem sie Cynthia geheiratet hatte, wie ihre Mutter es ausdrückte – wobei sie sich selbst die Ehre schenkte, als hätte sie den Hauptanteil an diesem Erfolg gehabt –, wurde sie nun ein wenig neidisch auf das Glück ihrer Tochter, die Frau eines jungen, gutaussehenden, reichen und glücklichen Mannes zu sein mäßig modischer Mann, der in London lebte. Eines Tages, als es ihr wirklich nicht gut ging und ihre Verärgerungen infolgedessen viel präsenter waren als die Quellen ihres Glücks, drückte sie ihrem Mann gegenüber naiv ihre Gefühle zu diesem Thema aus.

„Es ist so schade!" sagte sie, „dass ich geboren wurde, als ich war. Ich hätte so gerne zu dieser Generation gehört."

„Das ist manchmal mein eigenes Gefühl“, sagte er. „In der Wissenschaft scheinen sich so viele neue Ansichten zu eröffnen, dass ich, wenn es möglich wäre, gerne so lange leben würde, bis ihre Realität festgestellt wäre und man sah, wohin sie führten. Aber ich glaube nicht, dass das der Grund für dich ist, mein Lieber, dass du dir wünschst, zwanzig oder dreißig Jahre jünger zu sein.“

"In der Tat nicht. Und ich habe es nicht so hart und unangenehm ausgedrückt; Ich habe nur gesagt, dass ich zu dieser Generation gehören möchte. Um die Wahrheit zu sagen, ich dachte an Cynthia. Ohne Eitelkeit glaube ich, dass ich genauso hübsch war wie sie – als Mädchen, meine ich; Ich hatte nicht ihre dunklen Wimpern, aber meine Nase war gerader. Und jetzt schauen Sie sich den Unterschied an! Ich muss in einer kleinen Landstadt mit drei Dienern und ohne Kutsche leben; und sie mit ihrem minderwertigen Aussehen wird in Sussex Place leben und einen Mann und einen Brougham behalten, und ich weiß nicht was. Aber Tatsache ist, dass es in dieser Generation so viel mehr reiche junge Männer gibt als zu meiner Kindheit.“

„Oh, oh! Das ist also dein Grund, oder, meine Liebe? Wenn du jetzt jung gewesen wärst, hättest du vielleicht jemanden geheiratet, der so wohlhabend ist wie Walter?“

"Ja!" sagte sie. „Ich glaube, das war meine Idee. Natürlich hätte es mir gefallen, wenn er du wäre. Ich denke immer, wenn man in die Anwaltskammer gegangen wäre, hätte man vielleicht mehr Erfolg gehabt und auch in London gelebt. Ich glaube nicht, dass es Cynthia wichtig ist, wo sie lebt, aber man sieht, dass es ihr so weit gekommen ist.“

„Was hat – London?“

„Oh, du lieber, scherzhafter Mann. Das ist genau das Richtige, um eine Jury zu fesseln. Ich glaube nicht, dass Walter jemals so schlau sein wird wie du. Dennoch kann er Cynthia nach Paris, ins Ausland und überall hin mitnehmen. Ich hoffe nur, dass all diese Nachsicht nicht zu den Fehlern in Cynthias Charakter führt. Es ist eine Woche her, seit wir von ihr gehört haben, und ich habe ihr den Brief geschrieben, um sie nach der Herbstmode zu fragen, bevor ich meine neue Haube kaufte. Aber Reichtum ist eine große Falle.“

„Seien Sie dankbar, dass Ihnen die Versuchung erspart geblieben ist, meine Liebe.“

"Nein, bin ich nicht. Jeder lässt sich gerne in Versuchung führen. Und schließlich ist es sehr einfach, der Versuchung zu widerstehen, wenn man will.“

„Ich finde es nicht so einfach", sagte ihr Mann.

„Hier ist Medizin für dich, Mama", sagte Molly und kam mit einem Brief in der Hand herein. „Ein Brief von Cynthia."

„Oh, du lieber kleiner Überbringer guter Nachrichten! Es gab eine der heidnischen Gottheiten in Mangnalls Fragen, deren Aufgabe es war, Neuigkeiten zu überbringen. Der Brief stammt aus Calais. Sie kommen nach Hause! Sie hat mir einen Schal und eine Haube gekauft! Das liebe Geschöpf! Immer zuerst an andere denkend: Das Glück kann sie nicht verderben. Sie haben noch zwei Wochen Urlaub! Ihr Haus ist noch nicht ganz fertig; sie kommen hierher. Oh, Mr. Gibson, wir müssen das neue Tafelservice bei Watt's haben, an dem ich so lange mein Herz gehängt habe! „Zuhause" nennt Cynthia dieses Haus. Ich bin sicher, es war ein Zuhause für sie, armer Schatz! Ich bezweifle, dass es einen anderen Mann auf der Welt gibt, der seine Stieftochter wie einen lieben Papa behandelt hätte! Und, Molly, du musst ein neues Kleid haben."

"Komm, komm! Denken Sie daran, dass ich zur letzten Generation gehöre", sagte Herr Gibson.

„Und Cynthia hat nichts dagegen, was ich anziehe", sagte Molly, strahlend vor Freude bei dem Gedanken, sie wiederzusehen.

"NEIN! aber Walter wird es tun. Er hat so ein schnelles Gespür für Kleidung, und ich glaube, ich kann es mit Papa aufnehmen; Wenn er ein guter Stiefvater ist, bin ich eine gute Stiefmutter, und ich könnte es nicht ertragen, meine Molly schäbig zu sehen, und sie sieht nicht gut aus. Ich muss auch ein neues Kleid haben. Es darf nicht so aussehen, als hätten wir nur die Kleider, die wir bei der Hochzeit getragen haben!"

Aber Molly lehnte das neue Kleid für sich selbst ab und drängte darauf, dass Cynthia und Walter, wenn sie sie oft besuchen würden, sie besser so sehen sollten, wie sie wirklich waren, in Kleidung, Gewohnheiten und Terminen. Als Mr. Gibson das Zimmer verlassen hatte, machte Mrs. Gibson Molly leise Vorwürfe wegen ihrer Hartnäckigkeit.

„Vielleicht hättest du mir erlaubt, um ein neues Kleid für dich zu betteln, Molly, wo du doch wusstest, wie sehr ich diese gemusterte Seide neulich bei Brown's bewundert habe. Und jetzt kann ich natürlich nicht so egoistisch sein, es mir selbst zu besorgen und Sie nichts zu haben. Sie sollten lernen, die Wünsche anderer Menschen zu verstehen. Dennoch bist du im Großen und Ganzen ein liebes, süßes Mädchen, und ich wünsche mir nur – nun, ich weiß, was ich wünsche; Nur der liebe Papa mag es nicht, wenn darüber geredet wird. Und jetzt bedecke mich ganz dicht und lass mich schlafen gehen und von meiner lieben Cynthia und meinem neuen Schal träumen!"

Cousin Phillis

Von *Cousin Phillis* , erstmals von November 1863 bis Februar 1864 als Fortsetzungsbuch im *Cornhill Magazine veröffentlicht* und anschließend 1865 in Buchform herausgegeben. Dieses exquisite Prosa-Idyll stellt Mrs. Gaskells bestes Werk dar und wurde als „a Juwel ohne Makel"; Als Kurzgeschichte ist es sicherlich ein Modell. Der Atem des offenen Landes ist immer um uns herum. Die so anschaulich beschriebenen Orte sind mit der Farm von Mrs. Gaskells Großvater mütterlicherseits in Sandlebridge in der Nähe von Knutsford verbunden.

EIN BESUCH AUF DER HOPE FARM

„ ENTSCHEIDEN SIE sich und gehen Sie hin und sehen Sie, wie dieser Bauern-Minister ist, und kommen Sie zurück und sagen Sie es mir – ich würde es gerne hören."…

Ich erinnere mich, dass ich den Weg entlangging, wobei ich an all den höheren Unkräutern am Straßenrand vorbeiging, bis ich mich nach ein oder zwei Abbiegungen dicht vor der Hope Farm befand. Zwischen dem Haus und der schattigen, grasbewachsenen Allee befand sich ein Garten; Ich fand später heraus, dass dieser Garten Hof genannt wurde; Vielleicht, weil es von einer niedrigen Mauer umgeben war, mit einem eisernen Geländer oben auf der Mauer und zwei großen Toren zwischen Säulen, die mit Steinkugeln gekrönt waren und als Staatseingang zum gepflasterten Weg dienten, der zur Eingangstür hinaufführte. Es war weder die Gewohnheit des Ortes, durch diese großen Tore noch durch die Vordertür einzutreten; Die Tore waren tatsächlich verschlossen, wie ich feststellte, obwohl die Tür weit offen stand. Ich musste einen leicht ausgetretenen Seitenweg auf einem breiten, grasbewachsenen Weg umrunden, der an der Hofmauer vorbei führte, vorbei an einem Reittier, das halb mit Mauerpfeffer und etwas wildem gelbem Erdrauch bedeckt war, zu einer anderen Tür – „dem Pfarrer". „, wie ich herausfand, wurde es vom Hausherrn genannt, während die Eingangstür, „schön und nur zur Schau", „Rektor" genannt wurde. Ich klopfte mit meiner Hand an die Tür des Pfarrers; Ein großes Mädchen, ungefähr in meinem Alter, wie ich dachte, kam und öffnete es und stand schweigend da und wartete darauf, meinen Auftrag zu erfahren. Ich sehe sie jetzt – Cousin Phillis. Die untergehende Sonne schien voll auf sie und erzeugte einen schrägen Lichtstrahl in den Raum hinein. Sie war in eine Art dunkelblaue Baumwolle gekleidet; bis zu ihrem Hals, bis zu ihren Handgelenken, mit einer kleinen Rüsche davon, wo immer sie ihre weiße Haut berührte. Und so eine weiße Haut! So etwas habe ich noch nie gesehen. Sie hatte helles Haar, eher gelb als jede andere Farbe. Sie sah mir mit großen, ruhigen Augen fest ins Gesicht, verwundert, aber unbeunruhigt über den Anblick eines Fremden.

Ich fand es seltsam, dass sie so alt und ausgewachsen war, dass sie über ihrem Kleid eine Schürze tragen sollte.

Bevor ich mich ganz entschieden hatte, was ich als Antwort auf ihre stumme Frage, was ich dort wollte, sagen sollte, rief eine Frauenstimme: „Wer ist da, Phillis? Wenn jemand Buttermilch braucht, schicken Sie ihn zur Hintertür."

Ich dachte, ich könnte lieber mit dem Besitzer dieser Stimme sprechen als mit dem Mädchen vor mir; Also ging ich an ihr vorbei und stand mit dem Hut in der Hand am Eingang eines Zimmers, denn diese Seitentür führte direkt in die Halle oder das Haus, wo die Familie saß, wenn die Arbeit erledigt war. Da war eine lebhafte kleine Frau von etwa vierzig Jahren, die im Licht eines langen, von Weinreben beschatteten Fensters ein paar riesige Musselin-Krawatten bügelte. Sie sah mich misstrauisch an, bis ich zu sprechen begann. „Mein Name ist Paul Manning", sagte ich; aber ich sah, dass sie den Namen nicht kannte. „Der Name meiner Mutter war Moneypenny", sagte ich – „Margaret Moneypenny."

„Und sie heiratete einen gewissen John Manning aus Birmingham", sagte Mrs. Holman eifrig. „Und du wirst ihr Sohn sein. Hinsetzen! Ich freue mich wirklich, Sie zu sehen. Wenn du daran denkst, dass du Margarets Sohn bist! Vor nicht allzu langer Zeit war sie fast noch ein Kind. Nun ja, es ist zwar fünfundzwanzig Jahre her. Und was führt Sie in diese Gegend?"

Sie setzte sich hin, als würde sie von ihrer Neugier auf all die fünfundzwanzig Jahre bedrückt, die vergangen waren, seit sie meine Mutter gesehen hatte. Ihre Tochter Phillis begann mit dem Stricken – ich erinnere mich an einen langen grauen Kammgarnstrumpf für Männer – und strickte weiter, ohne ihre Arbeit anzusehen. Ich hatte das Gefühl, dass der stetige Blick dieser tiefgrauen Augen auf mich gerichtet war, obwohl sie einmal, als ich meine Augen heimlich zu ihren hob, etwas an der Wand über meinem Kopf untersuchte.

Als ich alle Fragen meiner Cousine Holman beantwortet hatte, holte sie tief Luft und sagte: „Wenn ich daran denke, dass Margaret Moneypennys Junge in unserem Haus ist! Ich wünschte, der Minister wäre hier. Phillis, in welchem Bereich ist dein Vater heute tätig?"

„Auf dem fünf Hektar großen; Sie fangen an, den Mais zu schneiden."

„Dann wird es ihm nicht gefallen, wenn man ihn holt, sonst hätte ich mir gewünscht, dass Sie den Minister gesehen hätten. Aber die fünf Hektar sind ein guter Einstieg. Sie sollten jedoch ein Glas Wein und ein Stück Kuchen trinken, bevor Sie dieses Haus verlassen. Du musst gehen, sagst du, sonst kommt der Pfarrer meistens dann, wenn die Männer um vier Uhr haben."

„Ich muss gehen – ich hätte schon früher weg sein sollen."

„Hier, Phillis, nimm die Schlüssel." Sie gab ihrer Tochter einige geflüsterte Anweisungen, und Phillis verließ den Raum.

„Sie ist meine Cousine, nicht wahr?" Ich fragte. Ich wusste, dass sie es tat, aber irgendwie wollte ich über sie sprechen und wusste nicht, wie ich anfangen sollte.

„Ja – Philis Holman. Sie ist jetzt unser einziges Kind."

Entweder durch dieses „Jetzt" oder durch eine seltsame Wehmut in ihren Augen wusste ich, dass es noch weitere Kinder gegeben hatte, die nun tot waren.

„Wie alt ist Cousin Phillis?" sagte ich und wagte kaum, den neuen Namen auszusprechen, er kam mir zu hübsch bekannt vor, als dass ich sie so nennen könnte; Aber Cousin Holman nahm keine Notiz davon und antwortete direkt auf den Zweck.

„Siebzehn letzter Maifeiertag; aber dem Pfarrer gefällt es nicht, wenn ich es Maifeiertag nenne", sagte sie und beherrschte sich mit ein wenig Ehrfurcht. „Phillis war am ersten Mai letzten Jahres siebzehn", wiederholte sie in einer überarbeiteten Ausgabe.

„Und in einem weiteren Monat werde ich neunzehn", dachte ich mir; Ich weiß nicht warum.

Dann kam Phillis herein und trug ein Tablett mit Wein und Kuchen.

„Wir halten eine Hausangestellte", sagte Cousin Holman, „aber heute ist Butterproduktionstag und sie hat viel zu tun." Es war als kleine, stolze Entschuldigung dafür gedacht, dass ihre Tochter die Zofe war.

„Das mache ich gern, Mutter", sagte Phillis mit ihrer ernsten, vollen Stimme.

Ich fühlte mich wie jemand aus dem Alten Testament – an wen ich mich nicht erinnern konnte –, der von der Tochter des Gastgebers bedient und umsorgt wurde. War ich wie Abrahams Verwalter, als Rebekka ihm am Brunnen zu trinken gab? Ich dachte, Isaac hätte nicht den angenehmsten Weg gewählt, um ihm eine Frau zu gewinnen. Aber Phillis dachte nie über solche Dinge nach. Sie war eine stattliche, anmutige junge Frau in der Kleidung und mit der Einfachheit eines Kindes.

Wie man es mir beigebracht hatte, trank ich auf die Gesundheit meiner neugefundenen Cousine und ihres Mannes; und dann wagte ich es, meine Cousine Phillis zu nennen, indem ich meinen Kopf leicht zu ihr neigte; aber ich war zu verlegen, um zu sehen, wie sie mein Kompliment aufnahm. „Ich muss jetzt gehen", sagte ich und stand auf.

Der Beginn der Liebe

Von *Cousin Phillis* , 1865

„ ER hatte vorher nie viel über dich gesprochen, aber der plötzliche Weggang öffnete sein Herz, und er erzählte mir, wie sehr er dich liebte und wie er hoffte, dass du bei seiner Rückkehr seine Frau sein würdest."

„Tu es nicht", sagte sie und keuchte fast das Wort heraus, das sie schon ein- oder zweimal versucht hatte auszusprechen; aber ihre Stimme war erstickt. Jetzt legte sie ihre Hand nach hinten; sie hatte sich ganz von mir abgewandt und fühlte mit mir. Sie übte einen sanften, anhaltenden Druck aus; und dann legte sie ihre Arme auf die hölzerne Trennwand, legte ihren Kopf darauf und weinte leise Tränen. Ich verstand sie nicht sofort und fürchtete, ich könnte mich in der ganzen Sache vertan und sie nur geärgert haben. Ich ging zu ihr. „Oh, Phillis, es tut mir so leid – ich dachte, du hättest es vielleicht gern gehört; Er hat so gefühlvoll geredet, als würde er dich wirklich lieben, und irgendwie dachte ich, es würde dir Freude bereiten."

Sie hob ihren Kopf und sah mich an. Was für ein Blick! Ihre Augen, die vor Tränen glänzten, drückten ein fast himmlisches Glück aus; ihr zarter Mund war vor Entzücken gewölbt – ihre Farbe war lebhaft und errötend; aber als hätte sie Angst, dass ihr Gesicht zu viel mehr ausdrückte als die Dankbarkeit, die sie mir gegenüber zum Ausdruck bringen wollte, verbarg sie es fast sofort wieder. Damals war also alles in Ordnung und meine Vermutung war begründet. Ich versuchte, mich an etwas anderes zu erinnern, um ihr von dem zu erzählen, was er gesagt hatte, aber sie unterbrach mich erneut.

„Tu es nicht", sagte sie. Sie hielt ihr Gesicht immer noch bedeckt und verborgen. Nach einer halben Minute fügte sie mit sehr leiser Stimme hinzu: „Bitte, Paul, ich glaube, ich würde lieber nichts mehr hören – ich meine nicht nur das, was ich habe – sondern das, wofür ich sehr dankbar bin – nur – nur, Ich glaube, den Rest würde ich lieber von ihm selbst hören, wenn er zurückkommt."

Und dann weinte sie noch ein wenig, auf eine ganz andere Art und Weise. Ich sagte nichts mehr, ich wartete auf sie. Nach und nach drehte sie sich zu mir um, sah mir jedoch nicht in die Augen; Sie legte ihre Hand auf meine, als wären wir zwei Kinder, und sagte: „Wir gehen jetzt am besten zurück – ich sehe nicht aus, als hätte ich geweint, oder?"

„Du siehst aus, als hättest du eine schlimme Erkältung", war meine einzige Antwort.

"Oh! aber mir geht es ganz gut, mir ist nur kalt; und ein guter Lauf wird mich wärmen. Komm mit, Paul."

Also rannten wir Hand in Hand, bis sie gerade, als wir auf der Schwelle des Hauses standen, stehen blieb:

„Paul, bitte, wir reden nicht noch einmal darüber . "

Ich habe sie noch nie so schön oder so glücklich gesehen. Ich glaube, sie wusste kaum, warum sie die ganze Zeit so glücklich war. Ich sehe sie jetzt vor mir, wie sie unter den knospenden Ästen der grauen Bäume steht, über denen sich von Tag zu Tag ein grüner Schimmer zu vertiefen schien, die Sonnenhaube um den Hals zurückgeworfen, die Hände voller zarter Waldblumen, völlig unbewusst mein Blick, aber darauf bedacht, einen Vogel im benachbarten Busch oder Baum süß zu verspotten. Sie beherrschte die Kunst des Trällerns und des Reagierens auf die Töne verschiedener Vögel und kannte ihren Gesang, ihre Gewohnheiten und Verhaltensweisen genauer als jeder andere, den ich je kannte. Sie hatte es im Frühjahr zuvor oft auf meine Bitte hin getan; aber dieses Jahr gurgelte und pfiff und trällerte sie wirklich, genau wie sie es taten, aus der Fülle und Freude ihres Herzens. Sie war mehr denn je der Augapfel ihres Vaters; Ihre Mutter schenkte ihr sowohl ihren eigenen Anteil an Liebe als auch den des toten Kindes, das im Säuglingsalter gestorben war. Ich hörte Cousine Holman murmeln, nachdem sie Phillis einen langen, verträumten Blick zugeworfen hatte, und wie sie sich sagte, wie ähnlich sie Johnnie geworden sei, und wie sie sich mit klagenden, unartikulierten Lauten und vielen sanften Kopfschütteln über das schmerzende Gefühl des Verlustes beruhigte, das sie hatte würde niemals auf dieser Welt vorbeikommen. Die alten Bediensteten des Ortes hatten die stumme loyale Bindung an die Kinder des Landes, die den meisten Landarbeitern eigen ist; wird nicht oft zu Aktivität oder Ausdruck angeregt. Mein Cousin Phillis war wie eine Rose, die auf der Sonnenseite eines einsamen Hauses, geschützt vor Stürmen, in voller Blüte stand. Ich habe in einem Gedichtband gelesen:

„Eine Magd, die es nicht zu loben gab,

Und nur sehr wenige, die man lieben kann."

Und irgendwie erinnern mich diese Zeilen immer an Phillis; doch auch auf sie trafen sie nicht zu. Ich habe sie nie gelobt gehört; und aus ihrem eigenen Haushalt gab es nur sehr wenige, die sie liebten; Aber obwohl niemand seine Wertschätzung zum Ausdruck brachte, tat sie in den Augen ihrer Eltern

immer das Richtige, aus ihrer natürlichen, einfachen Güte und Weisheit
heraus.

———

III
Geschichten

Die einzige Biografie, die Frau Gaskell schrieb, war „ *The Life of Charlotte Brontë*" , eine der besten Biografien, die jemals geschrieben wurden. Mittlerweile ist es ein Klassiker geworden. Zum Zeitpunkt ihres Todes im Jahr 1865 sammelte Frau Gaskell Material für ein Leben von Madame Sévigné.

Frau Gaskell hat sehr wenig autobiografisches geschrieben. Sie bemühte sich immer, im Hintergrund zu bleiben, obwohl ihre Geschichten viel über ihr eigenes Leben erzählen.

Autobiografisch

Mary Barton

Vorwort zur Originalausgabe von 1848

DREI Jahren verspürte ich den Wunsch (aus Gründen, auf die nicht näher hingewiesen werden muss), mich mit dem Schreiben eines fiktionalen Werks zu beschäftigen. Ich lebe in Manchester, aber mit großer Freude und großer Bewunderung für das Land, war mein erster Gedanke, in einer ländlichen Szene einen Rahmen für meine Geschichte zu finden; und ich war bereits ein wenig vorangekommen in einer Erzählung, deren Entstehungsgeschichte mehr als ein Jahrhundert zurückliegt, und in dem Ort an der Grenze von Yorkshire, als mir klar wurde, wie tief die Romantik im Leben einiger derjenigen sein könnte, die das erzählten Jeden Tag stießen mich die Ellbogen auf den belebten Straßen der Stadt an, in der ich wohnte. Ich hatte immer ein tiefes Mitgefühl für die von Sorgen erschöpften Männer empfunden, die aussahen, als wären sie dazu verdammt, sich in einem seltsamen Wechsel zwischen Arbeit und Not durch ihr Leben zu quälen; durch die Umstände hin und her geworfen, offenbar noch stärker als andere Männer. Ein kleiner Ausdruck dieser Sympathie und ein wenig Aufmerksamkeit für den Ausdruck von Gefühlen seitens einiger der Arbeiter, mit denen ich bekannt war, hatten mir die Herzen von ein oder zwei der Nachdenklicheren unter ihnen geöffnet; Ich sah, dass sie verärgert und gereizt gegenüber den Reichen waren, deren ausgeglichene Stimmung scheinbar glückliches Leben die Qualen zu verstärken schien, die durch die Lotterie-ähnliche Natur ihres eigenen Lebens verursacht wurden. Ob ihre bitteren Klagen über die Vernachlässigung, die sie von den Wohlhabenden erfuhren – insbesondere von den Herren, deren Vermögen sie mit aufgebaut hatten – begründet waren oder nicht, ist nicht meine Entscheidung. Es genügt zu sagen, dass dieser Glaube an die Ungerechtigkeit und Unfreundlichkeit, die sie von ihren Mitmenschen erleiden, bei vielen der armen, ungebildeten Fabrikarbeiter von Manchester das verdirbt, was Resignation gegenüber dem Willen Gottes bedeuten könnte, und es in Rache verwandelt.

Je mehr ich über den unglücklichen Zustand der Dinge zwischen denen nachdachte, die durch gemeinsame Interessen so aneinander gebunden sind, wie es Arbeitgeber und Arbeitnehmer immer sein müssen, desto mehr strebte ich danach, der Qual, die mich von Zeit zu Zeit erschüttert, Ausdruck zu verleihen diese dummen Leute; die Qual, ohne das Mitgefühl der Glücklichen zu leiden oder fälschlicherweise zu glauben, dass dies der Fall sei. Wenn es ein Irrtum ist, dass die Leiden, die mit der immer wiederkehrenden Flut einhergehen und die Arbeiter in unseren Industriestädten überwältigen, von allen außer den Leidenden ignoriert werden, so ist es auf jeden Fall ein Irrtum, der in seinen Folgen für alle so schwerwiegend ist Parteien, dass alles, was öffentliche Anstrengungen in Form von barmherzigen Taten oder hilflose Liebe in Form von „Witwenmilben" bewirken können, getan werden sollte, und zwar schnell, um die Arbeiter von einem so elenden Missverständnis zu befreien. Im Moment scheinen sie sich in einem Zustand zu befinden, in dem Wehklagen und Tränen als nutzlos beiseite geworfen werden, in dem die Lippen jedoch zum Fluchen zusammengepresst und die Hände zum Schlagen geballt sind.

Ich weiß nichts über politische Ökonomie oder Handelstheorien. Ich habe versucht, wahrheitsgemäß zu schreiben; und wenn meine Konten mit irgendeinem System übereinstimmen oder mit ihm kollidieren, ist die Übereinstimmung oder Nichtübereinstimmung unbeabsichtigt.

Für mich selbst hat die Vorstellung, die ich mir über den Gefühlszustand allzu vieler Fabrikarbeiter in Manchester gemacht habe und die ich in dieser (vor einem Jahr fertiggestellten) Geschichte darzustellen versucht habe, durch die Ereignisse, die stattgefunden haben, eine gewisse Bestätigung erhalten so geschah es kürzlich bei einer ähnlichen Klasse auf dem Kontinent.

Oktober 1848.

Edinburgh Society im Jahr 1830

Aus „ *Round the Sofa* ", 1859

Frau Gaskell verbrachte 1830–1831 einen Winter in Edinburgh und hat einige ihrer Erinnerungen in „ *Round the Sofa* " *verwoben* . Der erwähnte Herr Sperano war wahrscheinlich Agostino Ruffini, ein Freund von Mazzini, obwohl er zu einem späteren Zeitpunkt als Verbannter nach Edinburgh ging.

NACHDEM wir etwa vierzehn Tage in Edinburgh verbracht hatten, sagte Mr. Dawson in einer Art halb zweifelnder Art zu Miss Duncan:

„Meine Schwester bittet mich zu sagen, dass jeden Montagabend ein paar Freunde zu ihr kommen, um etwa eine Stunde lang um ihr Sofa zu sitzen – einige davon, bevor sie zu ausgelasseneren Partys gehen – und dass, wenn Sie und Miss Greatorex eine kleine Abwechslung hätten, sie das nur tun würde Sei zu froh, dich zu sehen. Heute Abend jederzeit von sieben bis acht; und ich muss ihr und meiner kleinen Patientin zuliebe meine einstweilige Bitte hinzufügen, dass Sie um neun Uhr gehen. Schließlich weiß ich nicht, ob Sie kommen möchten; aber Margaret hat mir aufgetragen, dich zu fragen", und er blickte misstrauisch und scharf zu uns auf. Hätte einer von uns auch nur den geringsten Widerwillen gespürt, diese Einladung anzunehmen, wie gut er sich auch verbergen mag, er hätte unsere Gefühle sicher sofort erkannt und zurückgezogen, so eifersüchtig und zurückhaltend war er gegenüber allem, was mit der Wertschätzung dieser Einladung zu tun hatte diese geliebte Schwester.

Aber wenn es darum gegangen wäre, einen Abend beim Zahnarzt zu verbringen, hätte ich die Einladung wohl angenommen, so müde war ich von der Monotonie der Nächte in unserer Unterkunft; und was Miss Duncan betraf, so war eine Einladung zum Tee an sich schon eine reine und unverfälschte Ehre, die man mit angemessener Form und Dankbarkeit annehmen konnte; Daher konnten Mr. Dawsons scharfe Blicke über seine Brille nichts anderes als die wahre Freude erkennen, und er fuhr fort:

„Sie werden es sehr langweilig finden, wage ich zu behaupten. Nur ein paar alte Leute wie ich und ein oder zwei gute, süße junge Frauen; Ich weiß nie, wer kommen wird. Margaret ist gezwungen, in einem abgedunkelten Raum zu liegen – nur halb beleuchtet, meine ich –, weil ihre Augen schwach sind – oh, das wird sehr dumm sein, wage ich zu behaupten; Danke mir erst, wenn du einmal da warst und es probiert hast, und wenn es dir dann gefällt, dann ist dein bester Dank, jeden Montag wiederzukommen, von halb acht bis neun, wissen Sie. Auf Wiedersehen, auf Wiedersehen.

Bisher war ich noch nie auf einer Gruppe Erwachsener gewesen; und kein Hofball könnte für eine junge Londoner Dame mehr nach Ehre und Vergnügen riechen als dieser Montagabend.

Alice, unsere alte Amme, war in neuen, steifen, bis zum Hals geschminkten Musselin gekleidet – ein Kleid, das mir und meinen Schwestern wie der Gipfel irdischer Erhabenheit und Pracht vorgekommen war – und hatte es zu Hause angefertigt, um darüber nachzudenken Während meines Aufenthalts in Edinburgh die Möglichkeit eines solchen Ereignisses bestand, das mir damals aber als ein Gewand erschienen war, das zu schön und engelhaft war, als dass es jemals ohne den Himmel getragen werden könnte, ging ich mit Miss Duncan zur verabredeten Zeit zu Mr. Dawson. Wir betraten ein kleines, hohes Zimmer – vielleicht sollte ich es Vorzimmer nennen, denn das Haus war altmodisch und stattlich und prächtig – den großen quadratischen Salon, in dessen Mitte Mrs. Dawsons Sofa eingezogen war . Hinter ihr stand ein kleiner Tisch, auf dem ein großer Kerzenleuchter mit sieben oder acht Wachslichtern stand. und das war alles Licht in dem Raum, der für mich nach unserer heruntergekommenen Wohnung bei den Mackenzies sehr groß und undeutlich wirkte. Mrs. Dawson muss sechzig gewesen sein; und doch sah ihr Gesicht sehr weich und glatt und kindlich aus. Ihr Haar war ziemlich grau; Ohne die schneeweiße Kappe und das Satinband hätte es weiß ausgesehen. Sie war in eine Art Morgenmantel aus französisch-grauer Merinowolle gehüllt. Die Möbel des Zimmers waren tiefrosa, weiß und goldfarben; Das Papier, mit dem die Wände bedeckt waren, war indisch und begann unten mit einer Fülle von tropischen Blättern, Vögeln und Insekten und nahm allmählich an Detailreichtum ab, bis es oben in den zartesten Ranken und hauchdünnen Insekten endete.

Herr Dawson hatte in seinem Beruf viel Reichtum erworben, und sein Haus vermittelte einem diesen Eindruck. In den Ecken der Räume standen große Krüge aus orientalischem Porzellan, gefüllt mit Blumenblättern und Gewürzen; und in der Mitte all dessen stand das Sofa, auf dem die arme Margaret Dawson ganze Tage, Monate und Jahre verbrachte, ohne die Kraft, sich alleine zu bewegen. Nach und nach brachte Mrs. Dawsons Dienstmädchen Tee und Makronen für uns und eine kleine Tasse Milch und Wasser und einen Keks für sie. Dann öffnete sich die Tür. Wir waren sehr früh angekommen, und es kamen Professoren aus Edinburgh, Schönheiten aus Edinburgh und Berühmtheiten herein, alle auf dem Weg zu einer anderen fröhlichen und späteren Party, kamen aber zuerst, um Mrs. Dawson zu sehen und ihr ihre *Bonmots* oder Interessen zu erzählen , oder ihre Pläne. Von jedem gebildeten Mann, von jedem lieben Mädchen wurde sie wie eine liebe Freundin behandelt, die unabhängig von ihrem Ruf und ihrem allgemeinen Gesellschaftscharakter mehr über sich selbst wusste als jeder andere.

Es war sehr brillant und sehr blendend und gab viele Tage lang Anlass zum Nachdenken und Staunen.

Montag für Montag gingen wir, still und still; Was könnten wir irgendjemandem außer Mrs. Margaret selbst sagen? Der Winter ging vorüber, der Sommer kam.

Die Leute fingen an, aus Edinburgh abzureisen, es waren nur noch wenige übrig, und ich bin mir nicht sicher, ob unsere Montagabende nicht umso angenehmer waren.

Da war Herr Sperano, der italienische Verbannte, der sogar aus Frankreich verbannt wurde, wo er lange gelebt hatte, und jetzt in der Stadt im Norden mit bescheidenem Fleiß Italienisch unterrichtete; da war Mr. Preston, der Gutsherr von Westmorland oder, wie er lieber genannt werden wollte, Staatsmann, dessen Frau zur Erziehung ihrer zahlreichen Familie nach Edinburgh gekommen war und der, wann immer ihr Mann zu einem seiner gelegentlichen Besuche vorbeigekommen war Er war nur zu froh, ihn zu Mrs. Dawsons Montagabenden zu begleiten, da er und die behinderte Dame schon seit langer Zeit Freunde waren. Diese und wir selbst hatten ständige Besucher und genossen es umso mehr, mehr von Mrs. Dawsons Gesellschaft zu haben.

Cumberland-Schafscherer

Aus *Household Words* , 1853

Ein anschaulicher Bericht über einen Besuch von Herrn und Frau Gaskell und ihren Töchtern bei der Schafschur auf einer Westmorland-Farm in der Nähe von Keswick. Der Artikel stieß bei den Lesern von *Household Words auf großes Interesse* . John Forster fragte in einem Brief an Dickens: „Wer zum Teufel hat den entzückenden Artikel über die Schafschur geschrieben?"

DREI oder vier Jahren verbrachten wir einen Teil des Sommers in einem der Täler in der Nähe von Keswick. Wir wohnten im Haus eines kleinen Staatsmannes, der zu seinem Beruf als Schafzüchter noch den eines Wollfabrikanten hinzufügte. Seine eigene Herde war nicht groß, aber er kaufte die Vliese anderer Leute entweder im Auftrag oder für seine eigenen Zwecke; und sein Leben schien viele angenehme und vielfältige Arten der Beschäftigung zu vereinen, und der große fröhliche, stämmige Mann gedieh in allem, sowohl körperlich als auch geistig.

Eines Tages schlug uns seine hübsche Frau vor, wir sollten sie zu einer weit entfernten Schafschur begleiten, die im Haus eines Kunden ihres Mannes stattfinden sollte, wo wir, wie sie sicher war, herzlich willkommen sein würden und wo wir einen alten Mann sehen würden -modisches Scheren, wie es heutzutage in den Dales nicht mehr oft anzutreffen ist. Ich weiß nicht, warum das so war, aber wir waren faul und lehnten ihre Einladung ab. Es könnte sein, dass der Tag selbst für Juli ein heißer Tag war, oder es könnte ein Anfall von Schüchternheit sein; aber was auch immer der Grund war, es verschwand aus unerklärlichen Gründen bald nach ihrem Weggang, und die Gelegenheit schien uns entgangen zu sein. Der Tag war heißer als je zuvor; und wir hätten doppelt so viel Grund, schüchtern und unsicher zu sein, da wir nicht mehr unsere Gastgeberin hätten, die uns vorstellt und beaufsichtigt. Unser Wunsch zu gehen war jedoch so groß, dass wir diese Hindernisse, falls es an diesem Tag welche gab, in alle Winde hinwegfegten; und nachdem wir vom Landdiener die erforderlichen Anweisungen eingeholt hatten, machten wir uns etwa um ein Uhr an einem wolkenlosen Tag in der ersten Julihälfte auf den Weg zu unserem fünf Meilen langen Spaziergang.

Unsere Gruppe bestand aus zwei Erwachsenen und vier Kindern, das jüngste war fast noch ein Baby und musste den größten Teil des ermüdenden Weges getragen werden. Wir fuhren durch Keswick und sahen die Gruppen skizzierender, Bootstouristen, auf die wir, die wir seit einem Monat in der Nachbarschaft wohnten, mit einer gewissen Verachtung herabblickten, als wären sie bloße Fremde, die mit Sicherheit herumstolperten oder sich verirrten. oder von Führern aufgedrängt zu werden oder die falschen Dinge zu bewundern und nie die richtigen Dinge zu sehen. Nachdem wir uns durch die lange, verstreute Stadt geschleppt hatten, gelangten wir zu einem Teil der Autobahn, wo sie sich zwischen Gehölzen wand, die hoch genug waren, um einen „grünen Gedanken in einem grünen Schatten" zu erzeugen; Die Zweige berührten und verflochten sich über uns, während die Straße so gerade war, dass wir die ganze Viertelstunde, die wir gingen, die Öffnung blauen Lichts am anderen Ende sehen und das Zittern der erhitzten, leuchtenden Luft jenseits der Dichte bemerken konnten Schatten, in dem wir uns bewegten. Hin und wieder erhaschten wir einen Blick auf den silbernen See, der durch die Bäume schimmerte; und hin und wieder konnten wir in der toten Mittagsstille das sanfte Plätschern des Wassers am Kieselufer hören – das einzige Geräusch, das wir hörten, außer dem leisen, tiefen Summen unzähliger Insekten, die ihr Sommerleben genossen. Wir waren uns alle einig, dass uns Reden heißer macht, also schwiegen wir und die Vögel sehr. Wieder draußen auf der heißen, hellen, sonnigen, blendenden Straße, weckte die grelle Sonne über unseren Köpfen in uns den Wunsch, zu Hause zu sein; aber wir hatten die Hälfte des Weges hinter uns, und der Weiterweg war kürzer als der Rückweg. Jetzt verließen wir die Autobahn und begannen aufzusteigen. Der Aufstieg sah entmutigend aus, aber bei fast jedem Schritt bekamen wir mehr frische Luft; und das knackige, kurze Berggras war im Vergleich zur Landstraße weich und kühl. Die kleinen, wehenden Winde, die hin und wieder quer über uns wehten, waren mit wohlriechenden Düften beladen – mal von wildem Thymian, mal von der kleinen kriechenden, kriechenden weißen Rose, die über den Boden lief und mit ihren scharfen Dornen unsere Füße stach; und nun gelangten wir zu einem plätschernden Bach, an dessen schwammigen Ufern große Sumpfmyrtenbüsche wuchsen, die einen würzigen Duft in die Luft verbreiteten. Als uns während dieses steilen Aufstiegs die Luft ausging, hatten wir immer einen Ausweichmanöver, mit dem wir dem Zitat „Fett und kaum Atem" entkommen wollten. Wir drehten uns um und bewunderten die schöne Aussicht, die von jeder Höhe immer schöner wurde.

Schließlich sahen wir auf einer Ebene, die nichts weiter als ein Felsvorsprung zu sein schien, unseren vorgesehenen Zufluchtsort – ein graues Bauernhaus aus Stein, hoch über unseren Köpfen, hoch über dem See, wie wir waren – mit genügend Nebengebäuden in der Nähe es dient dazu, den schottischen Namen einer „Stadt" zu rechtfertigen; und daneben eine dieser großen herrischen Bergahorne, die in ähnlichen Situationen in ganz Cumberland und Westmorland so häufig vorkommen. Noch ein langer Ruck, dann wären wir da. Um die armen, müden Kleinen aufzumuntern, machten wir uns mutig auf den Weg zum letzten Stück des steilen, steinigen Pfades. und wir blickten nie zurück, bis wir in der Kühle der tiefen Veranda standen und von unserer natürlichen Terrasse auf das glasige Derwentwater weit, weit unten blickten, das jeden Farbton des blauen Himmels reflektierte, nur in dunkleren, volleren Farben. Wir schienen mit der Spitze von Catbells gleichauf zu sein; und die Wipfel großer Bäume lagen tief in der Tiefe – so tief, dass wir das Gefühl hatten, als stünden sie dicht genug beieinander und fest genug, um unsere Füße zu tragen, wenn wir hinunterspringen und darauf gehen wollten. Direkt vor unserem Stand befand sich ein Vorsprung des felsigen Feldes, das das Haus umgab. Wir hatten an die Tür geklopft, aber es war offensichtlich, dass wir in dem Lärm und dem fröhlichen Stimmengewirr drinnen ungehört waren, und unsere alte ursprüngliche Schüchternheit kehrte zurück. Nach und nach entdeckte uns jemand, und es folgte eine herzliche, gastfreundliche Begrüßung. Unser Kommen war in Ordnung; es war in einer Minute klar, wer wir waren; Unsere eigentliche Gastgeberin war in ihren Höflichkeiten kaum weniger dringlich als unsere vorübergehende Gastgeberin, und beide eilten gemeinsam aus dem Zimmer, durch das die Außentür führte, in ein großes Schlafzimmer, das sich von dort aus öffnete – das Prunkgemach, wie es in allen Häusern dieser Art in Cumberland üblich ist – wo die Kinder zum ersten Mal auftauchen und wo sich die Familienoberhäupter zum Sterben niederlegen, wenn der große Eroberer sie ausreichend warnt, damit sie sich so anständig und gefasst unterwerfen können, wie es der einfachen Würde ihres Lebens am besten entspricht.

Wir wurden in diese Kammer geführt, und die sofortige Linderung der dunklen Kühle in unseren überhitzten Körpern und geblendeten Augen war unbeschreiblich erfrischend. Die Wände waren so dick, dass darin Platz für eine sehr bequeme Fensterbank war, ohne dass es einen Vorsprung in den Raum gab; und die lange, niedrige Form verhinderte, dass die Skyline selbst in dieser Höhe ungewöhnlich niedrig wirkte; und so wurde das Licht gedämpft, und die allgemeine Tönung im Raum vertiefte sich in Dunkelheit, wo der Blick auf dieses gewaltige Bett fiel, mit seinen Pfosten, seinem Kopfteil, seinem Fußbrett und seinen allerlei tiefsten Verzierungen braun; und der Rahmen selbst schien groß genug zu sein, dass sechs oder sieben Personen bequem darin liegen konnten, ohne sich auch nur zu berühren. Auf dem Herd stand ein großer Krug, gefüllt mit Zweigen duftender Bergblumen; und kleine Stücke Rosmarin und Lavendel waren im Raum verstreut, teilweise, wie ich später erfuhr, um zu verhindern, dass unvorsichtige Füße auf dem polierten Eichenboden ausrutschten. Als wir alles bemerkt hatten und uns ausgeruht und abgekühlt hatten (so viel wir vor der Tagundnachtgleiche tun konnten), kehrten wir zu der im Haus versammelten Gesellschaft zurück.

Dieses Haus war fast eine Halle voller Pracht. An einer Seite verlief eine Kommode aus Eichenholz, die alle mit denselben süßen immergrünen Pflanzen geschmückt war, von denen Fragmente auf dem Schlafzimmerboden verstreut waren. Über dieser Kommode befanden sich Regale, die aus erlesenstem poliertem Zinn bestanden. Gegenüber der Schlafzimmertür befand sich der große, einladende Kamin, eingebettet in die richtigen Kaminecken und mit dem „Herrenschrank" auf der rechten Seite. Wissen Sie, was ein „Herrenschrank" ist? Mr. Wordsworth hätte es Ihnen sagen können; Ja, und ich habe Ihnen auch eines am Rydal Mount gezeigt. Es handelt sich um einen Schrank mit einer Breite von etwa einem Fuß und einer Breite von anderthalb Fuß, der ausdrücklich für den Gebrauch des Hausherrn reserviert ist. Hier darf er Pfeife und Humpen, Almanach und was sonst noch aufbewahren; und obwohl keine Tür den Zugang irgendeiner Hand versperrt, sind in diesem offenen Schrank seine besonderen Eigenschaften sicher, denn ist es nicht „der Schrank des Meisters"? Selbst an diesem heißen Tag brannte es im Haus. Es verlieh dem Raum Anmut und Lebendigkeit, und da es in den richtigen Grenzen gehalten wurde, schien es nicht mehr zu sein, als zum Kochen des Kessels erforderlich war. Denn ich würde sagen, dass unsere Gastgeberin (so nenne ich die Frau des Bauern, in dessen Haus die Schafschur stattfinden sollte) im selben Moment unserer Ankunft Tee vorschlug; und obwohl wir noch nicht zu Abend gegessen hatten, denn es war erst kurz nach drei, stimmten wir nach dem Grundsatz „Macht in Rom wie die Römer" mit gutem Anstand zu und waren dankbar für jede Erfrischung, die uns angeboten wurde, abgesehen von Wasser. Brei, nach unserem langen und ermüdenden Spaziergang, und eher Angst davor, dass unsere Kinder „zu schnell auskühlen" könnten.

Während der Tee zubereitet wurde und es sechs hübsche Matronen brauchte, um ihm gerecht zu werden, schlugen wir Frau C. (unserer echten Gastgeberin) vor, dass wir uns die Schafschur ansehen sollten. Sie führte uns daher in einen Hinterhof, wo der Prozess stattfand. Mit einem Hinterhof meine ich einen ganz anderen Ort als den, den ein Londoner so bezeichnen würde; Unser Hinterhof, hoch oben am Berghang , war etwa vierzig mal zwanzig Meter groß, überschattet von der edlen Bergahorne, die genau diejenige gewesen sein könnte, die Coleridge darauf hingewiesen hatte:

„Diese Bergahorn (oft musikalisch mit Bienen –

„Solche Zelte liebten die Patriarchen)" usw. usw.

Am Tor, durch das dieses Feld vom Hof aus betreten wurde, stand eine Gruppe gespannter Jungen, die wie die Schafe keuchten, aber nicht wie sie vor Angst, sondern vor Aufregung und freudiger Anstrengung. Ihre

Gesichter waren braunrot gerötet, ihre scharlachroten Lippen waren zu einem Lächeln geöffnet, und ihre Augen hatten diesen eigentümlichen blauen Glanz, den man nur durch ein freies Leben in der reinen und fröhlichen Luft erlangt. Sobald diese Burschen sahen, dass die Schafscherer drinnen ein Schaf brauchten, sprangen sie auf dem Feld auf eines zu – je ausgelassener und störrischer ein alter Widder, desto besser – und zerrten und zerrten und drängten und schrien – manchmal ritten sie rittlings auf die Armen Als widerspenstiges Tier, das seine Hörner wie ein Zaumzeug hielt, erlangten sie ihren Standpunkt und zerrten ihren Gefangenen zum Scherer hinauf, wie kleine Sieger, die sie waren, alle glühend und rot vor Eroberung. Die Scherer saßen rittlings auf einer langen Bank, ernst und wichtig – die Helden des Tages. Die Schafherde, die bei dieser Gelegenheit geschoren werden sollte, bestand aus mehr als tausend Schafen, und elf berühmte Scherer waren aus vielen Kilometern Entfernung angereist, um ihr Können zu testen, einer gegen den anderen; denn die Schafschur ist eine Art Landolympiade. Es waren alles junge Männer im besten Alter, stark und gut gebaut; ohne Mantel oder Weste und mit hochgekrempelten Hemdsärmeln. Sie saßen jeweils gegenüber einer langen Bank oder einem schmalen Tisch und holten die Schafe von den Dienerjungen ab, die sie hereingeschleppt hatten; Sie hoben es auf die Bank, setzten es mit geschicktem Griff auf den Rücken und begannen, die Wolle vom Schwanz und den unteren Teilen abzuscheren. Dann banden sie die beiden Hinterbeine und die beiden Vorderbeine zusammen und legten es zuerst auf die eine und dann auf die andere Seite, bis das Vlies in einem ganzen Stück abfiel; Die Kunst bestand darin, die gesamte Wolle abzuscheren und die Schafe dennoch nicht durch einen unangenehmen Schnitt zu verletzen. Sollte es zu einem solchen Unfall kommen, wurde sofort eine Mischung aus Teer und Butter aufgetragen; aber jede Wunde war ein Makel für den Ruhm des Scherers. Gut und vollständig zu scheren und es dennoch schnell zu machen, zeigt die Perfektion der Haarschneidemaschine. Manche können an einem Sommertag bis zu sechs Dutzend Schafe erlegen; und wenn man das Gewicht und die Unhöflichkeit des Tieres sowie die allgemeine Hitze des Wetters berücksichtigt, wird man feststellen, dass das Schneiden oder Scheren mit Fug und Recht als härtere Arbeit angesehen wird als das Mähen. Aber die meisten Scherer begnügen sich damit, vier oder fünf Dutzend Scheren abzuschicken; Nur bei ungewöhnlichen Gelegenheiten oder wenn Griechisch auf Griechisch trifft, werden sechs Punkte versucht oder erreicht.

Wenn das Schaf in sein Fell und sich selbst geteilt wird, wird es Eigentum zweier Personen. Die Frauen ergreifen das Vlies und falten es zusammen, während sie neben einer provisorischen Kommode stehen (in diesem Fall aus quer über Fässern gelegten Brettern, unter denen scharfer, spärlicher Schatten von der Dachtraufe des Hauses zu sehen ist). Auch dies ist eine Kunst, so einfach sie auch erscheinen mag; und die Bauernfrauen und -

töchter von Langdale Head sind dafür berühmt. Sie beginnen mit dem Hochklappen der Beine, rollen dann das gesamte Fell zusammen und binden es am Hals zusammen; und die Kunst besteht nicht nur darin, dies schnell und fest zu tun, sondern auch darin, die Wolle in bestimmten künstlerischen Zügen zu ziehen, um die feineren Teile hervorzuheben, und nicht, indem man die Faser zerdrückt, um sie für den Käufer rau erscheinen zu lassen. Auf diese Weise wurden sechs hübsche Frauen beschäftigt; Sie lachten und redeten und schickten Wellen fröhlicher Satire auf die ernsten und geschäftigen Scherer, die zu ernsthaft in ihrer Arbeit waren, um zu antworten, obwohl eine gelegentliche Vertiefung der Farbe oder ein Augenzwinkern verrieten, dass die Bemerkung getroffen hatte. Aber sie reservierten ihre Erwiderungen, wenn sie überhaupt welche hatten, bis zum Abend, wenn die Arbeit des Tages vorüber sein würde und ich mir vorstellen kann, dass sich einige der frechen Redner in der Lizenz des ländlichen Humors mit ihrem Gegenstück treffen würden. Bisher kam der Applaus von ihrer eigenen Frauengruppe; obwohl ab und zu einer der alten Männer, der im Schatten einer Bergahorne saß, seine Pfeife aus dem Mund nahm, um zu spucken, und bevor er wieder anfing, die sanft gekräuselten weißen Rauchkränze aufzusteigen, ließ er sich zu einem herab kurzes, tiefes Lachen und ein „Gut gemacht, Maggie!" „Gib es ihm, Mädchen!" denn mit der nicht unfreundlichen Alterseifersucht gegenüber der Jugend beteiligten sich die alten Großväter stets an der Seite der Frauen gegen die jungen Männer. Diese scherten weiter, warfen die Schaffelle auf die Schafherden und warfen die Schafe mit sanfter Kraft auf den Boden, bereit für eine weitere Schar Jungen, die sie zur rechten Seite des Hofes schleppten, wo die großen Nebengebäude standen; wo alle Arten von Landfahrzeugen vollgestopft und gestapelt waren und ihre scharlachroten Deichseln in die Luft zu werfen schienen, als ob sie um Erlösung von der Menge der Hütten und Marktkarren flehten, die auf sie drängten. Aus der Sonne heraus, im dunklen Schatten eines Karrenhauses, glühte auf einem Untersetzer ein Topf mit glühenden Kohlen; und darauf wurde ein eisernes Becken mit Teer und Rötel oder Rötel gestellt. Hierhin schleppte die rechte Knabenschar die armen nackten Schafe, um sie „schlagen" zu lassen – das heißt, sie mit den Initialen oder Chiffren des Besitzers zu versehen. In diesem Fall war das Zeichen des Besitzers ein Kreis oder Punkt auf der einen Seite und eine gerade Linie auf der anderen; und nachdem die Schafe auf diese Weise markiert worden waren, wurden sie ins Moor geführt, inmitten der Menge meckernder Lämmer, die ein unaufhörliches Stöhnen nach ihren verlorenen Müttern ausstießen; In dem Moment, als man sie aus dem Hof hinaustrieb, erkannte jedes Mutterschaf, zu welchem es gehörte, und die friedvolle Zufriedenheit der Schafe, die mit ihren kleinen Lämmern an ihnen vorbeitrabten, den Hügel hinauf wanderten, gab genau den nötigen Hauch von Frieden und ruhe dich vor der Szene aus. Es gab alle klassischen Elemente zur Darstellung des Lebens: Es gab die

„alten Männer und Mädchen, junge Männer und Kinder" des Psalmisten; Es gab alle Phasen und Zustände des Seins, die in der „Tragödie des Heiligen" ihren Abschied von den scheidenden Kreuzfahrern verkünden.

Wir waren in der Tat sehr froh, die Schafschur gesehen zu haben, obwohl die Straße heiß, lang und staubig gewesen war und wir noch nicht erfrischt und hungrig waren.

Mein französischer Meister

Aus *Household Words* , 1853

WIR schienen unseren Französischunterricht häufiger im Garten als im Haus zu haben; denn es gab eine Art Laube auf dem Rasen in der Nähe des Salonfensters, zu der wir immer leicht einen Tisch und Stühle und alles andere Unterrichtszubehör tragen konnten, wenn meine Mutter *uns den Unterricht nicht verbot. Fresko* .

Herr de Chalabre trug als eine Art Morgenkostüm einen Rock, eine Weste und Hosen, alle aus demselben groben grauen Tuch gefertigt, das er in der Nachbarschaft gekauft hatte. Sein Dreispitz war schön gebürstet, seine Perücke saß wie bei keinem anderen. (Das Kostüm meines Vaters war immer schief.) Und das Einzige, was zu seinem Kostüm wollte, als er kam, war eine Blume. Manchmal kam es mir vor, als hätte er es absichtlich unterlassen, eine der Rosen zu pflücken, die in dem Bauernhaus, in dem er wohnte, standen, um meiner Mutter das Vergnügen zu bereiten, ihre erlesensten Nelken und Rosen für seinen Blumenstrauß oder „Sträußchen" zu pflücken. wie er es gerne nannte. Er hatte dieses hübsche Landwort aufgeschnappt und es zu seinem besonderen Lieblingswort gemacht, wobei er mit der trägen Sanftheit eines italienischen Akzents bei der ersten Silbe verweilte. Oft haben Mary und ich versucht, es so zu sagen wie er, wir haben seine Art zu sprechen so sehr bewundert.

Sobald wir um den Tisch saßen, ob im Haus oder außerhalb, waren wir verpflichtet, uns um unseren Unterricht zu kümmern; und irgendwie machte er uns klar, dass es Teil desselben ritterlichen Kodex war, der ihn den Hilflosen so hilfreich machte, den geringsten Pflichtanspruch voll durchzusetzen. Keine halbfertigen Lektionen für ihn! Die Geduld und die Ressourcen, mit denen er jedes Gebot veranschaulichte und durchsetzte; die unermüdliche Sanftmut, mit der er unsere hartnäckigen englischen Zungen dazu brachte, bestimmte Wörter auszusprechen, falsch auszusprechen und erneut auszusprechen; vor allem die Sanftheit des Temperaments, die sich nie veränderte, war so, wie ich es noch nie zuvor gesehen habe. Wenn wir uns schon als Kinder über diese Eigenschaften wunderten, um wie viel größer war dann unsere Überraschung über ihre Existenz, seit wir erwachsen waren und erfahren haben, dass er bis zu seiner Emigration ein Mann mit schnellem und impulsivem Handeln und dem Unvollkommenen war Bildung implizierte den Umstand, dass er mit fünfzehn Jahren Unterleutnant im Regiment der Königin war und sich daher hart und gewissenhaft anstrengen musste, um die Sprache zu beherrschen, die er im späteren Leben zu lehren hatte.

Zweimal hatten wir Urlaub, um seiner traurigen Bequemlichkeit gerecht zu werden. Feiertage waren bei uns nicht Weihnachten, sondern Mittsommer, Ostern und Michaelis. Wenn meine Mutter ungewöhnlich beschäftigt war, hatten wir sogenannte Ferien, obwohl dies in Wirklichkeit härtere Arbeit bedeutete als unser regulärer Unterricht; aber wir holten und trugen und erledigten Besorgungen und wurden rosig und staubig und sangen fröhliche Lieder in der Fröhlichkeit unserer Herzen. Wenn der Tag besonders schön war, stürmte mein lieber Vater – dessen Stimmung je nach Wetterlage schwankte – mit seinem strahlenden, freundlichen, gebräunten Gesicht herein und eroberte mit meiner Mutter den Tag im Sturm. „Es war eine Schande, so junge Tiere in einem Haus einzusperren", pflegte er zu sagen, „während alle anderen Jungtiere in der Luft und im Sonnenschein herumtollten." Grammatik! – was war das anderes als die Kunst, Wörter zu ordnen? – und er kannte nie eine Frau, konnte das aber schnell genug. Geographie! – er würde es sich zur Aufgabe machen, uns an einem Winterabend mehr Geographie beizubringen, indem er uns mit nur einer Karte vor ihm von den Ländern erzählte, in denen er gewesen war, als wir in zehn Jahren mit diesem dummen Buch voller harter Worte lernen könnten . Was die Franzosen betrifft – das muss gelernt werden; denn es würde ihm nicht gefallen, wenn Herr de Chalabre denkt, wir hätten die Lektionen, die er uns so sehr geben wollte, missachtet; aber sicherlich könnten wir früher aufstehen, um unser Französisch zu lernen." Wir haben es per Akklamation versprochen; und meine Mutter war – manchmal lächelnd, manchmal widerstrebend – immer gezwungen, nachzugeben. Und das waren die üblichen Anlässe für unsere Feiertage.

Damals war es Mode, Kinder viel weniger als heute über die Themen zu informieren, die ihre Eltern interessierten. Eine Art Hieroglyphen- oder Chiffriersprache wurde verwendet, um die Bedeutung vieler Gesagter zu verbergen, wenn Kinder anwesend waren. Meine Mutter beherrschte diese Art des Sprechens und hatte, so glaubten wir, eine gewisse Freude daran, meinen Vater damit zu verblüffen, dass sie jeden Tag sozusagen eine neue Chiffre erfand. Ich wurde zum Beispiel eine Zeit lang Martia genannt, weil ich in meinem Alter sehr groß war; Und gerade als mein Vater begann, den Namen zu verstehen – und das muss man gestehen, eine ganze Weile, nachdem ich gelernt hatte, aufmerksam zu sein, wenn Martia genannt wurde –, verwandelte mich meine Mutter plötzlich aus Gewohnheit in „die Stütze"

Ich hatte es mir angewöhnt, mich mit meiner trägen Länge an eine Wand zu lehnen. Ich sah einige Tage lang die Verwirrung meines Vaters über diesen „Stützpfeiler" und hätte ihm da heraushelfen können, aber ich wagte es nicht. Und so war die Nachricht, als der unglückliche Ludwig der Sechzehnte hingerichtet wurde, zu schrecklich, um in klares Englisch gebracht zu werden, und zu schrecklich, um auch uns Kindern bekannt zu sein, und wir konnten auch nicht sofort den Hinweis auf die Chiffre finden, in der sie geschrieben war darüber gesprochen. Wir hörten vom „Absturz der Iris" und sahen die ehrliche, treue Begeisterung meines Vaters darüber und die stille Zurückhaltung, die immer auf eine heimliche Trauer meiner Mutter hindeutete.

Wir hatten keinen Französischunterricht; Und irgendwie war die arme, gebeutelte, vom Sturm zerrissene Iris daran schuld. Es dauerte viele Wochen, bis wir den ganzen Grund für die tiefe Depression von Herrn de Chalabre erfuhren, als er wieder zu uns kam; warum er den Kopf schüttelte, als meine Mutter ihm an jenem ersten Morgen, an dem er wieder mit dem Unterricht begann, schüchtern ein paar Schneeglöckchen anbot; Warum er die tiefe Trauer dieses Tages trug, als alles, was schwarz sein konnte, schwarz war und die weißen Musselin-Rüschen und -Rüschen ungestärkt und schlaff waren, als ob sie das Verlassen der Trauer verkünden wollten. Wir kannten die Bedeutung der nächsten hieroglyphischen Ankündigung gut genug: „Die bösen, grausamen Jungen hatten der Weißen Lilie den Kopf abgebrochen!" Diese schöne Königin, deren Porträt uns einst gezeigt wurde, mit ihren blauen Augen und ihrem hellen, entschlossenen Blick, ihrem üppigen, leicht gepuderten Haar, ihrem weißen, mit Perlenketten geschmückten Hals! Wir hätten weinen können, wenn wir es gewagt hätten, als wir die transparenten, geheimnisvollen Worte hörten. Wir weinten tatsächlich nachts, saßen im Bett, die Arme um den Hals geschlungen, und schworen auf unsere schwache, leidenschaftliche, kindische Art, dass der Tod dieser Dame gerächt werden würde, wenn wir nur lange genug lebten. Niemand, der sich nicht an diese Zeit erinnern kann, kann den Schauder des Entsetzens erkennen, der das Land erschütterte, als er von dieser letzten Hinrichtung hörte. Im Moment war keine Zeit, über die stillen Schrecken nachzudenken, die das Volk jahrhundertelang ertragen musste und das sich schließlich in seinem Wahnsinn gegen seine Herrscher erhob. Dieser letzte Schlag hat unseren lieben Herrn de Chalabre verändert. Ich habe ihn nie wieder mit der gleichen Fröhlichkeit wie zuvor gesehen. Hinter seinem Lächeln schienen für immer Tränen zu stecken. Mein Vater besuchte ihn, als er etwa eine Woche von uns entfernt war – ohne Angabe von Gründen, denn wussten wir nicht, wussten nicht alle, welchen Schrecken die Sonne gesehen hatte? Sobald mein Vater gegangen war, übertrug uns meine Mutter den Auftrag, das zu unserem Gästezimmer gehörende Ankleidezimmer möglichst einem Wohnzimmer ähnlich zu machen. Mein Vater hoffte, Herrn de Chalabre zu einem Besuch bei uns mitzubringen; aber er würde wahrscheinlich gern ein gutes Stück allein sein; und wir könnten jedes Möbelstück verschieben, das uns gefiel, wenn wir nur dachten, dass es ihm bequem wäre.

Der Romanaustausch zwischen englischen und amerikanischen Autoren

Von der Einführung zu Mabel Vaughan, 1857

WENN es nicht eine irische Ausdrucksweise wäre, würde ich Vorworte im Allgemeinen als Ergänzung des Autors zu seinem Werk bezeichnen; entweder er erläuterte seine Gründe für das Schreiben oder gab zusätzliche Informationen an, die nicht aufgenommen werden konnten oder im Buch selbst vergessen wurden.

Da ich nun nicht der Autor der folgenden Geschichte bin, kann ich ihr weder die Gründe nennen, warum sie sie geschrieben hat, noch etwas zu dem hinzufügen, was sie bereits gesagt hat; Ich kann auch nicht einmal meine Meinung dazu äußern, da ich dabei einen Großteil der Handlung preisgeben müsste, um Lob zu rechtfertigen oder Kritik zu erklären.

Die Autorin hat mir erlaubt, im Hauptteil des Werkes Änderungen vorzunehmen, die erforderlich sein könnten, um den englischen Lesern bestimmte Ausdrücke klarer zu machen. Ich habe einige Fußnoten beigefügt, die erklären, was früher für mich geheimnisvolle Bräuche und Redewendungen waren; und hier und da war ich versucht, Ergänzungen vorzunehmen, immer mit freundlicher Genehmigung der Autorin.

Abschließend möchte ich noch ein paar Worte zu dem angenehmen Verkehr sagen, den wir Engländer mit unseren amerikanischen Verwandten haben, im Austausch von Romanen, der zwischen den beiden Ländern scheinbar ständig vor sich geht. Unsere verwandtschaftliche Verbindung zu den Amerikanern geht auf gemeinsame Vorfahren zurück, auf die wir beide stolz sind. Bis zu einer gewissen Zeit war jeder große Name, mit dem sich England rühmt, für die Amerikaner ein direkter Gegenstand des Stolzes; Seit der Zeit, als die Rasse in zwei verschiedene Kanäle auseinanderging, fangen wir reflexartig den Glanz der großen Männer des anderen ein. Wenn uns die eine oder andere Passage in „*Onkel Tom*" bis ins Innerste bewegt , sagen wir aus ganzem Herzen: „Und ich bin auch von der gleichen Rasse wie diese Frau." Wenn wir von edlen Taten hören – oder großzügigen Taten; als Lady Franklin bei ihrer traurigen, treuen Suche von mitfühlenden Amerikanern unterstützt wird; Wenn die *Resolute* von den tapferen amerikanischen Seeleuten an unsere Küste zurückgebracht wird, begrüßen wir das tapfere alte angelsächsische Blut und verstehen, wie sie dazu kamen, so wie wir instinktiv die Beweggründe eines Bruders für seine Handlungen verstehen, obwohl er niemals sprechen sollte ein Wort.

Es ist die angelsächsische Abstammung, die uns beide so unauffällig macht, oder vielleicht sollte ich besser sagen, so bereit, unsere kleine Unzufriedenheit miteinander auszudrücken, während die tieferen Gefühle (wie unsere Liebe und unser Vertrauen zueinander) unausgesprochen bleiben. Obwohl wir nicht viel über diese Gefühle sprechen, schätzen wir jede Bindung zwischen uns, die sie stärken kann; und nicht zuletzt gehören dazu auch die Links zu einer gemeinsamen Literatur. Vielleicht mag man mich auch wie den Gerber in der alten Fabel halten, der Leder als bestes Verteidigungsmittel für eine belagerte Stadt empfahl, aber ich neige dazu, den Austausch von Romanen zwischen England und Amerika als wertvoller einzustufen, als förderlich für eine angenehmes Kennenlernen miteinander, als der Austausch von Werken von weitaus höherem Eigenwert. Mithilfe fiktionaler Werke erhalten wir Einblicke in das amerikanische Privatleben; von ihren Denkweisen, ihren traditionellen Bräuchen und ihren gesellschaftlichen Versuchungen, ganz jenseits und unabhängig von den Beobachtungen eines Reisenden, der die Familie schließlich nur auf der Straße oder an Festtagen sieht, nicht im ruhigen häuslichen Kreis , in die der Fremde selten aufgenommen wird.

Diese amerikanischen Romane enthüllen unbewusst alle kleinen Haushaltsgeheimnisse; wir sehen die Mahlzeiten, wie sie auf den Tisch gebracht werden, wir lernen die Kleider kennen, die diejenigen tragen, die darin Platz nehmen (und was für eine Verführerin „Mode" in bestimmten Städten für jede Art vulgärer Extravaganz zu sein scheint!); wir hören ihren freundlichen Familiendiskurs, wir beteiligen uns an ihren häuslichen Kämpfen und wir freuen uns, wenn sie den Sieg erringen. Nun ist all dieses Wissen darüber, was die Amerikaner wirklich sind, gut für uns, denn es stärkt tendenziell unsere Fähigkeit, sie zu verstehen, und steigert folglich unsere Sympathie für sie. Vertrauen wir darauf, dass sie durch die Lektüre von Belletristik, die auf dieser Seite des Atlantiks geschrieben wurde, etwas über die gleiche Wahrheit lernen; Die Wahrheit ist, dass wir, so unterschiedlich die nationalen Manifestationen dieser Tatsache auch sein mögen, dennoch unter Akzenten, Manieren, Kleidung und Sprache leiden

„Wir alle ein menschliches Herz."

EKG

Biografisch

Beschreibung von Charlotte Brontë

Aus dem *Leben von Charlotte Brontë*

Dies ist vielleicht der richtige Zeitpunkt, um eine persönliche Beschreibung von Miss Brontë zu geben. Im Jahr 1831 war sie ein ruhiges, nachdenkliches Mädchen von fast fünfzehn Jahren, von sehr kleiner Figur – „verkümmert" war das Wort, mit dem sie sich selbst bezeichnete –, aber ihre Gliedmaßen und ihr Kopf passten genau zu dem schlanken, zerbrechlichen Körper , kein Wort, das auch nur im geringsten auf Missbildung hindeutete, konnte richtig auf sie angewendet werden; mit weichem, dichtem, braunem Haar und eigenartigen Augen, von denen ich Schwierigkeiten habe, sie zu beschreiben, so wie sie mir in ihrem späteren Leben erschienen. Sie waren groß und wohlgeformt; ihre Farbe ist rotbraun; aber wenn man die Iris genau untersuchte, schien sie aus einer großen Vielfalt von Farbtönen zu bestehen. Der übliche Ausdruck war von ruhiger, zuhörender Intelligenz; aber hin und wieder, bei einem gerechtfertigten Anlass aus lebhaftem Interesse oder heilsamer Empörung, strahlte ein Licht auf, als ob eine spirituelle Lampe angezündet worden wäre, die hinter diesen ausdrucksstarken Kugeln leuchtete. So etwas habe ich bei keinem anderen Menschen gesehen. Ihre übrigen Gesichtszüge waren schlicht, groß und unförmig; aber wenn man nicht anfing, sie zu katalogisieren, war man sich dessen kaum bewusst, denn die Augen und die Kraft des Gesichtsausdrucks überwogen jeden körperlichen Defekt; Der schiefe Mund und die große Nase waren vergessen, und das ganze Gesicht erregte die Aufmerksamkeit und zog bald alle an, die sie selbst gerne angezogen hätte. Ihre Hände und Füße waren die kleinsten, die ich je gesehen habe; Als eines der ersteren in meine gelegt wurde, war es wie die sanfte Berührung eines Vogels in der Mitte meiner Handfläche. Die zarten langen Finger hatten eine besondere Feinheit der Empfindung, was einer der Gründe dafür war, dass all ihre Handarbeiten, welcher Art auch immer – Schreiben, Nähen, Stricken – in ihrer Kleinigkeit so deutlich waren. Sie war in ihrer gesamten persönlichen Kleidung bemerkenswert gepflegt; aber sie war zierlich, was die Passform ihrer Schuhe und Handschuhe anging.

Ich kann mir gut vorstellen, dass die ernste, ernste Gelassenheit, die ihrem Gesicht, als ich sie kannte, die Würde eines alten venezianischen Porträts verlieh, keine Errungenschaft späterer Jahre war, sondern aus dem frühen Alter stammte, als sie sich in der Position einer Frau befand ältere Schwester mutterloser Kinder. Aber bei einem Mädchen, das gerade erst in die Pubertät gekommen ist, würde man einen solchen Ausdruck (um eine landestypische Phrase zu verwenden) „altmodisch" nennen; und im Jahr 1831, der Zeit, über die ich jetzt schreibe, müssen wir sie uns als ein kleines, gesetztes, altmodisches Mädchen vorstellen, mit sehr ruhigen Manieren und sehr uriger Kleidung; Denn abgesehen von dem Einfluss, den die Vorstellungen ihres Vaters über die Einfachheit der Kleidung, die der Frau und den Töchtern eines Landgeistlichen angemessen war, ausübten, war ihre Tante, der die Pflicht, ihre Nichten einzukleiden, hauptsächlich oblag, seit ihrer Abreise aus Penzance im Alter von acht Jahren nie in der Gesellschaft gewesen oder neun

Jahre zuvor, und die Penzance-Mode dieser Zeit lag ihr immer noch am Herzen.

Patrick Brontës Ansichten zum Umgang mit seinen Kindern

Aus dem *Leben von Charlotte Brontë*

DIE Ideen von Rousseau und Mr. Day zum Thema Bildung hatten sich in vielen Klassen durchgesetzt und weit verbreitet. Ich kann mir vorstellen, dass sich Herr Brontë einige seiner Meinungen zum Umgang mit Kindern aus diesen beiden Theoretikern gebildet hat. Seine Praxis war nicht halb so wild oder außergewöhnlich wie die, der eine meiner Tanten von einem Schüler von Mr. Day unterworfen wurde. Sie wurde von diesem Herrn und seiner Frau als Adoptivkind aufgenommen, vielleicht etwa fünfundzwanzig Jahre vor der Zeit, über die ich schreibe. Sie waren wohlhabende und gutherzige Leute, aber ihre Ernährung und Kleidung entsprachen der einfachsten und unhöflichsten Art und orientierten sich an spartanischen Prinzipien. Als gesundes, fröhliches Kind legte sie weder viel Wert auf Kleidung noch auf Essen; aber die Behandlung, die sie als echte Grausamkeit empfand, war diese. Sie hatten eine Kutsche, in der sie und ihr Lieblingshund jeden zweiten Tag zum Ausgehen mitgenommen wurden; Die Kreatur, die an der Reihe war, zu Hause gelassen zu werden, wurde in eine Decke geworfen – eine Operation, vor der sich meine Tante besonders fürchtete. Ihr Schrecken vor dem Hinwerfen war wahrscheinlich der Grund, weshalb sie daran festhielt. Verkleidete Geister waren an der Tagesordnung geworden, und sie mochte sie nicht, daher sollte die Deckenübung die nächste Möglichkeit sein, ihre Nerven abzuhärten. Es ist bekannt, dass Mr. Day seine Absicht, Sabrina, das Mädchen, das er zu diesem Zweck erzogen hatte, zu heiraten, aufgab, weil sie sich wenige Wochen nach dem für die Hochzeit festgesetzten Zeitpunkt der Frivolität schuldig gemacht hatte, während sie auf einem Besuch von zu Hause, das Tragen dünner Ärmel. Doch Mr. Day und die Verwandten meiner Tante waren wohlwollende Menschen, die nur stark von dem Gespür durchdrungen waren, durch ein Erziehungssystem die Kühnheit und Einfachheit des idealen Wilden zu erziehen, und vergaßen dabei die schreckliche Isolation von Gefühlen und Gewohnheiten, die ihre Schüler erleben würden, im zukünftigen Leben, das sie inmitten der Korruption und Verfeinerung der Zivilisation verbringen müssen.

Herr Brontë wollte seine Kinder robust und gleichgültig gegenüber den Freuden des Essens und der Kleidung machen. Letzteres gelang ihm, soweit es seine Töchter betraf; aber er ging sein Ziel mit schonungsloser Ernsthaftigkeit an. Die Krankenschwester von Frau Brontë erzählte mir, dass sie eines Tages, als die Kinder draußen im Moor waren und es geregnet hatte, dachte, ihre Füße würden nass sein, und deshalb kramte sie ein paar bunte

Stiefel hervor, die ihnen eine Freundin geschenkt hatte – der Mr. Morgan,
der „Cousin Jane" geheiratet hat, glaubt sie. Diese kleinen Paare stellte sie
um das Küchenfeuer herum auf, um sie zu wärmen; aber als die Kinder
zurückkamen, waren die Stiefel nirgends zu finden; Es wurde lediglich ein
sehr starker Geruch nach verbranntem Leder wahrgenommen. Herr Brontë
war hereingekommen und hatte sie gesehen; sie waren zu fröhlich und
luxuriös für seine Kinder und würden die Liebe zur Kleidung fördern; Also
hatte er sie ins Feuer geworfen. Er verschonte nichts, was seine antike
Einfachheit verletzte.

Besuch bei Charlotte Brontë im Haworth Vicarage

Aus dem *Leben von Charlotte Brontë*

HAWORTH ist ein langes, verzweigtes Dorf: eine steile, schmale Straße – so
steil, dass die Steinplatten, mit denen sie gepflastert ist, an den Enden
angebracht sind, damit die Pferdefüße etwas zum Festhalten haben und nicht
rückwärts herunterrutschen; Wenn sie es täten, würden sie bald Keighley
erreichen. Aber wenn die Pferde Katzenfüße und Krallen hätten, wäre es
umso besser. Nun, wir (der Mann, das Pferd, das Auto und ich) kletterten
diese Straße hinauf und erreichten die Kirche, die St. Autest (wer war er?)
geweiht war; Dann bogen wir in eine Gasse nach links ab, vorbei an der
Unterkunft des Pfarrers bei den Sextons, am Schulhaus vorbei, hinauf zum
Hoftor des Pfarrhauses. Ich ging um das Haus herum zur Vordertür und
blickte zur Kirche; überall darüber und darüber hinaus Moore. Der überfüllte
Friedhof umgibt das Haus und eine kleine Rasenfläche zum Trocknen von
Kleidung.

Ich weiß nicht, dass ich jemals eine Stelle gesehen habe, die vorzüglicher
sauber war; der zierlichste Ort dafür, den ich je gesehen habe. Natürlich ist
das Leben wie ein Uhrwerk. Niemand kommt ins Haus; nichts stört die tiefe
Ruhe; kaum eine Stimme ist zu hören; Sie hören das Ticken der Uhr in der
Küche oder das Summen einer Fliege im Wohnzimmer, im ganzen Haus.
Miss Brontë sitzt allein in ihrem Wohnzimmer; um neun Uhr frühstückte sie
mit ihrem Vater in seinem Arbeitszimmer. Sie hilft bei der Hausarbeit; denn
eine ihrer Dienerinnen, Tabby, ist fast neunzig und die andere noch ein
Mädchen. Dann begleitete ich sie auf ihren Spaziergängen durch die
weitläufigen Moore: Die Heideblüte war ein oder zwei Tage zuvor von einem
Gewitter verdorben worden und hatte eine blassbraune Farbe, statt der
purpurnen Pracht, die sie hätte haben sollen. Oh! diese hohen, wilden,
trostlosen Moore, hoch über der ganzen Welt und die Bereiche der Stille!
Zuhause zum Abendessen um zwei. Mr. Brontë lässt sich sein Abendessen
schicken. Alle kleinen Tischdekorationen hatten die gleiche zierliche
Schlichtheit. Dann ruhten wir uns aus und unterhielten uns am klaren, hellen

Feuer; Es ist ein kaltes Land und die Feuer waren im ganzen Haus ein ziemlich warmes, tanzendes Licht. Der Salon war offensichtlich erst in den letzten Jahren eingerichtet worden, da Miss Brontës Erfolg es ihr ermöglicht hatte, etwas mehr Geld zum Ausgeben zu haben. Alles passt und steht im Einklang mit der Idee eines Landpfarrhauses, das von Menschen mit sehr bescheidenen Mitteln bewohnt wird. Die vorherrschende Farbe des Raumes ist Purpur, um der kalten, grauen Landschaft draußen einen warmen Rahmen zu verleihen. Es gibt ihr Abbild von Richmond und einen Stich aus Lawrences Bild von Thackeray; und zwei Nischen auf jeder Seite des hohen, schmalen, altmodischen Kaminsimses, gefüllt mit Büchern – Büchern, die ihr geschenkt wurden, Büchern, die sie gekauft hat und die von ihren individuellen Beschäftigungen und Vorlieben erzählen; *keine* Standardbücher.

Sie kann nicht gut sehen und macht außer Stricken kaum etwas. Die Art und Weise, wie sie ihr Sehvermögen schwächte, war folgende: Als sie sechzehn oder siebzehn war, wollte sie unbedingt zeichnen; und sie kopierte Niminipimini-Kupferstiche aus Jahrbüchern („Tupfen", nennen es die Künstler nicht?), wobei sie bis ins kleinste Detail hineinsprang, bis sie nach Ablauf von sechs Monaten eine äußerst originalgetreue Kopie des Stichs angefertigt hatte. Sie wollte lernen, ihre Ideen durch Zeichnen auszudrücken. Nachdem es ihr nicht gelungen war, Geschichten zu *zeichnen* , entschied sie sich für die bessere Schreibweise; aber in einer so kleinen Handschrift, dass es fast unmöglich ist, zu entziffern, was sie zu diesem Zeitpunkt schrieb.

Nun aber zurück zu unserer ruhigen Ruhestunde nach dem Abendessen. Ich bemerkte bald, dass ihre Ordnungsgewohnheiten so groß waren, dass sie das Gespräch nicht fortsetzen konnte, wenn ein Stuhl nicht an seinem Platz war; alles war in feiner Regelmäßigkeit arrangiert. Wir sprachen über die alten Zeiten ihrer Kindheit; vom Tod ihrer älteren Schwester (Maria) – genau wie der von Helen Burns in *Jane Eyre* ; an diese seltsamen, ausgehungerten Tage in der Schule, an den Wunsch (der fast einer Krankheit gleichkommt), sich auf irgendeine Weise auszudrücken – schreiben oder zeichnen; von ihrem geschwächten Sehvermögen, das sie zwei Jahre lang, vom siebzehnten bis zum neunzehnten Lebensjahr, daran hinderte, irgendetwas zu tun; dass sie eine Gouvernante war; dass sie nach Brüssel ging; Daraufhin sagte ich, dass ich Lucy Snowe nicht mochte, und wir diskutierten über M. Paul Emanuel; und ich erzählte ihr von —s Bewunderung für *Shirley* , was sie erfreute, denn die Rolle der Shirley war für ihre Schwester Emily bestimmt, über die sie nie müde wird, zu reden, und ich auch nicht müde werde, zuzuhören. Emily muss ein Überbleibsel der Titanen gewesen sein – Urenkelin der Riesen, die einst auf der Erde lebten. Eines Tages brachte Miss Brontë ein grobes, gewöhnlich aussehendes Ölgemälde ihres Bruders mit, das sie selbst – ein kleines, eher adrett wirkendes Mädchen von achtzehn Jahren – und die beiden anderen Schwestern, Mädchen von sechzehn und vierzehn Jahren, mit kurzgeschnittenem Haar zeigt , und traurige, verträumte Augen. … Emily hatte einen tollen Hund – halb Dogge, halb Bulldogge – so wild usw. … Dieser Hund ging zu ihrer Beerdigung und ging Seite an Seite mit ihrem Vater; und dann, bis zu seinem Tod, schlief es an ihrer Zimmertür, schnupperte darunter und jammerte jeden Morgen.

Normalerweise haben wir vor dem Tee, der um sechs ist, noch einen Spaziergang gemacht; um halb neun Gebete; und um neun liegt der ganze Haushalt außer uns im Bett. Wir sitzen bis zehn oder darüber hinaus zusammen; und nachdem ich gegangen bin, höre ich, wie Miss Brontë herunterkommt und etwa eine Stunde lang im Zimmer auf und ab geht.

Wir machten uns nicht absichtlich, sondern zufällig auf den Weg, um auf unseren Spaziergängen verschiedene arme Menschen zu treffen. Von einem hatten wir uns einen Regenschirm geliehen; Im Haus eines anderen hatten wir vor einem heftigen Septembersturm Zuflucht gesucht. In all diesen Hütten war ihre stille Anwesenheit bekannt. Drei Meilen von ihrem Zuhause entfernt wurde der Stuhl für sie abgestaubt, mit einem freundlichen „Setzen Sie sich, Miss Brontë"; und sie wusste, nach welchen abwesenden oder kranken Familienmitgliedern sie sich erkundigen musste. Ihre ruhigen, sanften Worte, so wenige es auch sein mochten, waren den Yorkshire-Ohren offensichtlich dankbar. Ihr Empfang war zwar rau und barsch, aber aufrichtig und herzlich.

Wir sprachen über die verschiedenen Verläufe des Lebens. Sie sagte in ihrer eigenen gefassten Art, als ob sie die Theorie als Tatsache akzeptiert hätte, dass sie glaube, dass einige von vornherein zu Kummer und großer Enttäuschung bestimmt seien; dass es nicht allen zuteil wurde – wie uns die Heilige Schrift sagt –, ihr Leben an angenehmen Orten zu verbringen; dass es für diejenigen, die härtere Wege hatten, gut wäre, zu erkennen, dass dies der Wille Gottes für sie sei, und zu versuchen, ihre Erwartungen zu mäßigen, indem sie die Hoffnung denjenigen überlassen, die ein anderes Schicksal haben, und Geduld und Resignation als die Tugenden anstreben, die sie kultivieren sollten. Ich vertrat eine andere Ansicht: Ich dachte, dass die menschlichen Partien gleicher seien, als sie es sich vorgestellt hatte; dass bei einigen Glück und Leid (sozusagen) in starken Licht- und Schattenflecken auftraten, während sie im Leben anderer ziemlich gleichmäßig vermischt waren. Sie lächelte, schüttelte den Kopf und sagte, sie versuche, sich davor zu schützen, jemals ein Vergnügen zu erwarten; dass es besser sei, mutig zu sein und sich treu zu unterwerfen; Es gab einen guten Grund, den wir rechtzeitig erkennen sollten, warum manche auf der Erde Kummer und Enttäuschung erleben sollten. Es war besser, dies anzuerkennen und der Wahrheit in einem religiösen Glauben ins Auge zu sehen.

Über Rezensenten

Aus dem *Leben von Charlotte Brontë*

EIN Autor mag sich dazu durchringen zu glauben, dass er die Schuld, von welcher Seite auch immer sie kommt, mit Gleichmut ertragen kann; aber seine Kraft ergibt sich gänzlich aus dem Charakter dieser Sache. Für die Öffentlichkeit kann ein Rezensent dasselbe unpersönliche Wesen sein wie ein anderer; Aber ein Autor hat seinen Meinungen häufig eine weitaus tiefere Bedeutung beizumessen. Es sind die Urteile derer, die er respektiert und bewundert, oder bloße Worte derer, um deren Urteil er sich überhaupt nicht kümmert. Es ist dieses Wissen um den individuellen Wert der Meinung des Rezensenten, der die Kritik mancher so tief sinken lässt und das Herz eines Autors so schwer berührt. Und so litt Miss Brontë im Verhältnis zu ihrer wahren, festen Wertschätzung für Miss Martineau unter einer ihrer Meinung nach nicht nur schriftstellerischen, sondern auch charakterlichen Fehleinschätzung.

Jane Eyre ein Mangel an weiblicher Zartheit oder Anstand verraten sei . Und als Miss Martineau die Zusicherung erhielt, dass dies nicht der Fall sei, bat Miss Brontë sie, es offen zu sagen, wenn sie der Meinung sei, dass es in einem künftigen Werk von „Currer Bell" einen Fehler dieser Art gegeben habe. Das damals gegebene Versprechen, treu die Wahrheit zu sagen, erfüllte Miss Martineau, als *Villette* erschien. Miss Brontë krümmte sich unter dem, was sie als Ungerechtigkeit empfand.

Dies scheint ein passender Ort zu sein, um darzulegen, wie völlig unbewusst sie war, was manche in ihren Schriften als grob empfanden. Eines Tages, während unseres Besuchs im Briery, als ich sie zum ersten Mal traf, drehte sich das Gespräch um das Thema, wie Frauen Belletristik schreiben; und jemand bemerkte die Tatsache, dass Autorinnen in bestimmten Fällen die Grenze, die Männer bei Werken dieser Art für angemessen hielten, weit überschritten hätten. Miss Brontë sagte, sie frage sich, inwieweit dies eine natürliche Folge davon sei, dass die Fantasie zu ständig arbeiten könne; Sir James und Lady Kay Shuttleworth und ich brachten unsere Überzeugung zum Ausdruck, dass solche Verstöße gegen den Anstand von Seiten derjenigen, auf die Bezug genommen wurde, völlig unbewusst waren. Ich erinnere mich an ihre ernste, ernsthafte Art, zu sagen: „Ich vertraue darauf, dass Gott mir jede Erfindungs- oder Ausdruckskraft nehmen wird, die ich habe, bevor er mich blind dafür macht, was gesagt werden soll und was nicht!"

Jane Eyre aus den oben genannten Gründen missbilligt wurde . Jemand sagte zu ihr in London: „Wissen Sie, Sie und ich, Miss Brontë, haben beide unanständige Bücher geschrieben!" Sie beschäftigte sich ausführlich damit; und als ob es ihr auf der Seele lastete, nutzte sie die Gelegenheit, um Mrs. Smith zu fragen, wie sie eine Mutter gefragt hätte – wenn sie nicht von frühester Kindheit an mutterlos gewesen wäre –, ob in der Tat etwas mit *Jane Eyre so falsch sei* .

Ich leugne für mich selbst nicht das Vorhandensein von Grobheit hier und da in ihren Werken, die ansonsten so völlig edel sind. Ich bitte diejenigen, die sie lesen, nur, über ihr Leben nachzudenken – das offen vor ihnen liegt – und zu sagen, wie es anders sein könnte. Sie sah nur wenige Männer; und unter diesen wenigen waren ein oder zwei, mit denen sie seit ihrer frühen Kindheit bekannt war – die ihr viel Freundlichkeit und Güte entgegengebracht hatten – durch deren Familie sie viele Freuden erfahren hatte – vor deren Intellekt sie großen Respekt hatte – die aber vor ihr redeten , wenn nicht zu ihr, so wenig zurückhaltend, wie Rochester mit Jane Eyre sprach. Betrachten Sie dies im Zusammenhang mit dem traurigen Leben ihres armen Bruders und den freimütigen Menschen, unter denen sie lebte – denken Sie an ihr starkes Gefühl für die Pflicht, das Leben so darzustellen, wie es wirklich ist, und nicht so, wie es sein sollte – und dann werden Sie ihr für all das gerecht Sie war es und alles, was sie gewesen wäre (wenn Gott sie verschont hätte), anstatt sie zu tadeln, weil ihre Umstände sie zwangen, sozusagen Pech zu berühren, und dadurch ihre Hand für einen Moment befleckt wurde. Es war nur oberflächlich. Jede Veränderung in ihrem Leben reinigte sie; es konnte sie kaum aufrichten. Wieder schreie ich: „Wenn sie nur gelebt hätte!"

Ein Heiratsantrag

Aus dem *Leben von Charlotte Brontë*

Als ich zum ersten Mal die Ehre hatte, diese Biographie zu schreiben, stellte sich mir am deutlichsten DIE SCHWIERIGKEIT, WIE ICH ZEIGEN KONNTE, WAS FÜR EINE EDLE, WAHRE UND ZÄRTLICHE FRAU CHARLOTTE BRONTË WIRKLICH WAR, OHNE SICH AUCH NOCH IN IHR LEBEN EINZUMISCHEN viel von der persönlichen Geschichte ihrer engsten und intimsten Freunde. Nach langem Nachdenken über diesen Punkt kam ich zu dem Entschluss, wirklich zu schreiben, wenn ich überhaupt schrieb; nichts vorzuenthalten, obwohl über manche Dinge ihrer Natur nach nicht so ausführlich gesprochen werden konnte wie über andere.

Eines der tiefsten Interessen ihres Lebens dreht sich natürlich um ihre Ehe und die vorangegangenen Umstände; aber mehr als alle anderen Ereignisse (aufgrund des jüngeren Datums und einer anderen Person, die so intim ist wie sie selbst), erfordert es von meiner Seite eine sorgfältige Handhabung, damit ich nicht zu grob in das eindringe, was der Erinnerung am heiligsten ist. Dennoch habe ich zwei Gründe, die mir gut und berechtigt erscheinen, einige Einzelheiten über den Verlauf der Ereignisse zu nennen, die zu ihrer wenigen Monate Ehe führten – dieser kurzen Zeit überaus glücklichen Lebens. Das erste ist mein Wunsch, die Aufmerksamkeit auf die Tatsache zu lenken, dass Mr. Nicholls einer war, der sie jahrelang fast täglich gesehen hatte; Ich sah sie als Tochter, Schwester, Geliebte und Freundin. Er war kein Mann, der sich von literarischem Ruhm anziehen ließ. Ich kann mir vorstellen, dass ihn das allein eher abstoßen würde, wenn er es im Besitz einer Frau sah. Er war ein ernster, zurückhaltender, gewissenhafter Mann mit einem tiefen Sinn für die Religion und für seine Pflichten als einer ihrer Geistlichen.

Schweigend hatte er sie beobachtet und sie lange geliebt. Die Liebe eines solchen Mannes – jahrelanger täglicher Beobachter ihrer Lebensweise – ist ein großartiger Beweis für ihren Charakter als Frau.

Wie tief seine Zuneigung war, wage ich kaum zu sagen, selbst wenn ich es mit Worten könnte. Sie wusste nicht – sie hatte es kaum zu ahnen begonnen –, dass er ihr eine besondere Wertschätzung entgegenbrachte, als er im Dezember dieses Jahres eines Abends zum Tee kam. Nach dem Tee kehrte sie wie üblich aus dem Arbeitszimmer in ihr Wohnzimmer zurück und ließ ihren Vater und seinen Pfarrer zusammen zurück. Plötzlich hörte sie, wie sich die Tür zum Arbeitszimmer öffnete, und erwartete, das anschließende Klirren der Vordertür zu hören. Stattdessen ertönte ein Klopfen; und „wie ein Blitz blitzte mir auf, was kommen würde.“ Er betrat. Er stand vor mir. Was seine Worte waren, können Sie sich vorstellen; Sein Verhalten kann man kaum erkennen, und ich kann es auch nicht vergessen. Er ließ mich zum ersten Mal spüren, was es einen Mann kostet, seine Zuneigung zu bekunden, wenn er an der Reaktion zweifelt. ... Der Anblick eines Mannes, der normalerweise so einer Statue gleicht, so zitternd, gerührt und überwältigt, versetzte mich in einen seltsamen Schock. Ich konnte ihn nur bitten, mich dann zu verlassen, und eine Antwort für morgen versprechen. Ich fragte, ob er mit Papa gesprochen habe. Er sagte, er traue sich nicht. Ich glaube, ich habe ihn halb geführt, halb aus dem Raum vertrieben.“

So tief, so inbrünstig und so beständig war die Zuneigung, die Miss Brontë im Herzen dieses guten Mannes geweckt hatte! Es ist ihr eine Ehre; und deshalb habe ich es für meine Pflicht gehalten, so viel zu sagen und ausführlich aus ihrem Brief darüber zu zitieren. Und nun komme ich zu meinem zweiten Grund, warum ich mich mit einem Thema beschäftige, das möglicherweise von manchen in Betracht gezogen wird und auf den ersten Blick zu privater Natur für eine Veröffentlichung ist. Als Mr. Nicholls sie verlassen hatte, ging Charlotte sofort zu ihrem Vater und erzählte ihm alles. Er missbilligte Ehen immer und sprach sich ständig dagegen aus. Aber er missbilligte dies zu diesem Zeitpunkt mehr als; er konnte den Gedanken an diese Bindung von Mr. Nicholls an seine Tochter nicht ertragen. Da sie die Folgen der Aufregung für einen erst seit Kurzem Invaliden fürchtete, beeilte sie sich, ihrem Vater das Versprechen zu geben, dass Mr. Nicholls am nächsten Morgen eine klare Absage erteilen würde. So ruhig und bescheiden nahm sie, über die unwissende Rezensenten so harte Urteile gefällt hatten, diese heftige, leidenschaftliche Liebeserklärung entgegen – so rücksichtsvoll für ihren Vater und selbstlos für sich selbst, alle Überlegungen beiseite lassend, wie sie antworten sollte, außer als er wünschte!

Das unmittelbare Ergebnis der Bindungserklärung von Herrn Nicholls war, dass er seinen Rücktritt von der Kurie von Haworth einreichte; und dass Fräulein Brontë sich einfach passiv verhielt, was Worte und Taten angingen, während sie starke Schmerzen durch die scharfen Ausdrücke litt, mit denen ihr Vater über Mr. Nicholls sprach, und durch die allzu offensichtliche Verzweiflung und den schlechten Gesundheitszustand ihrerseits buchstäblich.

Charlotte Brontës Beerdigung

Aus dem *Leben von Charlotte Brontë*

Eine Passage in Mr. Forsters „ *Life of Goldsmith* " HAT MICH IMMER SEHR BEEINDRUCKT . Über die Szene nach seinem Tod sagt der Autor:

„Die Treppe von Brick Court soll mit Trauergästen gefüllt gewesen sein, das Gegenteil von häuslichen; Frauen ohne Zuhause, ohne Häuslichkeit jeglicher Art, mit keinem Freund außer ihm, um den sie weinen wollten; Ausgestoßene dieser großen, einsamen, bösen Stadt, zu der er nie vergessen hatte, freundlich und barmherzig zu sein."

Das kam mir in den Sinn, als ich von einigen Umständen hörte, die mit Charlottes Beerdigung einhergingen.

Nur wenige außerhalb dieses Hügelkreises wussten, dass sie, die die Nationen in der Ferne lobten, an diesem Ostermorgen tot lag. An Verwandten und Verwandten hatte sie mehr im Grab, zu dem sie bald getragen werden sollte, als unter den Lebenden. Die beiden Trauergäste waren von ihrer großen Trauer überwältigt und wünschten sich nicht das Mitgefühl von Fremden. Aus den meisten Familien der Gemeinde wurde ein Mitglied zur Beerdigung eingeladen; und es wurde in vielen armen Haushalten zu einem Akt der Selbstverleugnung, einem anderen das Privileg zu überlassen, ihr die letzte Ehre zu erweisen; und diejenigen, die von der formellen Trauergesellschaft ausgeschlossen waren, drängten sich auf den Kirchhof und in die Kirche, um zu sehen, wie sie hinausgetragen und neben ihr eigenes Volk gelegt wurde, sie, die sie noch vor nicht allzu vielen Monaten als eine blassweiße Braut angesehen hatten, die in eine Kirche eintrat neues Leben mit zitternder, glücklicher Hoffnung.

Zu den bescheidenen Freunden, die leidenschaftlich um die Toten trauerten, gehörte ein Dorfmädchen, das vor Kurzem verraten worden war, aber in

Charlotte eine heilige Schwester gefunden hatte. Sie hatte sie mit ihrer Hilfe, ihrem Rat und ihren stärkenden Worten beschützt; hatte sich in ihrer Prüfungszeit um ihre Bedürfnisse gekümmert. Bitter, bitter war die Trauer dieser armen jungen Frau, als sie hörte, dass ihre Freundin todkrank war, und ihre Trauer ist bis heute tief. Ein blindes Mädchen, das etwa vier Meilen von Haworth entfernt lebte, liebte Mrs. Nicholls so sehr, dass sie unter vielen Schreien und Bitten die Menschen um sie herum anflehte, sie über die Straßen und über die Moorpfade zu führen, damit sie die Letzten hören könne feierliche Worte: „Erde zu Erde, Asche zu Asche, Staub zu Staub; in der sicheren und sicheren Hoffnung auf die Auferstehung zum ewigen Leben durch unseren Herrn Jesus Christus."

Das waren die Trauergäste am Grab von Charlotte Brontë.

Ich habe kaum mehr zu sagen. Wenn meine Leser finden, dass ich nicht genug gesagt habe, habe ich zu viel gesagt. Ich kann einen solchen Charakter wie ihren nicht messen oder beurteilen. Ich kann Laster, Tugenden und umstrittenes Land nicht kartieren. Jemand, der sie lange und gut kannte – die „Maria" dieses *Lebens* – schreibt so über ihre tote Freundin:

„Sie hielt viel von ihrer Pflicht und hatte höhere und klarere Vorstellungen davon als die meisten Menschen und hielt mit größerem Erfolg daran fest. Es schien mir, dass dies mit viel größeren Schwierigkeiten geschah, als es Menschen mit stärkeren Nerven und besserem Glück möglich sind. Ihr ganzes Leben war nur Arbeit und Schmerz; und sie warf die Last nie um des gegenwärtigen Vergnügens willen von sich. Ich weiß nicht, welchen Nutzen Sie aus all dem haben, was ich gesagt habe. Ich habe es mit dem starken Wunsch geschrieben, Wertschätzung für sie zu erlangen. Doch was macht es aus? Sie selbst appellierte an das Urteil der Welt, weil sie einige ihrer Fähigkeiten nutzte – nicht die besten –, aber immer noch die einzigen, die sie zum Wohle von Fremden nutzen konnte. Sie genossen herzlich und gierig die Früchte ihrer Arbeit und stellten dann fest, dass man ihr viel vorwerfen konnte, weil sie über solche Fähigkeiten verfügte. Warum von einer solchen Welt ein Urteil über sie verlangen?"

Kürzere Auszüge

Alte Jungfern

Aus „Libbie Marsh's Three Eras", *Howitt's Journal*.

„ Sagen Sie NIEMALS leichtfertig über das Los der Frau, deren Mann zu trinken gegeben wird!"

„Lieber, was für eine Predigt! Ich sage dir was, Libbie, du bist die geborene alte Jungfer, wie ich sie noch nie gesehen habe. Du wirst weder mit einem Betrunkenen noch mit einem Nüchternen verheiratet sein."

Libbies Gesicht wurde ziemlich rot, ohne jedoch seinen sanftmütigen Ausdruck zu verlieren.

„Das weiß ich so gut, wie Sie es mir sagen können; Und noch mehr Grund: Da Gott es für richtig gehalten hat, mich von der natürlichen Arbeit der Frau fernzuhalten, sollte ich versuchen, selbst Arbeit zu finden. Ich meine", als ich Annie Dixons verwirrten Blick sah, „dass ich, wie ich weiß, wahrscheinlich nie ein eigenes Zuhause haben werde, oder einen Ehemann, der von mir erwarten würde, dass alles klar wird, oder Kinder, die ich bewachen und um die ich mich kümmern muss." Ich halte das alles für die natürliche Arbeit einer Frau, also darf ich nach der Heirat keine Zeit damit verlieren, mich zu ärgern und herumzuzappeln, sondern mich einfach nach etwas anderem umzusehen, das ich tun kann. Ich kann mir vorstellen, dass es viele hier vermissen. Sie werden sich nach dem sehnen, was ihnen wahrscheinlich nie gehören wird, anstatt sich damit auseinanderzusetzen und sich als alte Jungfern niederzulassen und sich als alte Jungfern einfach nach den Gelegenheitsjobs umzusehen, die Gott den Alten in der Welt hinterlässt Dienstmädchen zu tun. Solche Arbeiten gibt es in Hülle und Fülle, und auf ihnen ruht der Segen Gottes." Libbie war fast außer Atem, als sie hörte, was ihr seit langem in den Sinn kam.

Gnade für die Irrenden

Von *Ruth* .

Frederick Denison Maurice erwähnte die Geschichte von *Ruth* in einem seiner Vorträge und sprach von Frau Gaskell als „einer edelherzigen und aufrichtigen Schriftstellerin, die eine Geschichte geschrieben hat, die der menschlichen Erfahrung ebenso treu ist wie der göttlichsten Moral."

„ JETZT wünschte ich, Gott würde mir die Macht geben, überzeugend auszusprechen, was ich für seine Wahrheit halte, dass nicht jede Frau, die gefallen ist, verdorben ist; So viele – wie viele wird das Große Jüngste Gericht denjenigen offenbaren, die die armen, wunden, reuigen Herzen auf der Erde abgeschüttelt haben – viele, viele sehnen sich nach einer Chance auf Tugend – die Hilfe, die ihnen kein Mensch gibt – Hilfe – und hungern danach. diese sanfte, zärtliche Hilfe, die Jesus einst Maria Magdalena schenkte." Mr. Benson wurde fast von seinen eigenen Gefühlen erstickt.

„Kommen Sie, kommen Sie, Mr. Benson, lassen Sie uns diese krankhafte Art zu reden nicht mehr haben. Die Welt hat entschieden, wie solche Frauen behandelt werden sollen; Und darauf können Sie sich verlassen: Es gibt so viel praktische Weisheit auf der Welt, dass ihre Art zu handeln auf lange Sicht richtig ist und dass niemand ungestraft gegen sie vorgehen kann, es sei denn, sie erliegen tatsächlich der Täuschung Verhängung."

„Ich stehe mit Christus gegen die Welt", sagte Mr. Benson feierlich und ignorierte die versteckte Anspielung auf sich selbst. „Womit sind die Wege der Welt geendet? Können wir viel schlimmer sein als wir sind?"

„Sprechen Sie bitte für sich selbst."

„Ist es nicht an der Zeit, einige unserer Denk- und Handlungsweisen zu ändern? Ich erkläre vor Gott, dass, wenn ich an eine menschliche Wahrheit glaube, diese darin besteht, dass jeder Frau, die wie Ruth gesündigt hat, eine Chance auf Selbsterlösung gegeben werden sollte — und dass eine solche Chance gegeben werden sollte nicht auf überhebliche oder verächtliche Weise, sondern im Geiste des heiligen Christus."

„Zum Beispiel, sie unter falscher Flagge in das Haus eines Freundes zu bringen."

„Ich diskutiere nicht über Ruths Fall. Damit habe ich meinen Fehler eingestanden. Ich diskutiere auf keinen Fall. Ich drücke meine feste Überzeugung aus, dass es Gottes Wille ist, dass wir es nicht wagen sollten, eines seiner Geschöpfe in den hoffnungslosen Staub zu zertreten; dass es Gottes Wille ist, dass die gefallenen Frauen zu denen mit gebrochenem Herzen gezählt werden sollen, um sie zu verbinden, und nicht als unwiderruflich verloren beiseite geworfen zu werden. Wenn dies Gottes Wille ist, wird es als eine Sache Gottes bestehen bleiben; und Er wird einen Weg öffnen."

Das Monolog eines Geistlichen

Von *Norden und Süden* .

Mrs. Gaskells eigener Vater gab seine Ernennung zum Minister der Unitarier aus Gewissensgründen auf, und der schöne Charakter von Mr. Hale hat sicherlich etwas mit Mr. Stevenson zu tun. Herr Travers Madge, ein Geistlicher der Unitarier in Manchester und ein Freund und Mitarbeiter der Gaskells, gab ebenfalls seine Position als Geistlicher auf, weil er Einwände dagegen hatte, ein bezahlter Prediger zu sein.

„ DIES ist das Selbstgespräch von jemandem, der wie ich einst Geistlicher in einer Landgemeinde war; Es wurde von einem Mr. Oldfield, Pfarrer von

Carsington in Derbyshire, vor einhundertsechzig Jahren oder mehr geschrieben. Seine Prüfungen sind vorbei. Er hat den guten Kampf gekämpft." Die letzten beiden Sätze sprach er leise, als spräche er mit sich selbst. Dann las er laut vor:

„Wenn du deine Arbeit nicht länger fortsetzen kannst, ohne Gott zu entehren, die Religion in Verruf zu bringen, deine Integrität zu verlieren, dein Gewissen zu verletzen, deinen Frieden zu zerstören und den Verlust deiner Erlösung aufs Spiel zu setzen; Mit einem Wort, wenn die Bedingungen, unter denen du in deinen Beschäftigungen fortfahren musst (wenn du weitermachen willst), sündhaft und durch das Wort Gottes nicht gerechtfertigt sind, darfst du, ja, du musst glauben, dass Gott dein Schweigen, deine Suspendierung, umkehren wird. Entbehrung und Beiseitelegung zu Seiner Ehre und zur Förderung des Interesses des Evangeliums. Wenn Gott dich nicht auf eine Art gebrauchen wird, wird er es doch auf eine andere Art tun. Einer Seele, die Ihm dienen und Ihn ehren möchte, wird es niemals an der Gelegenheit mangeln, dies zu tun. Du darfst den Heiligen Israels auch nicht so einschränken, dass du denkst, er hätte nur eine Möglichkeit, sich durch dich zu verherrlichen. Er kann es sowohl durch dein Schweigen als auch durch deine Predigten tun; Dein Ablegen und Dein Fortbestehen in Deiner Arbeit. Es ist nicht der Vorwand, Gott den größten Dienst zu erweisen oder die schwerste Pflicht zu erfüllen, die die geringste Sünde entschuldigt, auch wenn diese Sünde uns dazu befähigt oder uns die Gelegenheit dazu gibt, diese Pflicht zu erfüllen. Du wirst wenig Dank haben, o meine Seele! Wenn man Ihnen vorwirft, die Anbetung Gottes zu verderben und Ihre Gelübde zu fälschen, behaupten Sie, dies sei für die Fortsetzung des Dienstes notwendig."

Als er dies las und auf viel mehr blickte, was er nicht las, gewann er einen Entschluss und hatte das Gefühl, dass auch er mutig und entschlossen sein könnte, das zu tun, was er für richtig hielt; aber als er aufhörte, hörte er Margarets leises, krampfhaftes Schluchzen; und sein Mut sank unter dem scharfen Gefühl des Leidens.

„Margaret, Liebling!" sagte er und zog sie näher: „Denken Sie an die frühen Märtyrer; Denken Sie an die Tausenden, die gelitten haben."

„Aber, Vater", sagte sie und hob plötzlich ihr gerötetes, tränennasses Gesicht, „die frühen Märtyrer haben für die Wahrheit gelitten, während du – oh! lieber, lieber Papa!"

„Ich leide aus Gewissensgründen, mein Kind!" sagte er mit einer Würde, die nur durch die ausgeprägte Sensibilität seines Charakters zitterte, „Ich muss tun, was mein Gewissen verlangt. Ich habe es lange ertragen, Selbstvorwürfe zu machen, die jeden Geist, der weniger träge und feige war als ich, aufgerüttelt hätten."

Die Teeparty von My Lady Ludlow

Von My Lady Ludlow .

MRS. BROOKE ist gewiss ein Rohdiamant. Das haben die Leute von mir gesagt, ich weiß. Aber als Galindo habe ich in meiner Jugend Manieren gelernt und kann sie anwenden, wann immer ich will. Aber Mrs. Brooke hat nie Manieren gelernt, da bin ich mir sicher. Als John Footman ihr das Tablett mit den Teetassen reichte, blickte sie zu ihm auf, als wäre sie über diese Vorgehensweise zutiefst verwirrt. Ich saß neben ihr, also tat ich so, als ob ich ihre Verwirrung nicht bemerkte, und legte ihr Sahne und Zucker hinein und war bereit, es ihr in die Hände zu stecken – als wer außer diesem frechen Jungen Tom Diggles (I Nennen Sie ihn Junge, denn sein ganzes Haar ist gepudert, denn Sie wissen, dass es kein natürliches graues Haar ist) und sein Tablett voller Kuchen und was sonst noch, alles so gut, wie Mrs. Medlicott sie zubereiten konnte. Zu diesem Zeitpunkt, das sollte ich Ihnen sagen, blickten alle Pfarrerinnen auf Mrs. Brooke, denn sie hatte bereits zuvor gezeigt, dass es ihr an Erziehung mangelte; und die Pfarrerinnen, die in Manieren nur eine Stufe über ihr standen, waren sehr geneigt, über ihre Taten und Reden zu lächeln. Also! Was tut sie, als ein sauberes Bandana-Taschentuch hervorzuholen, ganz aus roter und gelber Seide; breitete es über ihr bestes Seidenkleid aus – es war, wie gesagt, ein neues, denn ich hatte es von Sally, die von ihrer Cousine Molly, die Milchfrau „bei den Brookes" ist, hatte, dass die Brookes mächtig waren Aufbau mit einer Einladung zum Teetrinken im Saal. Da waren wir, der stets grinsende Tom Diggles (ich frage mich, wie lange es her ist, seit er der eigene Bruder einer Vogelscheuche war, nur nicht so anständig gekleidet), und Mrs. Parsoness von Headleigh – ich habe ihren Namen vergessen, und das ist egal, denn sie ist ein schlecht erzogenes Geschöpf, und ich hoffe, dass Bessy sich besser benimmt – sie platzte vor Lachen und war so nah an einem Hi-Haw wie nur ein Esel; Wann was macht meine Dame? Ja! Da ist meine eigene liebe Lady Ludlow, Gott segne sie! Sie holt ihr eigenes Taschentuch heraus, ganz aus schneeweißem Batist, und legt es sanft auf ihren samtenen Schoß, als würde sie es jeden Tag ihres Lebens tun, genau wie Mrs. Brooke, die Frau des Bäckers; und als einer aufstand, um die Krümel in den Kamin zu schütten, tat der andere dasselbe. Aber mit solch einer Anmut! und so ein Blick auf uns alle! Tom Diggles wurde am ganzen Körper rot; und Mrs. Parsoness von Headleigh sprach den Rest des Abends kaum; und die Tränen traten in meine alten albernen Augen; und Mr. Gray, der zuvor in einer Weise schweigsam und unbeholfen war, von der ich Bessy sage, dass sie ihn heilen muss, war über diese hübsche Aktion meiner Dame so glücklich, dass er den ganzen Rest des Abends herumredete, und das war das Leben des Unternehmens.

Der Fingerhut

Von *Ruth* , 1853

Frau Gaskell schrieb über die alten Traditionen von Cheshire: „Ich sagte einmal zu einer alten blinden Landfrau, wie sehr ich den Fingerhut bewundere. Sie sah geheimnisvoll ernst aus, als sie mir erzählte, dass sie nicht wie andere Blumen seien; sie hatten ‚Wissen‘ in sich!"

„ ICH HABE einen jährlichen Urlaub, den ich normalerweise in Wales verbringe; und oft in dieser unmittelbaren Nachbarschaft."

„Ich wundere mich nicht über Ihre Wahl", antwortete Ruth. "Es ist ein schönes Land."

"Es ist in der Tat; und mir wurde von einem alten Gastwirt in Conway die Liebe zu seinen Menschen, seiner Geschichte und seinen Traditionen eingeimpft. Ich habe genug von der Sprache gelernt, um viele ihrer Legenden zu verstehen; und einige sind sehr schön und beeindruckend, andere sehr poetisch und phantasievoll."

Ruth war zu schüchtern, um das Gespräch durch eine eigene Bemerkung aufrechtzuerhalten, obwohl seine sanfte, nachdenkliche Art sehr gewinnend war.

„Zum Beispiel", sagte er und berührte einen langen, mit Knospen beladenen Fingerhutstiel an der Hecke, an dessen Unterseite ein oder zwei purpurrot gesprenkelte Blumen aus ihren grünen Hüllen sprangen, „ich wage zu behaupten, dass Sie das nicht tun Wissen Sie, was diesen Fingerhut so anmutig beugen und wiegen lässt. Du denkst, es wird vom Wind verweht, nicht wahr?" Er blickte sie mit einem ernsten Lächeln an, das seine nachdenklichen Augen nicht belebte, sondern seinem Gesicht eine unaussprechliche Süße verlieh.

„Ich dachte immer, es sei der Wind. Was ist es?" fragte Ruth unschuldig.

„Oh, die Waliser sagen Ihnen, dass diese Blume den Feen heilig ist und dass sie die Macht hat, sie und alle vorbeiziehenden spirituellen Wesen zu erkennen, und dass sie sich aus Respekt vor ihnen verneigt, während sie vorbeischweben. Sein walisischer Name ist Maneg Ellyllyn – der Handschuh des guten Volkes; und daher, stelle ich mir vor, unser Volkshandschuh oder Fingerhut."

„Das ist eine sehr hübsche Einbildung", sagte Ruth sehr interessiert und wünschte, er würde weitermachen, ohne eine Antwort von ihr zu erwarten.

Ein Stärkungsmittel gegen Trauer

Von *Mary Barton*

OH! Ich denke, dass die Notwendigkeit einer Anstrengung, einer Aktion (körperlich oder geistig) in Zeiten der Not ein äußerster Segen ist, auch wenn die ersten Anstrengungen in solchen Zeiten schmerzhaft sind. „Etwas zu tun" bedeutet, dass noch Hoffnung besteht, dass etwas Gutes erreicht werden kann oder dass ein zusätzliches Übel vermieden werden kann; und nach und nach absorbiert die Hoffnung einen Großteil des Kummers.

Es sind die Nöte, denen man auf irdische Weise nicht entkommen kann, die am wenigsten irdischen Trost zulassen. Von all den abgedroschenen, abgedroschenen, hohlen Trostparolen, die jemals von Menschen geäußert wurden, die sich nicht die Mühe machen, mit anderen zu sympathisieren, ist die Ermahnung, nicht über ein Ereignis zu trauern, „denn es kann nicht sein" mir am wenigsten hat geholfen." Glaubst du, wenn ich es verhindern könnte, würde ich mit gefalteten Händen still dasitzen und zufrieden trauern? Glaubst du nicht, dass es mir gut gehen würde, solange die Hoffnung bestand? Ich trauere, weil das, was passiert ist, nicht geändert werden kann. Der Grund, den Sie mir nennen, warum ich nicht trauere, ist der eigentliche und einzige Grund meiner Trauer. Gib mir edlere und höhere Gründe, demütig zu ertragen, was mein Vater zu senden für richtig hält, und ich werde ernsthaft und treu versuchen, geduldig zu sein; aber verspotte mich oder einen anderen Trauernden nicht mit der Rede: „Trauere nicht, denn es ist nicht zu ändern." Es ist kein Heilmittel mehr."

Ein neues Gebot

Von *Mary Barton*

ICH DENKE MANCHMAL, dass das Gebot zwei Seiten hat; und damit wir sagen können: „Lass andere mit dir tun, was du mit ihnen tun würdest", denn Stolz hindert uns oft daran, anderen große Freude zu bereiten, indem wir sie nicht freundlich sein lassen, wenn ihr Herz sich danach sehnt, zu helfen; und wenn wir selbst genau das Gleiche tun würden, wenn wir an ihrer Stelle wären. Oh! Wie oft wurde ich verletzt, weil mir Menschen kaltblütig sagten, ich solle mir keine Sorgen um ihre Fürsorge oder ihren Kummer machen, wenn ich sie in großer Trauer sah und ihnen Trost spenden wollte. Unser Herr Jesus scheute sich nicht davor zurück, Menschen für sich zu betreuen, denn Er wusste, wie glücklich es einen macht, etwas für einen anderen zu tun. Es ist die glücklichste Arbeit der Welt.

Tugend hat ihre eigene Belohnung

Von *Ruth*

DIE LEUTE können nach Belieben über den geringen Respekt sprechen, der der Tugend entgegengebracht wird, ohne dass sie von den äußeren Zufälligkeiten des Reichtums oder der Stellung begleitet wird; aber ich denke eher, dass man feststellen wird, dass auf lange Sicht wahre und einfache Tugend immer ihren angemessenen Lohn in der Achtung und Ehrfurcht aller hat, deren Wertschätzung es wert ist. Gewiss, es wird nicht nach dem Lauf der Welt belohnt, wie es bei bloßen weltlichen Besitztümern der Fall ist, mit geringer Ehrerbietung und Lippenbekenntnissen; Aber alle besseren und edleren Eigenschaften in den Herzen anderer bereiten sich darauf vor und gehen ihr entgegen, wenn sie sich nähert, vorausgesetzt, sie ist rein, einfach und sich ihrer eigenen Existenz nicht bewusst.

Thomas Wright, der Gefängnisphilanthrop von Manchester

Von *Mary Barton*

DER Monat war vorbei – die Flitterwochen für die Frischvermählten; die exquisite Genesung zur „lebenden Mutter eines lebenden Kindes"; „die ersten dunklen Tage des Nichts" für die Witwe und das hinterbliebene Kind; die Zeit der Buße, der harten Arbeit und der Einzelhaft für den schrumpfenden, zitternden, hoffnungslosen Gefangenen.

„Krank und im Gefängnis, und ihr habt mich besucht." Sollen Sie oder ich einen solchen Segen erhalten? Ich kenne jemanden, der das tun wird. Ein Aufseher einer Gießerei, ein alter Mann mit graugrauem Haar, hat viele Jahre lang seine Sabbate damit verbracht, die Gefangenen und Leidenden in Manchester New Bailey zu besuchen; nicht nur Ratschläge und Trost, sondern ihnen auch Mittel zur Verfügung zu stellen, um die Tugend und den Frieden wiederzugewinnen, die sie verloren hatten; Er selbst wird zu ihrem Garanten für den Erwerb einer Anstellung und lässt diejenigen niemals im Stich, die ihn einmal um Hilfe gebeten haben. [1]

[1] Vide *Manchester Guardian* vom Mittwoch, 18. März 1846; und auch die Berichte von Captain Williams, Gefängnisinspektor.

Tun Sie das Richtige, unabhängig von den Konsequenzen

Von *Ruth*

ES ist besser, keine Konsequenzen zu erwarten oder zu berechnen. Je länger ich lebe, desto klarer sehe ich das. Versuchen wir einfach, die richtigen Handlungen zu tun, ohne an die Gefühle zu denken, die sie bei anderen hervorrufen sollen. Wir wissen, dass keine heilige oder selbstverleugnende Anstrengung vergeblich und nutzlos scheitern kann; Aber die Reichweite der

Ewigkeit ist groß, und Gott allein weiß, wann die Wirkung eintreten wird. Wir versuchen, es jetzt richtig zu machen und uns richtig zu fühlen; Lassen Sie uns nicht durch den Versuch verwirren, herauszufinden, wie sie sich fühlen oder wie sie ihre Gefühle zeigen soll.

Wertschätzungen und Zeugnisse

Professor Minto

„Frau Gaskell war in der Tat eine geborene Geschichtenerzählerin, die durch und durch mit dem besonderen Element des Geschichtenerzählers ausgestattet war, etwas, das man als unterdrückte Zigeunerin bezeichnen könnte, einem ruhelosen Instinkt, der sie dazu trieb, in ihrer Fantasie ständig verschiedene Lebensweisen auszuprobieren . Ihre Fantasie war ständig mit den Wechselfällen beschäftigt, die Tage und Jahre anderen bescherten; Sie trat in ihr Leben ein, lachte mit ihnen, weinte mit ihnen, spekulierte über die wichtigsten Ereignisse und Umstände, die guten Eigenschaften und die „bösartigen Maulwürfe der Natur", die sie zu dem gemacht hatten, was sie waren, und plante, wie sie anders hätten sein können. und erlebten die Windungen und Wendungen ihres Schicksals, die Aufregung, sich auf das Unbekannte zu freuen.…

„‚Sir', scheint sie zu dem Naturliebhaber zu sagen, ‚Lassen Sie uns einen Blick in einen englischen Haushalt werfen. Beobachten wir seine Insassen in Trost und Not, ich werde Ihnen ihre Geschichte erzählen. Sie werden sehen, wie ein Mechaniker aus Lancashire seine Freunde unterhält, wie ein Landarzt mit seinen Nachbarn zurechtkommt und wie sich die Tochter eines koketten Bauern gegenüber ihren Liebhabern verhält. Ich habe keine seltsamen Erfahrungen, die ich Ihnen offenbaren kann, nur das Leben, das vor Ihrer Tür liegt; aber ich werde Ihnen seine Tragödien und seine Komödien zeigen. Ich werde Ihnen die Charaktere Ihrer Landsleute beschreiben und Ihnen Dinge über sie erzählen, die Sie interessieren werden, einige Dinge, die Sie zum Weinen bringen werden, und viele, die Sie zum Lächeln bringen werden.'" (*Fortnightly Review* , 1878.)

Dr. AW Ward

„Das ‚Jahrhundert des Lobes', das sich aus den öffentlichen und privaten Ehrungen zusammensetzen lässt, die bedeutende Männer und Frauen ihrer eigenen Generation dem Genie von Frau Gaskell zollten, muss von seinen Nachfolgern kaum in Anspruch genommen werden." wen ihre Schriften noch sprechen. Eine solche Liste würde neben anderen Lobreden die von Carlyle und Ruskin, von Dickens, der sie seine „Scheherazade" nannte, und von Thackeray, von Charles Kingsley und von Matthew Arnold, dessen Schwester, die verstorbene Mrs. WE Forster, umfassen Er zeichnete auf seine eigene fröhliche Art ein Bild, „in voller Länge auf einem Sofa ausgestreckt und eine Weihnachtsgeschichte von Mrs. Gaskell lesend, die ihn zu Tränen rührt und die Tränen zu selbstgefälliger Bewunderung seiner eigenen Sensibilität." Lord Houghton, John Forster, George Henry Lewes und Tom Taylor gehörten zu ihren erklärten Bewunderern; zu denen unter den Staatsmännern noch Cobden und der verstorbene Herzog von Argyll hinzukommen sollten. Unter Mrs. Gaskells weiblichen Mitautoren, Charlotte Brontë und George Eliot, waren sich Harriet Martineau und Mrs. Beecher Stowe (*facies non omnibus una*) in ihrer herzlichen Bewunderung für sie zumindest ähnlich. Zu diesen Namen sollte der Name einer Person hinzugefügt werden, deren Lob Mrs. Gaskell sehr am Herzen lag – Mrs. Stanley, die Mutter von Dekan Stanley. Unter den französischen Liebhabern ihres Genies wurde Ampère bereits erwähnt, und mit ihm sollten Guizot und Jules Simon genannt werden." (Einführung in *Mary Barton* , Knutsford Edition, 1906.)

Susanna Winkworth

„Als wir Mrs. Gaskell zum ersten Mal kennenlernten, war sie noch nicht berühmt, aber schon in den ersten Tagen unseres Umgangs mit ihr waren wir von ihrer Genialität beeindruckt und pflegten einander zu sagen, dass wir sicher waren, dass sie Bücher schreiben konnte oder es zumindest tat alles andere auf der Welt, das ihr gefiel. Und je mehr wir über sie wussten, desto mehr bewunderten wir sie. Sie war eine edel aussehende Frau mit einer königlichen Ausstrahlung, und ihre hohe, breite, heitere Stirn und ihre fein geschnittenen, beweglichen Gesichtszüge wurden von einem ständig wechselnden Ausdrucksspiel erleuchtet, während sie ihre wundervollen Reden vortrug. Es war wie das schimmernde Kräuseln und Rauschen eines klaren, tiefen Baches im Sonnenschein. Obwohl sie eine der brillantesten Personen war, die ich je gesehen habe, hatte sie nichts von der Unruhe und dem Eifer, die heutzutage so viele unserer Gespräche verderben. Es herrschte keine Eile oder großer Druck bei ihr, aber sie schien immer von einer Atmosphäre der Leichtigkeit, Muße und spielerischen Freundlichkeit umgeben zu sein, die das Beste aus jedem herausholte, der in ihrer Gesellschaft war.

„Wenn du bei ihr warst, hattest du das Gefühl, doppelt so viel Leben in dir zu haben wie in normalen Zeiten. All ihre großen intellektuellen Begabungen – ihre schnelle, scharfe Beobachtungsgabe, ihr wunderbares Gedächtnis, ihr Reichtum an Vorstellungskraft, ihre seltene Glückseligkeit des Instinkts, ihr anmutiger und rassiger Humor – wurden durch Mitgefühl und Gefühl so erwärmt und aufgehellt, dass sie, während sie tatsächlich bei ihr war, Sie waren sich ihrer Macht weniger bewusst als ihres Charmes.

„Niemand kam ihr jemals mit der Gabe nahe, eine Geschichte zu erzählen. In ihren Händen wurde der einfachste Vorfall – ein Treffen auf der Straße, ein Gespräch mit einer Fabrikarbeiterin, ein Spaziergang auf dem Land, eine alte Familiengeschichte – malerisch, lebendig und interessant. Ihr Spaß, ihr Pathos, ihre grafischen Akzente, ihre sympathische Einsicht waren unnachahmlich." (*Denkmäler zweier Schwestern: Susanna und Catherine Winkworth* , 1908.)

Thomas Seccombe

„Ihre Romane sind immer frisch. Sie ermüden nicht, verbrennen nicht und wirken nicht narkotisierend. Wir kehren mit einer unvergänglichen und beständigen Freude zu ihnen zurück. Ihre Bücher rufen ein Gefühl der Dankbarkeit gegenüber der Autorin hervor, gepaart mit einem starken sentimentalen Bedauern – Bedauern darüber, dass ein Leben, das so glücklich, so mitfühlend, so ausgeglichen und, kurz gesagt, so schön war, nicht hätte verlängert werden können, dass ihr lebhafter Geist und ihre Feder hätte unsere besondere Generation nicht bestrahlen sollen.

„Könnten Sie sich England personifiziert als fühlendes und intelligentes Wesen vorstellen, beim Tod von Elizabeth Gaskell, wie beim Tod von Charles Lamb oder Walter Scott, würden Sie erwarten, dass es einen langen Seufzer ausstößt, als würde es sich spürbar ärmer fühlen für einen Verlust, der nie passiert ist." könnte repariert werden. Sie denken vielleicht, dass dies eine bewusste Übertreibung ist, aber das ist ganz sicher nicht der Fall. Soweit künstlerische Perfektion in einer so formlosen und chaotischen Sache wie dem modernen Roman erreichbar ist, bin ich bewusst davon überzeugt, dass Frau Gaskell in Bezug auf den vollen Erfolg, den sie erreichen konnte, keine absolute Konkurrenz hat.…

„Wenn Sie nach dem normalen Typ eines englischen Romans in der höchsten Perfektion fragen, die er jemals erreicht hat, würde ich sicherlich geneigt sein, zu sagen: *Mary Barton* , *North and South* , *Sylvia's Lovers* und *Wives and Daughters* . Keiner von ihnen erreichte ganz oder ganz die Perfektion, zu der Mrs. Gaskell selbst fähig war. Aber sie offenbaren vollständig und angemessen ihre Macht und ebenso ihre Absicht, sich in gewissem Maße einer Form unterzuordnen, deren Möglichkeiten und Grenzen, wie mir scheint, eine Intuition besaß, die die größten Anstrengungen aller ihrer größeren Zeitgenossen übertraf. " (Einleitung zu *Sylvia's Lovers* , 1910.)

Lady Ritchie

"Frau. Gaskell hat sich in ihre Geschichten hineinversetzt; Ihre Gefühle, ihre Vergnügungen kamen aus vollem Herzen, und sie erzählte von den Erfahrungen ihrer eigenen treuen Arbeit unter den Armen, von ihrer Spielzeit unter den Wohlhabenden. Und je mehr sie wusste, desto besser erzählte sie, was sie erlebt hatte. Sie erzählte die Geschichte derer, die sie gekannt hatte, derer, die sie geliebt hatte – so scheint es zumindest einigen Lesern, die nach langen Jahren kommen und vielleicht mit neuer Bewunderung kritischer lesen. Eine weitere Tatsache über sie ist, dass sie sich den vielen schwierigen Problemen ihres Lebens gestellt hat – sie hat sich ihnen mutig gestellt und das Beispiel des Schreibens auf den Punkt gebracht. Es folgten wie viele, die mit nur der Hälfte ihres Wissens und ihrer Einsicht und ohne ihre großzügigen Absichten düstere Themen um der Kunst willen annahmen und nicht um der Menschlichkeit willen, wie sie es tat." (*Blackstick Papers* , 1908.)

Frederick Greenwood

„Der freundliche Geist, der nichts Böses denkt, strahlt aus ihren Seiten; und während wir sie lesen, atmen wir die reinere Intelligenz ein, die es vorzieht, sich mit Emotionen und Leidenschaften auseinanderzusetzen, die innerhalb des Bereichs der Erlösung eine lebendige Wurzel im Geist haben, und nicht mit solchen, die ohne sie verfaulen. Dieser Geist wird insbesondere in *„Cousin Phillis"* und *„Wives and Daughters" zum Ausdruck gebracht* – den neuesten Werken ihres Autors; Sie scheinen zu zeigen, dass für sie das Ende ihres Lebens nicht der Abstieg in die Erdschollen des Tals, sondern der Aufstieg in die reinere Luft der himmelstrebenden Hügel war.

„Wir sagen nichts über die rein intellektuellen Qualitäten, die in diesen späteren Werken zum Ausdruck kommen. In den kommenden zwanzig Jahren dürfte dies die wichtigere Frage von beiden sein; angesichts ihres Grabes können wir das nicht glauben; Dennoch ist es wahr, dass diese späteren Romane von Mrs. Gaskell als bloße Kunstwerke und Beobachtungen zu den schönsten unserer Zeit gehören. Es gibt eine Szene in *Cousin Phillis* – in der Holman mit seinen Männern Heu macht und den Tag mit einem Psalm beendet –, die als Bild in allen modernen Romanen nicht überragend ist; und das Gleiche gilt für das Kapitel dieser letzten Geschichte, in dem Roger nach dem Streit mit Osborne mit dem Squire eine Pfeife raucht. In keiner dieser Szenen oder in einer Reihe anderer Szenen, die wie Juwelen in einem Schrank aufeinanderfolgen, gibt es wenig, was der gewöhnliche Romanautor „beschlagnahmen" könnte. Ein halbes Dutzend Bauern, die auf einem Feld Hymnen singen, oder ein unzufriedener alter Herr, der mit seinem Sohn Tabak raucht, haben für *ihn kein „Material"*; noch weniger konnte er sich das Elend eines kleinen Mädchens zunutze machen, das man geschickt hatte, um in einem schönen Haus voller guter Menschen glücklich zu sein; aber gerade in solchen Dingen erscheint das wahre Genie am hellsten und am unzugänglichsten." (*Cornhill Magazine* , 1865.)

Fräulein Catherine J. Hamilton

„Was die Reinheit des Tons, die Ernsthaftigkeit des Geistes, die Tiefe des Pathos und die Leichtigkeit der Berührung betrifft, hat Mrs. Gaskell ihre Vorgesetzten in der Fiktion nicht verlassen.

„Einer, der sie kannte, sagte: ‚Sie war das, was ihre Bücher von ihr zeigen: eine weise, gute Frau.'

„Sie war mehr als nur weise oder gut, sie hatte dieses wahre poetische Gefühl, das alles verherrlicht, was es berührt, und nichts gemein oder unrein macht." Sie hatte diese klare Einsicht, die alles sieht und an das Beste glaubt." (*Schriftstellerinnen* , Zweite Reihe.)

Richard D. Graham

"Frau. Gaskell blieb trotz aller Strapazen und Aufregungen der Autorschaft eine wahre Frau im süßesten und würdigsten Sinne des Namens. In allen alltäglichen Beziehungen des Lebens war sie bewundernswert, vernachlässigte keine sozialen oder häuslichen Pflichten, schreckte vor jedem Versuch zurück, sie zu vergöttern, und bezauberte nicht weniger durch ihre persönlichen Reize und die Anmut ihres Benehmens als auch durch die Sanftmut ihres Gemüts." (*Die Meister der viktorianischen Literatur.*)

Edna Lyall

„Von allen Romanautoren unter Königin Victoria gibt es keinen, an den sich der Autor mit einem solchen Gefühl der Liebe und Dankbarkeit wendet wie an Mrs. Gaskell. Dieses Gefühl wird zweifellos von Tausenden von Männern und Frauen geteilt, denn in allen Romanen herrscht dieses wunderbare Gefühl der Sympathie, dieses breite menschliche Interesse, das Leser aller Art anspricht."

(*Romanautorinnen der Regierungszeit von Königin Victoria.*)

G. Barnett Smith

„Als wir ihre verschiedenen Bände lasen, war uns die Tatsache aufgefallen, dass es in ihnen wirklich weniger gibt als in den meisten anderen Autoren, die sie selbst gerne geändert hätte. Tatsächlich gibt es in der Neuzeit keinen reineren Autor. Und was hat sie durch ihre Reinheit verloren? Hat sie es versäumt, irgendeine Klasse von Menschen, die sie darzustellen vorgibt, angemessen darzustellen? Nicht eins; und ihre Arbeit ist heute ein hervorragendes Modell für diejenigen, die die Tendenzen der sinnlichen Schule meiden und nach einer anderen Grundlage suchen möchten, um einen Ruf zu erlangen, der eine gewisse Chance auf Dauerhaftigkeit haben sollte. Der Autor von „ *Wives and Daughters* " wird in unserer Wertschätzung immer einen hohen Stellenwert einnehmen. Könnte sie das schaffen, müssten wir an der Zukunft der Belletristik in England verzweifeln. Ihr Geist war einer jener Geister, die den Weg zu einem reineren Tag weisen." (*Cornhill Magazine, Februar 1874.*)

Clement K. Shorter

"Frau. Gaskell hat als Künstlerin ganz offensichtlich auf andere Erfahrungen als die von Knutsford zurückgegriffen und uns durch ihre freundliche und großzügige Art die entzückende reine Idylle (*Cranford*) geschenkt, die wir kennen, das zarteste humorvolle Buch, das unsere Literatur je gesehen hat seit Goldsmith schrieb. Eine der großen Auszeichnungen von Mrs. Gaskell liegt in der Freundlichkeit ihres Humors; Seltsamerweise ist sie die einzige Romanautorin, die völlig freundlich und wohlwollend humorvoll ist. ... Dieser wohlwollende Humor von Mrs. Gaskell ist in allen ihren Büchern zu finden, und er ist vor allem bei *Cranford zu finden* ." (Einführung in *Cranford* . The World's Classics, 1906.)

Literaturverzeichnis

Bibliographie der Werke von Frau Gaskell in chronologischer Reihenfolge

1837. Skizzen unter den Armen. *Blackwoods Magazin.* Januar.

1840. Clopton Hall. *Howitts Besuche an bemerkenswerten Orten.*

1847. Die drei Zeitalter von Libbie Marsh. *Howitt's Journal*, I.

Sextons Held. *Howitts Tagebuch*, II.

1848. Weihnachtsstürme und Sonnenschein. *Howitts Tagebuch*, III.

MARY BARTON. Eine Geschichte aus dem Leben in Manchester. 2 Bde. London. Chapman & Hall. Fünfte Auflage 1854; Deutsche Ausgabe 1849; Französische Übersetzung 1856. Wurde seit Ablauf des Urheberrechts von mindestens einem Dutzend Verlagen veröffentlicht.

1849. Hand und Herz. *Sonntagsschul-Penny-Magazin.*

1850. Lizzie Leigh. *Haushaltswörter.* 30. März.

Brunnen von Pen Morfa. *Haushaltswörter.* 16. und 23. November.

Das Herz von John Middleton. *Haushaltswörter.* 28. Dezember.

DAS MOORLAND COTTAGE. Chapman & Hall. 1892 neu veröffentlicht.

1851. Mr. Harrisons Geständnisse. *Damenbegleitung.* Februar, März, April.

Verschwindenlassen. *Haushaltswörter.* 7. Juni.

Cranford. *Haushaltswörter.* 13. Dezember 1851 bis Mai 1853.

1852. Der englische Gärtner des Schah. *Haushaltswörter.* 19. Juni.

Die Geschichte der alten Amme. *Haushaltswörter.* Weihnachtsnummer.

Bessys Probleme zu Hause. *Sonntagsschul-Penny-Magazin.* Januar.

1853.   Cumberland-Schafscherer. *Haushaltswörter.* 22. Januar.

CRANFORD. Chapman & Hall. 1 Bd.

Billige Ausgaben 1853-5; Französische Übersetzung 1856; Deutsche Übersetzung 1857. Nach Ablauf des Urheberrechts von mehr als zwanzig Verlagen in England und Amerika erneut veröffentlicht.

Morton Hall. *Haushaltswörter.* 19. und 26. November.

Merkmale und Geschichten von Hugenotten. *Haushaltswörter.* 10. Dezember.

Mein französischer Meister. *Haushaltswörter.* 17. und 24. Dezember.

Die Geschichte des Knappen. *Haushaltswörter.* Weihnachtsnummer.

Einführung in die Geschichte des Gelehrten. *Haushaltswörter.* Weihnachtsnummer.

RUTH , ein Roman. Chapman & Hall. 3 Bde. Dritte Auflage 1855; Amerikanische Ausgabe 1855; Französische Übersetzung 1856. Veröffentlicht von drei anderen Verlagen in den Jahren 1857, 1861, 1872. Neuauflage nach Erlöschen des Urheberrechts durch drei verschiedene Verlage.

1854.   Moderne griechische Lieder. *Haushaltswörter.* 25. Februar.

Firmenmanieren. *Haushaltswörter.* 20. Mai.

Norden und Süden. *Haushaltswörter.* 2. September 1854 bis 27. Januar 1855.

LIZZIE LEIGH. Chapman und Hall. 1 Bd. Deutsche Ausgabe 1855.

1855.   Eine beschuldigte Rasse. *Haushaltswörter.* 25. August.

Vor einem halben Leben. *Haushaltswörter.* 6., 13., 20. Oktober.

NORDEN UND SÜDEN. Chapman & Hall. 2 Bde. Zweite Auflage 1855; Vierte Auflage 1859; Amerikanische Ausgabe 1864; Französische Ausgabe 1859. Nach Ablauf des Urheberrechts von zwei Verlagen neu aufgelegt.

1856.

Der arme Chare. *Haushaltswörter.* 13. und 27. Dezember.

1857.

LEBEN VON CHARLOTTE BRONTË. Smith, Elder & Co. 2 Bde. Dritte Auflage überarbeitet und korrigiert 1857; Amerikanische Ausgabe 1857; Billige Ausgabe 1860; Französische Ausgabe 1877. Nach Ablauf des Urheberrechts wurde es 1900 in der Haworth Edition mit Einleitung und Anmerkungen von Clement Shorter neu aufgelegt. Thornton Edition mit Einleitung von BW Willett und Anmerkungen von Temple Scott, 1901. Neuveröffentlichung durch drei andere Verlage.

Herausgegeben von Miss Cummins für MABEL VAUGHAN und Autor des Vorworts. Sampson Low & Co.

1858.

Untergang der Griffiths. *Harper's Magazine.* Januar.

Mylady Ludlow. *Haushaltswörter.* 19. Juni bis 25. September.

Right at Last (unter dem Titel Sin of a Father). *Haushaltswörter.* 27. November.

Die Halbbrüder. *Dublin University Magazine.* November.

Manchester-Hochzeit. *Haushaltswörter.* Weihnachtsnummer.

1859.

Lois die Hexe. *Das ganze Jahr über.* 8. und 22. Oktober.

Der Geist im Gartenzimmer. *Das ganze Jahr über.* Weihnachtsnummer. (Nachdruck unter dem Titel The Crooked Branch.)

RUND UM DAS SOFA. London: Sampson Low & Co. 2 Bde. Französische Übersetzung 1860; Zweite französische Ausgabe 1865.

1860.

ENDLICH GENAU UND ANDERE GESCHICHTEN. Sampson Low & Co. Amerikanische Ausgabe Harper & Brothers.

Neugierig, ob wahr. *Cornhill Magazin.* Februar.

1861.	Die graue Frau. *Das ganze Jahr über*. 5., 12., 19. Januar.

MY LADY LUDLOW UND ANDERE GESCHICHTEN. London: Sampson Low & Co. Neuauflage 1866; Amerikanische Ausgabe 1867.

1862.	Sechs Wochen in Heppenheim. *Cornhill Magazin*. Mai.

Vorwort zu GARIBALDI IN CAPRERA . Macmillan & Co.

1863.	Das Werk einer dunklen Nacht. *Das ganze Jahr über*. 24. Januar bis 21. März.

DAS WERK EINER DUNKLEN NACHT. Deutsche Übersetzung 1865; Englische Ausgaben, veröffentlicht 1863 und 1871. Smith, Elder & Co.

Eine italienische Institution. *Das ganze Jahr über*. 21. März.

Der Käfig in Cranford. *Das ganze Jahr über*. 28. November.

Cousin Phillis. *Cornhill Magazin*. November 1863 bis Februar 1864.

Crowley Castle. *Das ganze Jahr über*. Weihnachtsnummer.

SYLVIAS LIEBHABER. London: Smith, Elder & Co. 3 Bde. Deutsche Übersetzung 1864; Französische Übersetzung 1865. Da das Urheberrecht abgelaufen ist, wurde es in einer billigen Ausgabe neu veröffentlicht.

Robert Gould Shaw. *Macmillans Magazin*. Dezember.

1864.	Französisches Leben. *Frasers Magazin*. April Mai Juni.

Ehefrauen und Töchter. *Cornhill Magazin*. August 1864 bis Januar 1866.

1865.	COUSIN PHILLIS UND ANDERE GESCHICHTEN. London: Smith, Elder & Co. Französische Übersetzung 1866; Deutsche Ausgabe 1867.

DIE GRÜNE FRAU UND ANDERE GESCHICHTEN. London: Smith, Elder & Co.

1866.	EHEFRAUEN UND TÖCHTER. London: Smith, Elder & Co. 3 Bde. Amerikanische Ausgabe 1866; Deutsche Übersetzung 1867; Französische Übersetzung 1868.

1906.   Zwei Fragmente von Geistergeschichten, erstmals
gedruckt in COUSIN PHILLIS , Knutsford Edition.

Kurzes Gedicht „On Visiting the Grave of my totborn
Little Girl“, geschrieben 1836 und erstmals veröffentlicht
in der biografischen Einleitung zu MARY BARTON ,
Knutsford Edition.